E eis que se levantou um certo doutor da lei,
tentando-o, e dizendo:
Mestre, que farei para herdar a vida eterna?
E Ele lhe disse:
Que está escrito na lei? Como lês?

Lucas 10:25-26

MANUAL DE PORTUGUÊS E REDAÇÃO JURÍDICA

MANUAL DE PORTUGUÊS E REDAÇÃO JURÍDICA

6ª edição,
2ª tiragem

RENATO AQUINO
WILLIAM DOUGLAS

EDITORA IMPETUS

Niterói, RJ
2022

Editora Impetus Ltda
Rua Alexandre Moura, 51 – Gragoatá – Niterói – RJ
CEP: 24210-200 – Telefax: (21) 2621-7007

Projeto Gráfico: Editora Impetus Ltda.

Editoração Eletrônica: Editora Impetus Ltda.

Capa: Wilson Cotrim

Impressão e encadernação: Editora e Gráfica Vozes Ltda.

2ª tiragem

A657m

Aquino, Renato.
Manual de português e redação jurídica / Renato Aquino, William Douglas. 6ª edição – Niterói: Impetus, 2022.
492 p. ; 17 x 24 cm.

ISBN: 978-85-7626-919-9

1. Redação forense. I. Douglas, William. II. Título.

CDD 808.06634

www.impetus.com.br

Dedicatórias

À família querida,
agora acrescida do netinho Guilherme,
a qual sempre esteve ao meu lado,
nos momentos de alegria e de dor;
aos pais amados,
hoje em outro plano de vida,
a quem devo os seguros ensinamentos morais
que norteiam minha caminhada pelo mundo;
aos amigos sinceros,
verdadeiros e autênticos,
que sempre me incentivaram a prosseguir,
com serenidade e firmeza,
os caminhos árduos, porém abençoados, do magistério.
Mas, acima de tudo a Deus,
fonte inesgotável de vida,
amor e paz,
que nunca abandona seus filhos.

Renato Aquino

Dedico esta obra a
James Tubenchlak, Nagib Slaibi Filho,
Paulo Ramalho, Luiz Carlos Caffaro e Luiz Fernando Zakarewicz.
Eles é que começaram a me ensinar sobre redação,
Direito e outras coisas.

William Douglas

Agradecimentos

Agradeço de todo o coração ao bom amigo WILLIAM DOUGLAS, em cuja editora, a Impetus, pude publicar a minha primeira obra no campo da gramática. O Dr. William não é apenas um homem muito inteligente, educado e lúcido, mas um ser humano dos mais especiais. Obrigado, companheiro!

Renato Aquino

Agradeço especialmente a RENATO AQUINO por seu exemplo de homem, de professor e de amigo. Homem de fé, palavra e atitudes, é um *gentleman* e alguém a ser constantemente observado. É um orgulho para mim estar perto dele.

Agradeço a Nayara por sua extrema paciência e doçura: o mundo seria um lugar muito menos exuberante não fosse ela.

Agradeço a Deus pelos filhos, Fernanda Luísa, Lucas e Samuel: são o melhor que me aconteceu em quase meio século neste planeta.

William Douglas

Os autores

Renato Monteiro de Aquino

- Mestre em Letras (Filologia Românica) pela UFRJ
- Ex-professor de Língua Portuguesa e Literatura Brasileira do Colégio Militar do Rio de Janeiro
- Ex-professor de Língua Portuguesa da Secretaria de Estado de Educação do Rio de Janeiro
- Ex-professor de Língua Portuguesa da Secretaria Municipal de Educação do Rio de Janeiro
- Fiscal de atividades econômicas aposentado do município do Rio de Janeiro
- Professor de cursos preparatórios para concursos públicos

Outras obras do autor

- *Português para Concursos*. 29ª ed. Editora Impetus
- *Redação para Concursos*. 15ª ed. Editora Impetus
- *Interpretação de Textos*. 16ª ed. Editora Impetus
- *Dicionário de Gramática*. 3ª ed. Editora Impetus
- *Português – Questões Comentadas*. 2ª ed. Editora Impetus
- *Gramática Objetiva da Língua Portuguesa*. 5ª ed. Editora Campus/Elsevier
- Curso de Português on-line produzido pela Telejur
- Amor e Luz (poesias). Editora Pongetti
- Espelho da Alma (sonetos, trovas e outros poemas). Editora Impetus

William Douglas

- Desembargador Federal do TRF2
- Professor Universitário
- Mestre em Direito - UGF/RJ
- Pós-graduado em Políticas Públicas e Governo - EPPG/UFRJ
- Bacharel em Direito - UFF
- Membro da Academia Evangélica de Letras do Brasil - AELB -, da Academia Niteroiense de Letras - ANL - e da União Nacional dos Escritores - UBE
- Colunista do Jornal *O Fluminense* dos portais Correio Web e UOL
- Conferencista da Escola de Magistratura do Estado do Rio de Janeiro - EMERJ
- Professor *Honoris Causa* da ESA - Escola Superior de Advocacia - OAB/RJ
- Professor da Escola de Pós-Graduação em Economia da Fundação Getulio Vargas - FGV-RJ
- Membro das Bancas Examinadoras de Direito Penal (V, VI, VII e VII Concursos Públicos) para Delegado de Polícia
- Autor de vários estudos na área jurídica, como a Proposta de Criação dos Juizados Especiais Federais (1994) e a Tese da Legítima Defesa Antecipada, já referida por Juarez Tavares e Julio Fabbrini Mirabete
- Membro da diretoria da Associação dos Juízes Federais do Brasil - biênio 2000/2002 e 2002/2004
- Consultor *ad hoc* do Centro de Estudos Judiciários, do Conselho da Justiça Federal (STJ), emitindo pareceres sobre artigos enviados para publicação

Concursos realizados:

- 1º colocado no Concurso Público para Juiz de Direito/RJ
- 1º colocado no Concurso Público para Defensor Público/RJ
- 1º colocado no Concurso Público para Delegado de Polícia/RJ
- 4º colocado no Concurso Público para Professor de Direito - UFF
- 5º colocado no Concurso Público para Analista Judiciário - TRF/RJ
- 8º colocado no Concurso Público para Juiz Federal - TRF/RJ
- 1º colocado no CPOR/RJ - Arma de Infantaria
- 1º colocado no Vestibular de Direito - UFF
- 3º colocado no concurso nacional de monografias sobre a Justiça Federal

Obras publicadas:

- *Como Passar em Provas e Concursos* (29ª edição) - Ed. Impetus, 2015
- *Como Passar em Provas e Concursos* - Resumo (11ª edição) - Ed. Impetus, 2017

- *25 Leis Bíblicas do Sucesso* – Ed. Impetus, 2021
- *O Poder dos 10 Mandamentos* – Ed. Impetus, 2021
- *Formigas* – Ed. Mundo Cristão, 2015
- *25 Leis Bíblicas da Sociedade com Deus* – Ed. Impetus, 2021
- *Sabedoria para Vencer* – Ed. Pórtico, 2015
- *A Última Carta do Tenente* – Ed. Planeta, 2016
- *Como Usar o Cérebro para Passar em Provas e Concursos* (7ª edição) – Ed. Impetus, 2015
- *Como Falar Bem em Público* (5ª edição) – Ed. Impetus, 2021
- *Mapas Mentais e Memorização para Provas e Concursos* (5ª edição) – Ed. Impetus, 2017
- *Administração do Tempo* (4ª edição) – Ed. Impetus, 2019
- *Princípios Básicos da Argumentação Jurídica* – Ed. Impetus, 2006
- *Leitura Dinâmica e Memorização* (17ª edição) – Ed. Impetus, 2017
- *Medicina Legal à luz do Direito Penal e do Direito Processual Penal* (14ª edição) – Ed. Impetus, 2019
- *Comentários sobre a Lei contra o Crime Organizado* – Ed. Impetus, 2001
- *Estudos Críticos sobre Direito Penal e Direito Processual Penal* – Ed. Lumen Juris, 1995

Sumário

PARTE I

APÊNDICE

UNIDADE II – TÉCNICAS DE REDAÇÃO

PARTE I

Capítulo 1

A IMPORTÂNCIA DA REDAÇÃO E DO PORTUGUÊS[1]

Para se escrever bem, ou a contento, o primeiro e mais importante requisito é: **vontade**. Por estar com este livro nas mãos, consideramos que você já tem o mais importante. Contudo, não existe um bom escritor que não seja, antes, um bom leitor. O hábito de ler (livros, revistas/jornais, textos da internet etc.) é um dos mais importantes passos rumo a uma boa redação, pois é a leitura que fornece o vocabulário e o encadeamento de ideias indispensáveis a um bom texto. Caso você não tenha o costume de ler as orientações para a leitura, corre o risco de perder elementos e notícias importantes e até dicas para a resolução de um problema e para a formulação de um texto ou enunciado. Não há bom advogado, promotor, juiz ou qualquer espécie de operador do Direito que não seja disciplinado na busca de informações, que não leia tudo o que puder sobre o assunto que elegeu e, principalmente, que não seja capaz de interpretar os textos que lê na íntegra para atuar em cima deles, como lhe cabe profissionalmente, o que, em geral, também é resultado de uma grande carga de leitura prévia.

Uma das opções que fizemos, para que esta obra se tornasse mais completa, foi adaptar alguns capítulos já escritos por William Douglas na obra *Como Passar em Provas e Concursos*, tendo em vista sua utilidade. Quem conhecer os capítulos 15, 17, 18 e 20 da obra mencionada perceberá alguns pontos de convergência. Assim, o leitor que deseja apenas a parte de redação e as ferramentas para realizar esse objetivo não é obrigado a adquirir outro livro. Embora alguns leitores não gostem de textos semelhantes, acreditamos que essa solução episódica é melhor do que remetê-lo a uma terceira obra. Por opção antes de tudo filosófica, preferimos que o leitor tenha o material mais completo possível em um único volume e, desse modo, apresentamos o livro *Manual de Português e Redação Jurídica*.

1 No Capítulo 3 da Unidade II, comentamos mais sobre os benefícios de uma boa redação e comunicação escrita, apresentando técnicas de redação com maior ênfase para as questões teóricas que dizem respeito ao texto.

Dito isto, é importante deixar claro que saber as regras de um bom texto, seja ele qual for, e aplicá-las corretamente ao projeto que está desenvolvendo é um enorme diferencial profissional, qualquer que seja sua área de atuação. No Direito, área que você escolheu, é absolutamente indispensável, uma vez que, seja qual for a carreira que pretenda exercer, você terá de lidar com um grande volume de texto. Não importa se está perante uma petição, uma peça importante para a prova ou em contato com o cliente. Escrever bem (segundo as normas, com uma linguagem clara, coesa e coerente) para um operador do Direito, não raro é a diferença entre a oportunidade e o ostracismo, e é justamente isso que queremos evitar. Mas, para além de uma circunstância profissional, redigir com correção e saber comunicar-se bem de forma escrita inclui as relações pessoais e familiares, a carta de amor, o elogio sincero escrito, uma tomada de posição perante um grupo, associação ou vizinhos. Quem escreve bem faz tudo melhor e com maiores chances de sucesso.

Se você já se convenceu de que a redação e a Língua Portuguesa são importantes, excelente! Já deu um passo importante em direção a um futuro profissional promissor e o que faremos ao longo deste Capítulo é ofertar os fundamentos que justificam permanecer nesse bom caminho. Contudo, se ainda não está convencido ou interessado em mudar seus hábitos para aprimorar sua comunicação textual, este capítulo o municiará com informações relevantes e conceitos essenciais a uma boa redação que vão muito além de técnicas estabelecidas pela academia e, por isso, recomendamos que preste atenção redobrada no que se segue.

Primeiro, gostaríamos de desfazer alguns mitos que podem ser a razão para que não tenha se interessado pelo tema até agora. Aprender a ler, escrever e falar bem é extremamente útil para qualquer carreira mesmo que ela, a princípio, exija pouco envolvimento intelectual, o que não é o caso do Direito. E a boa notícia é que essas artes são permitidas mesmo àqueles que não tiveram a sorte de nascer com talento ou pendor para tal. E mesmo as pessoas que dominam a arte de se comunicar bem e com eficiência, sempre podem aprender novas técnicas, novos meios e novas possibilidades para aprimorar ainda mais sua atividade.

Portanto, sendo você um "virtuose" ou, mais ainda, como é o nosso caso, se não for um deles, é muito importante aprender a língua e como fazer uso dela nos dois meios mais comuns de sua divulgação: a escrita e a fala.

1.1 Um pouco sobre as artes da escritura e do discurso

Pensa-se em geral que a escrita perde um pouco para a fala, pois naquela é mais difícil utilizar alguns recursos maravilhosos, como a entonação, a modulação da voz, a pausa, o silêncio, tendo-se apenas o recurso da pontuação para conferir ritmo. Além disso, e mais importante no que diz respeito ao mundo jurídico, enquanto a palavra é levada pelo vento, o que se escreve permanece. Como diziam os latinos, *verba volit, scripta manent.*[2]

Outro ponto importante é que o papel, como o ar, aceita qualquer coisa. Se você começa a escrever ou falar, nenhum desses dois meios lhe fará qualquer tipo de censura. Você poderá escrever ou falar o que bem entender. Malgrado pareça uma coisa boa, isso é terrível. A você é que cabe avaliar e dosar o que escreve ou fala. Isso porque o que não dosar pode afetar seriamente o resultado pretendido. Se quem o ouve ou lê sentir-se ofendido, maltratado, você perde. Mesmo assim, é escrevendo ou falando que conseguirá promover as mudanças que pretende no mundo. Uma frase é capaz de mudar um destino. Na carreira jurídica, é capaz de mudar o destino de um cliente.

Os autores da presente obra somam quase um milhão de livros publicados por todo o país, com pessoas e em lugares onde nunca estiveram, falando deles e proporcionam a quem os lê um momento de prazer ou de angústia, alegria ou frustração, crescimento ou apequenamento.

Em tempos de *Facebook, YouTube, Twitter, Instagram e Snapchat,* com celulares que realizam funções cada vez mais refinadas, tudo o que se transforma em imagem corre toda a Humanidade em poucas horas, o que só aumenta o poder do que se escreve e fala. Como a energia atômica, que pode iluminar cidades ou reduzi-las a um monturo de pó, também funcionam a escrita e a fala.

A dinâmica agitada e veloz do século XXI não retirou a força e o poder das palavras. A frase certa continua sendo um dos mais poderosos instrumentos de poder, construção ou destruição que existem no planeta.

E, desde que o homem encontrou a primeira pedra e olhou-a como uma tela, como uma forma de expressar sua alma e sua história, escrever virou o que é desde sempre: uma forma de comunicar sua vida e seus pensamentos para pessoas de todos os lugares e de todos os tempos, mesmo que do outro lado do mundo, ou dúzias de séculos depois.

Um ofício com tantas palavras, livros, leis, textos, debates e julgamentos nunca poderia deixar de ser um ofício da palavra. Fazer Direito é escolher a palavra como pedra fundamental, é escolher o raciocínio, a lógica e a retórica como companhia, e a fala e a escrita como principais instrumentos de trabalho.

2 Em tradução livre: "A palavra voa, o escrito permanece."

No ofício do exercício das leis, ser escritor pode ser uma carreira autônoma. Em regra, porém, é atividade secundária, mas que pode se transformar em uma das atividades mais gratificantes e bem remuneradas do nosso ramo. Não bastasse isso, todo profissional da área jurídica não deixa de ser um "escritor". Se você não sabe escrever bem, ou, se não sabe escrever bem pelo menos algum tipo de texto usual na profissão, você praticamente não é, ainda, um operador jurídico.

Alguns almejam a competência no ofício da escrita do dia a dia, já outros almejam escrever livros, sejam eles jurídicos ou não. É comum que operadores jurídicos, mesmo os mais consagrados, olhem o romance, a crônica, a poesia e o conto como algo a ser conquistado, algo a ser produzido com uma soma de prazer intenso. Há mesmo autores de livros técnicos cujo maior desejo é escrever e alcançar admiração através de um livro não técnico. E não são poucos. E qual a razão disso? Talvez pelo fato de o ato da escritura ser algo tão profundo, talvez pelo fato de que as letras nos seduzam. Se não fosse isso, por que teríamos escolhido esse ofício?

Bem, essas são reflexões que julgamos necessárias para que você, leitor, não corra o risco de viver isso de forma desavisada.

Se você quiser levar o curso de Direito, ou o ofício jurídico, de forma asséptica, sem alma, pensando apenas em equações logométricas e, pior, apenas na remuneração que poderá almejar, não faça isso sem nosso aviso, sem a advertência amorosa de quem já está no ofício da palavra há mais tempo.

Nós o alertamos de que, no uso da palavra, falada ou escrita, na Língua Portuguesa, no Direito, na busca pelo bem e por um mundo mais justo, em tudo existe alma, vibração e intensidade. Sugerimos que você, leitor, não perca o melhor da festa, o melhor pedaço do bolo, a melhor música e a melhor dança, a azeitona na empada, a cereja no fundo da taça de champanhe e cassis. O melhor de tudo é a alma, o sonho, o ideal, a emoção dosada pela lógica, mas nunca esquecida de que o sonho, o bem, o justo, a escrita e a fala corretas, adequadas e apaixonadas, são a melhor parte do nosso ofício.

Com bom português e boa redação tudo se torna mais fácil, seja o exercício frio do ofício ou a mais candente e apaixonada defesa de uma causa, de uma tese, de uma verdade. Seja lá o que você pretenda ser, será melhor se o fizer sabendo português e redação, e como interpretar um texto.

Se não quiser ir muito longe nessa discussão, se basta a você saber as técnicas para escrever melhor, fique tranquilo, este livro irá contemplá-lo.

Caso queira um pouco mais, tanto melhor, trata-se de uma escolha pessoal. De qualquer forma, é preciso saber português e como redigir. E, como nós mesmos, autores e colaboradores, já fomos, há muito, infectados pelo vírus da palavra, escrevemos este livro para transmitir--lhe as noções básicas sobre o assunto.

Esperamos que ele seja útil, e nos esforçamos para que seja o melhor possível. É muito melhor que os livros que escrevemos no início de nossas carreiras, mas terrivelmente inferior aos livros que ainda escreveremos, se Deus permitir, no futuro. Mas, no momento, é o melhor que podemos produzir. E desejamos que sua carreira com textos reproduza esse ritmo: que vá melhorando a cada dia. É assim que se faz o progresso de homens e nações.

Cada pessoa tem a tarefa de descobrir o que quer para si e qual seu caminho para iluminação e felicidade. A iluminação é descobrir quem você é, o que quer, quem quer ser, quais são seus valores e o que o mantém de pé, mesmo quando tudo em volta desmorona. Se já sabe, é iluminado. A felicidade, por sua vez, é pessoal. Suas várias dimensões podem ser percebidas de formas diferentes, dependendo de nossas experiências.

Ler e escrever ajudá-lo-á em sua vida pessoal, mas também nas buscas pessoais, na grande jornada. Ler, ouvir, escrever e falar representam informação, sabedoria, poder, prazer e ferramentas.

A vida é um livro que pode escrever com suas próprias mãos ou deixar que seja escrito para você. Se quer escrever como ela será, se quer redigir seu futuro, informamos: boa parte depende somente de você. Não tudo, porque o mistério aumenta muito a graça de qualquer livro, mas você tem como influenciar bastante esse roteiro. Trabalhe com carinho o texto da sua vida.

Trabalhar o texto: eis a grande técnica. Antes, durante e depois de escrever... trabalhe o texto, o **seu** texto, aquilo que você idealizar escrever. Com o tempo, vai reparar que, quanto mais trabalha o texto, mais você trabalha sua história, seu sucesso, seu futuro e seu bem--estar.

"Aquele que conhece o outro é sábio.
Aquele que conhece a si mesmo é iluminado.
Aquele que vence o outro é forte.
Aquele que vence a si mesmo é poderoso."[3]

"Aquele que conhece a alegria é rico.[4]
Aquele que conserva o seu caminho tem vontade.
Sê humilde, e permanecerás íntegro.
Curva-te, e permanecerás ereto.
Esvazia-te, e permanecerás repleto.
Gasta-te, e permanecerás novo.
O sábio não se exibe, e por isso brilha.
Ele não se faz notar, e por isso é notado.
Ele não se elogia, e por isso tem mérito.
E, porque não está competindo,
ninguém no mundo pode competir com ele."

(Lao Tsé)

---

3 Outra tradução: "Aquele que vence a si mesmo é invencível."

4 Outra tradução: "Rico é quem vive contente."

Capítulo 2

ANTES DE ESCREVER, LER

LER

O primeiro passo para escrever é ler, e depois, refletir, raciocinar. Além disso, é preciso ser crítico, examinar com vagar e, nas horas certas, criar. Embora nem sempre a criatividade deva ir para o texto, ela faz parte da atividade intelectual e, portanto, do conjunto de habilidades que um escritor deve ter.

Antes de escrever, é preciso ler muito. Leia os livros da sua matéria, da área do conhecimento que escolheu, mas, por favor, não se limite a isso. O mundo é muito maior do que sua disciplina preferida, e muito maior que o Direito, ou qualquer outra área isolada que possa imaginar. O mundo é muito maior do que podemos saber. Então, para caminhar nele é mais seguro ler bastante antes de qualquer outra atividade. Informe-se.

Nunca se lance a escrever ou falar sobre um assunto sem pesquisá-lo antes, sem saber ao menos o que sobre ele fala a lei, a doutrina e a jurisprudência[1]. Sem isso pelo menos, não ouse começar. Com apenas isso, ainda que pouco, você terá o mínimo e irá melhor que a maioria.

Então, para fazer o básico, o essencial, o "feijão com arroz", leia sobre o assunto. Você será um bom profissional. Se quiser mais do que isso, se quiser alcançar um nível bem acima da média, se quiser procurar a excelência, então, leia sobre tudo.

Leia romances, contos, poesia, leia livros das outras áreas. Não se esqueça de um pouco de Filosofia, Psicologia e Administração. Leia muito sobre História e Geografia, pois viajar no tempo e no planeta fará bem e aumentará sua percepção e seus horizontes. Qualquer que seja

1 Falaremos mais detidamente sobre o tema no Capítulo 5 desta parte.

sua religião, se é que você tem uma, leia alguns livros religiosos, conheça o que falam sobre esse assunto. E, jamais, jamais, jamais se esqueça de ler biografias, e autobiografias, pois é uma das raras oportunidades – se não a única – que temos para viver de forma honesta e sadia a vida de outras pessoas, é a forma de haurir as dores e alegrias já cristalizadas, e de aprender muito sobre a vida, sobre nós e sobre como se haver diante de circunstâncias que virão até nós, pois é inegável que a vida se repete.

Se você puder ler em outras mídias, experimente. Cinema, teatro, todas as artes e também agora a realidade virtual, o meio digital, nenhum espaço é vedado para quem quer "ler" sobre algum assunto. Sob certo aspecto, é mesmo interessante que um bom livro seja sorvido no papel, no *audiobook*, no *e-book*, no teatro e no cinema, e se possível na música, sem prejuízo de visitar um museu com quadros sobre o tema.

Henri Nouwen, professor de Harvard e Notre Dame, já havia lido a parábola do filho pródigo muitas vezes, estudado e refletido sobre ela. Está em Lucas 15, versos 11 e seguintes. Um dia, no museu, vendo um quadro sobre a cena em que o filho pródigo é recebido pelo pai, ficou tão influenciado pela cena que passou horas a observá-la e, em seguida, escreveu o que é provavelmente o melhor comentário sobre o episódio. A leitura visual, proporcionada pela genialidade de um pintor, foi capaz de fazer um outro gênio ser inspirado e levado a escrever um livro incomum e raro, que recomendamos.

É possível que o que falte para sua experiência ser completa seja outra mídia. Certa vez, William Douglas, um dos autores deste livro, leu o livro *A Última Lição*, de Randy Pausch. O livro não o marcou, passou desapercebido pelas linhas que deveriam emocioná-lo. Algum tempo depois, por insistência de um amigo, muito tocado pela obra, adquiriu o *audiobook*, lido pelo ator Paulo Betti, para ocupar-se nos engarrafamentos entre Niterói e Rio de Janeiro. Na voz emocionada do autor, o livro ganhou uma nova vida e levou William às lágrimas, marcando-o de forma solene e inequívoca. Não desista de um texto, seja ele seu ou de outrem.

Aqui vai outro conselho para um bom escritor: se não sabe o que é poliédrico tem apenas duas opções. Ir ao dicionário (papel ou digital), agora, ou anotar o termo, em que página do livro ele se encontra e, depois de finalizado o capítulo, ir até o dicionário, aprender o significado e voltar para novamente ler o parágrafo e, então mais uma vez, dar mais um passo em direção à integral compreensão do texto e sua melhor interpretação.

Outro conselho: nunca pense que chegará à integral compreensão de um texto e à sua melhor interpretação. Isso não existe, e nem mesmo o autor logra se desincumbir desse desiderato (talvez, outra palavra para seu bloco de notas). A integral compreensão e a melhor interpretação são quimeras, são utopias. E, como todas as utopias, não servem para ser obtidas nem conseguidas, mas sim para fazer caminhar, como disse Galeano.

Então, que este capítulo sirva para que você se transforme em um leitor contumaz. Se voraz, melhor, mas se contumaz já estará bom. Leia muito, e leia coisas diferentes.

Tenha horários e disciplina para ler o essencial, e separe horários para ler o que passa do essencial. Aprenda a se divertir com a leitura e a se dar ao luxo e ao divertimento de ler por prazer.

Não se atemorize por haver no mundo mais livros do que será capaz de ler, natureza de todo amante dos livros. Sua biblioteca não pode ser um motivo de frustração, mas um plano de leitura. Tenha livros por conta do texto, por conta de seu bom conteúdo, não para lê-los imediatamente. Mas também não tema adquiri-los, ou guardá-los apenas porque têm uma capa bonita, ou um título genial, ou uma boa diagramação. No universo da leitura, tudo é válido.

Crie momentos para a leitura. Ande com livros, aproveite as filas, as esperas, os momentos de solidão para que, de posse de um livro, possa aproveitar para pôr em dia sua leitura e tentar reduzir sua angústia com não conseguir ler. Tenha livros estrategicamente deixados onde você possa dar uma espiadela de vez em quando.

Crie também os momentos de estudo. Além da leitura lúdica e contumaz, é preciso um estudo disciplinado e, de preferência, diário. Senão isso, faça ao menos um quadro semanal de horário que resguarde o tempo para o estudo e para a atualização. O conhecimento é bem que se deprecia, ainda mais em tempos onde a informação é produzida de forma tão virulenta e magnífica. Se à quantidade de informação se somar a capacidade de seleção e interpretação, você se transformará em uma pessoa poderosa.

Feita a leitura e separado o tempo, será possível a reflexão e o raciocínio. Para isso, os livros ensinarão os primeiros passos e sempre serão um mentor precioso, mas também recomendamos que o leitor faça cursos, assista a aulas, palestras, seminários e simpósios. Esteja ao redor de quem raciocina, ouça essas pessoas e examine o que elas dizem e como se comportam, para extrair o melhor aprendizado que suas palavras e atos podem proporcionar.

Seja curioso.

Tenha o desejo de aprender.

Nunca se permita fazer, escrever ou falar algo na sua profissão sem ter estudado ou pesquisado antes, mesmo que minimamente, o assunto.

Outro ponto. Embora não seja absolutamente indispensável na área jurídica, a criatividade é um instrumento muito útil. Criar soluções utilizando a lógica, a legislação e o raciocínio é indispensável. O que dizemos ser uma opção recomendada é a capacidade de ir um pouco além. É a capacidade de não se limitar aos paradigmas essenciais. Nossa profissão é muito atrelada ao que já está posto, à lei, à doutrina e à jurisprudência. O esforço para diminuir o número de processos, por estar sendo feito de forma equivocada, está diminuindo o espaço para a discussão e a criação de outras soluções. As súmulas vinculantes, por exemplo, diminuem a possibilidade de se decantar um problema e de se dar tempo para que os operadores jurídicos analisem todos os ângulos e possibilidades de um determinado questionamento ou situação.

Pelo excesso de trabalho, advogados e juízes acostumam-se, em erro que desde estagiários até ministros do Supremo repetem, a viver de decisões já proferidas, de precedentes, modelos prontos para petições e decisões... e isso diminui muito a qualidade do trabalho. Uma coisa é aproveitar uma decisão para caso análogo, outra coisa, gravíssima, é perder a capacidade de analisar o caso, de buscar elementos que tornem um caso diferente (por mais semelhante que possa parecer). A capacidade de distinguir e de dar soluções para as especificidades é o que transforma o profissional de mediano em excepcional. E apenas os excepcionais nunca ficam sem prêmios, remuneração e reconhecimento.

Recomendamos que você, como operador do Direito, aprenda a caminhar bem por estes instrumentos: a lei, a doutrina e a jurisprudência. Dependendo do seu objetivo, a criatividade, o questionamento, a alternatividade não serão pragmáticos, por exemplo, para levá-lo à aprovação em um concurso ou a lidar com um professor ou orientador mais conservador. Contudo, existem diversos espaços e muitos prazeres em se criar, questionar, olhar o outro lado, pensar lateralmente etc.

Em suma, você não pode deixar de ler, refletir e raciocinar. E, se puder ser um pouco criativo, isso não será ruim, ao contrário.

Esses são passos importantes para a redação. Quanto a escrever o texto perfeito, que diga tudo da forma exata e que seja integralmente compreendido e interpretado de forma correta e não sujeita a equívocos... bem, isso é outra utopia. E, como já dissemos, não deve nos angustiar. É nosso desafio, nosso ofício e também uma de nossas formas de prazer e diversão. É nossa utopia e, se tudo der certo, igualmente a sua.

Alguns pensamentos a serem objeto da reflexão do leitor:

"A utopia está lá no horizonte.
Me aproximo dois passos, ela se afasta dois passos.
Caminho dez passos e o horizonte corre dez passos.
Por mais que eu caminhe, jamais alcançarei.
Para que serve a utopia?
Serve para isto: para que eu não deixe de caminhar."

Eduardo Galeano

"A utopia partilhada é a mola da História."

Dom Hélder Câmara

"O progresso não é senão a realização das utopias."

Oscar Wilde

"Pode-se dizer, sem receio de erro,
que a utopia é consubstancial à condição humana.
Ninguém realiza sem sonhar."

Josué Montello

"O filósofo é o homem de amanhã,
aquele que recusa o ideal do dia,
aquele que cultiva a utopia."

Friedrich Nietzsche

"A utopia é o derradeiro reduto dos que
não desesperaram da liberdade."

Alceu Amoroso Lima

"Nunca se deve temer a utopia."

Dom Hélder Câmara

"Que é utopia senão o
fruto da percepção de dimensões secretas da realidade,
um afloramento de energias contidas que antecipa
a ampliação do horizonte de possibilidades abertas ao homem?"

Celso Furtado

Capítulo 3

ANTES DE ESCREVER, REFLETIR E RACIOCINAR

1. NOÇÕES INICIAIS

Já falamos sobre o ler, agora falemos sobre o refletir e o raciocinar. A área jurídica não é tão boa na atividade de criação: ainda que nossa ciência esteja em constante evolução, ela é um tanto lenta, uma vez que somos muito presos àquilo que já foi produzido: lei, doutrina, jurisprudência. Não que isso seja errado, é apenas como funciona. Portanto, comece refletindo sobre isto: nossa ciência se importa com o que já foi dito, produzido, criado, escrito, decidido. Parta dessa realidade para construir sua carreira. De um lado, tenha em mente os precedentes e o quanto eles são poderosos; de outro, nunca abra mão do raciocínio e reflexão, pois serão os caminhos para usar bem os precedentes e para saber a hora de inovar.

Para raciocinar juridicamente, o primeiro desafio é deixar de pensar como normalmente fazem as pessoas não afeitas à Filosofia e ao Direito: você não pode olhar uma questão apenas por um lado. Sempre observamos uma grande dificuldade dos estudantes de Direito (acadêmicos, alunos de cursos preparatórios e até mesmo operadores jurídicos com anos de profissão). Muitos não conseguem raciocinar, nem avaliar um caso concreto ou responder a questões de uma forma analítica, completa e imparcial, como é de se esperar de um operador jurídico.

Muitas vezes é uma falha na interpretação de texto, em outras na concatenação de ideias. Qualquer que seja o caso, no entanto, o operador do Direito tem de estar apto a analisar uma situação ou a dar parecer ou respostas mais profundas do que aquelas que se teriam em uma mesa de bar. Experimente perguntar a um colega de faculdade ou de profissão qual sua opinião sobre o aborto, a utilização de células tronco embrionárias, o casamento homoafetivo, ou qualquer questão jurídica em destaque na mídia. Verá que de regra a resposta será um lacônico contra ou a favor, ou, pior, uma exposição apaixonada de uma única posição, a própria.

Esse tipo de resposta é comum na vida cotidiana, é comum entre os leigos, mas não pode ocorrer com um operador do Direito, muito menos com você, que está se preparando com afinco. Ser parcial, apressado ou incapaz de analisar um ponto sob mais de um ângulo de visada demonstra que o acadêmico ou bacharel ainda não está preparado para analisar juridicamente um caso. Se já tiver aprendido e treinado a si mesmo para fazer uma análise serena e profunda de um caso ou questão proposta, certamente indicará maturidade, equilíbrio e se destacará em um universo de pessoas que, de regra, não analisam bem os casos concretos e as questões propostas. Alguém que analisa sistematicamente todos os pontos de um debate será capaz de se sair bem no debate.

Por força da cultura popular e da mecânica de análise dos casos judiciais, sempre indagando sobre como foi feito ontem, temos um reforço constante da cultura de mera repetição inquestionada. Por isso, a média dos profissionais não sabe refletir sobre o caso específico. Basta alterar um pouco uma situação para que todos pensem estar diante de casos clássicos ou antigos, e não sabem criar a solução para a exceção. De estagiários a profissionais já formados, o que se vê nas diversas varas e distribuições são petições requentadas, modelos já gastos de tanto serem reproduzidos e – em frequência maior do que seria tolerável ver – gente fazendo monografias, dissertações e teses que nada são senão cópias, muitas malfeitas, de trabalhos de terceiros e que em muito pouco contribuem para o desenvolvimento da ciência jurídica. Além de crime, o plágio é uma garantia de que cedo ou tarde a pessoa que se vale dele será descoberta e punida por não se dispor a fazer um trabalho de forma correta. E essa punição pode vir em forma de processo criminal ou de humilhação pública: todos conhecemos casos de figuras públicas vexadas pelo fato de terem realizado algum tipo de fraude (intelectual ou de qualquer outro tipo). Na maior parte das vezes uma falsidade não tem esse resultado, mas sempre terá uma consequência suficientemente grave: a pessoa não terá aprendido a matéria, ou a pensar... e isso fará dela um profissional menos qualificado. E, não se engane, o mercado de trabalho sabe achar quem é bom e eliminar quem não é. Por isso, aprenda a fazer bem o trabalho de pesquisa, leitura, elaboração; aprenda a distinguir os casos iguais daqueles onde exista algum ponto relevante e distintivo. Essa atitude fará de você um profissional acima da média e, portanto, com garantias de crescimento e sucesso. Nem sempre isso é imediato ou rápido, mas na linha do tempo é inequivocamente seguro.

Se estamos diante de um caso com muitos detalhes ou uma questão muito extensa, a média dos profissionais não consegue separar quais são os fatos relevantes dos que estão ali somente para confundi-los. Falta, portanto, raciocínio, criatividade e capacidade analítica.

Para raciocinar-se juridicamente e dar respostas completas, não é preciso ser um Rui Barbosa ou um Clóvis Beviláqua, algumas poucas técnicas bastam para que o candidato migre de um raciocínio "coloquial" para um raciocínio adequado para a vida na tribuna, e para se sair bem em provas e concursos.

A seguir, vamos falar em caminhos para raciocinar bem juridicamente e, consequentemente, ter conteúdo, substância, para escrever.

2. O DIREITO COMO UM BLOCO MONOLÍTICO

2.1. Noção geral

O Direito, como um todo, é um só bloco de matérias interligadas, é monolítico (monolítico, segundo o *Aurélio*, é aquilo *semelhante a um monólito, o que se diz de estrutura em que há uma só massa contínua de material*).

A divisão em matérias, assuntos, campos etc. existe para facilitar o estudo, mas o conteúdo deve ser estudado de forma interdisciplinar, interligada. Ou seja, é necessário que o leitor/estudante/operador sempre verifique as aplicações de cada uma das leis, jurisprudências, e dos assuntos em todas as outras áreas relacionadas. Portanto, é necessário ter uma visão holística[1].

Quem sabe um assunto em Direito sabe uma parte do Direito e, logo, habilita-se a aprender outros assuntos pertencentes a ele. Quem sabe Direito Civil, mesmo que não perceba, já sabe um pouco de Direito Penal e Administrativo. Nada limita mais o estudante de Direito do que dizer que é bom em Civil, mas ruim em Penal, ou vice-versa. Todo livro de Direito começa estabelecendo as relações da matéria que o livro aborda em face dos demais ramos da disciplina e do conhecimento. Muitos livros seguem com essa conexão ao longo das páginas de conteúdo, fazendo associações, remissões e referências que só auxiliam o cérebro a trabalhar melhor com as informações.

1 Holismo, segundo o dicionário *Aurélio*, é a *tendência, que se supõe seja própria do Universo, a sintetizar unidades em totalidades organizadas.*

Digamos que você não sabe Direito Civil, mas gosta de Direito Administrativo. Uma das matérias de Administrativo é "Responsabilidade Civil da Administração", que nada mais é do que uma das derivações do tema civilístico da "Responsabilidade Civil". Se esse tema cair na prova de Civil, você pode utilizar o seu conhecimento de Administrativo para desenvolver um bom raciocínio em cima da questão. Outro exemplo: se você é apaixonado por Processo Penal e sabe pouco de Direito Constitucional, deve reparar que boa parte do Processo Penal está na Constituição. É por aí que você pode começar a estudar Constitucional abordando a parte que mais lhe agrada primeiro para depois ampliar o leque. Portanto, como pode perceber, as matérias que ainda sabe pouco (Civil e Constitucional) podem ser "conquistadas" a partir do uso de outras matérias com as quais já possui maior afinidade.

2.2 Unidade/relação entre disciplinas

Em Direito, você parte do conhecido para o desconhecido com facilidade, depois de dados os primeiros passos e atentando para as orientações iniciais, não existirá nenhuma dificuldade intransponível para aprender o novo. Você pode até ter um pouco de dificuldade no início, mas ela será superada com esforço e dedicação.

Para além da característica monolítica do Direito enquanto disciplina é vital que se associem também outras matérias ao estudo para que se expanda a compreensão do todo. Uma das maiores falhas dos operadores jurídicos, no entanto é desprezar as demais disciplinas, tais como Psicologia, Sociologia. Afinal, a solução para os problemas da sociedade só será encontrada quando todos os profissionais, cada um dentro de sua especialidade, contribuírem de forma integrada, interdisciplinar.

O prof. Wilney Magno de Azevedo Silva, no livro *Ação civil pública e controle jurisdicional dos atos administrativos* (1996, p. 10-12), também aborda este tema:

> "Frequentemente encontro estudantes que encaram o Direito como somatório de disciplinas estanques, cada uma delas provida de conteúdo programático peculiar e que não guarda qualquer relação com os princípios ou conteúdo das demais matérias. É o que se poderia denominar de astronomia jurídica. Estuda-se o Processo Civil como um planeta deste sistema solar; o Processo Penal como um satélite da constelação vizinha, e o Direito Tributário como um cometa que atravessa a galáxia seguinte... Este é o primeiro motivo para se conhecer de perto o famoso 'buraco negro' do Direito. É preciso corrigir este comportamento. Via de regra, o que se estuda em uma disciplina é perfeitamente aproveitável pelo corpo teórico

de outra matéria. Afinal, o Direito é um só, todas as disciplinas jurídicas são ramos que provêm da mesma árvore. Há uma raiz que lhes é comum. Utilize-a. Facilite seu estudo. Muitas vezes será possível aproveitar o conceito 'penal' na esfera processual civil, ou no campo tributário, por exemplo. Trafegue pelas 'pontes' do Direito. **Acostume-se a indagar se o conceito estudado em um certo momento pode, ou não, ser empregado em uma outra disciplina**. Na esmagadora maioria das vezes, a conclusão será positiva! Você saberá, então, que o Direito é um sistema, não um mero aglomerado de preceitos. Cada noção jurídica apresenta uma variada gama de possibilidade de emprego, o que torna ainda mais fascinante o estudo sistêmico do Direito.

Tome, como exemplo, o conceito de tipo: é um modelo de conduta abstratamente previsto em lei, cuja realização prática acarreta a produção de consequências jurídicas. A despeito do que possa aparentar, à primeira vista, este não é um conceito de natureza penal. É um conceito de Direito. É possível aproveitá-lo, por exemplo, na esfera tributária, já que a cobrança do tributo pressupõe a adequação da conduta a um modelo legalmente estabelecido, conhecido como fato gerador ou hipótese de incidência, que nada mais é do que um tipo tributário. A ideia se emprega também em processo Civil: o artigo do Código de Processo Civil permite que o Ministério Público exerça direito de ação apenas nos casos previstos em lei. Ora, o que é isto, senão a imposição legal da existência de um tipo processual, para a legitimação ativa do 'Parquet'?"

2.3. Utilidade da própria Língua Portuguesa

Outro bom exemplo de como precisamos interligar o Direito entre si com as demais matérias e com o mundo todo é a própria Língua Portuguesa. Além de ser nosso idioma, ela é uma útil ferramenta no raciocínio jurídico. Quem conhece bem a língua vernácula não só se expressa melhor, como também pode alcançar a compreensão de inúmeros conceitos de disciplinas específicas ou não.

Um exemplo dado também pelo professor Wilney Magno, em sala de aula, é o de uma prova onde seja indagada a conceituação de "condição específica de procedibilidade". O assunto é Processo, não? Basta dizermos o significado em Língua Portuguesa de "condição", de "específica" e de "procedibilidade" que teremos um conceito razoável. Inferior a um conceito técnico, mas muito superior a uma resposta em branco. Além do mais, como o professor ou o examinador não têm acesso a nossos pensamentos ou dúvidas, mas apenas ao que está escrito, bem pode ser que eles considerem a resposta integralmente correta e o candidato leve os pontos referentes.

Em resumo, a resposta calcada na Língua Portuguesa tem grande valor por, pelo menos, três motivos:

1) a língua efetivamente responde a muitas questões jurídicas;
2) a resposta dada com base na Língua Portuguesa será melhor do que alguma malformulada (formulada com erros de linguagem, redação etc.) ou resposta nenhuma;
3) o examinador não tem maiores elementos (além da própria resposta) para descobrir se o candidato sabe ou não, ou seja, mesmo que a resposta tenha sido construída com base em técnicas o examinador não tem contato com tais técnicas, mas tão somente com aquilo que está escrito. Se o que está escrito faz sentido, a tendência será a obtenção de algum grau ou até do valor integral da questão.

Além das provas, o bom uso da língua (falada e escrita) permitirá ao operador jurídico uma boa interação com outros operadores e melhor entendimento de suas propostas/demandas.

Aqui, vale mencionar mais uma vez o ensino do professor Wilney Magno (ob. cit.):

> "O conhecimento que deseja adquirir está apresentado em Língua Portuguesa. É uma afirmação óbvia, mas poucos se dão conta, verdadeiramente, do que isto significa. A atenção ao vernáculo é uma premissa que, se respeitada, facilitará imensamente a compreensão, não apenas entendimento da ciência do Direito. Por que decorar a definição de um conceito jurídico? A simples análise das palavras que compõem uma denominação já torna possível, o mais das vezes, captar, senão completamente, pelo menos a maior parcela da ideia em estudo. Afinal, o conceito recebe um rótulo, uma denominação, cujos termos componentes, de ***per se***, já transmitem uma mensagem que não deve ser desprezada! **Em suma, doravante, adote como premissa analisar o significado da própria expressão com que o conceito se apresenta, em vernáculo**. Isto não é difícil para quem dispõe de um bom dicionário e é alfabetizado...
>
> Tome como exemplo a ação de repetição de indébito. O que significa 'indébito'? Algo que não se deve. E quanto à palavra 'repetição' (repetição)? Não é o ato ou a conduta de pedir (petição) de novo (re)? Some as duas ideias. Repetição do Indébito nada mais é do que pedir novamente – de volta – aquilo que um dia foi solicitado, mas que não era devido. Puro português. Em Direito Tributário, isto se opera mediante a propositura da ação própria, **a ação de repetição de indébito**! Primário não é? Aliás, nada há de errado em ser primário, desde que isso signifique simplicidade, clareza e atenção com os fundamentos do conhecimento humano."

DICAS:

- Estude o Direito como um sistema harmônico e integrado.
- Ao estudar uma disciplina, procure relações entre ela e os demais campos do Direito.
- Ao estudar Direito, procure relações com os outros campos do conhecimento humano.

3. PRINCÍPIOS DA GUERRA (SOMEU)

Se vis pacem, para bellum.

(Se queres a paz, prepara-te para a guerra.)

Aparentemente sem qualquer relação com a arte/técnica de redigir, consideramos interessante mencionar os princípios básicos da guerra, que são facilmente decorados com o processo mnemônico SOMEU:

SIMPLICIDADE, SURPRESA, SUPERIORIDADE DE FORÇAS
OBJETIVO, ORGANIZAÇÃO
MEIOS, MANOBRA
EXECUÇÃO
UNIDADE

3.1. Simplicidade

Não fique inventando muito, nem se preocupe em criar sua própria e inovadora tese. Posicione-se ao lado de uma das teses já existentes. O "feijão com arroz" é melhor do que "caviar com champanha". Evite complicar as coisas, pois você estará complicando a si próprio.

Muitos acham que os outros irão gostar mais de, como dissemos, "caviar com champanha" do que de "feijão com arroz". Por isso, tentam parecer gênios em suas falas, escritos ou respostas. Quanto mais extenso ou complexo for um assunto, quanto mais nuances ele tiver, mais importante será manter a simplicidade ao expô-lo.

Procure redigir textos que seriam compreendidos por qualquer pessoa. Ainda que você utilize linguagem técnica, prime por uma resposta que uma pessoa leiga possa entender, mesmo que não seja da sua área de conhecimento.

Não tente burilar demais o texto. Textos simples são fantásticos para a compreensão do leitor, para todos e para a vida. Uma coisa é trabalhar o texto para fazê-lo chegar a um grau de excelência: isso é bom. Outra coisa é ficar floreando, inventando, querendo mostrar erudição: isso é ruim.

3.2. Surpresa

Surpreenda o seu leitor com comentários interessantes, inteligentes, com novos paradigmas, com uma letra e com um raciocínio agradáveis etc. Quebre a mesmice, apenas com o cuidado de não exagerar. No caso de concursos, a simplicidade ainda é mais importante do que a criatividade: nessas horas, não invente muito. No caso do cotidiano forense, é preciso avaliar quando é a hora de inventar e ser criativo e quando basta seguir a tradição. Se a tradição já for capaz de resolver o problema do seu cliente, siga-a.

3.3. Superioridade de forças

Como é possível ser mais forte que o examinador ou adversário?

Resposta: Usando argumentos que ele não poderá ou quererá rebater.

Que argumentos são esses?

Resposta: Não os seus, mas os das fontes de autoridade que todo mundo considera e respeita.

DICA:

Mantenha sempre a atitude humilde e gentil. "Ser mais forte" é uma arte, pois o ideal é jamais fazermos com que a pessoa se sinta agredida ou incomodada com nossa capacidade. Sun Tzu, em *A arte da guerra*, comenta que o melhor general é aquele que conquista a vitória causando o menor grau de destruição possível.

3.4. Objetivo

Ninguém ganha uma guerra se não mantiver os olhos fixos nos seus objetivos. Mantenha sempre o foco no resultado que você quer alcançar e na melhor maneira para consegui-lo. Nunca atenda aos seus próprios interesses, mas aos do leitor ou cliente. Sempre que quiser convencer alguém de alguma coisa, aprenda a fazê-lo de um modo sutil e agradável, em que a pessoa faça o que você quer por vontade dela, e não forçadamente ou a contragosto.

3.5. Organização

Sem organização sempre existirá desperdício. Além de o desperdício ser sempre algo negativo, em provas e concursos ele pode ser a diferença entre passar ou não passar. Logo, organize-se. O uso de mementos[2], por exemplo, nada mais é do que uma forma para organizarmos nossa exposição.

3.6. Meios

Meios são os instrumentos e materiais necessários para trabalhar. Nas guerras, são os canhões, os carros de combate, os fuzis. Na redação, temos dois tipos de material: externo e interno. Ambos são preciosos.

Os meios externos são papel, caneta, borracha, *liquid paper*, roupas adequadas, letra bonita e legível, óculos com o grau correto, alimentação adequada etc. A impressora, a tinta, o computador, o acesso à internet, dispor de bancos de dados confiáveis e de consulta rápida e eficiente de uma boa biblioteca também são meios externos aos quais podemos recorrer.

Os meios internos para se ganhar a guerra da redação são o raciocínio, a criatividade, a capacidade de comunicação escrita e oral e o estudo, que nos fornece o material para escrever, expor, convencer, raciocinar etc.

3.7. Manobra

Quando se fala em "massa de manobra", nada me vem mais forte à mente do que o conhecimento que apenas o estudo metódico e dedicado fornece. Se as técnicas são o forno, o estudo é a farinha de trigo do pão da sabedoria.

Ainda podemos falar mais sobre manobra, que, em termos bélicos, é a capacidade de movimentação das tropas no terreno, deslocando-se, avançando, recuando etc. Um bom estrategista sabe levar suas tropas pelos caminhos mais seguros, sabe desviar-se dos locais perigosos, sabe a hora de emboscar o inimigo e a de evitar ser emboscado, sabe sair de um cerco e sabe cercar o inimigo.

Imagine-se, portanto, como um grande general, tendo que levar suas tropas (sua vida, seus conhecimentos etc.) para um lugar seguro.

O treino também é importante, seja para as tropas de um exército, seja para aquele que pretende ser um bom escritor. Deslocar-se no terreno é deslocar ideias. Montar um cenário de combate ou um texto exige dedicação, experiência e exercício. Exige manobra, ação.

2 Comentaremos sobre mementos no capítulo 4, a seguir.

Quando começamos a escrever ou a falar, estamos, na verdade, conduzindo a nós mesmos, a matéria, o leitor, o ouvinte, o examinador, a tudo e a todos, pelos caminhos que queremos.

3.8. Execução

Não existe vitória sem esforço, sem ação. Todos os grandes planos de batalha, todas as estratégias, as táticas mais brilhantes, absolutamente tudo que aconteceu na História só entrou para ela porque houve guerreiros com coragem para pôr os planos em execução.

3.9. Unidade

A unidade é a qualidade de manutenção de um conjunto em funcionamento, de manter-se a uniformidade, coordenação e harmonia. Toda ação de sucesso deve manter um grau de homogeneidade e coesão. Os esforços e o uso dos meios disponíveis devem ter a qualidade da união.

Em uma redação ou palestra, a sua exposição de ideias mantém a unidade? Tudo se dirige a um objetivo previamente definido?

O tamanho da sua letra é o mesmo em todas as questões?

O seu modo de julgar e raciocinar é coerente?

Em sua casa, existe união entre a família em torno de objetivos comuns ou, ao menos, para que haja colaboração mútua para que os objetivos individuais sejam alcançados?

O seu quadro de horário mantém uma razoável harmonia?

Todo o seu ser está envolvido, uno e direcionado aos objetivos e planos?

Viu? A unidade é um precioso elemento para a guerra... e para a paz.[3]

> Assim como precisamos conhecer, discutir e duvidar dos fatos, precisamos conhecer, discutir e até duvidar das normas. Podemos e devemos discutir se estão em vigor, se são válidas, legítimas, constitucionais, justas, humanas etc.

---

3 Para quem gosta de estratégia militar, ver o livro *A Arte da Guerra para Provas e Concursos*, de William Douglas (Editora Impetus).

Capítulo 4

REDAÇÃO

1. INTRODUÇÃO

Todas as profissões exigem a capacidade de redação, mas poucas são aquelas onde o sucesso do profissional dependa tanto dela quanto o Direito.

Ler e redigir fazem parte de um mesmo fenômeno, bem como falar, expressar-se e comunicar-se: ou você faz todos bem, ou não vai bem. Quem já escreve ou fala razoavelmente tem tudo para completar o ciclo da comunicação, e isso é muito importante. É a palavra que nos distingue dos outros animais. A palavra é, ao menos no grau de sofisticação que temos, privilégio da Humanidade.

A área jurídica vai demandar redação na faculdade, para provas e trabalhos, bem como, depois, em petições, concursos etc. Tenha em mente que quem sabe estruturar bem uma resposta escrita certamente também saberá estabelecer uma boa estrutura verbal, e vice-versa. Embora cada uma dessas formas de exposição tenha suas particularidades, elas se completam e auxiliam.

✓ **OBSERVAÇÕES**

- É indispensável que, antes de procurar redigir, o aluno aprenda a pensar. Para isso é preciso ler, pesquisar, refletir... e então escrever. Esses cuidados darão suporte para a redação. A ordem é a seguinte: primeiro raciocinar, depois escrever.

  Se o aluno sabe se comunicar, com treino poderá escrever e falar bem. Escrever é mais fácil do que falar, pois se tem mais tempo e ninguém nos interrompe.

- Para escrever bem, é necessário conhecer a gramática da língua. Portanto, estude com dedicação, na segunda parte do livro, as regras gramaticais e as técnicas gerais de redação, reunidas pelo prof. Renato Aquino.

> Eu não acredito em inspiração.
> Escrever é um trabalho, tem que ser feito todos os dias.
> Costumo dizer que a primeira condição para escrever é sentar.
> Depois de sentar, escrever.
>
> José Saramago

Se você quer aprender a redigir bem, faça três coisas:

1 – Leia muito;

2 – Estude português, literatura e a matéria da prova;

3 – Principalmente, acostume-se a redigir. Escreva sempre, redija sempre. Escreva redações, cartas, poesias, contos, exposições de motivos etc. Só aprendemos a escrever escrevendo.

É preciso criar uma linha de comunicação cérebro-mão-caneta--papel: uma linha para o mundo. Se você faz bem essa linha, também terá facilidade para falar e discursar. A "estrada" tem de ser aberta, primeiro, com um facão, fazendo uma trilha, para depois virar estrada de chão. Com dedicação, treino e tempo, a trilha vira estrada, primeiro de paralelepípedos e em seguida de asfalto, até um dia ser autoestrada, *free-way* e, depois, campo até para viagens interestelares, para foguetes e astronaves. Ela vai permitir escrever-se desde um bilhete até um livro, de uma poesia de amor a uma carta de agradecimento, um pedido, uma prova, uma petição, tudo.

2. REDAÇÃO PROPRIAMENTE DITA

> Escrever é simplesmente uma maneira de falar
> sem que interrompam a gente.
>
> Sofocleto

Uma considerável parte dos acadêmicos e operadores jurídicos sabe o assunto o suficiente para ter sucesso na prova, petição ou texto, mas não se sai bem por deficiência da sua redação. Essa deficiência pode decorrer da própria dificuldade de redigir, ou da falta de habilidade para se transportar, como já dissemos, uma ideia para o papel. A origem das deficiências em geral remonta à alfabetização e aos ensinos fundamental e médio. Raros são os cursos de Direito que ensinam e exigem uma boa redação dos alunos, permitindo que cheguem ao mercado de trabalho profissionais muito fracos nesse requisito essencial e os poucos professores que insistem em uma boa redação são, muitas vezes, criticados pelos alunos. Mas saber a origem do problema não o resolve. O que resolve é estudo e treino.

Um bom domínio das técnicas de raciocínio cumulado com uma capacidade razoável de redação permite até, às vezes, acertar questões que não foram estudadas. Vamos dar um exemplo citado por William Douglas no livro "Como passar em provas e concursos".

> "Na prova específica de Direito Penal para Delegado de Polícia foi perguntado se o menor de 18 anos conta para fazer o número mínimo de pessoas para se configurar o crime de quadrilha ou bando. Era uma questão que eu não havia estudado, mas raciocinei sobre a dicotomia (característica do Direito de sempre haver dois lados de uma questão). Além disso, a lei fala sobre o menor (inimputabilidade) e sobre os requisitos para haver o crime de quadrilha ou bando (o tipo penal).
>
> Ora, de plano pude balizar duas grandes correntes: a que admitia a contagem do menor e a corrente contrária. Nunca estudei a existência dessa discussão, mas o fato da indagação demonstrava isso. Além do mais, existiam bons argumentos em um e em outro sentido. Nada mais fiz do que aplicar técnicas que permitem uma boa resposta como fruto do raciocínio.
>
> A resposta foi em quatro parágrafos. O primeiro indicava que a respeito do tema havia discussão doutrinária e jurisprudencial, uma corrente admitindo a contagem do menor, e outra não. O segundo parágrafo indicava a tese que admitia a contagem, calcada no efetivo aumento da capacidade deletéria do ajuntamento (argumento específico para o caso) e na preocupação com o combate ao crime, com a efetiva repressão à delinquência e com a segurança pública (argumentos gerais e invariáveis, que sempre surgem em questões criminais). O terceiro parágrafo fazia menção à corrente oposta e aos seus fundamentos: o fato de que, sendo o menor inimputável e não tendo capacidade de entender o caráter ilícito do fato ou de se determinar de acordo com esse entendimento (arts. 227 da CF e 26 e 28 do CP), não poderia ser ele contado (argumento específico do caso). Acrescentei a preocupação com a proteção dos direitos individuais, entre os quais constava a proteção ao menor (argumento geral e invariável). O quarto e último parágrafo apenas serviu de fecho, mais uma vez indicando a divergência. Não me recordo se na ocasião cheguei a filiar-me a uma das duas correntes.
>
> A prova tinha 5 questões, cada uma valendo 20 pontos. Como eu tirei nota 100, significa que a resposta obteve grau máximo. Se obtivesse metade de seu valor já seria um bom resultado. A obtenção de máximo grau, numa questão que seria inicialmente difícil por eu não a ter abordado especificamente, demonstra a utilidade do raciocínio, da redação e da posse de um conjunto mínimo e razoável de conhecimentos sobre o assunto."

Se estamos diante de uma prova ou concurso, o ideal é estudar bem todo o programa; se estamos diante de uma causa, o ideal é fazer uma exaustiva pesquisa sobre os assuntos que interessam à mesma (tanto de direito material quanto de direito processual). Se isso não for possível, apegue-se ao mínimo: saber o que a lei, a doutrina e a jurisprudência falam. Em qualquer caso, a redação irá ajudar muito. Contudo, vencer na área jurídica fazendo o mínimo não é algo com muitas chances de acontecer.

Advirta-se, porém, que só raciocinar não será o suficiente se não houver um mínimo de conhecimento para trabalhar-se. Não adianta entregar a um Leonardo Da Vinci ou Van Gogh uma tela e não lhes fornecer pincel e tinta. A capacidade do profissional pode até criar alguma coisa (com seu sangue e dedos, por exemplo), mas nada comparável a um trabalho orquestrado entre técnica (saber pintar) e material (pincel, tinta, tela). Em concursos, você precisa saber raciocinar e redigir, mas também precisa saber a matéria para poder trabalhar com ela.

3. CUIDADOS NA REDAÇÃO

• **Leia** tudo o que puder sobre o assunto a ser abordado. Se tiver pouco tempo, opte pelas referências mais autorizadas sobre o tema. Se for uma questão de prova ou um caso judicial, leia com cautela para descobrir o que efetivamente está sendo perguntado (provas) ou o que realmente aconteceu (casos concretos). Como já dissemos, se não conhecer bem o assunto apresentado pelo seu cliente, colha dele todas as informações que puder e peça um prazo para "estudar seu caso", e faça isso.

• **Qual é a pergunta?** Em provas, procure perceber o que o examinador quer, ou seja, qual o conhecimento a ser demonstrado. Em casos judiciais, procure descobrir qual é o pedido a ser feito ou contestado, ou seja, quais são os limites da discussão que está sendo travada.

• **Responda** ao que foi perguntado ou aborde o que tem de ser tratado, prezando pela **clareza, objetividade e simplicidade.** Estas são qualidades preciosíssimas.

• **Técnicas de argumentação.** Utilize as seis perguntas, que servem para auxiliar o raciocínio e a argumentação escrita e oral: "quem, quê, onde, quando, como e por quê". Repetindo:

(1) quem, (2) o quê, (3) onde, (4) quando, (5) como e (6) por quê

Essas perguntas ajudam bastante a descobrir o que está sendo discutido e a abordar integralmente um caso.

• **Revisões.** Nunca deixe de ler seu texto depois de pronto. Se tiver tempo, o ideal é que você releia a resposta primeiro para corrigi-la e, depois, como se você fosse o examinador ou o juiz examinando o que está escrito. Melhor ainda se fizer o texto em um dia, bem como essa revisão, e deixar para fazer uma nova leitura no dia seguinte, para não ser traído pela memória ou pela pressa. Quanto mais importante for a questão, mais útil será que outra pessoa – de sua confiança e capaz – dê uma lida. Para ter tempo de burilar e aperfeiçoar o texto, é preciso não deixar sua preparação para a última hora.

Ao reler a resposta, preste atenção para efetivamente verificar o que foi escrito, e não apenas a sua memória do que foi escrito. É comum a pessoa passar os olhos sobre o texto relembrando o que quis escrever e não o que escreveu realmente.

• **Administre o tempo** disponível para preparar o texto. Se for uma prova ou concurso, aprenda a administrar o tempo de prova (mais informações, ver *site* www.williamdouglas.com.br). Faça a divisão do tempo para cada questão. Se for um trabalho, petição, monografia ou assemelhado, comece a fazer a pesquisa e a preparar o texto ou peça com a devida antecedência.

• Esteja "por dentro" das **controvérsias da questão analisada**. Quando estiver diante de questões em que existam teses controvertidas ou em que o fato descrito no enunciado seja aberto (não esclarecendo totalmente o problema), tome cuidado. Sempre verifique as variações dos fatos ou dos argumentos que possam alterar as soluções. Evite respostas categóricas para assuntos abertamente debatidos.

4. OUTROS CUIDADOS NA REDAÇÃO

Vejamos agora mais alguns tópicos valiosos na redação:

1) Letra legível.
2) Português correto.
3) Prova, trabalho ou petição asseada.
4) Rascunhos.
5) Redação. Ideias completas.
6) Escrevendo o texto do tamanho adequado.
8) Repetir a pergunta.
9) Palavras mágicas: *lato sensu, mutatis, modus,* conceituação com sinonímia e "como o próprio nome diz".
10) Fundamentação.
11) Assinatura.

4.1. Letra legível / tinta legível

Em textos escritos a mão, se o leitor (examinador, professor, orientador, juiz) não consegue entender sua letra, não terá como saber o que escreveu, e a tendência é que você não consiga convencê-lo a lhe dar o ponto ou o deferimento do que está pedindo. Caligrafia feia é, por definição, uma impossibilidade e, sem dúvida, falta de consideração e asseio, para dizer o mínimo. Ademais, acreditamos que você não gostaria de depender de boa vontade em excesso por parte de quem está "do outro lado" do texto, o leitor. Ninguém é obrigado a decifrar "hieróglifos", e a tendência é que a letra ruim seja "punida" com a perda de alguns pontos.

Capriche na letra. Se preciso, compre um caderno de caligrafia. Em último caso, utilize caixa-alta. Para usar a caixa-alta, são necessários dois cuidados:

1º: Verificar se a banca permite;

2º: Em caso afirmativo, ter o cuidado de destacar as letras maiúsculas.

Os mesmos problemas acontecem, ainda que mais raramente, nos textos impressos. Muitos imprimem seus textos sem cuidado, com tinta fraca ou com impressoras com defeito, ou deixam a tinta borrar, molhar, manchar etc. São trabalhos feios, sujos... e a imagem que eles passam é péssima. Isso acontece até mesmo com currículos, o que é uma garantia de que você não será contratado.

4.2. Português correto

Redigir corretamente é indispensável. Para aprender português, abrace um livro de gramática, leia muito, de tudo, e acostume-se a corrigir seus erros, não se deixe levar pelos corretores automáticos, e pesquise a grafia correta das palavras. Se tiver dúvida sobre uma palavra ou a construção de uma frase, não arrisque: use um sinônimo ou modifique a frase, mas não deixe de checar a forma correta de redigi-la depois.

Outros recursos para verificar a correção é usar a eufonia e o inconsciente. Se a palavra não soar bem, soar esquisito, se não for eufônica, mude-a. Se não se recordar da grafia correta, pense em outro assunto e, em seguida, escreva a palavra sem pensar nela: a tendência é o inconsciente mandar a palavra corretamente grafada.

A **pontuação** é muito importante, pois é através dela que fazemos o texto ficar mais fácil de ser lido, compreendido e interpretado. Uma vírgula mal colocada pode mudar o sentido do texto.

Ex.: Não tenha piedade. *x* Não, tenha piedade.

Sobre a importância da pontuação, uma história muito popular é a de um homem rico que em seu leito de morte escreveu seus últimos desejos: "deixo meus bens a minha irmã não a meu sobrinho jamais será paga a conta do padeiro nada dou aos pobres" e morreu antes de pontuar o texto.

Quando houve a leitura do testamento improvisado, o sobrinho fez a seguinte pontuação:

"Deixo meus bens à minha irmã? Não! A meu sobrinho. Jamais será paga a conta do padeiro. Nada dou aos pobres."

Já a irmã, fez sua própria versão:

"Deixo meus bens à minha irmã. Não a meu sobrinho. Jamais será paga a conta do padeiro. Nada dou aos pobres."

O padeiro, sentindo-se prejudicado por ambas as versões sugeriu uma própria:

"Deixo meus bens à minha irmã? Não! A meu sobrinho? Jamais! Será paga a conta do padeiro. Nada dou aos pobres."

Descontestes com o resultado, os descamisados da cidade deram a seguinte interpretação:

"Deixo meus bens à minha irmã? Não! A meu sobrinho? Jamais! Será paga a conta do padeiro? Nada! Dou aos pobres."

Moral da história: a vida pode ser interpretada e vivida de diversas maneiras. Nós é que escolhemos como pontuar cada momento. Devemos pontuar nossa vida com o que realmente importa e prestar muita atenção ao que queremos dizer e como seremos interpretados.

Neste passo também a **acentuação**. Em exemplo que não é nosso, mas interessante:

Ex.: "Jesus disse que nos amássemos uns aos outros".

Sem o acento, o efeito desse conselho seria bem diferente.

Para praticar uma boa pontuação, acostume-se a fazer na escrita as mesmas pausas que faria se estivesse explicando o texto para alguém. Para pausas curtas use vírgulas, para pausas longas use ponto. Sempre que mudar o item da exposição, mude de parágrafo.

4.3. Prova, trabalho ou petição asseada

Nada mais desabonador do que um texto cheio de correções grosseiras (com borracha, *liquid paper* etc.), garranchos, coisas rabiscadas, borrões, setas para cá e para lá, com a ordem das questões toda invertida, com a resposta de uma questão na outra etc. O *liquid paper* também pode dar uma impressão ruim. Isso, para não citar as pessoas que deixam as folhas caírem no chão, sujando-as; os que, por nervosismo, amassam ou rasgam as folhas; os que passam tanto a borracha que deixam um furinho onde apagaram o texto errado etc.

A "cara" da peça processual ou da prova é a "cara" do profissional, aluno ou candidato. É a sua foto que o leitor vai ver. Faça o teste da foto: olhe para seu texto depois de pronto e veja se você gostaria de ser confundido com ela. Pois é, seu texto é a sua cara. Portanto, acostume-se a fazê-la ficar cada vez mais bonita.

Parafraseando Vinícius, *me desculpem as provas feias, mas beleza é fundamental.*

4.4. Rascunhos

A) Em provas e concursos

Em provas, uma das perguntas mais comuns do candidato é se deve fazer rascunhos ou responder direto às perguntas. Outros fazem a prova a lápis e depois a sobrescrevem com caneta, o que é, na prática, um modo de fazer rascunho. Das duas, uma: ou fica feio, ou exige um bom trabalho com a borracha, no mais das vezes faz uma lambança na prova e gastando ainda mais tempo.

Primeiro, veremos o que **evitar e no item 6 deste capítulo descorreremos sobre como se faz um bom rascunho/memento**:

Não responda direto na folha de respostas. É muito raro que alguém consiga escrever tudo certinho logo de início. Quem escreve direto perde a chance de pôr as ideias em ordem. A tendência de quem responde direto, salvo se tiver muito costume de escrever, será sempre a de ter de consertar ou melhorar alguma coisa depois, e o asseio da prova vai para o espaço.

B) Na Advocacia

Essas falhas também acontecem em peças processuais. Se a peça for redigida diretamente no computador ou tablet, sem a devida revisão, ou mesmo apressadamente em uma folha de papel, a tendência é que aconteçam erros e confusões.

DICA IMPORTANTE:

Um dos erros mais comuns e muito graves acontece quando quem vai redigir uma peça utiliza como base outra peça processual de caso semelhante ou até de caso idêntico, mas de outra pessoa ou parte. É corriqueiro que sempre se esqueça algum dado do processo anterior, criando confusões que podem ir desde a mera demonstração de desídia profissional e falta de capricho, até a perda de uma causa, ambos os resultados, ressaltamos, péssimos.

4.5. Redação com ideias completas

Há quem comece a pensar na frase e escreva metade dela. Aí, para, pensa mais um pouco, pensa no resto e escreve. Só que no meio desse processo acaba escrevendo coisas sem nexo ou com a concordância errada. Isto acontece porque o cérebro pensa muito rápido e não se prende necessariamente ao que já está escrito na folha.

O ideal é primeiro pensar as frases completas e só depois escrevê-las. Outro recurso é o de, sempre que for completar uma frase, recomeçar a ler a resposta desde o seu início. Só assim você não vai perder o fio da meada.

Vamos dar um exemplo extraído dos concursos. Temos a seguinte questão:

"Pedro possuía cabelos louros e, em 1997, os pintou de azul e, no ano seguinte, de preto. Cinco anos depois, ele os coloriu com a cor original. Qual a cor dos cabelos de Pedro em 1999?"

Se o candidato começar a escrever: "*A cor dos cabelos...*" e parar no meio da frase, tem uma boa chance de ir raciocinando, ver que os cabelos em 1999 eram pretos e completar a frase fazendo a concordância com o plural, ficando com a seguinte resposta: "*A cor dos cabelos **são** pretos*", cometendo um erro crasso de português. O exemplo é simples, mas posso assegurar que fenômenos como esse acontecem abundantemente. E acontecem em muitas petições apresentadas em juízo. Às vezes, não é possível sequer entender o argumento ou o pedido por força dessas falhas de redação.

O que ocorre é que o cérebro trabalha com várias ideias e nem sempre transmite adequadamente a concordância lógica ou linguística, pois pensamos mais rápido do que escrevemos. Para fazer essa "migração", é preciso cuidado. Por exemplo, se não tivermos atenção, puxamos a concordância para a ideia central na mente, e não a devida no texto. Outro risco é "puxar" a concordância para a palavra mais próxima, e não para a correta. Outro, ainda, é "comer" uma ou outra palavra da frase, fazendo com que ela fique sem sentido.

Repare se na sua redação existem momentos em que você para no meio de uma frase. Observe se há pontos em que a caneta marca um pouco mais, ou fica um "rabinho" de tinta para cima ou para baixo. Há pessoas que param para pensar e nem sequer tiram a caneta do papel. Isso é "pedir" para acertar a resposta na sua cabeça, mas errar no papel, onde ficará escrita a resposta com um erro de lógica ou de português.

É claro que, se a pessoa utilizar a técnica de reler o texto, poderá corrigir os possíveis erros. Só que é melhor e mais produtivo já escrever certo, para o texto ficar mais bonito (sem marcas de borracha, emendas etc.) e para não se gastar tempo corrigindo, ou seja, fazendo o retrabalho.

"Retrabalho" é fazer uma coisa duas vezes porque se fez malfeito da primeira, o que prejudica a qualidade e, consequentemente, a produtividade (Deming, 1990, p. 1). Essa ideia aplica-se não só à redação, mas a tudo no estudo e na vida.

4.6. Escrevendo o texto do tamanho adequado

O redator de um texto deve escrever **tudo o que deve ser dito, da forma mais concisa possível**.

Em provas, deve ser passado o maior conteúdo possível, inclusive o que possa parecer "o óbvio". O único limite dessa verdade é o espaço para escrever, quando entra em cena a necessidade de objetividade e sumarização. Porém, tendo espaço (e resumindo a resposta no primeiro e no último parágrafos), o candidato tem de dizer tudo o que recordar sobre o assunto da pergunta. O único contato que o examinador tem com o candidato é o que este escreve na prova. Se o aluno não coloca alguma coisa no texto, isso funciona para o examinador como se o candidato não soubesse o assunto. Para o examinador, o que não está no papel da prova não está na cabeça do candidato. Como já observamos, enquanto estivermos dizendo coisas certas, devemos dizer o máximo possível. A coisa é óbvia? Pode ser óbvia para você, mas não para todos. E, ademais, ainda que seja óbvia mesmo, você quer deixar o examinador pensando que você não sabe nem mesmo o óbvio?

Em peças processuais, deve ser recordado que os juízes e tribunais lidam com excesso de trabalho. Se alguma coisa pode ser dita de forma clara e suficiente em três laudas, não utilize quinze. Haverá sempre o risco de sua peça não ser lida. Nessa hora, é importante que as fontes sejam adequadas, assim como as margens e entrelinhas. Não economize folhas de papel com letras pequenas demais para serem lidas, em especial por olhos cansados.

Se uma peça tiver que ser um pouco maior, tome o cuidado de deixar que seja bem estruturada, com tópicos claros e facilmente visualizáveis.

Em trabalhos científicos, desde uma monografia até um livro, procure descobrir qual é o objetivo a ser alcançado e o que está sendo pretendido por quem for ler. Apenas para dar um exemplo: uma tese de doutorado terá um tamanho, linguagem, forma de redação, de abordagem etc. totalmente diferente da de um livro para concursos. Na mesma linha, um artigo para uma revista científica deverá ser, em sua elaboração, bem diferente de um artigo para um jornal. Isso, aliás, começa com o tamanho: um texto para ser publicado em jornal deve ter, em geral, não mais do que duas laudas. Uma revista científica poderá olhar um texto desse tamanho muito mais como um "recado" do que como algo a ser publicado. Um artigo para jornal pode usar a primeira pessoa sem muito problema, mas em um artigo científico isso é praticamente uma garantia de que o mesmo será recusado pelo conselho científico da revista especializada. Dependendo do momento da carreira ou dos objetivos a serem alcançados, pode ser mais importante para um professor ou advogado publicar um artigo numa revista científica respeitada ou em um jornal de grande circulação. A forma de redigir será totalmente diferente para um ou outro objetivo. Publicar um artigo numa revista aberta (por exemplo, *VEJA*, *ISTO É*) é diferente de publicar um artigo em uma revista jurídica. No final da obra, há um capítulo sobre a redação de artigos científicos, cuja leitura recomendamos, antes da elaboração dessa modalidade de peça.

Sempre que escrever saiba a quem o texto se destina e qual linguagem e tamanho de texto serão adequados para obter o máximo de retorno do leitor. Organize seu texto para que ele fique fácil de ser compreendido e demonstre seus argumentos, motivos, conhecimentos ou o que você pretender.

4.7. Repetir a pergunta

Outro recurso útil nas provas é repetir no texto, de modo igual ou semelhante, o enunciado. Essa técnica faz com que a resposta fique mais densa e completa, bem como mais explicativa.

EX.: QUAL É A COR DOS CABELOS DE PEDRO?

Resp. 1: “Preta.”

Resp. 2: “É preta.”

Resp. 3: “A cor é preta.”

Resp. 4: “A cor dos cabelos é preta.”

Resp. 5: “A cor dos cabelos de Pedro é preta.”

Repare como, naturalmente, consideramos melhor a resposta 5, embora a soma das informações do enunciado e da resposta seja igual em todas. As cinco respostas possuem a mesma quantidade de informação, mas as duas últimas impressionam mais, são mais completas. Este fenômeno é mais evidente em questões maiores ou mais complexas. Lógico que, se a pergunta está logo acima do espaço para resposta, a diferença é menor. Alguns professores gostam de respostas bem objetivas, outros gostam de respostas mais densas. O conselho é que o texto de sua resposta seja objetivo no primeiro e último parágrafos, e mais alentado nos parágrafos intermediários.

Tanto quanto possível, devemos manter a ordem numérica das perguntas no caderno de respostas, pois isso também facilita o trabalho do examinador e mostra organização do candidato.

4.8. Palavras mágicas

A linguagem é algo tão fantástico que permite uma enorme maleabilidade, desde que a pessoa tenha intimidade com as palavras.

Existem alguns termos que facilitam a exposição escrita ou verbal.

Vários desses recursos nos são permitidos por expressões latinas. Elas, além de mostrarem erudição, são ótimas para moldar nossas respostas. Outras expressões, idiomas e conectores linguísticos também serão úteis e pouco a pouco você irá se acostumar a utilizá-los.

A expressão ***lato sensu***, isto é, em sentido lato ou amplo, permite "consertar" definições que a princípio estariam erradas. Ex. "A mulher é um homem" é um conceito errado, mas, se colocarmos o "em sentido lato", o conceito passa a aceitável: "A mulher é um homem, ***lato sensu***" (homem = raça humana).

A mesma capacidade de mimetismo ocorre com a expressão ***mutatis mutandis***, que significa "mudadas as coisas que devem ser mudadas". Vamos ao exemplo. "Um homem é uma mulher" é um conceito errado que fica certo se dissermos que um homem é uma mulher, mudadas as coisas que devem ser mudadas: "Um homem é uma mulher, ***mutatis mutandis.***"

A adaptação de respostas também pode ser feita com a expressão ***modus in rebus***, que significa "na medida das coisas". Por exemplo, mesmo que não concorde integralmente (ou nada!) com o que alguém disse, você pode cortesmente colocar sua opinião dizendo que concorda com o que foi dito, na medida das coisas. Após o *modus in rebus,* você pode passar a expor sua ideia. Além disso, se quiser partir da premissa maior para a menor, pode usar um conceito da premissa maior e lançar o *modus in rebus* seguido das explicações e distinções que julgar necessárias.

Outro recurso de redação é utilizar **sinônimos**. Se você notar que repetiu muito uma palavra em um texto, substitua-a por seu sinônimo. O texto ficará mais bonito e agradável. Experimente pegar suas respostas e ver quantas palavras são repetidas. Transcreva o texto mudando-as e veja como fica muito mais fluente.

As **palavras repetidas** prejudicam a **eufonia**, que é a qualidade do texto ou do discurso ser agradável aos ouvidos. Além disso, também não são recomendáveis as **terminações repetidas**, que funcionam como um desagradável eco. Ex.*:* "A situação da nação está uma danação." Veja que o "ção" foi utilizado três vezes. Eis uma construção melhor: "A situação do país está terrível."

Esse vício acontece com as finalizações **ar, er, ir, mente** etc. Procure já escrever variando ou, ao menos, reler o texto e corrigir as finalizações repetitivas.

Os **sinônimos** também ajudam muito a fazer conceituações. O termo a ser conceituado não pode aparecer no conceito, mas pode ser substituído por um sinônimo ou uma explicação bem simples do que é a tal coisa. Quem ler o conceito irá gostar e achar bom. Ex.: Conceituar o que é um carro. Não dá para dizer que um carro é um carro, mas dá para dizer que é um automóvel, ou um meio de transporte, ou, ainda, descrevê-lo sucintamente, dizendo que em geral possui quatro rodas, um chassi, uma carroçaria etc.

Às vezes precisamos definir alguma coisa e não conseguimos um sinônimo ou uma explicação do que essa coisa é ou como funciona. Nessas horas não dá para dizer que "uma pedra é uma pedra", pois fica muito simplista. Se você, contudo, disser que "uma pedra é, como o próprio nome diz, uma pedra", o texto ficará um pouquinho melhor. Às vezes o recurso ilude (pois, todos sabemos, a linguagem é magia e ilusão), dando a impressão de maior correção. O termo "como o próprio nome diz" cumpre a função de distanciar no texto o elemento conceituado do conceito em si. Esse recurso mostra, mais uma vez, como é possível brincar com as palavras.

4.9. Fundamentação

A fundamentação é necessária no Poder Judiciário, seja para convencer o juiz, seja para que este justifique sua decisão (art. 93, IX, da Constituição). Mas não é só ao Judiciário que a fundamentação interessa. Todas as áreas a utilizam e dela têm necessidade. Ao redigir, ou falar, adquira a prática de fundamentar, de relacionar os motivos, as razões, as vantagens, as desvantagens de não fazer o que vai ser feito, e assim por diante.

Mesmo que nem todos se apercebam disso, a fundamentação é indispensável para o ser humano agir. Os titulares do direito precisam dela para decidir e, os que não detêm o poder de decisão, precisam dela ainda mais para convencer quem o tem a proceder de uma ou de outra forma.

DICA:

Às vezes, boa parte da "fundamentação" ou a razão de alguém ganhar um pedido, processo ou discussão será sua credibilidade profissional. É assustador, mas acontece: quem você é será parte do que você argumenta. Às vezes, contratar um advogado conhecido como corrupto ou desonesto pode prejudicar, assim como ser defendido por alguém cuja competência ou honorabilidade é inquestionável vai ajudar bastante.

4.10. Assinatura

Há ainda uma outra forma de se falar em "assinatura". Todos gostam de fazer sua assinatura, de preferência, uma assinatura bonita e elegante. A letra da pessoa mostra quem ela é, a assinatura mostra quem ela gostaria de ser. Porém, o mais importante na verdadeira assinatura pessoal, que você deixa nos textos e discursos que faz, é a **qualidade** que neles imprime. **Essa é a sua assinatura mesmo porque é sempre importante conferir se você deve assinar, realmente, o texto que está redigindo.**

5. REDIGINDO E MELHORANDO A REDAÇÃO

Para melhorar nossa redação, podemos usar mais três recursos: períodos e parágrafos curtos, citações e criatividade.

5.1. Períodos curtos

Quanto maior o número de palavras entre um ponto e outro, entre uma vírgula e outra, e quanto maior um parágrafo, maior será a dificuldade de o leitor entender o que você está querendo transmitir. O mesmo também ocorre no discurso: quanto menores as frases, mais fácil entender, e mais contundente para convencer será o discurso.

Pegue um livro mais antigo e repare como os parágrafos duram páginas inteiras, como as frases ocupam linhas e mais linhas, como o escritor passa longos trechos sem fazer um ponto sequer. O próprio visual da página está mais parecido com um tijolo, hermético, de cima a baixo. Compare esse tipo de texto com outros onde as frases são curtas, onde há mais pontos e mais vírgulas e onde os parágrafos não são muito extensos. A própria "fotografia" (o *layout*) da página é mais agradável à vista.

Como você prefere ler? Qual das formas de redação lhe dá mais prazer? Aprenda a escrever um texto tão agradável quanto você gostaria de ler.

Algumas dicas:

- Faça frases curtas.
- Pegue frases grandes e transforme-as em duas frases seguidas, se necessário repetindo os verbos.
- Sempre que for explicar ou completar uma ideia, prefira fazê-lo após um ponto final ou em um parágrafo de complementação.
- Use mais vírgulas e muito mais pontos.
- Não economize parágrafos.

- Corte palavras desnecessárias.[1]
- Sublinhe, use negrito e caixas-altas, dê vida ao seu texto, mas sem exageros.
- Escreva com emoção. Dê graça, cor, som e sentimento ao seu texto.
- Treine sempre fazer mais uma versão de seu texto, passando-o a limpo, melhorando, cortando os excessos, acrescentando algo que lhe agregue valor, vendo as palavras ou terminações repetidas, substituindo-as por sinônimos ou mudando a construção do texto. Uma boa prática é mudar o tipo de discurso, passando do direto ao indireto e vice-versa.
- Leia seu próprio texto e veja se gostou dele. Leia-o como se você não fosse o autor, procure defeitos, procure coisas para melhorá-lo.

Aperfeiçoe seu texto.

> Qual a coisa mais importante do mundo? Uma boa frase.
>
> (Tom Robbins, romancista)

Leia o texto abaixo em suas duas versões:

Ao proibir o acesso de ex-presidiários nos serviços de assistência religiosa, está-se limitando a possibilidade dos internados a exemplos de mudança de vida e ao mesmo tempo está-se infamando e marcando pejorativamente os ex-presidiários recuperados, já que a Constituição proíbe penas cruéis (art. 5º, XLVII, "e"), além do fato de ex-presidiário já ter cumprido a sua pena, a invenção da Portaria que fez a proibição é a de manifesta crueldade e violação à dignidade da pessoa humana (art. 1º, III, CF).	Ao proibir o acesso de ex-presidiários nos serviços de assistência religiosa, está-se limitando a possibilidade dos internados a exemplos de mudanças de vida. Ao mesmo tempo, está-se infamando e marcando pejorativamente os ex-presidiários recuperados. A Constituição proíbe **penas cruéis** (art. 5ª, XLVII, "e"). Além do fato de o ex-presidiário já ter cumprido sua pena, a invenção da portaria que fez a proibição é de manifesta **crueldade** e violação à **dignidade da pessoa humana** (art. 1º, III, CF).

1 Para saber mais sobre "corte de palavras" disponibilizamos, na página do livro, no site da Editora Impetus e no do autor William Douglas, material complementar para download.

A portaria proíbe que o ex-presidiário procure ser útil à sociedade e um dos pontos onde sua palavra pode ser mais proveitosa, que é junto de pessoas que estão em situação na qual ele já esteve e saiu, sendo assim uma medida que castra a atividade social positiva que o ex-presidiário quer desenvolver limitando sua cidadania. Isto limita a cidadania. A ocorrer esta forma hedionda de discriminação inequívoca da hipocrisia de nossa sociedade, que trata os delinquentes como verdadeiro lixo humano recusando até mesmo os mais básicos dos direitos humanos: o direito de mudar e melhorar de vida e o direito de não ser estigmatizado. Esquece-se a sociedade de que o crime é um fato social no mais das vezes criado pela própria coletividade.	A portaria proíbe que o ex-presidiário procure ser útil à sociedade em um dos pontos onde sua palavra pode ser mais proveitosa: junto de pessoas que estão em situação na qual ele já esteve e saiu. A medida, assim, castra a atividade social positiva que o ex-presidiário quer desenvolver. Isso limita a cidadania. A ocorrer esta forma hedionda de discriminação contra ex-presidiários recuperados, estaremos diante de uma demonstração inequívoca da hipocrisia de nossa sociedade. A sociedade trata os delinquentes como verdadeiro lixo humano, recusando até mesmo os mais básicos dos **direitos humanos**: o direito de mudar e melhorar de vida e o de não ser estigmatizado. Esquece-se a sociedade, de que o crime é um fato social criado pela própria coletividade.

Mesmo em um texto pequeno, já dá para sentir a diferença, não? E esse é um exemplo rápido e simples. Mesmo assim, a segunda construção é mais amigável para o leitor e mais fácil de ser compreendida pela banca, por exemplo.

DICA:

Para escrever melhor, experimente pegar textos de difícil leitura e transformá-los em textos mais leves. Ao fazer isso, você terá um enorme ganho na sua capacidade de redação.

> Parece que a perfeição é atingida não no instante em que não há mais nada a acrescentar, e sim quando não há mais nada a suprimir.
>
> Exupèry

5.2. Citações (latim, frases célebres etc.)

As citações de brocardos, frases célebres, princípios, máximas, aforismos e até ditados populares podem ser uma rica fonte de graça e encanto nos textos e discursos. Aprenda a fazer uso desses recursos. Ao utilizá-los, estará agregando ao seu texto a autoridade e respeitabilidade das citações, além de tornar o conjunto mais rico, atrativo e interessante. Tome cuidado ao utilizar uma citação para que esteja como o autor a proferiu, e especifique sua referência, ou estará fazendo uma paráfrase, o que é válido, mas arriscado.

5.3. Criatividade

Ao escrever, ou falar, a criatividade é um recurso extraordinário. Ela é capaz de tornar um discurso frio e monótono algo emocionante e cativador.

- Experimente criar "ganchos" nos seus discursos.

Como já dissemos, a criatividade deve ser aplicada com cuidado em petições e nas provas e concursos, porque as bancas muitas vezes são mais conservadoras. Por outro lado, quanto mais recursos você tiver à mão, mais fácil será exercer o juízo de conveniência de qual ou quais fontes utilizar em um determinado momento.

Ser criativo e conhecer várias técnicas diferentes funcionam como ter um carro capaz de andar a 300km/h. Muitas vezes você, por conta da estrada ou de outras circunstâncias, poderá andar a 20 ou a 80km/h. Só que será por opção e, também importante, você não estará forçando o motor, que ainda terá muito para dar, se necessário. A criatividade será mais necessária ou bem-vinda diante de casos judiciais excepcionais, raros ou novos, e em certos espaços profissionais como pós-graduação, artigos, simpósios etc.

5.4. Narração, descrição e dissertação

Um dos primeiros passos, precedentes aos que vamos abordar, é definir qual o tipo de texto que pretendemos escrever. Se a intenção escrever uma poesia ou uma monografia para cursos de pós-graduação, certamente é necessário adequar-se aos objetivos. Escrever é uma arte/técnica/ciência única, mas não prescinde de adequações para cada uma de suas manifestações.

Assim, por exemplo, é importante definir se queremos fazer uma narração, uma descrição ou uma dissertação.

Como ensina Ernani Filgueiras Pimentel (1997, p. 63):

> **Narração:** desenvolvimento de ações. Tempo em andamento.
>
> **Descrição:** retrato através de palavras. Tempo estático.
>
> **Dissertação:** desenvolvimento de ideias. Temporais/Atemporais.

O referido professor, de forma objetiva, esclarece mais um pouco as características de cada uma destas três formas de redação:

> **Narrar** é contar uma história. A narração é uma sequência de ações que se desenrolam na linha do tempo, umas após outras. Toda ação pressupõe a existência de um personagem ou actante que a pratica em determinado momento e em determinado lugar, por isso temos quatro dos seis componentes fundamentais de que um emissor ou narrador se serve para criar um ato narrativo: personagem, ação, espaço e tempo em desenvolvimento. Os outros dois componentes da narrativa são: narrador e enredo ou trama.
>
> **Descrever** é pintar um quadro, retratar um objeto, um personagem, um ambiente. O ato descritivo difere do narrativo, fundamentalmente, por não se preocupar com a sequência das ações, com a sucessão dos momentos, com o desenrolar do tempo. A descrição encara um ou vários objetos, um ou vários personagens, uma ou várias ações, em um determinado momento, em um mesmo instante e em uma mesma fração da linha cronológica. É a foto de um instante.
>
> **Dissertar** diz respeito ao desenvolvimento de ideias, de juízos, de pensamentos. (...) O emissor não está tentando fazer um retrato (descrição); também não procura contar uma história (narração); sua preocupação se firma em desenvolver um raciocínio, elaborar um pensamento, dissertar.

O próprio professor referido noticia que a descrição pode ser estática ou dinâmica. No primeiro caso não há qualquer ação. Ex.: *Um carro vermelho e sem rodas*. Na descrição dinâmica há ações, mas concomitantes, tal como se déssemos uma pausa numa fita de vídeo. Todas as ações acontecem em um mesmo tempo.

Além disso, vale mencionar que raramente encontramos nos textos literários e científicos apenas uma dessas três formas, embora uma delas possa predominar, servindo para classificar o texto. É natural encontrarmos elementos narrativos, descritivos e dissertativos em um mesmo texto. O cuidado que devemos ter é o de, se chamados a fazer uma ou outra forma, não nos desviarmos dela. Quando apenas for pedida uma redação, temos maior liberdade para escolher a forma que iremos utilizar.

- Para efeito de treino, é interessante fazer exercícios unicamente narrativos, unicamente descritivos e unicamente dissertativos e, por fim, textos em que haja a composição dessas formas.

A coisa mais importante deste mundo é o processo de criação.
Que tipo de mistério é esse,
que faz com que o simples desejo de contar histórias
se transforme numa paixão,
e que um ser humano seja capaz de morrer por essa paixão,
morrer de fome, de frio ou do que for,
desde que seja capaz de fazer uma coisa (...)?

Gabriel García Márquez

6. ROTEIROS (MEMENTO)

6.1. O que é um roteiro ou memento

Roteiro ou memento é um esquema simplificado que fazemos para organizar a exposição de um tema, seja escrita ou verbal. O memento funciona como um esboço, resumo, esquema, pequeno bloco de anotações onde registramos os tópicos básicos de uma redação ou palestra.

Eles são muito úteis, pois tornam desnecessário fazer longos e demorados rascunhos e evitam as falhas que normalmente ocorrem quando se escreve ou se fala direto, sem nenhum roteiro.

Como já dissemos, enquanto a pessoa está elaborando o memento, o cérebro vai "buscando" o assunto em seus "arquivos", o que também funciona um pouco como o recurso de achar o "fio da meada" e se lembrar dos itens que deve mencionar.

Em palestras ou exposições verbais, o memento também é muito útil, pois fornece uma ordem segura e que pode ser fácil e rapidamente consultada, evitando que se leiam textos (o que é monótono), se fique à mercê de uma falha na memória ou se perca diante de alguma interrupção da plateia ou do interlocutor.

O memento será, portanto, um pequeno conjunto de anotações, com palavras-chave ou, no máximo, frases curtas, que contenham as ideias básicas ou pontos que se quer ou se deve abordar.

Nada impede que você, estagiário ou advogado, use o roteiro para estruturar uma peça processual, artigo ou palestra.

6.2. Passos para fazer o roteiro

1) Definir o objetivo.

2) Relacionar os pontos a serem abordados.

3) Definir a estrutura básica: início, meio e fim.

4) Executar (treinar, escrever e falar).

O roteiro tem duas grandes fases. Na primeira (itens 1 e 2), você faz todas as anotações que quiser. Na segunda fase (item 3), transcreve os pontos para um "bloco" tripartido (início-meio-fim).

1ª F A S E

A pessoa pode usar um único quadrado ou espaço para escrever.

A pessoa lista, em um bloco ou pedaço de papel, todas as ideias após definir o que foi perguntado. Então, relaciona o que quer dizer ou responder.

2ª F A S E

A pessoa usa três quadrados seguidos, um para cada parte da exposição: **início, meio e fim**. Usando os tópicos já anotados na 1ª fase, transfere os itens, colocando-os na ordem em que quer falar, isto é, estruturando a exposição em:

<table>
<tr><th>1ª F A S E</th><th colspan="2">2ª F A S E</th></tr>
<tr><td rowspan="3">(Listam-se todos os tópicos que serão abordados, sem preocupação com a ordem a ser utilizada)</td><td>INÍCIO:</td><td>(o que quero dizer/falar no início)</td></tr>
<tr><td>MEIO:</td><td>(o que quero dizer/falar no meio)</td></tr>
<tr><td>FIM:</td><td>(o que quero dizer/falar no fim)</td></tr>
</table>

1º Passo – Definir o objetivo

Antes de fazer o roteiro, decida o que foi perguntado (provas escritas), qual é o assunto (redações e provas de tribuna), ou quais são os seus objetivos (palestras e exposições orais). Saiba o que o examinador ou ouvinte quer que você escreva, fale, responda, convença, sustente ou explique.

Por sua diminuta extensão, é possível fazer o memento ao lado dos enunciados das questões da prova, dispensando a folha de rascunho. Se o aluno preferir, poderá fazer o memento numa folha em separado (de rascunho), desde que não se embole muito com o excesso de folhas no meio da prova.

O tamanho reduzido do memento também facilita o trabalho em uma palestra ou exposição oral. Nesses casos, vale a pena usar uma folha grande, com letras garrafais, para ficar mais fácil ler os tópicos durante a fala sem dispersão ou perda de tempo, o que diminuiria a atenção dos ouvintes.

Em sustentações orais, palestras e aulas, você poderá usar os roteiros livremente e com grande ganho na qualidade da sua exposição. Em apresentações de monografias ou defesas de teses, quase sempre as bancas admitem a consulta a roteiros. Em provas de tribuna, nos concursos, isso já não é muito comum. Nessas circunstâncias, uma das soluções possíveis será memorizar o memento.

Em aulas, palestras e em concursos jurídicos, a utilização da técnica das "5 mulheres", apresentada no capítulo 4, também facilita a exposição, pois já é um modelo de roteiro previamente conhecido e memorizado por você.

2º passo – Relacionar os pontos a serem abordados

Defina quem é o seu "cliente": o professor, o juiz, o cliente do escritório, os alunos, a plateia de um simpósio etc. Procure descobrir o que o seu "cliente" quer ou do que ele precisa. Então, de posse dessa preciosíssima informação, passe a relacionar tudo o que acha importante ser dito ou escrito para atendê-lo.

Não se preocupe com a ordem da exposição, apenas coloque tudo o que vier à cabeça, como se fizesse uma "tempestade cerebral[2]". Você verá que, enquanto estiver fazendo isso, o cérebro irá buscar e "entregar" ao consciente informações, dados etc., ou seja, tudo o que você estudou.

Depois de feito o rol de coisas a serem abordadas, procure vinculá-las às fontes de autoridade reconhecidas em nossa área (autores, súmulas, jurisprudência etc.).

Exerça também um juízo crítico: veja se tudo o que você colocou no papel realmente tem relação com o assunto, vale a pena ser dito etc. Um dos casos em que eu cortava algum item era quando não o sabia com certeza, porquanto era melhor não correr o risco de dizer algo errado.

Em suma, no segundo passo, você tem três momentos:

a – jogar no papel todas as ideias que vierem à mente, sem fazer qualquer juízo crítico, apenas deixando o cérebro "buscar" as ideias e recordações;

b – fazer um juízo crítico e de eventual eliminação de algum dos itens anotados. Com o costume, você fará essa seleção já antes de escrever no papel a ideia que será deixada de lado;

c – relacionar cada uma das ideias que vão ser abordadas a fontes de autoridade que lhes deem credibilidade e poder de convencimento.

Pronto, agora você já poderá começar a pensar qual será a melhor ordem para pôr essas ideias no papel ou no discurso.

3º passo – Definir a estrutura básica

Nos passos anteriores, você já viu o que a pessoa a quem se dirige o seu texto quer e o que você quer escrever ou falar para satisfazê-la. Com isso, já tem o material a ser empregado, restando apenas a necessidade de definir a ordem da exposição.

2 Da expressão em inglês "bainstorm".

Para tal, lembre-se de que todo texto escrito e toda exposição oral precisa ter **início, meio** e **fim.**

Assim, faça três divisões e decida o que você quer colocar em cada uma delas:

INÍCIO – Como quero introduzir o assunto.
MEIO – Desenvolvimento propriamente dito.
FIM – Como quero concluir o assunto.

✓ **OBSERVAÇÕES**

a) Se estivermos diante de um concurso ou prova da OAB, a resposta essencial deve constar, de forma resumida, no primeiro e no último parágrafos. No desenvolvimento, devemos ter as citações, comentários, correntes, exceções, explicações sobre os princípios aplicáveis ao caso, definições etc. Se a resposta for um "depende", as duas vertentes principais devem ser mencionadas de modo sucinto no início e no fim.

b) Se estivermos diante de uma prova de tribuna, devemos abordar os tópicos referidos no programa (edital), organizando-os dentro do memento de um modo lógico e sequencial, o que facilita a exposição e sua compreensão.

c) Se estivermos diante de uma palestra, júri ou seminário, devemos criar no início alguma forma de estimular o interesse e reservar algum fecho interessante para a conclusão. Sempre termine uma exposição em grande estilo, seja com uma frase, proposta, sugestão, lição, verdade etc. Nesses casos, podemos utilizar o já citado processo mnemônico **AÍDA**, ou seja, criar no ouvinte, nesta ordem, as seguintes atitudes/reações: **A**tenção, **I**nteresse, **D**esejo e **A**ção. O **A** fica no início; o **I** no início ou meio; o **D** no meio; e o **A** no final. No desenvolvimento, devemos lançar os argumentos e analisar vantagens e desvantagens de cada solução.

d) Se estivermos diante de uma peça processual, não existe uma fórmula ou um método único para estruturação. Contudo, os tópicos devem ficar bem definidos, e a introdução e o fecho devem conter as informações e as citações essenciais para convencer o julgador ou para chamar a sua atenção para o que você considerar mais importante.

4º passo – Executar. Se possível, treinar, escrever e falar

Após montado o memento, é a hora de ver o que você vai dizer em cada item ou tópico. Como os tópicos são partes pequenas, você pode imaginar (escrever ou falar mentalmente) qual será a frase a ser escrita ou dita. Faça isso com todos os itens. Veja se gostou.

Após fazê-lo, você, mesmo sem perceber, já organizou todo o rascunho ou roteiro, sem perder tempo e deixando tudo estruturado e numa ordem lógica.

Agora é só escrever ou falar. Se tiver oportunidade, treine antes, faça uma primeira versão etc. Se não der para fazer isso, tudo bem, apenas siga o memento.

6.3. Observações para provas escritas

Se for um texto em que você disponha de tempo suficiente, faça o esboço, escreva uma primeira versão e depois a passe a limpo.

Se for uma prova escrita, faça o esboço em tópicos, ao invés de todo o texto, e depois, tópico por tópico, repita mentalmente o que quer dizer e, utilizando ideias completas, escreva as frases no papel. Preste atenção: você seleciona um tópico, repete mentalmente uma frase inteira e a escreve. Depois, com o próximo tópico, utilize o mesmo procedimento. Dessa forma, evitar-se-ão erros de raciocínio e de português. Não existe o risco de você se perder por ir passo a passo, pois é só seguir a ordem do memento.

Lembre-se de que todo texto e toda exposição oral precisam ter início, meio e fim.

6.4. Observações para provas orais, aulas e palestras

Embora esse seja um livro de redação, não custa nada lembrar que essas técnicas também servem para melhorar as exposições orais. Se for uma palestra, discurso, prova de tribuna, apresentação de trabalho/ monografia/tese ou sustentação oral em juízo, treine uma ou duas vezes pelo menos, fazendo toda a sua fala e marcando o tempo para ver se deve diminuir ou aumentar, ou se já está bom. Lembre-se de que um discurso não precisa ser grande para ser bom. Quanto mais vezes você treinar antes, melhor. Já foi dito por um grande general:

Quanto mais você sua no treinamento, menos você sangra no campo de batalha.

Se for uma prova oral ou uma fala de improviso, pode haver duas situações. Na primeira, você tem uns dois ou três minutos antes de falar e deve aproveitar esse tempo para fazer um memento.

A segunda situação que pode ocorrer é aquela em que você não tem a chance de fazer um memento ou de tomar anotações. Aqui, você deverá ser capaz de realizar o procedimento de "mementização" de cabeça.

Embora eu prefira o memento que você consegue anotar há ocasiões em que não dá para fazê-lo. Nesses casos em que o fazemos "de cabeça, ao vivo e em cores", procure seguir a seguinte orientação:

Técnicas para fazer mementos em público (de improviso ou em provas orais)

1 – Em voz alta, estabeleça qual é o assunto ou a questão proposta. Em questões complexas, mencione quais as variantes que devem ser analisadas (as hipóteses).

2 – Em voz alta, diga quais os pontos que lhe parecem importantes. Liste dois, três, quatro ou cinco itens que considera dignos de menção. Se quiser, utilize as seis perguntas (quem, o quê, quando, onde, como e por quê), ou as técnicas básicas de raciocínio jurídico (princípios, dicotomia, 5 mulheres), que ajudam a estruturar o pensamento.

3 – Se vierem à cabeça assuntos não essenciais, pode ignorá-los ou mencioná-los, dizendo que são informações secundárias ou não essenciais.

4 – Passe a expor cada um dos itens importantes. Após comentá-los, e se você quiser, passe a tratar de itens secundários, exceções, comentários, observações; discorra sobre algum princípio, verdade ou moral aplicável à hipótese etc.

5 – Feche o discurso resumindo o que for mais importante e dando uma conclusão (sim, não ou depende; pode, não pode ou depende etc.).

Observe que, em cada pergunta ou item a ser abordado, você pode seguir todo esse procedimento. É claro que, se a pergunta é bastante simples, a resposta pode ser mais direta. Porém, sempre que achar conveniente ou a pergunta for mais complexa (questões controvertidas, problemas etc.), você pode utilizar a técnica de fazer o memento "ao vivo".

É importante que, ao "mementizar" um assunto em uma exposição oral, você não fique tergiversando, enrolando. Seja incisivo, assertivo, fale com convicção, exponha suas ideias em um ritmo de quem sabe o que quer falar (que é o seu caso), e não como se estivesse querendo embromar a audiência.

A prática do roteiro é extremamente eficaz por ser um treinamento. Nas Forças Armadas e nos esportes, treina-se fazer uma coisa mil vezes para, se for o caso, quando se estiver no campo de batalha ou no jogo, tudo seja feito naturalmente. Aqui é parecido.

DICA:

Ao fazermos uma questão mais complexa, devemos começar a organizar o pensamento. Depois de identificarmos bem os "atores" do caso, é hora de definirmos o que queremos dizer (objetivo) e anotarmos os dados a serem considerados na resposta. Em seguida, estruturamos o memento, a sequência de resposta ou peça processual.

Outro instrumento é sublinharmos os dados mais relevantes à medida que lemos a questão ou ouvimos o cliente. Sempre que for possível, em provas e concursos, leia a questão duas vezes: a primeira apenas para ter uma ideia panorâmica do enunciado, e a segunda para ir sublinhando e pensando na solução, agora, já com uma noção geral de todo o problema. Em atendimento a cliente, ouça-o com atenção e sem pressa. O cliente é uma excelente fonte de informações e, por incrível que pareça, poucos são os advogados que dão suficiente atenção quando eles falam. Nem sempre o cliente sabe o que é relevante, e isso é normal (o profissional do Direito é você, não ele), mas o jeito para descobrir os fatos é ter paciência e atenção para ouvi-lo. O mesmo vale para médicos e diversos outros profissionais.

Em **resumo**, diante de uma questão muito complicada, anote o nome das pessoas mencionadas no enunciado ou na narrativa do cliente e, ao lado, os elementos mais importantes sobre cada uma delas. Em seguida, monte o roteiro para abordar o caso.

Após o procedimento preparatório, fica muito mais fácil responder bem à questão ou fazer a peça processual, por mais complexa que a situação possa ser ou parecer. Além disso, praticamente, elimina-se o risco de equívocos.

7. EXERCÍCIOS

Comece a redigir todos os dias ou, pelo menos, toda semana. Separe horários específicos apenas para redigir.

Como diz o brocardo latino *Fiat fabricandun faber*, fazer se aprende fazendo. Ou melhor, é indicado obter primeiro uma base teórica, mas a perfeição só se adquire com a prática.

Experimente começar a escrever um diário, poesias, contos, fazer descrições de objetos, narrar fatos ou problemas, dissertações sobre assuntos em geral e assuntos da matéria da prova. Faça resumos de livros, filmes etc. Comece a estagiar, ou a frequentar lugares onde possa redigir. Se for advogado e quiser treinar, ofereça-se como advogado dativo ou preste consultoria gratuita aos necessitados: além do bem que fará, estará treinando e aprendendo.

Treine fazer descrições bem completas, identificando tudo o que caracteriza a coisa descrita e a distingue das demais.

Façamos um exercício: **Descreva um pão de queijo**.

Isto mesmo. Pare a leitura, pegue uma folha e comece a trabalhar. Descreva um pão de queijo.

Já descreveu?

Vamos lá, pegue uma folha em separado e descreva um pão de queijo.

Estamos esperando...

Pronto. Acabou?

Vamos "corrigir"?

Primeiro passo:

Pegue novamente a folha em anexo e:

1. Veja a "cara" dela. Está bonita?
2. Por melhor que esteja, tenho certeza que dá para melhorar. Faça isso.

Já fez?

Estamos esperando...

Experimente conferir se sua descrição pode ir um pouco mais fundo, passando para o campo da dissertação, onde você pode desenvolver ideias, juízos, valor.

Ótimo. Agora diga-nos se você descreveu bem o pão de queijo.

Veja se falou do seu tamanho, cor, temperatura ideal, sabor, composição (massa, queijo, tempero etc.), odor, textura, acompanhamentos ideais (café, refrigerante etc.), origem (Minas Gerais), ocasiões e modo de consumo, variedades (simples, com pedaços de outros ingredientes, com doce de leite etc.), sua utilidade para reuniões, lanches rápidos, tira-gostos etc., lojas especializadas em vender pão de queijo, se faz diferença ser feito no forno de fogão ou em micro-ondas, sua primeira, melhor e pior experiência com um pão de queijo, eventuais comparações com outros tipos de pão (francês, pão de batata, pão integral) etc.

Você falou nisso tudo?

Se você não falou é porque não quis, não teve paciência ou não está treinado para levar a sério a tarefa de escrever. Vamos, temos certeza que você pode fazer um trabalho excepcionalmente bonito. Tente agora outra descrição.

Que tal o pão francês?

Outro treino útil será contar uma história, isto é, fazer uma narração, com todos os seus elementos: personagem (um pão de queijo que adquiriu vida), ação, espaço, tempo em desenvolvimento, enredo ou trama e narrador. Escrever uma história irá ajudar muito na construção daquela já mencionada estrada que liga o cérebro à caneta, e esta, ao papel.

DICA:

Se você sabe descrever um pão de queijo, saberá certamente descrever qualquer outra coisa que conheça, da vida ou da matéria que cairá na prova.

Em provas jurídicas, uma das questões que os candidatos consideram mais complicadas é descrever a natureza jurídica de alguma coisa. Ora, natureza significa, nesta acepção, espécie ou qualidade. Natureza jurídica será absolutamente a mesma coisa dentro desse universo específico. Para descrever-se a natureza jurídica de algo, basta dizer o que tal coisa é na essência, quais as suas características e o que a distingue das demais. Se você conhece a coisa e sabe escrever, essas questões não serão mais um problema.

Capítulo 5

TÉCNICAS BÁSICAS DE REDAÇÃO JURÍDICA

Como já foi abordado no capítulo anterior, o bom profissional do Direito deve se educar para, quando for perguntado, por escrito ou verbalmente, a respeito de temas jurídicos, consiga oferecer respostas bem elaboradas, seguras e escorreitas.

Assim, como nós sempre apertamos o pedal da embreagem antes de trocar a marcha do carro manual, não importa há quanto tempo dirigimos, também precisamos educar-nos para dar sempre respostas de um jurista quando confrontados com questionamentos da mesma natureza. Tal disciplina será sentida nos concursos, em um escritório de advocacia ou em uma conversa informal, onde todos verão que se trata de um profissional bem preparado e não de alguém levado pelas próprias emoções.

Agir dessa forma não é difícil. William Douglas, como operador jurídico, sempre buscou um sistema simples e abrangente para analisar casos reais e questões de provas. Em resumo, podemos dizer que, tomando cuidado com **quatro pontos de partida**, você estará sempre capacitado a dar uma boa resposta. Como a maioria não sabe analisar uma situação ou responder de modo estruturado, boas análises e, por conseguinte, boas respostas são raras, e as nossas, mesmo que não sejam espetaculares, nos possibilitarão bons resultados. As quatro técnicas básicas para elaborar uma resposta jurídica são as seguintes:

TÉCNICAS BÁSICAS PARA RESPONDER QUESTÕES JURÍDICAS:
1. Princípios
2. 5 mulheres
3. Dicotomia
4. Relações de C/S*

*Relação de coordenação ou subordinação

1. PRINCÍPIOS E SUA UTILIZAÇÃO NO RACIOCÍNIO E EM PROVAS

Tanto a elaboração das normas, quanto sua interpretação, bem como a operacionalização do mecanismo judiciário, se submetem às mesmas regras gerais e aos mesmos princípios. Logo, quem dominar os princípios dominará a essência de todo o funcionamento do sistema. Os princípios também terão valor nas outras áreas do conhecimento, por motivos análogos.

Para aprofundar a compreensão do mérito dos princípios, citamos a lapidar lição de Geraldo Ataliba e Celso Antônio Bandeira de Mello:

> *"(...) podemos dizer que o sistema jurídico ergue-se como um vasto edifício, onde tudo está disposto em sábia arquitetura. Contemplando-o, o jurista não só encontra a ordem, na aparente complicação, como identifica, imediatamente, seus alicerces e suas vigas-mestras. Ora, num edifício tudo tem sua importância: as portas, as janelas, as luminárias, as paredes, os alicerces, etc. No entanto, não é preciso ter conhecimentos aprofundados de Engenharia para saber--se que muito mais importantes que as portas e janelas (facilmente substituíveis) são os alicerces e as vigas-mestras. Tanto que, se de um edifício retirarmos ou destruirmos uma porta, uma janela ou até mesmo uma parede, ele não sofrerá nenhum abalo mais sério em sua estrutura, podendo ser reparado (ou até embelezado). Já se dele subtrairmos os alicerces, fatalmente cairá por terra. De nada valerá que suas portas, janelas, luminárias, paredes, etc. estejam intactas e em seus devidos lugares. Com o inevitável desabamento, não ficará pedra sobre pedra. Pois bem, tomadas as cautelas que as comparações impõem, estes 'alicerces' e estas 'vigas-mestras' são os princípios jurídicos, ora objeto de nossa atenção."*

O primeiro degrau do estudo pode ser a leitura da legislação e o estudo sólido dos princípios. A cada novo assunto da matéria em si é aconselhável repassar as fichas com as anotações feitas ao se estudar os princípios. Sempre que estiver diante de uma questão, relacione-a com os princípios norteadores, veja quais são os princípios aplicáveis, e assim por diante.

1.1. Princípios gerais, setoriais e específicos

Atente para essa divisão. Há princípios que dizem respeito a todo o Direito (os princípios gerais), outros que se referem apenas a algumas disciplinas (setoriais, ex.: Direito Administrativo) e outros que se aplicam apenas a alguns assuntos dentro de uma disciplina (específicos, ex.: licitações, parte do estudo do Direito Administrativo).

Por vezes um princípio setorial ou específico pode ser um pouco diferente ou até excepcionar um outro princípio. Sempre que dois princípios colidirem, o aluno deve procurar compatibilizá-los. Os princípios reconhecidos em nível constitucional precedem aos demais.

As três espécies de princípios funcionam como se fossem três degraus: quanto mais alto, mais se vê e mais se generaliza; quanto mais baixo, mais se limita dentro da matéria e mais limitada é a sua aplicação. Estude todos e saiba identificar quais são gerais (aplicam-se a tudo) e quais se aplicam a apenas alguma matéria ou assunto em particular.

1.2. Partes gerais

Da mesma forma que os princípios são importantes, também são importantes as partes gerais de cada matéria. Elas acabam funcionando como uma espécie de "princípios", já que são a base do estudo dessa ou daquela disciplina. Quem sabe bem a parte geral do Código Penal tem enorme possibilidade de ir bem em uma prova de Direito Penal, visto que sabe os fundamentos sobre os quais se assenta a disciplina. Muitas das questões da parte especial são respondidas pela parte geral. Isso acontece em todas as áreas (Direito Civil, Direito Processual etc.).

Dentro de cada divisão da parte especial, você deve procurar os princípios que a regem. Por exemplo, uma das partes do Direito Civil é a que trata dos contratos. Existem três princípios gerais sobre os contratos:

a) liberdade de contratar;

b) supremacia da lei (que não pode ser violada); e

c) *pacta sunt servanda*, ou seja, a obrigatoriedade dos contratos depois de firmados.

Em resumo, todos são livres para, dentro da lei, fazer os contratos que quiserem, mas, uma vez os tendo celebrado, têm o dever de cumprir suas cláusulas, sob pena de indenizarem eventuais perdas e danos.

Se a pessoa compreende bem esses três princípios, será capaz de raciocinar adequadamente a respeito da maior parte das questões que aparecerem sobre contratos. Claro, desde que conheça a lei e leia com atenção o enunciado.

Alguns exemplos. O Direito possui alguns princípios universais que, por mais rudimentares que sejam, respondem a muitas questões complicadas. Dois desses princípios são os seguintes: o princípio de que ninguém pode beneficiar-se da sua própria torpeza e o princípio de que ninguém pode enriquecer ilicitamente (ou seja, sem motivo lícito). Essas duas regras gerais, esses dois "nortes" já me deram respostas de inúmeras questões de prova.

Por mais que um caso concreto ou a questão de prova sejam complexos, se você sabe que "A" não pode enriquecer ilicitamente, ou que "A" não pode beneficiar-se de sua desonestidade, isso servirá como ponto de partida para achar-se a solução correta.

DICA DE PROVA:

A ORDEM DE SOLUÇÃO LÓGICA DE UM CASO OU QUESTÃO nem sempre é pegar a lei e aplicá-la ao caso concreto. Muitas vezes faz-se o contrário: procura-se qual é a solução justa, adequada e de bom senso, e só então se busca a lei que a justifica. Se não se achar lei alguma, procura-se na Constituição; se não se achar nada na Constituição ou na lei, deve-se rever o raciocínio, pois o que parece a solução adequada provavelmente não é a melhor.

No Direito, que envolve litígios e a pacificação social, nem sempre a solução é dada pela lei. A lei é um belo e importante ponto de partida, claro, mas às vezes, para se chegar a um acordo, as partes precisam ceder. Assim, a solução surge de conciliar os interesses, chegar-se a algo razoável para as partes e, só então, estruturar-se a parte jurídica propriamente dita.

O MÉRITO DOS PRINCÍPIOS é tão grande que às vezes é possível se identificar a solução correta, mesmo que, por alguma razão, não se possua a legislação à mão. Há o caso de um amigo nosso que, civilista, não tinha muita intimidade com o Direito Penal. Um locatário cliente dele estava com dificuldades porque o locador construíra um muro em frente ao seu portão para forçar o término do contrato.

Embora não conhecesse bem o Direito Penal, ele sabia ser "errado" alguém agir por sua própria conta e força. Mesmo sem saber exatamente qual seria o tipo penal aplicável, fez uma petição ao Delegado de Polícia narrando os fatos e pedindo *"as providências cabíveis"*. O Delegado instaurou inquérito para apurar a prática do delito previsto no art. 345 do Código Penal e, diante das circunstâncias, o problema acabou resolvendo-se de maneira mais cordata, pois o locador não quis sujeitar-se a responder por fato criminoso.

Eis aqui um caso típico onde conhecer o princípio supre o conhecimento da lei. A partir da conclusão de que algo viola um princípio, é possível posicionar-se, procurar a lei ou, até, postular sua edição ou reforma.

Tudo isso acontece porque os mesmos princípios que utilizamos para raciocinar são os que os legisladores (ao menos os bons legisladores) utilizam para elaborar as leis. A fonte é a mesma e, assim, a conclusão será igual ou parecida. E, tanto quanto os legisladores, também os examinadores fiam-se nos princípios. Se você os utilizar, estará "falando a mesma língua".

Além disso, **QUANDO A LEI ATENTA CONTRA UM PRINCÍPIO**, e tal princípio tem sede na Constituição, existe uma imensa possibilidade de a lei ser inconstitucional. Isso nos fornecerá um novo campo para análise e discussão (os princípios constitucionais em face do caso concreto). Semelhante vertente permite que se leve uma causa até a mais elevada Corte da nação e permite, ainda, a proposição de alterações legislativas (o famoso *de lege ferenda*).

Em uma prova escrita ou oral, levantar essa discussão pode ser exatamente a resposta que o examinador espera ou, quando menos, serve para mostrar conhecimento, segurança e gastar espaço (na prova escrita) e tempo (na prova oral) falando coisas certas e relacionadas com a pergunta. Em um caso real, a violação de um princípio universalmente aceito é um ótimo argumento para que a outra parte ceda em algum ponto.

QUANDO UM ATO ADMINISTRATIVO vai de encontro a algum princípio reconhecido na lei, provavelmente estaremos diante de um ato ilegal e, assim, passível de hostilização pelas vias adequadas. E, mais uma vez, como candidatos, teremos assunto para responder à questão proposta pelo examinador. Em suma, os **princípios são o cerne da fórmula de raciocínio jurisdicional**, isto é, do raciocínio para se "dizer o Direito".

Por tudo isso, você deve conhecer a ordem de raciocínio jurisdicional, podendo resumir o método com os raciocínios a seguir:

A) FATO + LEI + RACIOCÍNIO/PRINCÍPIOS = SOLUÇÃO

B) FATO + LEI DESCONHECIDA + RACIOCÍNIO/PRINCÍPIOS = SOLUÇÃO

C) LEI ≠ PRINCÍPIO =[1] LEI INCONSTITUCIONAL

D) ATO ADMINISTRATIVO ≠ PRINCÍPIO = ATO ILEGAL OU INCONSTITUCIONAL

Se és alguém a quem são feitas petições,
ouve com calma a fala do requerente.
Não o rechaces antes que ele tenha aliviado suas angústias
ou antes que tenha dito aquilo pelo que veio.
Um requerente gosta mais da atenção dada a suas palavras
do que do cumprimento daquilo pelo que veio.
Quem ouve se alegra com isso mais do que o requerente,
mesmo antes que aquilo que foi ouvido aconteça.
Daquele que rechaça um requerente, se diz: "Por que ele faz isso?"
Não é necessário que tudo o que ele pediu aconteça,
mas um bom ouvido acalenta o coração.

Trecho das instruções do vizir Ptah-Hotep a seu filho (citado por Julia Bárány)

1 =: símbolo que significa **provavelmente** ou **quase igual**.

2. AS "5 MULHERES"

Falar em "5 mulheres" é uma forma simples de memorizar os aspectos essenciais que devem ser abordados em qualquer análise de caso ou questão, de forma escrita ou oral. Você também verá que algumas das "5 mulheres" têm íntima relação com as fontes do Direito.

As "5 mulheres" servem para dar à resposta a marca de autoridade que deriva das fontes mencionadas. Por exemplo, por pior que seja a lei, ela é a lei (*dura lex, sed lex*), logo, se você a menciona, não pode estar totalmente enganado. Por quê? Porque a lei é uma fonte de autoridade, assim como a doutrina, a jurisprudência etc.

Para elaborarmos uma resposta sistematizada e completa, é interessante sempre mencionar as principais fontes de autoridade no universo jurídico. O mesmo princípio (o uso da fonte de autoridade) serve para qualquer outro ramo do conhecimento. Eis os aspectos fundamentais a serem abordados em qualquer questão jurídica: a Lei, a Doutrina, a Jurisprudência, a Justiça e, com o devido respeito, a opinião de nossa própria e amada mãe.

Adestre-se para, sempre que estiver diante de um caso real ou problema, sempre que lhe for perguntado algo, dar uma resposta "em nome" de cada uma dessas "mulheres". Vejamos.

2.1. Lei

É muito comum petições serem indeferidas, ou questões de prova zeradas, onde a própria lei impede o deferimento do pedido ou dá a resposta. Vários dizem que citar a lei é o óbvio, mas, se você não a cita, o leitor não tem como saber que você sabe pelo menos o óbvio. Para se advogar contra a lei é preciso fundamentar bem melhor o pedido[2] (ver o EOAB sobre isso). Embora o juiz deva conhecer a lei, nunca é demais citá-la, em especial quando não é das mais corriqueiras.

Em provas é certo que uma resposta que apenas mencione o que a lei diz pode não receber o mesmo grau que outra mais completa, mas dificilmente receberá zero. Também não estou referindo-me àqueles incautos ou abusados que respondem apenas *"Ver o art. x da lei y"*. O caso é de zero mesmo, pois, se o examinador quiser, ele sabe onde achar a resposta. O candidato deve dar a resposta do *"art. x da lei y"* com sua redação, nem que seja mexendo um pouco só para não ficar a simples (e pobre) cópia literal do texto legal. E, sim, no final colocar a referência legal entre parênteses.

Em um artigo, petição ou monografia, também é importante mencionar os dispositivos legais nos quais a tese sustentada se baseia.

---

2 Segundo o Estatuto da OAB (Lei nº 8.906/94): "Art. 34. Constitui infração disciplinar: VI – advogar contra literal disposição de lei, presumindo-se a boa-fé quando fundamentado na inconstitucionalidade, na injustiça da lei ou em pronunciamento judicial anterior."

Quando nos referimos à lei, estamos tratando dela no sentido amplo, *lato*. Aqui, incluem-se a Constituição, os Códigos, todas as leis ordinárias, complementares etc. Aqui também podemos inserir os atos administrativos normativos e tudo o que represente um comando estatal, desde a Constituição até uma portaria do delegado. Se é uma norma e se trata do assunto, devemos citá-la ou, ao menos, a sua existência. O leitor precisa saber que existe essa ou aquela determinação legal ou administrativa sobre o assunto.

Uma resposta pode não estar completa, mas com certeza nunca estará errada se mencionar a solução legal para uma determinada indagação. Além disso, será uma fonte de autoridade para sua resposta. Compare as respostas e veja qual você consideraria melhor:

1ª) *Sim, é possível.*

2ª) *Art. x da lei y.*

3ª) *Sim, é possível, de acordo com o que estatui o art. x da lei y.*

4ª) *Nos termos do art. x da lei y a resposta é positiva.*

Repare que a resposta é a mesma e que as três últimas demonstram o mesmo nível de conhecimento. A primeira resposta dá a impressão de que o candidato colocou sua opinião. A segunda resposta é a de uma pessoa que manda no professor. As duas últimas, por conta de uma pequena cautela na redação, tendem a receber uma nota maior do que as duas primeiras. Aqui, a pessoa mostra a resposta certa e seu fundamento, indicando ter estudado e saber redigir. Uma mera questão de responder com técnica. Sempre cite a lei, a norma que rege a hipótese.

Do mesmo modo, pode até estar incompleta, mas nunca estará errada uma peça processual ou análise que mencionar corretamente as leis que regem a hipótese em tela.

2.1.1. Interpretação das leis

Ao interpretar as leis, ao mesmo tempo em que você deve procurar descobrir-lhes o real significado e vontade, deve atentar para o resultado daquilo que for interpretado. Nesse passo, veja o ensino das decisões que seguem:

> *A interpretação das leis não deve ser formal, mas sim, antes de tudo, real, humana, socialmente útil... Se o juiz não pode tomar liberdades inadmissíveis com a lei, julgando 'contra legem', pode e deve, por outro lado, optar pela interpretação que mais atenda às aspirações da Justiça e do bem comum.* (Min. Sálvio de Figueiredo, RSTJ, 26/384)

> *A melhor interpretação da lei é a que se preocupa com a solução justa, não podendo o seu aplicador esquecer que o rigorismo na exegese dos textos legais pode levar à injustiça* (RSTJ 4/154).

Como podemos verificar, não é fácil a interpretação da lei na busca por justiça, a começar pela definição do que é justo ou não, conceito que varia conforme o lugar, o tempo e, mesmo em um mesmo lugar e tempo, de pessoa para pessoa.

Temos que considerar todas as fontes e circunstâncias. Aqui tem pertinência a citação de matéria "Direito do Jurisdicionado à Prestação Jurisdicional Rápida", de Edgar Antonio Lippmann Júnior, juiz da 6ª Vara do Paraná, publicada na *Revista da AJUFE* de dezembro de 1993 (p. 38-41):

> *Com inigualável brilhantismo, o insigne Juiz Tourinho Neto, integrante do Egrégio TRF da 1ª Região, proferiu locução por ocasião dos festejos relativos aos vinte e cinco anos da Justiça Federal da Bahia (*"Tendências na execução de sentenças e ordens judiciais"*, in Temas de Direito Processual, 4ª série, Saraiva, 1989, p. 215), afirmando:*
>
> *As leis, elaboradas por uma minoria, têm por finalidade, quase sempre, conservar o que aí está, concentrando o maior número de privilégios nas mãos de poucos, deixando para a maioria a miséria. O bem-estar de todos é esquecido, a justiça social sequer é lembrada.*
>
> *Os juízes não podem cruzar os braços ante esses fatos e tornarem-se cúmplices de uma sociedade perversa e egoísta, ou interpretar e aplicar as leis para assegurar o êxito de uma política governamental, muitas vezes cruel.*
>
> *Exigir-se que o juiz julgue de acordo com a lei, mesmo injusta; que o juiz seja neutro, e não criativo, constitui forma disfarçada de conservação de poder por aqueles que o detêm. A segurança e a ordem jurídica não devem ser pressupostos para manietar os juízes, mas sim, para levá-los a encontrar um meio de assegurar a paz social, a paz de todos, e não a segurança de poucos.*

Mais adiante adverte:

> *Quantas decisões estão fundamentadas em lei, embora seus prolatores reconheçam, na própria sentença, a extrema injustiça que estão a praticar!*
>
> *Isso, por acaso, é dirimir conflitos? É buscar a paz social? Ou, ao contrário, é ampliá-los, perpetuá-los, fermentando a dor, a indignação, a sublevação?*

Por oportuno, e pertinente, trazemos também a exame o desabafo do insuperável mestre Francisco Carnelutti ("Limites à atuação do postulado da maior coincidência possível", in *Temas...*, 4ª série, p. 221) ao asseverar:

> *Tenho o dever de desenganar o público a quem me dirijo, dissuadindo-o de cultivar estas, que não seriam esperanças, senão verdadeiras e próprias ilusões. Certamente, nossas leis processuais não são perfeitas; porém, em primeiro lugar, são bastante menos más do que se diz; em segundo lugar, ainda que fossem muito melhores, as coisas não andariam melhor, pois o defeito está, muito mais que nas leis, nos homens e nas coisas.*

Como já foi dito, não podemos desprezar a lei como fonte de autoridade e de resolução dos conflitos, nem emprestar-lhe adoração como se pudesse resolver todos os problemas da sociedade. A Constituição, como lei das leis, tem suprema autoridade sobre todo o ordenamento jurídico, mas não podemos esquecer que também ela se submete às vicissitudes de qualquer elaboração normativa.

Ignorar o ordenamento jurídico, também conforme já mencionado, é arriscado, dado que *quando os homens bons descumprem as leis injustas, abrem a porta para que os homens maus descumpram as leis justas.*

Não se esqueça, ao analisar o ordenamento jurídico e cotejar normas: dê supremacia à Constituição, que prevalece sobre todas as demais espécies normativas.

No *site* da Câmara dos Deputados[3], é possível baixar o áudio da Constituição Federal, em MP3, podendo-se escutá-lo em CD, no carro ou em casa. É uma ótima oportunidade para estudar no caminho para o trabalho, na hora de lavar a louça, no consultório, na fila... Saiba bem o que a Constituição diz e isso fará você sempre se sair razoavelmente bem ao analisar um caso ou questão.

2.2. Doutrina

Diz-se doutrina tudo aquilo que foi escrito pelos estudiosos e pesquisadores sobre determinado assunto. Qualquer livro, tese ou artigo de revista jurídica ou mesmo de jornal constitui doutrina. É óbvio que existe doutrina de boa e de má qualidade; o tempo e o estudo farão você aprender a distingui-los. Mas, para começar, qualquer doutrina é melhor que nenhuma.

---

3 Disponível em: <http://www2.camaraleg.br/responsabilidadesocial/acessibilidade/constituicaoaudio.html>

Podemos ter um artigo de jornal que seja excelente sob o crivo da técnica e podemos ter um livro de péssima qualidade. O fato é que, sendo bom ou ruim, tudo o que está escrito é doutrina sobre a matéria. Atualmente já a temos, não apenas impressa em papel, mas também em meio digital e em vídeo.

Qualquer dessas manifestações servirá como **fonte de autoridade**, desde que registrada a origem. De nada adianta citar todo o pensamento de Ada Pellegrini Grinover ou Pontes de Miranda se não nos referirmos aos mesmos. Além de parecer (ou ser) plágio, o efeito obtido será menor.

É melhor dar respostas calcadas na autoridade daqueles que já são reconhecidos pois, mesmo que nem sempre seja isso o melhor, há momentos em que vale mais a assinatura do que o conteúdo de um texto, pintura ou posicionamento. Uma opinião inovadora ou extremamente minoritária pode não ser aceita, ao passo que não se rejeitarão as ponderações e teses dos autores e magistrados que comandam o curso da interpretação jurídica do país.

É óbvio que, para advogar e estudar, a pessoa deve procurar os autores mais reconhecidos. Dentre eles teremos os autores clássicos, na maior parte já falecidos, e aqueles mais em voga em determinado momento. A menção do entendimento dos clássicos (Pontes de Miranda, Nelson Hungria, Frederico Marques etc.) é sempre vista com respeito e admiração.

Se o candidato não tiver tempo suficiente para estudar, deve preferir os autores mais modernos e que estão em voga. Suas opiniões, em geral, baseadas nas doutrinas criadas por estes bastiões, também são fortes fundamentos para uma resposta e abordam os temas mais atuais.

Se possível, tente ler mais de um autor por matéria; se não, leia sempre o mais considerado, o "papa" do assunto. Com o tempo, e depois de firmar bases com os mais conhecidos, você poderá deleitar-se com a procura de novos autores, entre os quais sempre se encontra muito talento e capacidade. Acrescente à sua rotina ler os informativos do STF e STJ e acessar um ou alguns *sites* com notícias jurídicas irá mantê-lo antenado com o mundo jurídico.

2.2.1 Aprofundando a compreensão da doutrina. Como escolher um livro para ler ou citar

Repare que existem os autores clássicos (Pontes de Miranda, por exemplo), os autores que todos conhecem e respeitam, os autores alternativos e os autores pragmáticos. Em todas as áreas temos os livros dos autores mais respeitados e conhecidos e, também, livros de autores que, embora não muito conhecidos, são igualmente respeitados. Um dos cuidados em relação aos clássicos é, para citá-los, lê-los na fonte e não apenas nos livros que os citam. Dá mais trabalho, mas é muito mais técnico e seguro. Para citar em seus trabalhos também tome cuidado: é arriscado fazer citação de citação. Se gostar de alguma, tente ir até sua fonte original. É uma forma de você confirmar se o autor realmente quis dizer o que você e este autor que você está consultando compreenderam.

Sobre os nichos especializados é preciso dizer que em todas as áreas existem alguns profissionais que se aprofundam muito, focam muito e não se preocupam em atingir grandes públicos. Em tais nichos podemos encontrar grupos que criam associações, pós-graduações etc., que possuem sua própria produção acadêmica. Eles cumprem uma das diversas funções e possibilidades dentro da ciência e da academia.

Sobre essa distinção entre autores muito conhecidos e outros nem tanto, e só para dar um exemplo da área jurídica, vamos citar uma observação da época em que o William Douglas estudava para concursos.

Na área de direito Penal, o autor mais conhecido, vendido, citado etc. era Damásio de Jesus. Nessa época, havia alguns autores extremamente respeitados, mas que não eram tão vendidos nem conhecidos por quem não se especializasse. Podemos citar Nilo Batista (excelente escritor, porém mais conhecido como advogado e político), Juarez Tavares, Juarez Cirino dos Santos etc. Tais autores são respeitadíssimos, mas não tão conhecidos quanto sua competência e livros merecem. Contudo, querer caminhar em Direito Penal sem conhecê-los é bastante temerário. Em suma, para começar a carreira, podemos conhecer apenas os autores mais em voga, mas, para nos aprofundarmos nela, é preciso conhecer, ler e estudar mais autores.

Outro dado interessante. Ao lado de Damásio surgiu Mirabete, que era conhecido como aquele autor que tinha um livro "resumido" do Damásio. Não que ele tivesse feito um resumo, mas o Damásio tinha quatro volumes, e o livro do Mirabete, sendo mais compacto, era a solução para quem não tinha tempo de ler ou condições financeiras de adquirir o Damásio. Bem, muitos professores mais especializados em Direito Penal faziam críticas ácidas aos livros do Damásio. Algumas infundadas outras não, em razão de algum tipo de preconceito pelo linguajar mais acessível. É o caso de autores como Paulo Coelho, em outra área, e Rogério Greco, também no Direito Penal.

Mais recentemente surgiu um novo tipo de livro. E os autores da obra que você está lendo agora são parte desse movimento. Quando William

Douglas estudou para o concurso para analista judiciário do TRF da 2ª Região, não havia material adequado. Em Direito Constitucional, as opções eram os livros de José Afonso da Silva, o mesmo que o pessoal estudava para o concurso de juiz federal, ou as apostilas vendidas em bancas, de um modo geral, ruins e desatualizadas. Não havia um material de enfoque adequado para esse nível de cobrança. Havia o mais, os livros de doutrina jurídica, e o menos, de péssima qualidade. Algum tempo depois, preparou, junto com o então parceiro de autoria, Professor Sylvio Motta, um livro de Constitucional nem tão profundo quanto o de José Afonso da Silva, pois não era preciso tanto para esse concurso, e, claro, bem melhor, mais organizado e mais atualizado e profundo que as apostilas. Uma boa apostila é melhor que um livro ruim. Assim, em formato de livro e com seriedade, responsabilidade e com a oferta do material em tamanho análogo à da necessidade do leitor, criaram um livro de Teoria Resumida e Questões de Concurso. Chamaram o livro de "Direito Constitucional – teoria e questões", e o mesmo foi, a seu tempo, um ótimo exemplo de livro escrito na medida para atender um público específico.

Tal fenômeno também gerou uma série de novos autores, que classificamos como pragmáticos e dentre os quais nos incluímos. São autores que passaram a preparar livros extremamente focados em fins específicos. Os livros do professor Renato Aquino, por exemplo, foram daqueles que ficaram mais conhecidos, resolvendo a necessidade de português, redação e interpretação de textos de forma prática e direta. Livros que eram criticados por não serem "completos", mas que foram construídos para atender a uma demanda específica que não exigia o conteúdo completo, mas o básico bem focado. Assim, para quem estudava para os concursos, eram perfeitos. Nem grandes demais, nem profundos demais, nem curtos ou com desatualizações. Assim, esses livros passaram a ser referência. Não tinham sido feitos para enfrentar grandes discussões teóricas, mas para resolver um problema. Assim, tanto é equivocado dizer que eram livros incompletos, como seria equivocado criticar os doutrinadores que se dedicam a escrever livros voltados aos grandes debates teóricos. O fato é que há no mercado várias linhas de livros voltados para aquilo que é demandado por cada grupo.

Isso tudo sobre a qualidade dos livros está sendo contado para você por duas razões: demonstrar com um caso real o quanto é importante e bom que o profissional (advogado, professor, escritor) esteja atento às demandas e necessidades das pessoas com as quais (e para as quais) trabalha, seus "clientes" internos e externos; e mostrar a importância de adotar os autores/livros certos para a sua necessidade.

Então, o leitor deve atentar para o seguinte: perceber qual é sua real demanda e quais os livros que a atendem. Para quem são dirigidos os textos que você escreve? Nesse passo, citamos o autor Maximiliano Fuhrer, um gênio na capacidade de fazer bons resumos, autor do melhor resumo de Direito Comercial que já existiu. Seu resumo já ajudou muitos estudantes que se preparavam para a Defensoria, MP e Magistratura. Contudo, era autor quase proscrito, vivia sendo criticado por muitos. Tanto criticaram, que muitos estudantes que adquiriram o curso de Direito Comercial em dois volumes, quatro ou cinco vezes maior do que o resumo do Maximiliano, leram tudo e, ao final, acabaram concluindo que a relação custo x benefício não compensava.

O que queremos é que você, leitor, entenda que para cada demanda e lugar existe um grupo de livros a ser conhecido, lido, estudado. Às vezes, você pode até ter aprendido a matéria em um livro, mas não é conveniente citá-lo em determinados lugares. Apesar de endossarmos alguns dos preconceitos que existem na academia e na sociedade, é preciso conhecê-los para não sermos prejudicados por eles e para sabermos como combatê-los.

Um artigo em primeira pessoa, leve, sem muitas citações, poderá ser recusado numa revista científica, e um artigo científico, pesado, denso, poderá não ser palatável para outro público. Em suma, para escrever, falar ou mesmo citar um livro, é necessário conhecer o assunto, o objetivo e a plateia. Se o leitor atentar para isso, poderá oferecer pão para quem tem fome e água para quem tem sede. É preciso saber que, para quem está com sede, o melhor e mais saboroso pão do mundo de nada servirá, e talvez até cause revolta.

DICAS:

1. Sempre se indague qual é o assunto, o objetivo e a "plateia" do seu texto. Atento a isso, redija seu texto.

2. Não é obrigatório que seu texto seja escrito para agradar o leitor, o que sustentamos é que o texto deve ser adequado ao ambiente. Nem que seja para fazer uma crítica veemente, seu texto precisa ser:

   a) lógico, fluente e argumentativo;

   b) linguisticamente bem escrito;

   c) do tamanho adequado para ser lido, não sendo tão pequeno que não aborde o que é preciso, nem tão grande que canse o leitor.

3. Há leitores diferentes: os que gostam e suportam textos maiores, e os que não. Qual é o seu leitor? O que ele deseja?

2.3. Jurisprudência

Jurisprudência é a reiteração de decisões judiciais em um determinado sentido. Ela é muito útil no Direito, pois, além de fonte de autoridade, aborda os grandes temas em discussão no Poder Judiciário e na sociedade. Outro motivo de sua importância é o fato de ela ser dinâmica e constante fonte de alterações legislativas. O que está acontecendo de novo em geral começa a acontecer na jurisprudência.

Ao nos referirmos à jurisprudência, tratamos não apenas dela em si, mas também, e principalmente, das Súmulas ou Enunciados dos Tribunais. Sendo a cristalização da jurisprudência e mostrando qual o sentido adotado e pacificado, as Súmulas são indispensáveis para concursos jurídicos, pois constituem, via de regra, objeto de questionamentos.

É muito comum um cliente procurá-lo ou a banca lançar na prova um tema já pacificado por Súmula, muitas vezes as mais recentes. Então, para atender o cliente ou acertar a questão, é preciso estar atualizado. Em questões de prova, além de citar as correntes, o ideal é que o respondente, no primeiro e último parágrafos, faça expressa referência à pacificação do tema pela Súmula número tal, de tal Tribunal. Isso demonstrará ao professor ou examinador que você está bem preparado, e às vezes citar a Súmula é o que ele mais quer e pontua. Quando houver divergência entre uma Súmula do STF e outra do STJ, cite ambas.

A jurisprudência alerta sobre os temas mais palpitantes e mostra como estão raciocinando os Tribunais. As Súmulas indicam quais são as teses que vêm prevalecendo. Embora muitas vezes os Tribunais assumam posições que depois poderão ser revistas, não se pode negar o redobrado valor que suas posições possuem.

O mesmo raciocínio aplica-se na hipótese em que o profissional atende a grupos específicos. Um estagiário do Ministério Público, ou de uma Procuradoria etc., precisa conhecer o que pensa a instituição. Se você for fazer um concurso para o MP ou para o INSS, é claro que, além de olhar a jurisprudência dos Tribunais, também deve olhar a "jurisprudência interna" da instituição. Se está trabalhando como advogado da CNI, SESC, SENAI etc., precisa saber o que eles pensam.

As decisões de juízes de 1ª instância, por serem eles os primeiros a tomarem conhecimento das questões, e por serem aqueles que têm mais contato com as partes, e ainda por estarem menos sujeitos ao efeito paradigma, tendem a ter posições inovadoras, já que lhes cabe o primeiro contato com o fruto das transformações sociais. E os advogados atentos às novas questões que vão surgindo são os que municiam tais juízes.

Nesse sentido, é interessante considerar, se houver tempo, decisões de 1ª instância. Tome-se cuidado, porém, com o fato estatisticamente demonstrado de os Tribunais, por sua prudência, nem sempre adotarem, ao menos no primeiro momento, as inovações. Exemplo disso foi o reconhecimento dos direitos das companheiras, que era negado pela lei e pelo Judiciário. Aos poucos, a primeira instância passou a admiti-los e, depois de algum tempo, também os Tribunais. Tal reconhecimento pelos magistrados das cortes mais experientes terminou por ser feito também pela Constituição e pela lei, até por influência dos Tribunais. É claro que a inovação não é privilégio da 1ª instância, e isso é demonstrado pelo grande número de membros de Tribunal que, com sua competência e capacidade técnica, encontram sensata e criativa solução para os litígios que se lhes apresentam. O que tem de se alertar é que nem sempre as inovações da 1ª instância são admitidas pelos areópagos, de modo que sua referência em provas e concursos deve ser feita com cautela.

Para aproveitar melhor a jurisprudência:

a) Adquira o hábito de ler jurisprudência e estude as Súmulas.

b) Qualquer que seja o seu caso, estude jurisprudência e Súmulas do **STF**. Para **concursos federais**, ou advocacia na área federal, estude jurisprudência e as Súmulas dos Tribunais Superiores (por exemplo, STJ ou TST, conforme o caso) e dos TRFs. Para **concursos e advocacia na área estadual**, estude jurisprudência e Súmulas dos respectivos estados. Para **instituições** como MP, Defensoria Pública e Procuradorias, estude jurisprudência e Súmulas que tratam de questões institucionais (por exemplo, prerrogativas do cargo) e eventuais enunciados e entendimentos internos das instituições (que podem ser encontrados em suas sedes, revistas, informativos etc.). Para estágios ou advocacia até em empresas, sindicatos, ONGs etc., pesquise sobre eles.

c) Nunca deixe de citar uma Súmula quando ela se aplicar ao caso.

> O teu dever é lutar pelo Direito, porém, quando encontrares o Direito em conflito com a Justiça, luta pela Justiça.
>
> Eduardo Couture

2.4. Justiça

Imagine *Themis*, a deusa da Justiça, de pé, com seus trajes alvos, com os olhos vendados e seus cabelos negros e longos pairando ao vento. Veja-a com a espada desembainhada e pronta para usar a força, se necessário. Perceba um de seus pés pousado sobre uma tartaruga, a indicar que as suas decisões não podem ser açodadas sob pena de poderem ser equivocadas. Ouça a lição de Rui Barbosa, de *que justiça atrasada não é justiça senão injustiça tardia e manifesta*, o que poderia ser gravado no cinto ou nas sandálias da Justiça. Sinta a sua beleza, sua face pura, seu corpo esguio e seus seios fartos, lembrando ao mesmo tempo a coragem das amazonas e a ternura própria da maternidade. Atente para seu corpo com linhas torneadas, como devem ser as suas decisões. Participe da ideia de sua grave missão e responsabilidade, perceba sua solidão e a incompreensão que lhe devotam. Mas, agora, principalmente, repare em seu outro braço a posse de uma balança. É onde ela pesa, sempre, as alegações e provas, as necessidades e carências, a dor e o direito de cada um dos lados, de cada um daqueles que se assentam à sua frente ofertando-lhe, em seu imaculado altar, um último suspiro por justiça, igualdade ou liberdade.

Com a mesma justiça e serenidade, com a mesma prudência e coragem, com o mesmo rigor técnico e equilíbrio que você gostaria de ver a Justiça tratar um caso de seu interesse, com essas mesmas qualidades você deve se munir ao apreciar o caso que lhe é apresentado, seja em um escritório modelo da faculdade, no de um advogado militante, em um concurso ou ao redigir qualquer peça que seja. O fato eventual de você ser um acadêmico ou a causa ser gratuita não priva:

a) a parte do direito de ser bem atendida;

b) você do dever de sempre trabalhar bem, buscando a excelência.

Não foi outro o ensino de Jesus no Monte: *Portanto, tudo o que vós quereis que os homens vos façam, fazei-lho também vós a eles; (...).* O princípio já por Ele fora posto alguns versos antes, no mesmo sermão: *(...) com o juízo com que julgais, sereis julgados; e com a medida com que medis vos medirão a vós.* (Mateus 7: 1,3 e 12)

Tratando-se do caso que tratar, em qualquer ambiente no qual estiver, nada mais aplicável do que ensinar a decidir e a responder com senso de justiça e dizer que você será julgado pela forma como tratar os seus casos. Mesmo que esteja advogando para um dos lados, estude todos os ângulos da situação, seja para chegar a um acordo, seja para não ser surpreendido pela parte adversária.

DICA:

Não confunda *ex adverso*, adversário, com "inimigo". As partes podem até ter inimigos, mas nunca o advogado. Quem deve brigar são as teses, não os advogados. Respeite sempre os oponentes.

Analise sempre os dois lados. Não pode haver quem não seja capaz de pesar os dois lados antes de decidir (ou responder), que não veja uma questão sob ao menos dois prismas, que não ouça a verdade de cada um dos contendores ou de cada uma das correntes divergentes a respeito de um tema contraditório. Do soldado PM na rua ao Presidente do STF, ninguém tem o direito de agir com parcialidade ou injustiça. Se alguém não seguir essa regra, ao menos que esse alguém não seja você.

A capacidade de pesar ambos os lados deve ser demonstrada qualquer que seja a situação. Quando muito, o profissional poderá indicar seu pendor maior para a solução jurídica que almeja, mas sem exageros. O exagero é um "fechador de olhos" e do raciocínio: atrapalha quem o pratica e assusta quem assiste a ele.

Procure dar uma solução justa e socialmente adequada. O art. 5º da Lei de Introdução ao Código Civil já aborda parte do problema ao dizer que "*Na aplicação da lei, o juiz atenderá aos fins sociais a que ela se dirige e às exigências do bem comum*".

Outro prisma do problema também foi abordado, em palestra, pelo juiz de Direito Cláudio Antônio Soares Levada, da seguinte forma:

Pode-se escolher entre o ser humano integrado a seu tempo, e por isso capaz de entender a notável dinâmica que o caracteriza, seus vícios e virtudes, ou ser o humano enclausurado em si mesmo, e por isso incapaz de entender o que se passa em redor e, em consequência, incapaz de sensibilizar-se aos anseios da sociedade a que pertence.

Dentro desse prisma é que já se disse que *"o juiz tem o dever de encontrar a melhor Justiça para o caso concreto"*. (Rec. Especial nº 36.720-4/SP, Rel. Min. Jesus Costa Lima, *DJ*, Sec. I, p. 25.898, 29/11/1993) e que se deve buscar *(...) "solução razoável que não fere a lei nem excede o poder confiado ao Juiz, de dar aos litígios a solução justa" (*AC. Unânime, Pleno, Rel. Min. Luiz Gallotti, *RTJ* 33/647-49). Se a solução não vem pelas mãos mais adequadas, termina por ser demandada do Poder Judiciário, caso em que serão preciosas as palavras de Brecht (*Poemas,* O pão do Povo, 2ª ed., Brasiliense, p. 309):

A justiça é o pão do povo.
Às vezes bastante, às vezes pouco.
Às vezes de gosto bom, às vezes de gosto ruim.
Quando o pão é pouco, há fome.
Quando o pão é ruim, há descontentamento.

B. Brecht

> Como julgador, a primeira coisa que faço,
> ao defrontar-me com uma controvérsia,
> é idealizar a solução mais justa,
> de acordo com a minha formação humanística,
> para o caso concreto.
> Somente após recorro à legislação,
> à ordem jurídica, objetivando encontrar
> o indispensável apoio.
>
> Min. Marco Aurélio (STF, AOE nº 13-DF)

2.5. Sua mãe

Pode parecer estranho ou aparentemente desrespeitoso fazer menção à nossa genitora. Também pode parecer impróprio em um livro sobre técnica algumas referências mais leves, que não se encaixam na imagem de um estudo que de tão sério acaba sendo enfadonho e penoso. Porém, não é errado se aprender com as 5 mulheres ou com a nossa mãe. Errado é não aprender.

O Direito possui tantas leis, teses, decisões, detalhes e exceções que podemos acabar nos confundindo. Os princípios servem como forma de verificação a respeito da coerência de nossas conclusões. Mas não são só eles que nos ajudam.

Um dos recursos que você pode utilizar é mentalmente sempre "levar" sua querida mãe para dar sua "consultoria" em casos reais ou provas que for fazer. Sempre que estiver diante de algum problema, mesmo depois de analisar a lei, a doutrina, a jurisprudência e a justiça, indague-se qual seria a solução que sua mãe daria para a hipótese se fosse chamada a opinar.

Sempre que a resposta técnica e jurídica não coincidir com a sensatez de sua mãe, reavalie a resposta. Umas poucas vezes você manterá sua resposta a contragosto de sua mãe, mas na maior parte das vezes "ela" vai ajudar muito. É claro que a fonte de autoridade da resposta não será "a opinião de minha mãe" (que não é um argumento ou fonte de autoridade jurídica), mas sim a doutrina e a jurisprudência que coincidirem com a sensatez dela e para a qual você não tenha atentado antes.

Embora sua mãe possa não ter estudado Direito, saiba que para ser um jurista é preciso saber história, geografia, filosofia, ver novelas, jogar bola, ter filhos etc., e que se você souber Direito ajudará um pouco. O que ela (a nossa mãe) possui e que é indispensável no Direito é algo que a experiência fornece, algo que os anos de vida ensinam, algo que por vezes falta àqueles que olham mais as leis e os códigos e menos as pessoas e o cotidiano.

Aquilo que nunca pode faltar numa atuação do profissional do Direito é o **bom senso**, é o **senso comum**, a noção geral ou média de **equidade**, de fazer a **justiça adequada ao caso concreto**.

Todos querem ser tratados e julgados pelo senso comum, pelo senso do razoável. Jamais dê soluções que fujam ao bom senso. Uma solução simples e razoável é melhor do que uma tese complexa, de alta indagação ou profundidade.

Sobre o bom senso também falou o professor Wilney Magno (ob. cit.):

> *Direito é o bom senso sistematizado. E todo ser humano tem o dom inato do bom senso. Use-o. Não se acanhe. Consulte sua consciência. O processo de interpretação da norma jurídica não é privilégio de alguns. A conclusão não poderá ser outra: o Direito serve à Justiça, e esta somente se alcança mediante uma atitude diária, quotidiana, que leve cada um a tratar o próximo exatamente como quer ser tratado, e não lhe dar o que não quer para si. Ora, isto não se aprende. Isto se vive. Isto você já nasceu sabendo.*

E, como já dissemos, além daquilo que é inato, a cada dia, a cada erro ou acerto, a cada nova experiência, a cada momento de reflexão e aprendizado, podemos ir construindo uma noção mais clara e acertada de bom senso e de sabedoria. E podemos usar isso nas provas, pois elas também fazem parte da vida.

O recurso da "sua mãe" nada mais é que um **recurso de validação da resposta**. Você pode fazer isso de forma mais simples: basta perguntar a si próprio se há sensatez em sua proposta ao cliente, ao professor, ao adversário, ao juiz. Se não houver, procure uma proposta que tenha essa qualidade. Então, a proposta (e, consequentemente, você) terá maiores chances de sucesso.

Na clássica obra "O Pequeno Príncipe", Exupéry, valendo-se da voz do pequeno Rei de um dos planetas visitados pelo principezinho, diz que "toda autoridade se baseia na razão". Se sua atuação profissional se basear nesse princípio, você terá uma carreira de sucesso crescente.

2.6. Forma de exposição das "5 mulheres" no texto

É importante que você consiga colocar no seu texto ou peça processual, de modo claro e objetivo, a "opinião" das 5 mulheres sobre o tema. Dependendo do espaço que tiver, nem que seja de forma sucinta, mencione as cinco.

EM PROVAS:

A **primeira forma** é colocar os cinco itens (as 5 mulheres) em até cinco parágrafos e, em cada um, mencionar o que existe (a lei, o autor tal etc.). No lugar de fazer-se um parágrafo para cada item, pode-se aglutiná-los, a depender da extensão de cada um desses tópicos.

A **segunda forma** é, quando for o caso, em um **1º parágrafo** dizer que existem, por exemplo, duas correntes, esta e aquela. Em seguida, no **2º parágrafo** coloca-se a **1ª corrente** com seus fundamentos legais, doutrinários, da jurisprudência e de justiça. Em um **3º parágrafo** coloca-se a **2ª corrente** com, igualmente, seus fundamentos legais, doutrinários, de jurisprudência e justiça. Por fim, faz-se um **4º parágrafo** de fecho. Desde que se abordem todos os itens, a formatação da redação é uma mera questão de gosto.

EM PEÇAS PROCESSUAIS:

Deixe bem claras as citações, utilize margens diferentes, itálicos, negritos etc. A peça processual não pode ser muito fria e seca, muito menos um mostruário exagerado de cores e tipos.

3. DICOTOMIA

Este item poderia ser inserido na "justiça", que com sua balança sempre pesa os dois lados. Por seu valor, contudo, sempre mencionamos a dicotomia separadamente.

Segundo o *Aurélio,* **dicotomia** tem vários significados. Dois nos interessam:

1) *Método de classificação em que cada uma das divisões e subdivisões não contém mais de dois termos* (diferente de politomia, que é a divisão do assunto em várias partes); e

2) Na lógica, *divisão lógica de um conceito em dois outros conceitos, em geral contrários, que lhe esgotam a extensão. Ex.: animal = vertebrado e invertebrado.*

A dicotomia não é um "privilégio" do universo jurídico. Ela existe em tudo na vida e em todas as matérias, principalmente nas inexatas, nas que lidam diretamente com o ser humano. Dominar sua mecânica servirá, pois, em qualquer ramo do conhecimento. Essa dicotomia ocorre em grande escala no campo do Direito.

A dicotomia não significa que existem sempre apenas duas teses, mas que sempre poderemos agrupar as várias teses porventura existentes em dois grandes grupos, cujos entendimentos se contrapõem. Isso é fruto da forma de raciocínio de cada um deles, pois seus defensores partem de princípios opostos. (Veja que, mais uma vez, estamos diante de "princípios".)

Para mais cuidar do assunto, vejamos um quadro a respeito:

TEMA OU ASSUNTO	1ª POSIÇÃO OU PRISMA	2ª POSIÇÃO OU PRISMA
DIREITO PENAL E PROCESSUAL PENAL	PRINCÍPIO MAIS IMPORTANTE: A preocupação com a sociedade. ARGUMENTOS: A segurança pública, o combate ao crime, a proteção da sociedade contra os maus cidadãos etc. RESULTADO: A pessoa se colocará a favor de maior rigor nas penas e no processo da pena de morte etc. Considerará menos importante a preocupação com as garantias individuais e processuais, nulidades, liberdade, provas ilícitas pois elas não podem deixar a sociedade "indefesa" etc.	PRINCÍPIO MAIS IMPORTANTE: A preocupação com o indivíduo. ARGUMENTOS: Os direitos e garantias individuais, a liberdade individual, a proteção do cidadão contra os abusos e hipertrofia do Estado. RESULTADO: A pessoa se colocará a favor das garantias processuais, liberdade, penas mais humanas. Considerará menos importante o combate ao crime no sentido de que ele não pode ser feito com desrespeito ao indivíduo.
DIREITO TRIBUTÁRIO	PRINCÍPIO MAIS IMPORTANTE: Manter a sanidade das contas públicas. ARGUMENTOS: O Estado possui deveres em favor da coletividade, de modo que todos devem participar de seu custeio. De um modo geral, consideram-se os gastos como necessários, tendendo à criação ou majoração de tributos. RESULTADO: Sempre se colocará em favor do fisco.	PRINCÍPIO MAIS IMPORTANTE: Manter um certo grau de justiça fiscal. ARGUMENTOS: O Estado não pode espoliar seus integrantes, cobrando-lhes tributos exagerados, inconstitucionais, sem motivo etc. Exige maior zelo nos gastos ao invés da criação ou majoração de tributos. RESULTADO: Sempre adotará uma posição pró-contribuinte.
DIREITO DO TRABALHO	PRINCÍPIO MAIS IMPORTANTE: A proteção da livre iniciativa e do empregador como gerador de riqueza, empregos e tributos. ARGUMENTOS: É preciso proteger o capitalista, o empregador, pois ele possui os meios de produção e a capacidade de iniciativa que movimenta a nação. Não se pode sufocá-lo sob pena de prejudicar todo o país e mesmo os trabalhadores. RESULTADO: A tendência será uma certa proteção ao empregador ou, quando menos, a busca de tratamento isonômico entre empregador e empregado.	PRINCÍPIO MAIS IMPORTANTE: A proteção do trabalhador, que participa da empresa com sua força de trabalho e é economicamente mais frágil. ARGUMENTOS: O empregado é a parte mais fraca na relação, estando em desvantagem econômica e social. A lei deve compensar essa desigualdade a fim de alcançar uma igualdade no final do processo. RESULTADO: Sempre se buscará uma interpretação mais favorável ao empregado e uma legislação que zele por seus direitos em face do empregador.

DIREITO DE FAMÍLIA (homem x mulher)	PRINCÍPIO MAIS IMPORTANTE: Igualdade entre homem e mulher. ARGUMENTOS: A própria Constituição já estabeleceu a igualdade entre os sexos. RESULTADO: Não se aceitar mais qualquer privilégio da mulher (alimentos, vantagens processuais etc.). OBS: Em questões onde também existe interesse da prole, praticamente não se discute que esta deve ter primazia em face de eventuais interesses do homem ou da mulher. O interesse preponderante no Direito de Família é a entidade familiar, com grande preocupação com a prole.	PRINCÍPIO MAIS IMPORTANTE: Busca da igualdade real entre homem e mulher. ARGUMENTOS: A igualdade reconhecida na Constituição ainda não está plenamente efetivada na sociedade, de modo que dar um tratamento absolutamente igual no atual momento será mais prejudicial. RESULTADO: Propugna-se a retirada paulatina de eventuais privilégios da mulher (havendo prole: ver obs. à esquerda).
DIREITO ADMINISTRATIVO	PRINCÍPIO MAIS IMPORTANTE: O interesse coletivo precede o individual. ARGUMENTOS: A Administração fala em nome de toda a sociedade de modo que sua regularidade e sanidade são mais importantes do que questões ou interesses privados. RESULTADO: Sempre se protegerá o Estado/Administrador em face do indivíduo.	PRINCÍPIO MAIS IMPORTANTE: O cidadão/administrado é essencial ao Estado e seu criador. ARGUMENTOS: Não se pode desrespeitar as liberdades e direitos individuais sob pena de prejudicarem-se aqueles que criam o Estado e o mantêm. RESULTADO: Defender-se-á a limitação da atuação do Estado/Administração para não ferir direitos individuais.
Experimente procurar algum ramo ou matéria em que há discussão e trace os princípios, argumentos e resultados de cada um dos lados	PRINCÍPIO MAIS IMPORTANTE: ARGUMENTOS: RESULTADO:	PRINCÍPIO MAIS IMPORTANTE: ARGUMENTOS: RESULTADO:

✓ **OBSERVAÇÃO**

Obviamente citamos apenas alguns dos princípios, argumentos e resultados, apenas com o fim de o leitor compreender a relação. O estudo do quadro anterior permite escrever um livro apenas sobre esse assunto.

COMENTÁRIOS:

1) Repare que os argumentos, em quase todas as áreas, sempre terminam por preocupar-se ou mais com o **Estado** ou mais com o **indivíduo**. É uma tendência. Daí você sempre deverá analisar as questões sob as

duas óticas. No mais das vezes, e naturalmente, encontrará essas duas grandes tendências da doutrina e da jurisprudência.

2) **Não é difícil analisar qualquer questão sob, ao menos, duas óticas.** Basta você se imaginar sendo o cidadão "prejudicado" ou o "réu" e ver quais seriam seus argumentos. Depois, imagine-se como o presidente ou o governador, ou o chefe de polícia, e veja quais seriam seus argumentos.

Ainda há outra forma: imagine que você é o advogado de um lado e veja o que alegaria. Mude de lado e anote os argumentos que passaria a usar. Depois de ver os argumentos de cada lado (e colocá-los no papel), parta para uma análise da correção de cada um deles, procure compô-los e referir as leis, a doutrina e as decisões judiciais a favor de uma e outra posição.

Para se referir à lei, à doutrina e à jurisprudência será preciso estudar para conhecê-las. Semelhante método funciona para **otimizar** o estudo, não para substituí-lo.

3) Repare que existem **argumentos gerais** que sempre se repetem. Há argumentos que são invariáveis, que não mudam qualquer que seja a questão em discussão. Exemplo: Quem é a favor do combate ao crime sempre usará argumentos como "a defesa social", "proteção do inocente e do cidadão de bem", "segurança pública", "império da lei", "combate à impunidade". Quem estiver mais preocupado com os direitos individuais sempre fará referência a eles, aos "direitos humanos", às "garantias constitucionais", "ao risco de injustiças" etc.

4) Dificilmente uma pessoa apresentará apenas um prisma. Só os radicais veem apenas o que consideram mais importante. Quanto maior o **equilíbrio** entre as duas formas de ver as coisas, maior será a sensatez da pessoa e maior a chance de ela estar certa ou de chegar a acordos. O pluralismo reconhecido em nossa Constituição (preâmbulo e arts. 1º e 3º) exige nossa capacidade de sempre ver, ouvir, sentir e compor os dois lados de uma questão.

5) Veja que no quadro há casos em que o próprio Direito trata uma das partes com algum privilégio. O Direito admite **prioridades na interpretação**. Analisar uma questão sem saber disso é pedir para errar. Veja o exemplo do Direito do Trabalho, onde o próprio sistema privilegia o empregado em face do empregador.

6) A lei, a doutrina e a jurisprudência não passam de reflexos do **estágio de composição** entre interesses dicotômicos, demonstrando se um deles prevaleceu ou se houve um equilíbrio.

7) Sempre que uma lei protege demasiadamente um dos interesses em confronto, a tendência é a criação de uma certa instabilidade

social que culmina com a revisão da lei. De certo modo, a falta de boa proporção reflete em ações judiciais e, logo, na jurisprudência. Sempre haverá doutrinadores mais afeiçoados a um ou outro segmento. Quanto maior a composição entre dois interesses antagônicos, maior o nível de pacificação e satisfação geral.

Se você aprender quais são os princípios e argumentos de cada matéria, em especial os princípios de cada um dos dois eternos lados de qualquer questão, terá um excepcional ponto de partida para qualquer discussão ou debate, ou para fazer uma prova.

> Toda verdade passa por três etapas:
> primeiro, ela é ridicularizada.
> Depois, é violentamente antagonizada.
> Por último, é aceita universalmente como autoevidente.
>
> Arthur Schopenhauer

4. RELAÇÕES DE C/S (COORDENAÇÃO OU SUBORDINAÇÃO)

PRIMEIRA EXPLICAÇÃO. Sempre observamos uma grande dificuldade dos alunos e candidatos em relação ao Direito Administrativo, uma das matérias mais "rejeitadas" por eles.

Analisando a causa, é possível verificar-se que o maior número dos "insatisfeitos" indicava "incoerência", "injustiça" ou falta de "equilíbrio" na disciplina. Muitas vezes as respostas de alunos dedicados recebiam nota zero ou perto disso. O problema era um só: os alunos raciocinam no Direito Administrativo do mesmo modo que no Direito Civil (obrigações, contratos etc.).

O vício é na forma de entender, na compreensão de como funciona a disciplina. A partir do momento em que se compreendem os três princípios básicos de interpretação do Direito Administrativo, o aluno passa a compreender a dinâmica da coisa e a acertar na interpretação das teses e questionamentos. Ensinar uma pessoa a gostar de Direito Administrativo começa por tratar das noções básicas. É através delas que o aluno compreende que não existe completa igualdade ou equilíbrio nessa matéria, onde o conceito de justiça não é aquele com o qual estamos acostumados. Isso vale para todas as matérias.

A JUSTIÇA DEVE TRATAR A TODOS IGUALMENTE? A resposta positiva é um mito que nos ensinam. A resposta correta aqui é **nem sempre**.

Somos educados a pensar sempre na busca da igualdade, da isonomia. Ser justo, diz-se, é tratar a todos igualmente. A lei deve ser igual para todos etc. Nada mais errado. É por causa disso que tantas pessoas não compreendem uma ou outra disciplina, porque raciocinam com uma ideia de igualdade que nem sempre se aplica. Há circunstâncias em que o próprio Direito quer e estabelece a desigualdade.

Em Direito existem duas espécies de relação entre interesses antagônicos:

a) **RELAÇÕES DE COORDENAÇÃO;**

b) **RELAÇÕES DE SUBORDINAÇÃO.**

Nas relações de coordenação encontramos partes em princípio iguais em força e capacidade, razão que leva o Direito a tratá-las de modo igualitário. Aqui, sim, é o lugar de postular-se isonomia. Essa é a espécie de relação mais comum no Direito Civil e talvez por isso sua noção seja tão difundida. Temos como exemplo a relação entre dois empresários, entre dois vizinhos, entre dois herdeiros maiores. Também vamos encontrar relações de coordenação no plano internacional, onde juridicamente há igualdade entre os países (sem embargo das diferenças políticas, econômicas e militares); entre homem e mulher; entre filhos de uma mesma pessoa em relação a ela; entre os estados-membro em uma Federação ideal etc.

Nas relações de subordinação também encontramos conflitos de interesse, mas com a peculiaridade de o Direito reconhecer a um dos litigantes alguma vantagem. Por vezes, a vantagem se manifesta em um peso diferente na **interpretação** do caso, o que por si só já pode ser suficiente para mudar radicalmente a solução do problema.

O motivo do privilégio ou prerrogativa (a distinção entre os termos não é pacífica) pode variar, mas sempre se reconhece maior proteção a um dos contendores. Se raciocinarmos com a ideia de igualdade perante relações de subordinação, todas as nossas conclusões tenderão a ser equivocadas, pois se pesarão inadequadamente os pratos na balança. Temos vários exemplos dessa espécie de relação:

- **DIREITO ADMINISTRATIVO**: o interesse da coletividade (representado pela Administração) tem superioridade jurídica sobre o interesse individual.
- **DIREITO DO TRABALHO**: a proteção do trabalhador assume superioridade em face dos interesses do empregador.

- **DIREITO DA INFÂNCIA E DA JUVENTUDE**: o interesse de proteção e educação da criança e do adolescente prevalece sobre outros, como o de um ou outro ascendente.

- **DIREITO PENAL E PROCESSUAL PENAL**: ainda que exista a igualdade das partes, reconhece-se uma certa precedência para o réu. Daí deriva a presunção relativa de inocência e suas declinações (*in dubio pro reo* etc.), alguns recursos privativos da defesa etc.

- **CONFLITOS ENTRE O RICO E O POBRE**: na medida das coisas (*modus in rebus)*, o Direito procura compensar a clara vantagem dos poderosos sobre os humildes. Daqui surgem teorias como o *in dubio pro misero* e novas interpretações sobre a aplicação do ordenamento jurídico. A ideia tem lógica desde que aplicada com precaução. Já se disse, que *Na luta entre o forte e o fraco é a lei que liberta e a liberdade que mata* ou, nas palavras do Papa João XXIII, que *Os ricos se defendem por seus próprios meios; os pobres é que necessitam da proteção do Estado*. Tudo isso merece a reflexão do jurista.

Limite da desigualdade. Sempre que existir desigualdade jurídica, a regra é que ela seja limitada e balizada pela lei. Assim, por mais que uma parte tenha privilégios, eles não se consumam em oposição à lei.

Inversão eventual e episódica de princípios. Há momentos em que excepcionalmente se inverte o raciocínio. Ex.: Embora na seara criminal prevaleça o princípio do *in dubio pro reo*, no momento da denúncia ou da pronúncia aplica-se o princípio *in dubio pro societate*. Essas inversões são raras e quem estuda as conhecerá facilmente. Ainda podemos vislumbrar relações mistas, que são aquelas onde se está em um ponto intermediário entre as duas situações acima. Espera-se a igualdade, mas, porque ela ainda não existe, reconhece-se ao mais fraco algumas vantagens para que possa – dentro em pouco – caminhar sozinho e submeter-se a relações unicamente de coordenação. É aqui que surgem as chamadas normas temporariamente constitucionais: aquelas que são aceitas até que a sociedade evolua um pouco mais, chegando a um novo patamar onde eventuais vantagens não mais serão concedidas. O exemplo mais evidente é o tratamento privilegiado que possui a Defensoria Pública. Embora se queira a igualdade das partes no processo, aquele que é assistido pela Defensoria possui, *v.g.*, prazos em dobro e intimação pessoal. O ordenamento jurídico admite tais vantagens para buscar-se uma igualdade final; eis que, como todos sabemos, os hipossuficientes possuem maiores transtornos e dificuldades na defesa de seus direitos. O ideal é que essa desigualdade fática vá sendo superada pela sociedade, o que, sendo alcançado, tornará inadmissível o privilégio até então tolerado e necessário.

Sempre que for meditar sobre um tema ou responder a uma pergunta, defina primeiramente qual é a espécie de relação em jogo. A partir dessa verificação é que você deve orientar o seu raciocínio e interpretação.

Na luta entre o forte e o fraco
é a lei que liberta e a liberdade que mata.

5. EVOLUÇÃO DOS PRINCÍPIOS

É óbvio que a lei, a doutrina e a jurisprudência evoluem, demandando constante atualização. Observe, contudo, que os princípios, como a própria sociedade, também sofrem mudanças com o tempo. Nesse passo, sugiro que você sempre estude os princípios, se interesse pelos livros, artigos e discussões sobre eles. Quando a sociedade muda, o Direito é influenciado. Às vezes, o Judiciário ajuda a "puxar" a mudança. Para dar um exemplo, anteriormente a companheira não tinha direitos, mas as decisões judiciais começaram a distinguir a companheira da concubina e reconhecer direitos. Com o tempo, o companheirismo foi reconhecido como é hoje. Decisões judiciais contrárias à discriminação do chamado "filho adulterino" ajudaram a estabelecer a melhor interpretação, a atual, qual seja: filho é filho! Quem é adulterino (adúltero) é o pai ou a mãe, nunca a criança. Outros exemplos: no passado já se admitiu a tortura como forma de se obter uma confissão e que o homem era o chefe da família, superior à mulher. É óbvio que a mudança da mentalidade média influencia as leis e também os princípios reconhecidos como válidos.

> Julgar os outros é perigoso;
> não tanto pelos erros que podemos cometer a respeito deles,
> mas pelo que podemos revelar a respeito de nós.
>
> Philemon

Capítulo 6

PRODUÇÃO DE PROVAS: A VERDADE E A PERSUASÃO

Para raciocinar em Direito, o profissional deve ter algumas cautelas que ajudarão a chegar à solução adequada e o protegerão de inúmeros problemas. A sequência lógica que anotaremos a seguir é bastante adequada para preparar tanto peças processuais quanto sustentações orais em casos reais, nos quais o profissional poderá haurir ótimos resultados. Por sua abrangência, tais ordenadas cautelas também podem ajudar na preparação de respostas em provas e concursos, quer dissertativas, quer redação de peças processuais (as chamadas "provas práticas").

Essas cautelas abrangem momentos de:

a) **PESQUISA** (relativa aos **fatos** em discussão e à **teoria**, ou seja, ao ensino da lei, doutrina, jurisprudência, outras ciências etc.);

b) **ANÁLISE** (relativa ao questionamento de todos os **fatos e teorias** e à **decisão** sobre quais as linhas que pretendemos seguir); e

c) **CONVENCIMENTO** (relativo à busca de provas para convencer o julgador, seja ele um magistrado, seja uma plateia, a respeito dos fatos e teses que vamos sustentar).

Vamos analisar mais detidamente cada um dos três momentos, que terminam por se desdobrar em cinco.

Logicamente, o primeiro passo é uma profunda, calma e isenta **apreciação de todo o conjunto de informações** sobre o caso (processo, provas etc.).

Em seguida, é preciso uma séria e **abrangente pesquisa a respeito do conhecimento humano e jurídico envolvido no caso**. É preciso conhecer a lei, a doutrina, a jurisprudência, as divergências, em suma, tudo o que se fala a respeito do assunto. A pesquisa não deve limitar-se ao Direito: pode e deve espraiar-se pela História, Filosofia, Psicologia, Sociologia etc. Depois de obtido e assimilado todo o conhecimento, faz-se a seleção do que é relevante para aprofundamento da pesquisa e menção.

O primeiro deles é recordar-se de que em nosso sistema as **alegações devem ser provadas**. É certo que há a questão do ônus da prova, das presunções, dos fatos que dispensam ou não possibilitam comprovação etc.; é mais certo, ainda, que devemos estar preparados para comprovar de modo idôneo aquilo que alegamos. Como se diz, traduzindo um famoso brocardo latino, "alegar e não provar é quase como não alegar".

A produção de provas ainda é beneficiada pelo princípio da persuasão racional ou do **livre convencimento**, que determina que o magistrado pode basear sua decisão em qualquer das provas produzidas (ou das correntes probatórias contidas nos autos), devendo tão somente fundamentar sua decisão. Sendo assim, há espaço para trabalhar-se em prol de nossa tese, bastando que convençamos o julgador da veracidade e justiça daquilo que alegamos e pedimos.

Por outro lado, há que se cuidar para não fazermos alegações sem que possamos, ainda que de modo frágil, carrear **provas** que sejam hábeis a demonstrar a realidade do que foi alegado. Quando menos, através de prova indiciária, que, por mais frágil que seja, ainda é melhor do que alegar sem apresentar prova alguma. Quanto mais robustas as provas apresentadas, maior será a possibilidade de êxito, principalmente se acompanhadas de fortes e hábeis argumentos. Indo além, precisamos forçar nossa capacidade e até mesmo criatividade para lograr êxito na obtenção de elementos de convicção e convencimento nos casos em que isso for difícil.

Por fim, devemos registrar que algumas vezes, por mais que se esforce, não se conseguem provas suficientes. Nessas horas é recomendável procurar caminhos alternativos e não desistir da luta pelo que você acredita ser **justo**. Em último caso, à falta de provas e alternativas, exponha o fato, a falta de alternativas e a falta de provas. Pode ser que, também graças à sensibilidade do juiz, a própria situação se encarregue de justificar o deferimento daquilo que se pedia. Acontece.

Como consequência, devemos sempre **"desconfiar"** e **"duvidar"** de tudo o que é dito pelo nosso cliente, pelo adversário, pelas testemunhas etc., sempre procurando ver se as provas confirmam as alegações ou, no caso de nosso cliente, se teremos como comprovar o que ele alega. Essa disciplina na busca da verdade nos será preciosa.

Quando faltam as provas, ou para confirmá-las, temos ainda as **coisas que normalmente acontecem**, aquelas que – todos sabemos – são a forma natural de determinados fatos se desenrolarem. Tal experiência e conhecimento geral a respeito do que normalmente ocorre podem ajudar a confirmar ou desmentir as provas. Para demonstrar que o desenrolar natural não se deu, é preciso prova robusta, e para confirmar tais acontecimentos às vezes não se precisa de prova alguma. "As coisas que normalmente acontecem", ou, em outras palavras, "a experiência dos fatos" pode ser referida em latim: ***Id quod plerumque accidit***. Logo, posso chegar a argumentar que *não tenho provas desse fato, mas* id quod plerumque accidit*, e, à falta de prova em contrário, devemos aceitá-lo como verdadeiro.*

✓ **Observação sobre o uso do latim e de termos mais rebuscados**. Devemos evitar, no Judiciário, termos e expressões estrangeiras ou de difícil entendimento pelo homem comum, pelo leigo. A democratização da Justiça e o acesso ao Judiciário podem ser ajudados por uma linguagem mais acessível ao homem do povo. Contudo, tratando-se de provas e concursos, há que se reconhecer que o emprego de expressões latinas e de uma linguagem mais culta e técnica impressiona positivamente o examinador. Considero que o ideal é a pessoa saber utilizar as duas formas de expressão para poder optar pelo uso de uma ou outra, conforme o ambiente e o objetivo. Da mesma forma, um discurso, sustentação oral ou debate jurídico, uma palestra, são situações em que mostrar um pouco de erudição tem sua serventia.

Em suma, para demonstrarmos a realidade de um fato juridicamente relevante, precisaremos de provas ou, quando menos, de demonstrar que isso é o que normalmente acontece. Umas e outras podem enganar, mentir, ser fraudadas etc., mas mesmo assim é o que nos resta, humanos que somos, para o descobrimento da verdade.

Em qualquer questão jurídica, precisamos descobrir qual é a verdade dos fatos. Havendo mais de uma linha probatória, devemos cautelosamente tentar descobrir qual é a mais forte e qual a linha que queremos que prevaleça. Se há duas versões sobre como um fato aconteceu, é óbvio que o advogado tentará provar que o que realmente houve foi isto ou aquilo, conforme os interesses de seu assistido. Se o fato é incontroverso, resta a interpretação dos fatos. Mesmo que o fato seja inquestionável, a razão interna para sua ocorrência pode ser discutida.

Daremos um exemplo. Sabe-se que A matou B e isso é inquestionável em face das provas, entre as quais há a própria confissão de A. Esse é um fato incontroverso. Porém, dentro do fato há elementos sobre os quais paira a dúvida de se o fato foi ou não praticado em legítima defesa. Nesse caso, não se questiona o fato da causação da morte, mas discutir-se-á e tentar-se-á provar o fato (os elementos configuradores) da legítima defesa. Aqui, a discussão ainda é sobre o que aconteceu.

Em outra hipótese, A matou B e sabe-se que não foi em legítima defesa. Sabe-se que ele apenas chegou perto de B e disparou sua arma. As duas parcelas dos acontecimentos são incontroversas. Aqui, então, o caminho será a discussão do que levou A a matar B: ódio, vingança, desprezo... ou amor, compaixão, engano? É claro que o esclarecimento das circunstâncias do caso contribui em muito para descobrirem-se os motivos, mas nem sempre é o bastante. Há casos em que discutimos os fatos (negativa de autoria, por exemplo), os fatos e as razões íntimas (legítima defesa, por exemplo) e, por fim, casos onde só nos resta (ou interessa) discutir o que se passou na mente e no coração da pessoa em julgamento.

Assim como precisamos conhecer, discutir e duvidar dos fatos, precisamos conhecer, discutir e até duvidar das normas. Podemos e devemos discutir se estão em vigor, se são válidas, legítimas, constitucionais, justas, humanas etc. Já o antigo Estatuto da OAB possuía um artigo lapidar, aquele em que, ao estabelecer as infrações disciplinares, dizia que o profissional não devia *advogar contra literal disposição de lei, presumida a boa-fé e o* ***direito de fazê-lo com fundamento na inconstitucionalidade, na injustiça da lei, ou em pronunciamento judicial anterior***. Por conseguinte, não devemos ter alguma espécie de "temor reverencial" diante da lei, mas sim diante do ideal de justiça.

Para concluir e facilitar, vamos rever os pontos cruciais:

Ao apreciar um caso, o profissional deve

1º Conhecer bem os elementos dados (fatos, provas, argumentos etc.).
2º Pesquisar todo o conhecimento disponível e útil sobre o caso.
3º Duvidar de tudo, conferindo coisa com coisa e cada coisa.
4º Decidir o que pretende alegar e sustentar.
5º Obter o conjunto mais sólido e convincente possível de provas.

Após proceder a essas fases, o profissional terá segurança e elementos para dar cabo de sua missão.

Se tal sequência lógica é útil para as partes, também será para o magistrado, profissional que poderá seguir igualmente os três primeiros passos. O julgador só terá raciocínio um pouco diverso nos passos 4 e 5, quando deverá – ao invés de elaborar – apreciar os argumentos e as provas, para então proferir sua decisão.

Para raciocinarmos a respeito de um problema jurídico, há, assim, fases sucessivas de **pesquisa** (fato e teoria), de **análise** (duvidar dos fatos e decidir o que será sustentado) e **convencimento** (busca de provas), antes de se estar preparado para seguir com a ação.

Podemos aplicar esse roteiro em provas e exames de casos concretos. Diante de uma questão, deve-se:

1	Pesquisar o que o enunciado realmente diz, através da leitura calma, isenta e atenta da questão.
2	Pesquisar o que a lei, doutrina, jurisprudência etc. dizem, fazendo uso do material de consulta permitido e da memória (teoria das 5 mulheres).
3	Duvidar, o que pode servir para apreciar mais profundamente a questão. Também é válido duvidar de sua própria interpretação da questão, seja para confirmá-la, ou para modificá-la.
4	Decidir qual a linha a seguir, lembrando que devemos sempre mencionar as correntes divergentes. Em uma questão judicial é possível, após mencionar as divergências, frisar veementemente aquela que nos interessa, conduta que não é a ideal em provas e concursos.
5	Juntar "provas" de nosso entendimento, o que, no caso de provas e concursos, diz respeito à referência às fontes de autoridade.

Esse roteiro não elide os demais sistemas de respostas que você eventualmente conhece ou utiliza, sendo apenas mais uma alternativa para o leitor experimentar até identificar o(s) sistema(s) que mais lhe agrada(m). Em sede de processos judiciais, consideramos o presente sistema praticamente insubstituível. Em provas e concursos é útil, desde que adaptado à situação.

O roteiro também servirá para preparar uma boa aula, caso você seja professor, ou queira se preparar para sê-lo ou, então, utilizar o sistema de dar aulas para fixar a matéria estudada.

> Julga um homem por suas perguntas, mais do que por suas respostas.
>
> Voltaire

> Quanto mais se julga, menos se ama.
>
> Chamfort

Capítulo 7

RACIOCÍNIO E INTERPRETAÇÃO DE QUESTÕES JURÍDICAS

Além de tudo o que já foi mencionado nos capítulos anteriores, vale ainda somar algumas observações importantes à prática jurídica. A primeira delas é que o estudioso do Direito deve assumir, qualquer que seja a sua área de atuação, a consciência de que estará "dizendo o Direito", logo estará prestando jurisdição, que é uma atividade de todos. Sim, não pense que só juízes "dizem o Direito". Muitas causas e questões não chegam ou não deveriam chegar à Justiça. Um bom policial, fiscal, advogado ou servidor público tem o dever de fazer desde logo o correto, de implementar soluções justas, tornando a busca pelo Judiciário a exceção, e não a regra.

1. JURISDIÇÃO: UMA ATIVIDADE DE TODOS

As pessoas pensam que apenas os juízes exercem "jurisdição", mas todos os profissionais da área jurídica o fazem. Apenas os magistrados prestam jurisdição na natureza jurídica de atividade estatal própria do Poder Judiciário.

Jurisdição significa "dizer o Direito", e isso, como atividade intelectual, todos fazem. Mesmo um analfabeto, diante de algo que identifica como injustiça, pratica jurisdição. A diferença entre um analfabeto e um profissional do Direito é que aquele não precisa ser técnico, ao passo que este exerce a "jurisdição", ou pelo menos deveria exercer, com o rigor e a precisão que exige a técnica. Não é só o juiz que "diz o Direito". Por exemplo, quando um PM, entendendo haver flagrante delito, conduz uma pessoa à delegacia, está ele, dentro de sua própria órbita, "dizendo o Direito".

Se tal ponderação for compreendida, o leitor concordará que, qualquer que seja o ofício, estaremos diante de atividade jurisdicional. Se a atividade desenvolvida for a de juiz, teremos a jurisdição como atividade intelectual aplicada a um cargo que exerce a jurisdição estatal. Se formos atuar como promotor, defensor, procurador, delegado, fiscal etc., precisaremos saber "dizer o Direito" aplicável a um caso concreto ou responder a uma questão meramente teórica, o que também é "dizer o Direito".

Fazer uma prova na área jurídica (área técnica, fiscal ou carreiras), na maior parte das vezes, será fazer "jurisdição" como operação intelectual para dar uma solução para o enunciado. Isso, no mais das vezes, significa aplicar a norma, que é abstrata, a um caso concreto.

A **ordem lógica** para se abordar qualquer questão jurídica é:

1 – "saber o Direito", o que será capaz de fazer através do estudo prévio;

2 – "dizer o Direito" para si próprio, isto é, definir o que está sendo perguntado e o que deve ser respondido; e

3 – "adequar o Direito" ao caso. Apenas aqui ele deverá flexibilizar sua resposta, a depender do caso. Se for advogado de uma parte, esta será a hora de levar a questão para a linha que atenda ao cliente. Claro que, ao realizar os passos 1 e 2, se verificar que se trata de uma causa imoral ou desonesta, o melhor a fazer é declinar da "oportunidade" e recusá-la. Ao longo do tempo, isso é mais produtivo para a carreira do que qualquer vantagem imediata que você possa auferir.

Portanto, para **raciocinar sobre o Direito** e, consequentemente, sobre como avaliar uma questão jurídica, devemos utilizar a **fórmula para o raciocínio jurisdicional**, que trataremos no próximo item.

2. COMO RESPONDER CORRETAMENTE. COMO INTERPRETAR

2.1. Introdução

Se todos devem "dizer o Direito", se a maior parte das causas e das provas se resume a aplicar a lei (em sentido amplo) a um caso concreto, por que existem tantas discussões e reprovações? O mais curioso é que a lei é igual para todos e, se o caso concreto ou o enunciado da prova também é o mesmo para ambos, as pessoas não deveriam errar tanto.

As pessoas associam o raciocínio da seguinte forma:

LEI X FATO = SOLUÇÃO

O sinal de multiplicação significa a operação intelectual de adequação entre a lei e o fato, que nada mais é do que "dizer o Direito", como estamos martelando. Se raciocinar juridicamente é isso, não deveríamos ter tantos erros. Mas, já que eles existem, conhecer as razões pelas quais ocorrem nos permitirá evitar sua repetição.

- **É possível que o candidato se engane quanto à lei e/ou quanto ao fato?** Sim, tanto que isso vive acontecendo.
- **É admissível que o candidato se engane quanto à lei e/ou quanto ao fato?** Não, pois, como já dissemos, a lei e o fato são os mesmos tanto para o candidato quanto para o examinador. Nunca o candidato deve "entristecer" o examinador com uma resposta onde a lei ou o fato não coincidem com aquilo que ele, examinador, espera para poder conferir o grau ao candidato.

2.2. Como o candidato erra quanto à lei?

Isso acontece quando a lei muda e o profissional/estudante/candidato não está atualizado. Nosso país tem sofrido constantes alterações legislativas, a maior parte de má qualidade e/ou por medidas provisórias, infelizmente. Se não houver cuidado, corre-se o risco de dar a resposta com base em uma lei já revogada. Alterações legislativas são temas constantemente indagados em provas e é essencial para um operador jurídico não errar a lei em uma petição/prova.

O que fazer para contornar?

1) Acompanhe sempre as alterações legislativas. Isso pode ser feito através do Diário Oficial da União e, conforme o concurso, dos Diários Estadual e Municipal. Existem revistas e informativos jurídicos que fazem esse acompanhamento. *Sites*, editoras e cursos preparatórios também providenciam notícias das novas leis para quem as procura.

2) Mantenha os códigos atualizados fazendo a remissão em eventuais artigos alterados. Compre uma pasta-fichário para guardar as leis avulsas. Procure adquirir Códigos atualizados periodicamente. Não economize dinheiro com atualização legislativa (o ideal é trocar os códigos todos os anos). Ao trocar, faça as remissões e sublinhe o que havia no antigo no novo, o que, por si só, servirá como estudo. Se você não tem disposição para pegar os códigos e atualizá-los é porque não quer realmente chegar ao nível de excelência profissional: mude de atitude/comportamento... ou de carreira.

3) Para o caso de você estar mais atualizado que o interlocutor (professor, juiz, adversário, examinador), que é raro, mas acontece, principalmente quando se tratar de alteração recente (menos de 1 ano), pode citar o fundamento legal da resposta, por exemplo: *segundo o art. 25 da Lei nº x, conforme alteração dada pela Lei nº y,*

a solução é... Se a alteração já é bem consabida, basta citar o artigo, já que não é necessário, por exemplo, dizer *art. tal da Lei tal, de 1940, com a alteração da Lei tal, de 1941*. Nesse caso, é perder tempo e espaço com observações dispensáveis.

4) Por mais que o caso pareça fácil, evite responder a questionamentos sem antes olhar o que a lei diz a respeito. Se não souber achar, use o **índice** no início do Código ou o **índice alfabético-remissivo** ao seu final.

2.3. Como alguém erra quanto ao fato?

É impressionante a quantidade de petições e de respostas em provas em que o advogado ou o candidato sai completamente do tema que deve abordar. Isso também acontece muito em redações. Com certeza, você já teve alguma ocasião em que, ao sair da prova, comentou com um colega que acertou a questão tal, que disse isso ou aquilo, e descobriu que a pergunta era sobre outra coisa, não é mesmo? Pois bem, saiba que isso acontece em processos judiciais com certa frequência.

Acontece por várias razões:

a) A pessoa não lê direito a questão, por desatenção. Solução: se você está fazendo uma peça processual ou uma prova, concentre-se nela.

> Se uma coisa vale a pena ser feita,
> vale a pena ser benfeita.
>
> (N. Poussin)

b) A pessoa lê a prova com pressa. Solução: não adianta ganhar tempo com uma leitura corrida e errar, perder pontos na prova, submeter um documento equivocado ou dar uma resposta mal dada. Leia calma e atentamente.

c) A pessoa lê documentos ou enunciados passionalmente ou com preconceitos, ou responde dessa forma. Solução: exercer a profissão e/ou fazer a prova sem levar nas costas uma bagagem emocional e analisar as questões de modo isento, equilibrado e imparcial.

d) A pessoa estudou ou sabe um assunto e, ao invés de analisar se aquele é mesmo o caso em tela, açodadamente "enfia" aquilo que sabe. Esquece-se de que quem dita o caso é o próprio caso; de que em uma prova quem faz as perguntas é a banca, não tendo o advogado nem o candidato o direito de escolher qual assunto ou resposta prefere. Ou você aborda exatamente o que interessa no caso, ou não vai ter o resultado que gostaria.

e) A pessoa vê uma questão que, na verdade, não existe. Acontece por um dos motivos acima ou ainda por outros, mas sempre resultando em uma abordagem diferente da correta. O ser humano tende a ver ou a deixar de ver a realidade em virtude de seus sonhos, temores ou anseios. Solução: tenha acuidade, ou seja, preste atenção na realidade para não errar no que é fácil. Veja do que o caso realmente trata e trate dele, e não daquilo que você possa ter imaginado. Quando alguém está prevenido, irritado, cansado, com pressa ou preconceito, pode errar na interpretação da realidade.

Mas, mesmo que não haja erro quanto ao fato ou quanto à lei, a fórmula ***Lei x Fato = Solução*** mostra-se inadequada, visto que o número de respostas consideradas erradas é muito grande, mesmo descontados os que erram por desconhecer a lei ou não prestar atenção no enunciado da questão.

O problema é que, para aplicar a norma (a lei) ao fato (aquele descrito no enunciado ou a situação que você está enfrentando), é preciso fazer uma operação mental que permite uma quantidade quase infinita de variações. Existem tantas esquinas para se chegar a uma solução, que virar numa esquina errada pode levar a pessoa para a Lua ou para a China. É sempre preciso um norte, uma direção, uma forma de raciocinar a respeito de como encaixar adequadamente os fatos e a lei. É preciso saber interpretar.

2.4. Interpretação e princípios

Interpretar é buscar o real significado de alguma coisa, no caso, da lei ou da solução para a questão. Para interpretar temos vários recursos. É sabido que podemos fazer a interpretação de acordo com as fontes, com os meios, com os resultados e também com os métodos de interpretação. Temos a interpretação legal, a doutrinária, a jurisprudencial, a literal, a lógica, a teleológica, a sistemática, a histórica, a de direito comparado, a declarativa, a analógica, a restritiva e a extensiva. Todos esses instrumentos são válidos e úteis, devendo ser objeto de atenção do profissional jurídico.

Depois de interpretar a lei, precisamos interpretar o fato e, ainda, interpretar a ligação entre a lei e o fato. Como bem fazer essas três interpretações? A solução é a utilização de algo que é muito esquecido pelos acadêmicos, alunos de cursinhos e vários profissionais: os princípios.

Princípios são indispensáveis, porém o mais comum é que o apressado salte essa parte para "ir direto ao assunto". Acontece que de vez em quando, em provas, cai alguma pergunta específica sobre princípios, mas na vida e nas provas esse tema cai em praticamente todas as horas de forma indireta. Isso é assim, pois é através dos princípios que podemos raciocinar juridicamente.

Respostas boas e respostas ótimas (excelentes). Como a maioria das respostas foge completamente ao raciocínio adequado, uma resposta que utilize o raciocínio correto será igual ou ao menos parecida àquela que o examinador quer. Dentro de um universo de questões ruins, não é preciso uma resposta "excelente" ou "ótima" para passar. Uma resposta "boa" é o suficiente. A resposta simples, mas correta, é o bastante para ser aprovado.

É "boa" a resposta que, mesmo sem genialidade, aborda razoavelmente o tema e não contém erros crassos. Como já foi dito, basta o "feijão com arroz". Veja que, dando respostas simples ("boas"), com as cautelas aqui descritas, é possível obter várias vitórias em processos ou em seleções para mestrado, doutorado ou cargos públicos. Uma "boa" resposta é aquela que atende aos princípios, às "5 mulheres" e à dicotomia e, de regra, funciona com o mesmo raciocínio que o Judiciário comumente utiliza. Para ir além, há tempo e modo próprios: é preciso maior preparo etc. Mas, para fazer um bom trabalho, basta a disciplina de se seguirem as fórmulas consagradas.

O "ótimo" é o pior inimigo do "bom", e o bom em geral já é o suficiente.

2.5. Raciocinar da mesma forma que o judiciário

Eis o caminho mais seguro para alcançar uma solução correta. Não é difícil. Os magistrados, promotores, advogados, professores etc. que formam a "opinião" geral que o Judiciário tem são, em regra, profissionais que, por sua grande capacidade pessoal, por seu prestígio ou por sua posição na carreira, já cumpriram uma longa jornada na área. De um modo geral, são pessoas bem preparadas, sensatas e experientes. A imensa maioria é formada por pessoas que passam toda uma vida lendo, estudando, trabalhando na área. Se o assunto é jurídico, certamente a pessoa para a qual você se dirige já leu muito a lei, a doutrina e a jurisprudência, além de ter vivido a aplicação de tudo isso. A consequência é que aquelas regras gerais que se exprimem em tudo estarão muito bem delineadas, fixadas e internalizadas no espírito e raciocínio do seu interlocutor.

Os formadores de opinião raciocinam com os princípios, que é a melhor forma de raciocinar. Só que você não precisa de décadas de experiência para pensar ao menos parecido com eles. Basta pensar com os mesmos instrumentos. Esses instrumentos são os princípios.

Se o interlocutor eventualmente não for experiente nem estudado, os princípios, a lei, a doutrina e a jurisprudência podem não estar internalizados em seu raciocínio, mas, apesar disso, ele será permeável a argumentos com base neles.

2.6. A fórmula correta de raciocínio jurisdicional

A fórmula é a seguinte:

LEI X FATO X INTERPRETAÇÃO = SOLUÇÃO

Se a interpretação se faz com os princípios, fazer uso deles é o melhor modo de se raciocinar corretamente. Assim, podemos concluir que a fórmula ideal de se realizar um raciocínio jurídico é a seguinte:

FÓRMULA IDEAL DO RACIOCÍNIO JURISDICIONAL

LEI X FATO X PRINCÍPIOS = SOLUÇÃO

Adote as seguintes cautelas:

Lei.

a) Mantenha-se atualizado.
b) Adquira o costume de ler a legislação pura e simplesmente. Embora quase ninguém o faça, tal costume dá conhecimento, agilidade e segurança na hora da prova.
c) Além da leitura da lei "seca", comece a ler também (quando for estudar) os códigos anotados (em Penal e Processo Penal: Rogério Greco, Delmanto, Damásio, Tourinho e assim por diante). Leia as remissões de Códigos como os compilados por Theotônio Negrão, Nelson Nery etc.
d) Adquira o costume de achar um assunto na legislação. Sempre que surgir alguma questão ou pergunta (no estudo, no estágio, na sala, no trabalho etc.), procure achar o tratamento legal do tema. Aprenda a usar o índice geral e o alfabético-remissivo. Quando a situação da cobrança do conhecimento chegar, você não

perderá tempo aprendendo a fazer isso exatamente naquela hora. Antecipe-se.

e) Com as costumeiras reformas a conta-gotas dos Códigos de Processo Civil e Penal, é cada vez mais importante se atualizar.

Nos concursos jurídicos os Códigos podem servir como excelente âncora, principalmente quando permitida a consulta durante a prova. Ao atender um cliente, o ideal é já conhecer a lei antes, sem prejuízo de olhá-la também depois.

Fato

Como já observamos, basta que você preste atenção ao que realmente está escrito.

Princípios

Nunca comece a estudar um assunto sem ser pelos seus princípios gerais. Se vai estudar Direito, comece pelos princípios gerais do Direito. Tome anotações (fichas) para quando quiser rever o assunto rapidamente.

Quando for estudar Direito Civil, reveja as fichas dos princípios gerais do Direito e comece pelos Princípios do Direito Civil. Quando for estudar um assunto dentro do Direito Civil, reveja rapidamente os princípios gerais ou pelo menos os princípios do Direito Civil e passe para os princípios daquela parte do Direito Civil (Família, Sucessões etc.). Faça isso até estar com todos os princípios bem consolidados e assimilados.

Solução

Como a maior parte dos temas jurídicos é palco de controvérsias, muitas vezes não haverá uma resposta definitiva (sim/não; pode/não pode). Nunca deixe de citar as correntes e seus fundamentos. Sobre esse particular, ver a técnica das "5 mulheres", no capítulo 5, que nada mais é do que citar a lei, a doutrina, a jurisprudência, a "justiça" (que é pesar os dois lados de uma questão) e a "sua mãe" (aferidor de bom senso da solução dada).

Em grande número de questões, a solução será ou começará com um "**depende**", mesmo que não expresso:

1º – § "A resposta admite duas soluções. Na hipótese A, a solução é x, na hipótese B, a solução é y."

2º – § "A hipótese A..." (Explica-se a hipótese e cita-se um exemplo).

3º – § "A hipótese B..." *(idem)*.

4º – § (Resumo dos 3 §§ anteriores).

DICAS:

- A solução deve ser exposta de modo claro e fundamentado, para um cliente, para um juiz ou, em uma prova, para o professor ou examinador.
- Quando a questão ou caso tiver na sua solução um "dependente", avalie de que depende a opção por um ou outro caminho. Em casos reais, busque as informações faltantes; em provas, veja o item nº 5, a seguir.

3. QUESTÕES E CASOS EM QUE HÁ DIVERGÊNCIA DOUTRINÁRIA

3.1. Em provas e concursos

A regra é que dificilmente caem em concursos questões sobre as quais não paira nenhuma polêmica. Questões simples e fáceis não são a maioria. As questões ou pedem algum conhecimento específico (por exemplo, o conceito de Constituição ou de Botânica), ou lançam uma questão controvertida. É óbvio que nesse último caso o que o examinador realmente quer é que o candidato demonstre conhecer a polêmica.

Mesmo assim, multiplicam-se os candidatos mal preparados que reclamam porque colocaram uma das correntes e levaram zero. Esquecem que quem concede o grau é o examinador e que o candidato, ao invés de reclamar, deve dar respostas completas. Quando o tema tem duas correntes e o candidato só aborda uma, ele merece o grau zero, porque o que o examinador quer é a demonstração de conhecimento sobre o tema e os debates ao redor dele.

Uma opinião isolada qualquer um tem. Apenas um candidato bem preparado conhece e expõe as controvérsias. Mostrar que há uma pendenga é mais importante do que se posicionar em favor de uma das correntes porventura existentes.

Se algum tema é palco de discussões ou divergências, a resposta sobre ele deve abordar pelo menos as duas correntes principais e antagônicas. O candidato não deve ter pressa em responder. O ideal é que antes de dar as respostas procure se recordar daquilo que estudou para estruturá-las de modo que abranjam uma visão geral do tema. É interessante não esquecer a dicotomia, ou seja, que em Direito a regra é haver discussões, posições conflitantes etc.

3.2. Na prática da advocacia

A) Procure descobrir qual é a posição dominante. Se ela amparar seu cliente, ótimo. Se for contrária a ele, procure estudar ainda melhor a situação para descobrir, se for o caso, algum detalhe que justifique tratamento excepcional ou diferente. Veja se não é o caso de sustentar a melhor justiça da corrente minoritária.

Cuidado para manter um mínimo de coerência: é malvisto um advogado que, a cada processo, sustenta uma tese diferente. Seja coerente. Às vezes é mais recomendável que você passe uma peça processual, defesa ou cliente para um colega, do que defender linhas diametralmente opostas à sua prática.

B) Tão importante quanto saber a corrente dominante é saber como pensa o juiz da causa e a Corte, Turma ou Câmara para onde o recurso foi ou provavelmente irá. Assim, você poderá preparar melhor suas peças processuais e prever o que será decidido. Às vezes você já saberá que irá perder a causa em 1ª ou 2ª instância, mas desde logo deixará encaminhados recursos para os tribunais superiores.

C) Nada melhor para conseguir uma liminar, antecipação de tutela ou sentença favorável do que juntar uma decisão anterior do juiz da causa para o caso análogo ao seu. Ou, quando menos, uma decisão favorável para o caso dada por outro juiz ou tribunal. Isso facilita até mesmo o trabalho dos serventuários da Justiça e assessores, acelerando o andamento e solução do seu processo.

3.3. No Magistério

Professores, palestrantes e escritores não devem expor apenas as próprias opiniões ou posições adotadas. É seu dever esclarecer as divergências do tema que abordam.

3.4. Como proceder quando há divergência doutrinária?

1) Estude para conhecer as divergências. Sem estudo não há técnica que dê jeito em uma carreira na área jurídica, pois o sucesso não é resultado de sorte, acidente ou milagre, mas sim da dedicação e regularidade no estudo.
2) Sempre que houver divergências, não deixe de mencioná-las.
3) Mesmo que não tenha estudado a questão, se ela for demandada em um caso concreto ou questão de prova, procure raciocinar se o tema admite ou não mais de um prisma ou entendimento. Caso afirmativo, mencione as diferentes visões. Provavelmente você irá acertar. Não tenha receio de ouvir o cliente e o caso e pedir algumas dicas para pesquisar melhor o assunto. Ainda é melhor isso do que falar improbidades ou orientar mal uma pessoa.
4) O mais importante é mencionar as posições e quem as defende (o autor da tese, outros profissionais da área que a seguem, o tribunal etc.).
5) Coloque sua opinião com as devidas cautelas. Respeite e cite, sempre, as fontes de autoridade.

DICA:

O sucesso na área jurídica depende, em muito, do estudo, mas não é influenciado apenas por ele. Uma rede de amizades e contatos, a simpatia, a honestidade, a pontualidade também são fatores importantes. A ética do advogado pode causar perdas de clientes, ou dinheiro em um ou outro momento, mas, no geral, constrói uma reputação e credibilidade que trarão resultados espetaculares com o tempo.

4. QUESTÕES ONDE O FATO NÃO É SUFICIENTEMENTE CLARO

Direito, é profundamente inadequado responder "sim" ou "não", quando o enunciado da questão é aberto o suficiente para permitir várias respostas. Nesse caso, como já dissemos, o candidato deverá, sutilmente, responder "depende". Para fazer isso, deverá dizer que a questão admite mais de uma resposta em face das variantes tais ou quais, detalhando-as.

Se a questão não esclarece circunstâncias do fato que podem alterar a resposta, o candidato deverá dar a resposta genérica e, em seguida, aprofundá-la dizendo que, se isso tivesse acontecido, a resposta seria "X"; se aquilo tivesse acontecido, a resposta seria "Y". Se o examinador queria apenas uma resposta simples, o primeiro e genérico parágrafo da resposta o deixará satisfeito, e o que passar disso demonstrará o bom preparo do candidato. Se o examinador jogou uma "casca de banana", a resposta completa o deixará satisfeito.

Se eu digo que "A" agiu sem dolo direto e praticou um fato, perguntando qual será a classificação jurídica do fato, a tendência será que a maioria dos candidatos dê como resposta apenas "crime culposo" ou apenas "dolo eventual". Entretanto, a questão deixa a resposta em aberto. A resposta deve ser, portanto, completa:

a) Um primeiro parágrafo, genérico. Aqui se pode indicar que, não havendo dolo direto – como diz o enunciado –, está eliminada uma das hipóteses de punição por dolo, **embora** (sublinhe o embora) ainda restem duas hipóteses, quais sejam a de punição por dolo eventual ou por crime culposo.

b) Um segundo parágrafo que esclareça que, não havendo dolo direto, restam duas possibilidades, quais sejam: dolo eventual e culpa, para o que o candidato distinguirá as duas. Faça isso de modo claro e conciso. Aqui o candidato pode dizer ainda que a culpa pode ser consciente ou inconsciente. O parágrafo apenas serve para introduzir e abrir a resposta que será dada nos próximos dois parágrafos (um para o dolo eventual e outro para a culpa consciente).

c) Um terceiro parágrafo onde se dê a resposta (a classificação jurídica do fato) em caso de dolo eventual, ou seja, se o agente assumiu o risco (= teoria do assentimento). Indicar-se-á a punição a título de dolo eventual, que é um pouco menos grave do que aquela a título de dolo direto.

d) Um quarto parágrafo, onde se dê a resposta para o caso de ele ter agido com culpa (= falta de cuidado objetivo no âmbito das relações), isto é, se não quis o resultado (como indica o enunciado da questão) e se também não assumiu o risco de produzi-lo (hipótese do parágrafo anterior). Indicar-se-á a punição a título de crime culposo.

e) Um quinto parágrafo, fechando a questão, resumindo que temos duas possibilidades de resposta e que está a depender dessa definição ("assumir o risco"/dolo eventual ou "falta de cuidado"/ crime culposo).

Sublinhamento e resposta própria para qualquer tipo de examinador. O ideal é que no 1º e no 2º parágrafos se sublinhem as duas hipóteses, no 3º parágrafo "dolo eventual" e no 4º parágrafo "culpa consciente". No 5º se sublinhará novamente "dolo eventual" e "culpa consciente". Assim, o examinador poderá – de plano – observar que se trata de uma resposta completa.

A resposta completa deve estar resumida tanto no primeiro quanto no último parágrafo, o que previne a hipótese do examinador que presta mais atenção ao início ou ao fim, ou ainda para os riscos de alguém não querer ler uma questão mais longa. A resposta completa, que se vê nos parágrafos do desenvolvimento (2º, 3º e 4º), serve para os examinadores que gostam de respostas mais profundas e que eventualmente tenham feito uma questão aberta para pegar os incautos. Como não sabemos que examinador pegaremos pela frente, temos que formalizar uma resposta boa o suficiente para agradar a todos.

Espaço disponível na prova. A orientação acima é perfeita para provas onde não existe limite do número de linhas, como em geral ocorre em provas dissertativas e específicas. Se o candidato estiver de posse de uma prova com limite de linhas expresso, deverá resumir a resposta e evitar tratar de exemplos ou explicações dispensáveis (no caso acima, por exemplo, não se daria definição longa nem exemplos de cada uma das modalidades). O essencial é que, mesmo que você só tenha 5 ou 8 linhas, consiga dizer que a resposta depende da definição do elemento subjetivo (dolo eventual ou culpa). Se você tiver dificuldade com o espaço nas provas.

Não confundir responder à questão com "criar" fatos. É impressionante a quantidade de alunos e candidatos que, ao invés de responderem à pergunta feita pelo examinador, respondem outra coisa ou falam de matéria completamente distinta.

Ao lado desse há aqueles que, ao responderem a uma pergunta, saem "criando" um monte de fatos novos. Uma coisa é o enunciado ser aberto e o aluno prever as hipóteses possíveis dentro do caso; outra é o candidato deixar fluir seu lado romancista e criar uma nova história. Não se pode ler o enunciado fazendo interpretações livres e imaginativas.

No V Concurso para Delegado de Polícia/RJ, do qual William Douglas participou como Presidente da Banca Examinadora de Direito Penal, formulou-se uma questão cujo enunciado informava que dois policiais conduziam um cidadão à delegacia. A questão não fez qualquer referência ao meio de transporte. Contudo, um candidato, em sua resposta, argumentou que *(...) quando os policiais colocaram o suspeito dentro do carro (...).* O que aconteceu aqui? O candidato esqueceu, por não ter acuidade (prestar atenção), que quem cria as perguntas é a banca. O candidato não pode deixar-se levar por sua imaginação ou por fatos registrados em sua memória. Provavelmente o candidato presumiu que a condução do suspeito foi feita com uma viatura. Porém a questão não dizia isso. O candidato deve ter cuidado para não sair divagando ou respondendo, não à pergunta da banca, mas às imagens mentais que puder ter. O candidato deve prestar atenção à questão e responder somente a ela.

Texto real x texto virtual. Texto real é aquele que está escrito de fato, e texto "virtual" é aquele que o leitor cria em cima do texto real, é a "sua" leitura e interpretação do texto. A prova deve ser respondida levando-se em conta o texto real.

4.1. Na Advocacia

Ao atender um cliente, o advogado (ou o estagiário de um escritório modelo, ou Defensor Público) deve colher todas as informações relevantes. Se o cliente ou assistido não as tiver de imediato, deve ser orientado a trazê-las. Não deve o advogado acreditar em tudo o que é dito, mas sim colher as provas das alegações feitas. Isso servirá para preparar a ação, para ter as provas a serem juntadas e, em especial, para proteger o advogado de ingressar com ações temerárias ou ser acusado de falsidade.

Se a situação fática não for clara e você for o autor, ou o seu cliente, a culpa é sua. Se você estiver na defesa, verifique – pela Teoria da Prova e pelos Códigos de Processo – de quem é o ônus da prova.

4.2. No Magistério

Se você é o professor e os exemplos que dá não são claros para os alunos, ainda não é um bom professor. Isso é observável na prova. Se muitos não souberam responder ou se enrolaram é um sinal de que o conteúdo não foi compreendido. Se quer ensinar bem aos seus alunos, pode até usar questões abertas, mas precisa orientá-los sobre como lidar com essa situação prática.

5. PRECONCEITOS

Outra coisa que prejudica os profissionais do Direito é deixarem-se levar por seus preconceitos, traumas ou opiniões passionais. Se você é um locatário preocupado com o despejo que se avizinha ou locador que não consegue receber um aluguel justo ou retomar o imóvel, não é bom deixar isso influenciar sua vida profissional. Seja sereno, justo e equilibrado. Não leve problemas pessoais para o escritório, visto que um bom profissional tem de saber ser isento.

Se você ou alguém de que você gosta já sofreu alguma violência ou injustiça, tome cuidado para não tentar "dar o troco" no cotidiano do seu ofício. Isso é uma forma de deixar nossas lembranças prejudicarem nosso desempenho. Se teve um divórcio atribulado ou dificuldades com a visitação de um filho, use tais situações para desenvolver uma maior sensibilidade para lidar com esse tipo de questão e não para se tornar um "anjo vingador" em local inadequado. Aliás, a vingança nunca é adequada. Deixe a vingança nas mãos de Deus: ela é prato que se come frio... e servido por terceiros (Deus, o destino, a vida) e não por você! Elogios à nossa pessoa, falar mal dos outros e vingança a gente sempre deve deixar para terceiros.

6. POSIÇÕES PESSOAIS X POSIÇÕES TÉCNICAS

Ao preparar uma turma para a prova oral para Juiz de Direito no Ceará, tivemos um caso exemplar. Perguntou-se a uma aluna sua opinião sobre aborto e ela disse: – *Sou contra porque sou católica.* A ela foi dito que, apesar da religião do orientador, por coincidência, também ser contra o aborto, a prova era para juiz e não para o sacerdócio, que a resposta que ela deu qualquer pessoa poderia dar, e que o Estado é laico, de modo que não podemos fundamentar uma questão jurídica apenas com base em nossa religião.[1]

1 Sobre a laicidade do Estado, recomendamos o artigo "A laicidade do Estado: todas as religiões ao invés de nenhuma", disponível em www.williamdouglas.com.br.

Respostas completas devem abordar o problema, as divergências e os fundamentos de cada uma delas. Se aquela aluna mostrasse as vantagens e desvantagens do aborto não apenas sob aspecto teológico, mas também nos aspectos ético, moral, social e econômico, teria muito mais condições de mostrar que o aborto deve ser rejeitado. É mais fácil fazer isso de um modo técnico do que de um modo apaixonado. Diga-se de passagem, a aluna – por seus méritos – foi aprovada no concurso.

7. DEVEMOS COLOCAR NOSSA OPINIÃO?

7.1 Em provas e concursos

Sobre colocar sua opinião na prova, há duas formas de responder, e em geral os professores de cursos se colocam numa ou noutra posição sobre qual é o melhor caminho:

a) **"Em cima do muro"**: o candidato indica as correntes e não se filia. Por um lado, não corre o risco de optar pela corrente distinta daquela seguida pela banca; por outro, fica parecendo alguém que não tem opinião formada, o que evidentemente não se espera de qualquer pessoa que irá tomar decisões (seja como servidor público, seja em um bom cargo em empresa privada).

b) **Manifestar sua opinião**. Aqui existe a possibilidade de concordar com a banca, o que é bom, e a de ir contra ela, o que nem sempre é bom. Contudo, o candidato mostra segurança.

COMO LIDAR COM ISSO E ESCOLHER?

Uma boa banca respeita o candidato, mesmo que discorde de sua posição, desde que esteja bem preparado e responda bem à questão. Consideramos o prejuízo por "ficar em cima do muro" maior do que o risco de ir contra a banca, até porque se espera que ela seja democrática e pluralista. Assim, é de melhor tom o candidato seguir a 2ª linha de resposta ("b", acima).

Para fazer isso, adote os cuidados a seguir.

Cuidados:

1) Ao manifestar sua opinião, cuide para que – antes – tenha mencionado as correntes divergentes (ao menos uma contra e uma a favor).

2) Jamais menospreze ou critique alguma das correntes. Além disso, evite ir contra o espírito democrático e pluralista que devemos ter, porque pode ser que a banca tenha essa posição. Sobre atitude com a banca, seja sempre respeitoso, pois em qualquer prova (inclusive a escrita) você está "conversando"

com o examinador. Você está escrevendo e ele vai ler, ou seja, vai "ouvir" o que você disse. Não chame a corrente mais antiga de "*mais antiga*", "*obsoleta*", "*conservadora*" etc. Prefira o termo "*corrente tradicional*". É muito mais elegante. Nunca use adjetivos desabonadores ou desagradáveis para as pessoas, correntes ou teses com as quais você não concorda. Nem em provas e nem na vida. É contraproducente.

3) Ao manifestar sua opinião, coloque-se ao lado de alguma das fontes de autoridade da matéria. Nunca erre sozinho, sempre erre – se for o caso – em boa companhia. Mesmo que o examinador não concorde com a sua corrente, ajude-o a respeitá-la.

Ilustraremos com uma experiência de William Douglas, em sua época de concurseiro:

> "Antes de aprender a gostar de Direito Administrativo, esta era uma das matérias em que eu tinha dificuldade. Comecei a estudar pelo Professor Hely Lopes Meirelles, naquela ocasião o "papa" da matéria. Estudei apenas por ele, de modo que tudo que eu sabia de Direito Administrativo era do Hely Lopes Meirelles. O ideal é conhecer mais de um autor, mas se você conhece o melhor já é uma grande coisa, até porque um bom autor deve citar as correntes, mesmo aquelas das quais divirja. Pois bem, na minha prova para a Defensoria, em todas as questões eu citava o entendimento do Hely, começando a resposta da seguinte forma:
>
> *Segundo HELY LOPES MEIRELLES...*
>
> Bem podia ser que a banca reprovasse um tal de William Douglas, um simples e desconhecido candidato, um verdadeiro jejuno, um iniciante, um propedeuta. Mas eu tinha certeza absoluta de que jamais banca alguma ousaria reprovar, logo em Direito Administrativo, o saudoso e inigualável Hely Lopes Meirelles. E eles não o fizeram."

Em matérias onde você já possui mais segurança e conhecimento, cite mais de um autor se quiser. Porém, sempre tenha o cuidado de fundamentar sua resposta na lei, na doutrina ou na jurisprudência, ou seja, em alguma fonte irrebatível de autoridade. Isso serve em qualquer área ou concurso.

DICAS:

1. Ao escolher um autor para estudar, evite aqueles que dão apenas sua opinião, sem citar outros doutrinadores respeitáveis.
2. Ver no *site* www.williamdouglas.com.br o artigo sobre como escolher um livro ou apostila.

3. Nunca se preocupe em dar a **sua opinião**, mas sim em filiar-se a alguma das correntes já existentes. Se for dar sua posição, não crie nenhuma tese nova ou fabulosa, pois prova de concurso não é o lugar adequado para tais novidades. Em prova, é melhor o "*feijão com arroz*" do que o "*caviar com champanha*". A simplicidade é sempre útil, e com ela já se é aprovado no concurso. Guarde as inovações para o mestrado, doutorado, artigos, teses, livros, congressos e simpósios etc.

7.2 Na Advocacia

Sim, sempre oriente o cliente sobre as chances que tem de acordo com a lei, a doutrina e a jurisprudência, e dê sua opinião e orientação para que ele possa decidir. Não incentive o cliente a ingressar com ações temerárias. É melhor perder uma causa para ajuizar do que a confiança de um cliente. O elogio e a admiração do cliente, do juiz, do advogado da outra parte valerão muito no seu futuro profissional e em sua credibilidade e reputação.

7.3 No Magistério

Sim, dê sua opinião. Contudo, nunca furte ao aluno o direito de saber as opiniões e posições existentes, tanto dominantes quanto minoritárias. E aceite que o aluno pense de forma diferente da sua. O ideal é que você estimule o pensamento crítico por parte dos alunos fazendo com que por meio da apresentação de ideias e posições eles possam tirar suas conclusões.

Como dizem os americanos:

"FAÇA A COISA CERTA."

Capítulo 8

MODELOS PARA REDAÇÃO

Agora que você já sabe pensar juridicamente e conhece o fundamento de um bom texto jurídico, é hora de treinar sua redação e, para isso, propomos alguns modelos, técnicas e passos a serem seguidos.

1º PASSO – O que falar (o que eu tenho a dizer ou o que quero conseguir)

Muitos são os alunos que, mesmo em universidades, não sabem elaborar uma boa petição. Ainda que as formas possam variar um pouco, a essência de qualquer texto ou discurso é a mesma. Eles precisam de duas coisas:

1) princípio, meio e fim; e

2) indicação das seis perguntas básicas, ou, conforme o caso, pelo menos algumas delas.

Com um pouco de estilo e criatividade, é possível até mesmo colocar o fim no início, ou vice-versa, e assim por diante. Mas sempre existe um princípio, um meio e um fim. Além disso, ninguém fala por falar. Falamos ou escrevemos para alcançar alguma coisa, para satisfazermos pretensões ou interesses. Assim, o texto e a fala devem ser objetivos ao definir qual o problema, qual a solução e por que ela deve ser aceita. Se quisermos, podemos considerar outras soluções possíveis, fazer comentários etc., mas isso é uma questão de gosto.

Um bom texto possui início, meio e fim, e diz o que quer e o porquê.

Se você quiser, utilize as 6 perguntas básicas: **Quem? O quê? Como? Onde? Quando? Por quê?** Não há pedido bem feito e convincente sem essas explicações.

Assim, podemos raciocinar com um modelo básico onde será possível encaixar qualquer tipo de peça técnica, processual, argumentativa, de petição, de redação oficial etc.

E, para começarmos a pensar em um modelo básico, o primeiro passo é saber o que queremos e como devemos expor (por exemplo, usando as 6 perguntas acima).

2º PASSO – Uma apresentação que nos dê orgulho

Você deve providenciar uma boa apresentação para sua peça ou petição. Para tanto, use uma folha limpa e não amarrotada, utilize margens, não use um único tipo de letra (sem mexer na cor, itálico, negrito, tamanho etc.), de preferência não utilize os versos das folhas etc. A apresentação pesa muito, a sua pessoalmente, e a das coisas que você assina.

3º PASSO – Uma estrutura básica

Já sabemos que o texto tem de ter início, meio e fim. Agora vamos um pouco mais longe. Devemos conhecer a lista dos tópicos que são necessários, sempre ou somente em algumas ocasiões. Depois, memorizamos e executamos essa atividade mental um determinado número de vezes e, naturalmente, saberemos fazer isso a qualquer hora e "de cabeça". Sendo preciso, podemos consultar novamente esse roteiro.

Muitas vezes os alunos baseiam-se em livros que trazem modelos de petições, que são úteis, mas não sabem "se virar" depois sem o livro ou, pior, se for mudado algum detalhe. Se o aluno reparar nas partes das peças e modelos, verá que sempre se repetem. Sabendo fazer bem um modelo básico, poderá fazer qualquer outro, bastando interesse, capricho e dedicação.

Lembre-se de que quem quer ganhar, receber, ouvir um deferimento deve merecê-lo, facilitando ao máximo a vida e o trabalho de quem vai examinar o requerimento ou tese. Isso começa com a beleza visual e desenvolve-se com uma explanação benfeita, com um texto claro, objetivo, simples, honesto e sem espaço para arrogância ou exageros.

Talvez você esteja achando que estamos querendo facilitar muito as coisas para quem vai examinar o pedido... e você tem razão. Um bom avaliador olha apenas para o mérito, mas não queremos depender da sorte. Se sabemos que a apresentação e a clareza do texto são significativas, devemos nos importar com isso.

Não é difícil peticionar bem porque, a rigor, a estrutura básica de todas as peças (petições, pareceres, dissertações, teses, sentenças, razões ou contrarrazões de apelação etc.) segue sempre uma linha mestra. A seguir, mencionamos uma, que nos parece bastante completa e, além disso, pode ser adaptada ao caso concreto.

ESTRUTURA BÁSICA DE UM PEDIDO[1]

Toda peça tem de ter:

PARTE INTRODUTÓRIA
DESENVOLVIMENTO
PARTE FINAL
ANEXOS
Introdução + Desenvolvimento + Conclusão + Anexos

Na **parte introdutória** situa-se a pessoa que vai examinar a peça em relação ao assunto ("qual é o lance"), ou seja, quanto ao tempo, ao lugar, aos interessados e ao problema. No **desenvolvimento** faz-se a explanação dos fatos e dos fundamentos do que se pede. Essa parte, se for um pouco mais longa, pode ser terminada com um curto e objetivo sumário do que se alegou e sustentou. Na **parte final** coloca-se o pedido (e nada mais do que ele) em itens e por ordem de importância. Além disso, redige-se o fecho, com data, local e assinatura, seguida, se for o caso, da identificação profissional (nº de inscrição, matrícula, registro profissional etc.). Nos **anexos** são colocadas as provas das alegações e outras peças que podem influenciar na decisão ou deslinde do problema.

> A perfeição é por fim atingida não quando já não há nada a acrescentar, mas quando não há mais nada a retirar.
>
> (Antoine de Saint-Exupéry)

1 Muitos estudantes preferem consultar logo um modelo específico para o caso concreto. Aprender a usar e adaptar uma estrutura básica para qualquer pedido dá trabalho, mas em compensação prepara você para se sair bem mesmo quando não houver ou não achar um "modelinho já pronto".

ESTRUTURA BÁSICA DE QUALQUER PEDIDO

PARTE INTRODUTÓRIA (± um "cabeçalho")

1 – Destinatário (quem vai analisar o pedido)
2 – Destaque do assunto
3 – Espaço para protocolo e margeamento
4 – O nome e qualificação do requerente e de seu procurador
5 – O nome e qualificação do requerido, sempre que for o caso
6 – O nome do que você está pedindo (ação, pedido, etc.) e a base legal
7 – Opcionalmente, ainda no "cabeçalho", um resumo bem conciso do problema ou do pedido

Obs.: Procure dar destaque aos nomes da autoridade, dos interessados e da peça.

DESENVOLVIMENTO

8 – Os fatos
9 – Os fundamentos

Obs.: a) Os fatos e fundamentos podem ser mencionados simultaneamente.

b) Os fatos e fundamentos devem ser colocados por itens e fazer referência aos documentos que os comprovam.

c) Ao final do desenvolvimento é possível fazer um resumo do que foi dito.

CONCLUSÃO/FECHO

10 – O pedido
11 – O fecho, local, data e a assinatura

ANEXOS

12 – A relação dos documentos e os mesmos.

EXPLICAÇÃO

1 – Colocar o cargo e eventualmente nome daquele **a quem o texto é dirigido**. A pessoa deve verificar se está dirigindo o pedido à autoridade certa e, se for citar o nome, não errar a sua grafia.

2 – Colocar uma indicação de rosto para facilitar à autoridade ver qual é o **assunto**, pois facilita a localização do processo, da pasta etc.

3 – Deixar **espaço** para eventuais despachos da autoridade ou pessoa que vai apreciar ou receber o pedido, ou para o carimbo de protocolo (sem que ele prejudique a leitura da peça). Com os espaços, a peça também fica visualmente melhor.

4 – Quem é o **requerente**. O nome e a qualificação da pessoa que está pedindo e, se for o caso, do seu procurador.

5 – Quem é, se houver, o **requerido**. O nome e a qualificação da parte contrária e do seu procurador, sempre que for o caso. Os nomes de quem pede e contra quem se pede variam muito (autor/réu, impetrante/ autoridade coatora, requerente/ requerido, interessados etc.), mas sempre que houver um litígio haverá uma ou mais pessoas no polo ativo e no polo passivo.

6 – A via eleita, ou seja, o que é aquela peça. Aqui entra o nome do que você está pedindo. É uma ação? Que ação? É um requerimento administrativo? É uma carta, um memorando, um ofício? É um pedido de emprego, bolsa ou patrocínio? Esse esclarecimento deve estar, como o próprio nome diz, bem claro para quem for ler sua petição. Procure colocar o nome em caixa-alta, negrito, ou sozinho na linha, centralizado e com um espaço a mais antes e depois, ou seja, dê destaque. Conforme o caso, cite a base legal.

7 – Pode ser colocado, em duas ou três linhas, um **resumo** bem conciso do pedido que será feito e de sua base legal, apenas para ajudar ainda mais o apreciador a situar-se no tempo, espaço e assunto.

8 – Quais são os **fatos** que ensejaram seu pedido? Seja objetivo e prenda-se à verdade. O fato é um só, a interpretação e as consequências é que podem mudar ou variar.

9 – Quais são os **fundamentos** éticos, morais, jurídicos, sociais, religiosos, ou o que for o caso, em que se baseia seu pedido? É muito comum não se colocarem nas peças bons argumentos ou referências por falta de interesse em que a peça fique boa, ou por falta de orientação. Você precisa sustentar a justiça e correção do que vai pedir e, para isso, se preciso, cite, mencione, transcreva etc.

Ao final, opcionalmente, pode ser colocado um **resumo ou sumário** bastante conciso. É óbvio que este resumo deve ser bem menor que a fundamentação em si, o que nem sempre acontece.

10 – O pedido em si, onde conste o que você quer, de preferência em ordem de importância. Aqui já não são feitos argumentos, mas apenas o pedido, de forma curta e clara (ou, como dizem alguns, de modo "curto e grosso", embora educado). É muito comum verem-se peças sem pedido ou com o mesmo tão confuso que é difícil atender ao interesse da parte. Pergunte-se: se a pessoa a quem fiz o pedido fizer **exatamente** o que eu pedi no papel, meu problema vai ser resolvido?

11 – O fecho, com um término simples e educado ou, conforme o caso, com algum pensamento, citação ou ideia-chave que ajude a convencer. É indispensável que se aponha o local, a data e a assinatura.

12 – A relação dos documentos e os **documentos** juntados. Faça o rol dos documentos que for juntar, colocando-os em ordem de importância ou na ordem em que foram citados em sua petição. Em seguida, confira se juntou todos os documentos referidos (não é incomum a pessoa esquecer algum). Eles devem ser anexados de modo organizado e que permita seu fácil manuseio e acesso. Evite que possam ficar despencando das folhas em que foram colados ou grampeados. Se possível, coloque linguetas numeradas para facilitar a quem for ler achar o documento de modo rápido e prático.

A facilidade de manuseio da peça e de localização das provas anexadas tem forte influência no poder de convencimento da petição.

Essa estrutura básica serve para desde um pedido de bolsa até a petição inicial de uma ação a ser apreciada pelo Supremo Tribunal Federal.

Desde o agente administrativo da repartição até o Presidente da Corte Suprema, desde sua namorada até o dono da empresa em que você quer trabalhar, todos precisam de uma exposição clara do que você quer, e o seu porquê. Lógico que você não vai fazer uma carta de amor em forma de petição, nem um bilhete carinhoso para um magistrado no bojo de um processo. Mas sempre vai seguir uma linha mestra ao redor da qual se amoldam as formas para adaptarem-se ao caso concreto. Tanto para o juiz quanto para o seu amor, é preciso pedir de forma convincente o que você quer, seja um deferimento, seja uma ida ao cinema.

Se estamos elaborando uma sentença, só precisamos adaptar o cabeçalho e o fecho, onde figurará a decisão sobre o pedido.

Se você quiser transformar uma sentença em artigo, basta manter a fundamentação (que é a mesma para uma decisão judicial e para uma tese ou dissertação) e modificar o início e o final.

Se quero elaborar um parecer, devo fazer um cabeçalho bem claro, onde constem as informações básicas, fundamentar e chegar a uma conclusão, incluída aí, se for o caso, a resposta aos quesitos formulados.

Não é tão simples converter um artigo científico em uma notícia de jornal ou vice-versa, porém é mais raro que você precise fazer algo assim.

Se você sabe lidar com o roteiro básico, sabe fazer qualquer tipo de petição. Mesmo que um ou outro detalhe ou procedimento ritual seja esquecido, sua peça será inteligível e, consequentemente, eficaz.

No mais, reportamo-nos aos modelos que se seguem.

MODELOS PARA REDAÇÃO

Só escreva na área marcada. A área externa (bordas) não deve ser usada. A margem esquerda deve ser maior para que não impeça eventual grampeamento ou encapamento. Rubrique as folhas e as numere.

Dicas:

1) Evite utilizar o verso; use apenas o anverso da folha.
2) Evite fazer transcrições sem distingui-las de seu próprio texto. Sempre use aspas e utilize margens diferentes, ou negrito, ou itálico etc.

3) Evite entregar textos em peças com rasuras. Digite ou imprima até ficar perfeito, limpo e asseado.

4) Se o texto terminar quase no fim da página, evite "trepar" as linhas. Use duas folhas e refaça a divisão do espaço: (ERRADO E CERTO).

5) Evite deixar os títulos em uma folha e o texto em outra.

6) Jamais deixe sua assinatura sozinha no topo da folha. Para evitá-lo, use uma margem maior, ou pule linha entre os parágrafos.

7) Evite redigir textos "entijolados", herméticos e sem vida. Para tal, há vários recursos. Um deles é pular uma linha entre os parágrafos ou entre os itens. Ao numerar os itens, usar um número um pouco maior. Use sua criatividade e faça um texto sóbrio e bonito. Use negritos, itálicos, caixas-altas, parágrafos, sublinhamentos, letras diferentes etc. Dê vida e beleza ao seu texto!

Modelo básico

(PARTE 2)

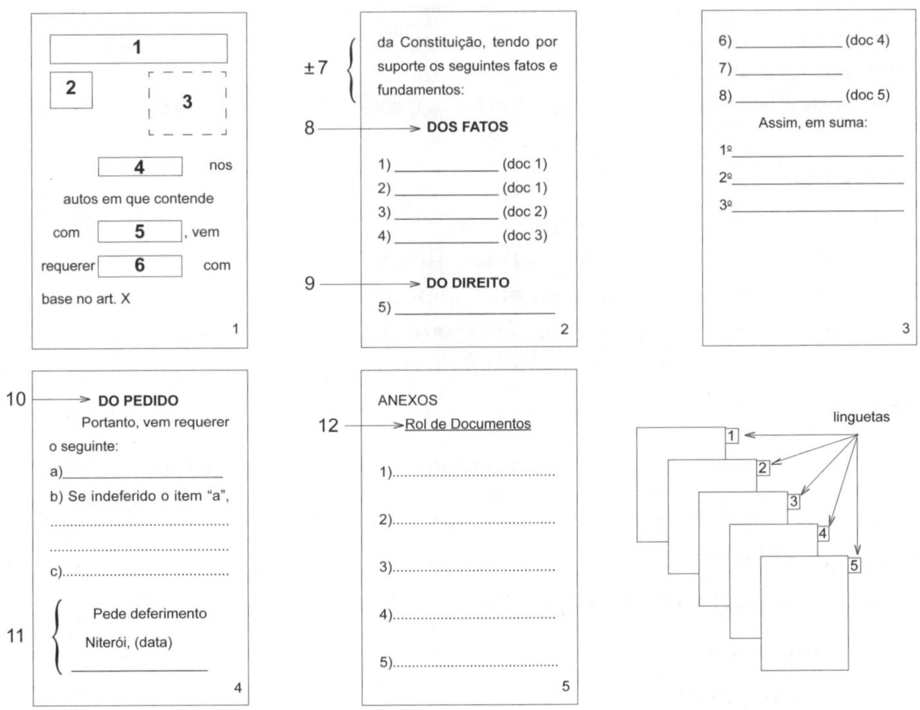

EXEMPLO Nº 1	EXEMPLO Nº 2
1 – Juiz	1 – Professor
2 – Processo nº	2 – Matéria e turma
3 – (espaço)	3 – (espaço)
4 – Nome e qualificação de "A"	4 – Nome do aluno
5 – Nome e qualificação de "B"	5 – (Não existe parte contrária)
6 – "Reconsideração do ato"	6 – "Revisão da correção da prova"
7 – Opcional	7 – Opcional
8 – Os fatos	8 – Os fatos
9 – Os fundamentos e, opcionalmente, resumo dos itens 7 e 8	9 – Os fundamentos e, opcionalmente, resumo dos itens 7 e 8
10 – O pedido	10 – O pedido
11 – Fecho	11 – Fecho
12 – Rol de documentos e os documentos relacionados (ex.: prova de que houve greve e por isso perdeu o prazo)	12 – Rol de documentos e os documentos relacionados (ex.: cópia do texto da apostila)

✓ **OBSERVAÇÕES**

Há quem goste de argumentar com os fatos e os fundamentos concomitantemente.

Repare que, a cada momento em que há uma prova do alegado, se coloca um parêntese com o número do documento.

Este modelo básico pode adaptar-se parcialmente a diversos tipos de peças, textos etc.

MODELO OAB

De maneira geral a redação para as questões da OAB não difere da redação para os demais concursos jurídicos amplamente explorados anteriormente. No que diz respeito ao pedido/peça prático-profissional, no entanto, algumas questões são exigidas de todos. Reunimos, a seguir, alguns itens relevantes para a prova da OAB e que devem ser observados pelo candidato em seu certame:

1. Cabeçalho: a competência da peça/endereçamento da petição;
2. Legitimidade (ativa e passiva) ou qualificação das partes (o que couber);
3. Identificação da ação/ narrativa dos fatos;
4. Fundamentação;
5. Requerimento de provas;
6. Valor da causa;
7. Postulação;

8. Requerimentos;

9. Tutelas;

10. Endereços de recebimento de intimações.

É claro que esse é um modelo simplificado, sinalizando apenas o que é mais importante nas matérias. De maneira geral, cada área específica possui suas particularidades, as quais devem ser observadas com a mesma atenção.

10. CONCLUSÃO

10.1. História de Renato Aquino com a redação

Meu pai foi um homem apaixonado pela Poesia. Ainda quando criança, aprendi com ele poemas de Casimiro de Abreu e Castro Alves, seus favoritos. E a Poesia ficou em mim, como marca indelével de uma época em que só havia flores – a infância.

Com 21 anos, publiquei *Amor e Luz*; o primeiro poema do livro foi escrito para ele, a cujo amor, é bom reconhecer, eu devia tudo aquilo. Aliás, nada mais fiz que captar a Poesia que existe à nossa volta, colocando-a sob a forma de poemas. Todos são, de um modo ou de outro, poetas. A Poesia é a essência das coisas, está disseminada pelo universo, é um braço do Criador estendido a seus filhos, um ponto de luz intensa em meio às trevas da ignorância que assola o planeta. Felizes os que percebem isso e fazem da sua vida um porto seguro para aqueles que o procuram.

Todos deveriam olhar um pouco mais para dentro de si mesmos. Aí existem coisas maravilhosas que precisam despertar. Quem não faz essa pesquisa interna tende a se brutalizar, voltando-se para um materialismo que cega e empobrece a alma. Não estou falando de religião, claro que não. Todos têm direito até de não acreditar em Deus. Refiro-me aos valores intrínsecos que possuímos e podem ser colocados a favor do próximo e de nós mesmos. Acreditem: com essa busca, a Poesia se revela em nós, e a vida se tona mais colorida, mais agradável, pesa menos a cruz que porventura tenhamos de carregar.

Depois, voltei-me para a gramática, à qual tenho dedicado boa parte da minha vida. E os livros nessa área foram sucedendo-se com naturalidade, ajudando as pessoas a conhecer e amar a nossa querida língua portuguesa. Quem escreve precisa preocupar-se com os leitores. São eles o ponto final de todo um longo processo, que vai da criação à composição material, gráfica da obra. Nada pode haver nela que prejudique o leitor; ao contrário, é necessário que o ajude a crescer, a caminhar com segurança, a vislumbrar novos e ricos horizontes, a se encontrar consigo mesmo nas curvas da estrada a percorrer. Mas, apesar da minha dedicação aos leitores e alunos, ficou em mim um vazio, que só viria a ser preenchido com a publicação de Espelho da Alma, em 2009, que enfeixa sonetos e trovas. Senti-me, então, realizado com esse retorno às origens.

Porém, não posso deixar de dizer, é imperioso seguir com os sonhos, com os planejamentos, com o trabalho. Quem deixa de sonhar, achando-se completo, está começando a morrer. Somos seres em contínua evolução, e a felicidade está em não se desistir, em não se acomodar, em tentar ser, sempre, um pouquinho melhor. Só assim, acredito, seremos verdadeiramente felizes.

10.2 História de William Douglas com a redação

Quando dos meus 14 anos, como é próprio dessa idade, apaixonava-me a cada três semanas. Como um típico adolescente, era meio desengonçado, ingênuo, cheio de espinhas e, para piorar, tímido, branquelo e um desastre nos esportes. Dentro desse quadro, obviamente imperava o platonismo. Pois bem, naquela época comecei a escrever poesias em cadernos que adquiria especificamente para essa atividade. Tudo o que gostaria de dizer à amada, por falta de oportunidade ou coragem, eu transpunha para o papel.

Ao escrever o livro *Como Passar em Provas e Concursos*, no final de 1997, cerca de dezessete anos depois de começar a escrever poesias, já havia chegado ao caderno nº 18. Atualmente escrevo em meu site, ou, quando isso é impossível, no primeiro pedaço de papel que conseguir. Mas continuo a escrever. O fato é que a cada dia eu ia treinando uma coisa que, na prática, só se aprende fazendo. Escrever se aprende escrevendo. E depois relendo, corrigindo, melhorando, aperfeiçoando e gostando de escrever. Com o tempo até descobri que, após ler uma poesia, as pessoas ficam de cinco a oito segundos imobilizadas, que é o tempo mais que suficiente para se consumar um primeiro beijo.

O mais importante é que eu, sem perceber, estava aprendendo a fazer a linha já mencionada, ou seja, conectar o cérebro à mão, a mão à caneta, a caneta ao papel. Essa conexão não é fácil, não se faz de um dia para o outro, mas chega o momento em que ela acontece, em que ela cresce, em que fica cada vez mais fácil e gostoso tirar ideias da cabeça e passá-las para o papel.

Se o amigo fizer isso, ou seja, se adquirir o costume de escrever, de desbravar esse caminho, primeiro com um facão abrindo uma trilha, e a for urbanizando aos pouquinhos, mas sempre, até fazer uma estrada, para o resto da vida ficará cada vez mais fácil levar ideias da cabeça para o papel. Isso é escrever, isso é redação.

Você, então, fará poesias, fará provas, fará o que quiser.

Cristalizar ideias no papel, perpetuar a luminosidade quente ou fria de um sentimento, descrever emoções, tudo nos permite afugentar o esquecimento, transmitir gotas de nossa própria alma, seja pessoalmente, seja através do correio. Permite deixarmos nosso espírito, nosso prazer, dor, solidão, alegria, tudo o mais guardado para sempre, para nossos filhos ou para quem talvez não possa vir a conhecer-nos pessoalmente, mas poderá fazer amizade com nossa alma, ter notícia de nossa existência. O papel é, então, nosso mensageiro, nosso embaixador, um confidente, uma ponte capaz até mesmo de atravessar o tempo e o espaço. E, se soubermos conversar com ele, ainda através dele poderemos mudar nossa vida e a de outras pessoas, fazer sorrir, calar, chorar, enternecer.

Quando se escreve, adquire-se um atributo da divindade, pois nesse momento somos onipotentes, poderosos, adquirimos a capacidade de moldar as palavras e de decidir se João amará Maria, se o cachorro de Cecília terá o pelo branco ou bege. Chega a ser assustadora a responsabilidade e o poder de decidir se Pedro será feliz, ou triste, se terá filhos, ou se saberá jogar basquete.[2] Quando escrevemos, temos a capacidade de abrir as portas do amor, dos graus em uma prova, da comunicação com o mundo, da satisfação de dar-se vida às letras, de perenizar as emoções, de "fotografá-las" com palavras, de criar, que é um outro atributo da divindade.

Os três momentos em que o homem mais se parece com Deus são o da escrita, da procriação e do amor.[3] Ao escrevermos somos onipotentes, ao procriarmos criamos a vida e ao amarmos nos fazemos em ação o que Deus é em essência.

> Deve-se escrever como se fala quando se fala bem.
> Aliás, é preciso escrever um pouco melhor do que se fala
> porque há tempo de se pôr em ordem o que se diz.
>
> (Antônio Albalat)

2 O livre-arbítrio e a autodeterminação parecem-me piedosas e geniais soluções divinas para boa parte destas questões, ao tratar-se do gênero humano. Na vida real, Deus, embora justo e amoroso, permite ao homem a escolha da maior parte de seus caminhos e a possibilidade de alterá-los. Nós, humanos, ao contrário, quando escrevemos, dotamo-nos de absoluta onipotência.

3 Para meu amigo Honório, a música é o momento de maior proximidade.

Capitulo 9

COMO SE TRANSFORMAR EM UM BOM AUTOR

1. SER UM AUTOR[1]

Se você quer ser autor ou escritor, mesmo que ainda seja apenas um estudante de Direito, estagiário ou que nunca tenha pensado no assunto, leia este capítulo a fim de começar a se organizar para realizar esse projeto.

Ser autor é currículo e traz prestígio. Em alguns casos, também traz remuneração, que varia de poucos reais a quantias exuberantes. Mais que o retorno financeiro, existe um número enorme de "retornos" para essa atividade, desde a troca de ideias com outros profissionais através dos seus escritos, até a alegria de receber uma carta ou *e-mail* de alguém que gostou de sua obra ou foi beneficiado por ela.

O artigo e o livro podem ser uma mera projeção natural da carreira de professor ou pesquisador, mas algo também voltado para o negócio do livro. E, quando falo em negócio, não me refiro apenas ao aspecto comercial/empresarial que, embora importante, não esgota tudo o que está inserido na expressão "negócio do livro"[2].

A meu ver, a forma mais bonita de negócio do livro não é vender livros e ganhar dinheiro. Há quem trate os livros como fonte de dinheiro e, embora respeitemos essa opção, ela não é a que preferimos.

---

1 Todo profissional da área jurídica não deixa de ser um "escritor", e isso pode se tornar até mesmo uma carreira autônoma.

2 Para mais sobre o assunto, recomendamos a obra homônima, de Jason Epstein, do Grupo Editorial Record.

A conversa que se segue aqui talvez seja útil para um autor, um professor, para que entre nesse negócio entendendo melhor seu funcionamento. Nós dois não tivemos essa oportunidade: quando começamos, ninguém dizia o quê, nem como fazer. Começamos publicando sozinhos nossos livros e, com o tempo, acabamos nos encontrando e começando a trabalhar na mesma editora. Hoje já existem vários livros e cursos sobre o tema, a coisa melhorou.

A nosso ver, alguém é "escritor" quando resolve sê-lo. Se não escrever nada, ou não escrever bem, ou não publicar, ou não vender, isso são detalhes.

Um bom autor ajuda o mundo.

Para quem quiser aprofundar o tema, recomendamos a obra "Livros demais".[3]

Um bom autor é, para começo de conversa, alguém que tenha algo a dizer sobre algum assunto. Alguém que seja apenas um curioso, ou alguém querendo fazer currículo, ou ganhar dinheiro sem lastro de competência e trabalho, não será um bom autor. Já ouvimos mais de uma vez um professor indagar: "De que tipo de livro vocês estão precisando?" ou "Que matéria vende mais?", pois dependendo da resposta ele iria preparar um livro. Bem, respeitamos o momento inicial da vida de alguns professores, mas definitivamente não será o melhor livro o que sairá dessa verdadeira aventura.

Se quiser fazer um livro apenas pelo prestigio ou pelo dinheiro, ok. Mas é preciso fazer um bom livro, e isso não é fácil. Fazer livros é – atualmente – muito fácil. Basta um computador, internet e alguns CDs ou pen drives... Mas não é fácil fazer um livro que seja realmente bom sem ter o que ensinar.

Um bom autor tem de ser, primeiro, um bom professor da matéria que elegeu. Em seguida, o ideal é que seja alguém que ama os alunos, que sinceramente queira o bem deles. Que tenha o que chamamos de "alma de professor". Embora um bom livro possa sair da mente de um professor sem esse tipo de desprendimento e dedicação, estamos certos de que os melhores livros saem da alma e do coração, e não apenas da mente.

Outro ponto importante é que o autor milite na área. Sem a convivência diária com a matéria, o livro perde. Claro que existem livros unicamente teóricos e é uma opção respeitável, há mercado para eles. Ou seja, há quem os queira e é justo atender a esse público. Porém, cremos que o melhor livro é o que tem o complemento da vivência prática, da vida cotidiana. É o enriquecimento da obra.

---

3 ZAID, Gabriel. *Livros Demais!: sobre ler, escrever e publicar.* São Paulo: Summus, 2004.

Para exemplificar, podemos citar caso bem comum, que é um profissional da área jurídica, um juiz ou promotor, por exemplo, passar algum tempo em uma vara de família e depois ir para uma vara criminal. Enquanto na vara de família, anos a fio, será ele capaz de produzir um belíssimo livro da matéria, útil, atualizado etc. No dia em que esse autor se transferir para a vara criminal, a tendência é que a cada dia seu livro de direito de família se torne menos viçoso. Naturalmente, se ele insistir em publicá-lo. E se o fizer, entendemos o quanto é difícil para um autor abrir mão de um filho, pois os livros nada mais são do que criaturas nossas.

O Talmude diz que todo homem deve ter um filho, escrever um livro e plantar uma árvore. Achamos que o Talmude tem razão.

Com o progresso tecnológico e social, com o crescimento exponencial da pesquisa e da produção intelectual em todas as áreas, cremos que não há mais espaço para aquele autor que escrevia sobre todas as áreas. Excetuando-se um ou outro gênio, figura rara, o fato é que o autor que tentar cuidar de mais de duas ou três áreas, ainda mais se não forem correlatas, provavelmente não conseguirá ser o melhor autor que pode ser. Das duas, uma: ou é o melhor que pode ser em uma ou poucas áreas, ou cada vez mais perderá a oportunidade de ser referência nela e prejudicará a si, seu nome, seus livros, seus leitores e a editora ou editoras que trabalham para ele.

Alguns, no afã de cuidar bem de todos os livros e áreas que desejam alcançar, sacrificam o tempo dedicado à família, à saúde, à atividade física e ao lazer para cuidar de livros demais, em opção que não garante a qualidade dos livros e destrói a qualidade de vida do próprio autor e de quem está ao seu redor: cônjuge, filhos, pais, amigos. Péssima opção. O mesmo se aplica à preparação para concursos ou à atuação profissional.

O ideal é que o autor esteja dando aulas, trocando informações com outros autores e professores, escrevendo artigos, debatendo etc. Se ele estiver em várias áreas, não conseguirá sair-se bem.

Assim, a nosso ver, a construção de um bom autor passa por:

1) que seja um bom professor;
2) que seja comprometido com a felicidade e bem-estar dos alunos, tanto quanto com seu próprio *status* e sua própria carreira;
3) que não escreva sobre áreas demais, ou seja, que foque sua área de atuação;
4) que esteja envolvido com a área de atuação eleita, o que significa estar estudando, lendo, pesquisando, compartilhando, escrevendo, atualizando, ministrando aulas, escrevendo, criando etc.

Isso não é tudo, entretanto.

Não é fácil publicar um livro, mesmo com a atual corrida das editoras para lançar cada vez mais livros e livros. Se tiver dificuldades para começar, não se assuste. Max Lucado, autor com 65 milhões de livros vendidos, teve seu primeiro livro recusado por 15 editoras.

Aceite críticas que possam melhorar sua obra; busque-as, até.

O autor ou futuro autor deve planejar sua carreira. Decidir em quantas áreas vai atuar, quantos livros vai escrever e em quantas editoras quer publicar são assuntos importantes para definir seu futuro editorial e a longevidade e respeitabilidade de sua carreira. Isso afetará a qualidade de seus livros, a divulgação e, óbvio, as vendas. E, se afeta tantas coisas, afeta também a editora ou editoras com a(s) qual(quais) ele trabalha.

Algumas vezes, contudo, o autor tem seus desejos de crescimento e experimentação. Assim, é normal e legítimo que depois de algum tempo numa mesma casa, a nossa ou outra, ele se indague o que poderia ter em outra empresa. Como ocorre nos casamentos, existe o "mito da grama mais verde" ser a do quintal do vizinho. Às vezes, aliás, a grama do vizinho é mais verde mesmo.

Esse desejo pode ser natural, ou uma pressa exagerada que não é boa para a carreira editorial, como, aliás, a pressa não é boa em geral para nada, desde o sexo até a vida profissional.

No negócio do livro o autor se encaixa com uma posição de extrema importância e honra: sem ele, não existe livro, nem editora, nem livraria. Por isso, o autor é, provavelmente, em grau de magnitude, a segunda estrela desse sistema, sendo seu brilho apenas menor do que o do leitor. Aliás, quando falamos em "mercado", e que é o mercado que manda, entendemos que, no nosso caso, o que chamamos de "mercado" nada mais é do que a soma dos leitores. Ainda que influenciados por inúmeros fatores, desde o professor em sala até a exposição (ou falta) da obra na livraria, no final quem decide tudo é o leitor: os livros que vendem e os que não vendem. Todos os estratagemas de editoras, distribuidoras, redes, universidades, cursos e livrarias podem aumentar ou reduzir um pouco as vendas, mas nada supera a força do próprio mercado, que é mais forte do que todo o sistema reunido.

Assim, o autor é peça chave, essencial, importantíssima. Ao mesmo tempo, entendemos que o funcionário do estoque e o divulgador que percorre a cidade a pé, livraria por livraria, são – cada um em seu espaço – também indispensáveis. O melhor exemplo vem do fórum: o juiz pode ser muito importante, mas uma carimbada ou juntada errada do servidor menos elitizado pode fazer com que um processo ande errado por 10, 15 anos, e seja anulado ao final.

Se o autor é essencial para algumas coisas, para outras, a editora não pode ser desprezada. O ideal é que seja criada uma relação de lealdade e parceria recíprocas entre o autor e a(s) editora(s) com as quais ele trabalhar.

Ainda quanto às editoras, como dissemos, existem as honestas e as desonestas; as eficientes e as ineficientes; as grandes e as pequenas. Sim, são coisas bem diferentes.

As grandes, as corporações, têm controles mais rígidos e, em geral, mostram menos problemas com honestidade nos direitos autorais. Em compensação, sua eficiência, se existe, é dispersa entre muitos autores. Há editoras pequenas honestas, mas ineficientes também. Aliás, dadas as três qualidades ou sua falta (honestidade, eficiência, tamanho), há de tudo, todas as combinações têm bom número de exemplos.

Obviamente todos sabem que é melhor que a editora seja honesta e eficiente.

Se você quiser se tornar um bom autor, invista em si e nos seus livros, aquilo que é necessário para que os livros atendam a um público definido, a uma necessidade definida, com conhecimento adequado em termos de qualidade, tamanho e linguagem. Os livros devem ser atualizados, indicar a data de atualização. As modificações relativas a atualizações devem ser disponibilizadas ao leitor através da internet. Os livros devem ter uma indicação clara de seu objetivo e abrangência. Pode ser um resumo, um manual, um livro de fôlego, um comentário, um livro de questões, pode ser um livro voltado para leigos, para estudantes, para profissionais, para doutores... Não importa, desde que fique claro a quem atenda. Um bom caminho é esperar que o autor seja zeloso do seu próprio nome e que empenhe no livro o suficiente para que o mesmo gere orgulho para ele e para seus filhos. Se for assim, certamente o livro é uma boa matéria-prima para o negócio do livro, dará orgulho à editora e vendas compatíveis com a abrangência escolhida.

Naturalmente, a expectativa é que o autor invista na divulgação da obra, dentro da ideia de parceria, e tema de outro capítulo desse manual.

Por fim, é importante que o autor cuide de sua obra. Infelizmente, e também naturalmente, o aumento das tarefas da vida e o próprio sucesso no mercado fazem com que o autor cada vez tenha menos tempo para tudo, o que inclui cuidar de suas obras. O sucesso editorial aumenta o desejo de novas publicações e também o convite para aulas, palestras e para novos projetos editoriais.

Como resultado, há autores que desejam que a editora faça o trabalho que é essencialmente deles. Uns com o tempo, outros desde o primeiro momento. Há autores que desejam que a editora acompanhe a jurisprudência e a inclua no livro, por exemplo, ou que cuide das atualizações legislativas e de definir o melhor local para que elas sejam mencionadas na obra, e assim por diante. Um autor que para de cuidar do livro começa, no mesmo instante em que age assim, a matá-lo... E seu nome, por consequência.

Em regra, os contratos firmam que a responsabilidade pela correção técnica do livro é do autor, e é arriscado transferir isso para funcionários da editora, por mais qualificados que sejam.

Outro caso comum é o autor que, mercê do sucesso e da falta de tempo, deseja que assessores, estagiários ou, às vezes, amigos ou esposas passem a cuidar da atualização ou da seleção de material para o livro ou suas novas edições. Isso simplesmente não dá certo.

O mercado do livro está cheio de exemplos de autores que ficaram conhecidos por terem uma "equipe" que cuida dos seus livros. Por melhor que seja a equipe, o tempo se encarrega de demonstrar o quanto tal prática dilapida a qualidade da obra e o nome e imagem do seu autor. Autor que, aliás, cada dia será menos autor da obra.

A verdade é que existem editoras e autores que julgam que seus nomes sejam tão especiais que a pessoa que trabalha com eles já deve se dar por satisfeita apenas com isso. Daí, descuram-se das suas respectivas obrigações de cuidado, atenção e parceria. Por consequência, o livro ou a relação profissional, ou ambos, passam a se deteriorar com o tempo.

Não ache que há livros demais no mercado, ou que não há espaço para você. Sempre haverá espaço para uma boa obra. Procure trabalhar bem e plantar coisas boas, pois a um tempo você poderá fazer uma bela colheita.

Capítulo 10

"FONTES" DE LIVROS

1. AS FONTES "FEIAS" E, PORTANTO, AS QUE NÃO RECOMENDAMOS

Apenas as citamos pois estamos descrevendo como o mercado funciona e queremos que você saiba a respeito.

1.1. Junção de livros ou textos de terceiros

Há quem, querendo virar "autor", pega os livros dos outros que existem no mercado e faz um recorte e colagem, criando um pequeno Frankenstein. Se for pessoa competente e caprichosa, sai um "recor" e colagem com estrutura e razoável; se for honesto, vai citar as fontes. Porém, se a pessoa é competente e caprichosa, e sabe estruturar um livro, deveria escrever o próprio. Uma coisa é citar outros livros, outra é não escrever o seu, limitando-se a juntar os dos outros. Quando a pessoa não é tão capaz ou honesta, o que temos é um plágio disfarçado. Como já foi dito jocosamente, "copiar de um é plágio, copiar de muitos é pesquisa". É preciso cuidado quanto a isso. Plágio é crime e deve ser rechaçado.

1.2. Junção de livros próprios

É o recorte e a colagem feitos pelo autor em seus próprios livros. Uma coisa é citar um texto seu que seja aplicável e que já está em outro livro. Isso até ajuda o leitor, que não precisará comprar mais uma obra. Outra coisa é não escrever nada de novo, apenas remaquiar textos antigos. Às vezes a linha é tênue, mas, outras vezes, é fácil perceber que o autor exagerou na própria citação. Se o autor optar por fazer recorte de textos mais longos de sua própria lavra, o ideal é que a apresentação da nova obra esclareça isso. Nesse sentido, uma dica importante sobre os livros que for comprar: ninguém deve comprar um livro sem ler a capa, 4ª capa/contracapa, orelhas, prefácios, apresentações e, se possível algumas páginas isoladas. Só assim, o leitor poderá saber o que está comprando.

1.3. Livro de carona ou "seguir a moda"

Repare que tão logo um livro começa a vender bem, aparece um monte de editoras e "autores" escrevendo um semelhante. Quando o livro com fotos e frases chamado *Um dia daqueles* estourou, em pouco tempo surgiram montes de livros imitando-o; quando o livro *Marley e eu* foi para a lista de mais vendidos, em pouco tempo surgiram um monte de livros sobre cães, gatos etc. Isso acontece em todas as áreas. Outra coisa parecida é imitar títulos que dão certo. Quando Pedro Lenza lançou o *Direito Constitucional Esquematizado* foi um sucesso, e sua editora naturalmente pensou em uma série. Sem problema, é normal. Mas outras editoras passaram a lançar livros com o mesmo "esquematizado". Igual fenômeno aconteceu com o *Direito Administrativo Descomplicado*, de Marcelo Alexandrino e Vicente Paulo. O "descomplicado" começou a ser usado direto por outras editoras.

Quando a editora Impetus criou os livros para concursos, em pouco tempo outras editoras começaram a criar séries como essas. As jurídicas demoraram um pouco mais por causa do preconceito contra os concurseiros, mas acabaram cedendo ao mercado. Claro que a criação de um novo mercado autoriza que quem está no ramo comece a trabalhar o novo nicho, faz parte. Na mesma linha, há quem imite as séries de outra editora, formatos etc.

A questão é se irá fazê-lo bem ou não, e o pior é que o mercado nem sempre consegue, ou, às vezes, demora a perceber a diferença. O mercado é tão grande que mesmo autores, editoras e livros ruins têm grande chance de atuarem por períodos enormes, apesar de prestarem um serviço ruim.

Em resumo, entenda que existem práticas aceitáveis e outras não aceitáveis, as feias. Escrevemos isso para que, caso a tentação chegue até você, não haja negociação quanto a isso. É melhor ir mais devagar, mas criar sua própria história, do que tentar pegar atalhos. Não existem atalhos para uma carreira longa. Martinho Lutero dizia que não podemos evitar que um pássaro passe por sobre nossa cabeça, mas podemos evitar que ele faça um ninho nela. Ter ideias de atalhos acontece, mas segui-los não é boa política.

1.4. Trabalhos de alunos

Existem "autores" que juntam trabalhos de alunos e publicam. Uma coisa é fazer coletâneas úteis para todos, outra é usar o trabalho alheio.

2. AS FONTES TOLERÁVEIS (DESDE QUE BEM UTILIZADAS)

2.1. Degravações

Consiste em pegar as próprias aulas em sala, cursos etc., degravar e converter em livro. Pode funcionar caso seja bem executado. O cuidado é entender que as dinâmicas da aula falada e da aula escrita são diferentes. Ou seja, é necessário um bom trabalho de adaptação para que este método seja útil.

Outra preocupação importante é obter autorização do professor para a gravação e degravação das aulas. Alguns professores não terão nenhum problema e poderão até pedir suas degravações posteriormente, outros podem não gostar da ideia. Nesse caso, respeite a posição do professor e foque em fazer boas anotações.

2.2. Conversão de textos

Significa pegar uma apostila e transformar em livro, ou uma dissertação de mestrado, ou tese de doutorado, e usar o material para fazer um livro.

Aqui é importante não confundir: uma coisa é publicar uma dissertação ou tese como ela está, de acordo com a recomendação da banca ou o desejo de seu elaborador. Isso é maravilhoso e útil. É uma das formas de livros. Outra coisa é tentar pegar um texto desses, que tem uma formatação e discurso específicos, e tentar transformar em outro. Pode não dar certo caso não seja benfeito, como a degravação.

2.3. Monografias e artigos

São fontes arriscadas, mas que podem dar certo. Há quem, no afã de publicar, venha a se valer de monografias acadêmicas ou artigos que ficariam melhores se mantidos dentro de seus espaços de existência. Às vezes um artigo é maravilhoso nesse formato e pretensão, louvável, e fica horrível quando inflado com textos não tão necessários, na famosa "encheção de linguiça" para virar livro. Uma monografia de faculdade raramente tem a profundidade ou o substrato de experiência que justifiquem a sua publicação como livro. Não vale a pena fazê-lo apenas para ter currículo.

3. AS FONTES "BONITAS"

3.1. Vamos começar pelo uso adequado das dissertações e teses: publicá-las

Há demanda menor, mas importante, para tais livros. Eles precisam estar disponíveis para que seus estudos sejam acessíveis e úteis a quem precisar. Há editoras especializadas em tal tipo de livro e outras que mantêm séries para tais publicações. A mais conhecida é a SAFe, Sergio Antonio Fabris Editora. A Editora Renovar também publica tal modalidade de livro.

3.2. Definir uma demanda e publicá-la

Um dos melhores sistemas é servir. Descubra o que você sabe e as pessoas precisam, e escreva sobre isso se for algo que lhe compete. Não tente colocar-se como especialista em um assunto que não domina apenas para ser publicado.

3.3. Utilizar o material que foi sendo preparado durante toda uma vida ou parte dela e transformar em livro

Aqui temos uma modalidade bem parecida com a do item 2, mas como algo que vai sendo construído aos poucos durante uma carreira. Imagine um professor em início de carreira que pega sua apostila para fazer um livro. Não é errado, mas não é a fonte dos melhores livros. Outra coisa é um professor com 10, 15, 20 anos de carreira escrever um livro usando aquele material que ele foi depurando por vários anos e que é montado à luz da sua longa experiência. No segundo caso, há uma grande chance de termos um bom livro, bom mesmo. Em especial se é um professor antenado, que se atualiza.

3.4. Práticos

Os livros que resolvem problemas específicos. Por exemplo, um livro de "rotinas trabalhistas", pois resolve um caso específico. Ou livros para concursos, ou manuais de prática com modelos de peças. Esses livro estão em uma categoria diferente daqueles que são frutos da experiência de anos, pois podem ser baseados na observação e coleta de informações mais práticas e menos empíricas.

4. AS GRANDES MODALIDADES DE LIVROS

Não queremos esgotar o assunto, mas apenas mostrar como é variado o leque de tipos de livros e, consequentemente, como são variadas as oportunidades para você, caso queira se tornar um escritor, se dedicar.

Tratados e livros de fôlego, que abordam um tema ou disciplina à exaustão.

Manuais – que abordam a matéria toda de forma não tão profunda, mas o bastante para que a pessoa entenda o tema de forma razoável.

Resumos – cujo objetivo é ajudar a pessoa a começar o estudo, tendo uma noção geral, ou a fazer uma revisão da matéria. É útil, em especial para quem tem pouco tempo para estudar uma matéria. Vale dizer que quem não tem conteúdo para escrever um tratado ou manual nunca deveria tentar escrever um resumo.

Monografias, dissertações e teses – são o resultado do cumprimento de requisitos acadêmicos, podendo ser publicados na forma original ou remodelados para atender a outros objetivos editoriais.

Livros de modelos – com modelos de peças e orientações para a prática forense.

Livros de questões – onde o autor coleciona questões e apresenta seu gabarito (questões objetivas), orientação ou modelos para resposta (questões discursivas), e/ou faz comentários sobre as mesmas.

Leis anotadas ou comentadas – onde o autor foca uma ou mais leis e as comenta artigo por artigo. De acordo com o objetivo, pode, ainda, mencionar súmulas, jurisprudência, fazer referências bibliográficas etc.

Súmulas ou jurisprudência comentadas – o autor foca seu trabalho nas decisões do STF, STJ, TST ou de algum tribunal especifico, criando uma obra muito útil para quem precisa lidar com tais tribunais.

Livros de temas específicos – o autor procura esgotar um tema (algo na linha de um "tratado" sobre um ponto especifico) ou resumir um tema mais cobrado ou sobre o qual quer se aprofundar (estaria mais para um manual ou resumo do tema).

5. REQUISITOS BÁSICOS PARA QUALQUER LIVRO

Qualquer que seja o caso, procure fazer/adquirir um livro honesto e atualizado.

Honesto é o livro que se propõe atender a um propósito definido, que informa ao leitor qual propósito é esse (de preferência no título, subtítulo, 4ª capa e/ou orelhas e na apresentação). E, claro, que atende ao propósito.

Voltamos a dizer que ninguém deve comprar um livro sem ler capa, 4ª capa, orelhas, prefácios e apresentações. Assim, o leitor poderá saber o que está comprando. Você pode escrever qualquer tipo de livro, desde que não engane o leitor quanto a seu conteúdo.

Atualizado é o livro que não cita leis revogadas. Com esse requisito, já merece o "título" de atualizado. O ideal é que também se mantenha no "estado da arte" da área abordada. Assim, fundamental é que mencione súmulas, orientações jurisprudenciais, casos recentes aplicáveis etc.

Se um livro menciona uma súmula revogada, estará desatualizado se não informar isso ou não a retirar do texto. Se a Súmula foi superada por outra, é necessário mencionar.

Embora não seja uma desatualização totalmente danosa, manter jurisprudência de anos atrás não é bom. O ideal é que o autor esteja sempre atualizando toda sua obra.

Ainda em relação à "honestidade" do livro, entendemos que isso se aplica a ele ter um preço razoável. Não se pode ter lucro exagerado, pois isso é defraudar o semelhante. Mas essa é uma opinião nem sempre compartilhada pelo mercado.

O leitor também deve ser honesto: fotocopiar obras é crime e prejudica todo o mercado do livro. É um desrespeito ao professor e a todos os que trabalham na área. Existem meios de se obter o livro ou ter acesso a ele legalmente. Podem ser até mais trabalhosas, mas não são desonestas.

6. PARA QUEM O LIVRO FOI ESCRITO?

Existem pessoas que escrevem o livro para mostrar erudição perante seus amigos; outros escrevem livros para transmitir. Uns escrevem para quem já chegou a um nível de conhecimento; outros, para que o leitor chegue a um nível de conhecimento. Uns escrevem livros para ter currículo, ou para ganhar dinheiro, ou para dizer que são escritores, ou para alcançar objetivos profissionais, ou como consequência de suas aulas e experiência, ou como um legado. Uns escrevem livros para si mesmos, por vaidade; outros para si mesmos, mas por prazer. Uns escrevem livros para os filhos. Todas são opções com vantagens e desvantagens. Escolha o que você prefere... e escreva o seu.

Não importa qual seja a sua escolha, mas sim que você seja honesto consigo mesmo ao escrever, sabendo por qual motivo o está fazendo. Isso fará bem ao livro... e a você. Faz parte de escrever um livro honesto.

7. CONCLUSÃO

Se você quer escrever um livro, escolha uma linha. Escolha qual(is) fonte(s) irá usar, que tipo de livro vai escrever, para quem o mesmo será escrito. Escreva-o e mantenha-o honesto e atualizado. Seu livro é você projetado no tempo e no espaço. Mostre-se bonito, jogue limpo.

Quando resolver escrever um livro, não tenha pressa. "Aquilo que veio para ficar às vezes demora para crescer", já foi dito.

Decida se fará um livro técnico, e nesse caso siga as regras técnicas aplicáveis, ou um livro com "a sua cara". A nosso ver, achamos que vale a pena experimentar fazer um livro só seu, com sua alma, despretensioso do ponto de vista do que vão pensar, mas sendo ele, como livro, o que você é como profissional. É um dos caminhos, existem vários.

APÊNDICE

Palavras e expressões latinas frequentes

Artigos*

* Com a colaboração de professores de primeira grandeza, que nos auxiliaram com orientações específicas para a confecção das peças mais usuais, o que a nosso ver enriquece a obra com outras visões e abordagens. Confira também a página do livro no site da Editora Impetus, <http://www.impetus.com.br>, para outros artigos sobre redação.

A

A contrario sensu – Em sentido contrário.
A posteriori – Posteriormente.
A priori – Antecipadamente.
A quo – Do qual (ou de quem) (utilizada relativamente a órgão judicial); termo inicial (relativamente à contagem de prazo).
Ab abrupto – Bruscamente, de repente.
Ab absurdo – Por absurdo. Raciocinando, ou argumentando, com o absurdo.
Ab alto – Por alto, por presunção, superficialmente.
Ab eterno – Desde toda a eternidade.
Ab hoc et ab hac – A respeito deste e desta.
Ab initio – Desde o início. Desde o princípio.
Ab integro – Inteiramente, como era antes, não alterado.
Ab irato – No impulso (ímpeto) de ira ou por um impulso irado.
Ab origine – Desde a origem, originariamente.
Ab ovo – Desde o início.
Aberratio criminis – Erro do crime, desvio do crime.
Aberratio delicti – Erro da justiça contra o delito praticado, acusando alguém inocentemente.
Aberratio ictus – Erro na execução do golpe, do tiro.
Aberratio personae – Erro de pessoa. O agente atinge pessoa diversa da que pretendia atingir.
Abolitio criminis – Abolição do crime.
Abyssus abyssum invocat – O abismo chama outro abismo.
Accessio temporis – O acréscimo de tempo, a soma do tempo.
Accessorium sequitur principale – O acessório segue o principal.
Accipiens – Que recebe.
Accidente in itinere – Acidente de trajeto.
A contrario sensu – Em sentido contrário. Pela razão contrária.
Actio – Ação.
Actio judicate – Ação de coisa julgada.
Actio in personam – Ação pessoal (isto é, sobre pessoa) ou obrigacional.
Actio in rem – Ação real (isto é, voltada para coisa).
Actio libera in causa – Ação livre na causa (do crime).
Actio quanti minoris – Ação de diminuição de preço.
Actor probat actionem (reus excepcionem) – O autor prova a ação (o réu a exceção).
Ad absurdum – Por absurdo.
Ad argumentandum tantum – Só, apenas para argumentar.
Ad aeternum – Até a eternidade, para sempre.
Ad arbitrium – Arbitrariamente.
Ad causam – Para a causa.
Ad cautelam – Por cautela, por preocupação, por segurança.
Ad corpus – Por corpo.
Ad futurum – Para o futuro.
Ad hoc – Substituição eventual ou nomeação para determinado ato.
Ad judicia et extra – Para fins judiciais e extrajudiciais.
Ad judicia – Para o foro judicial.
Ad litem – (mandato) Para a lide.
Ad litteram – À letra, sem nada omitir. Literalmente.

Ad litteris et verbis – Letra por letra, palavra por palavra.

Ad mensuram – Por medida.

Ad nauseam – Sobejamente.

Ad negotia – (mandato) Para negócios.

Ad nutum – Por um aceno de cabeça, às ordens de alguém, ao menor sinal. Ex.: Funcionário demissível *ad nutum*, ou seja, por livre vontade da administração.

Ad praeteritum – Para o passado.

Ad perpetuam rei memoriam – Para a perpétua memória (lembrança) das coisas.

Ad probationem – Para fins de prova.

Ad processum – Para o processo.

Ad quem – Para quem. Juiz ou tribunal de instância superior para onde se encaminha o processo; dia ou termo final de contagem de um prazo.

Ad quo – Juízo de onde veio o processo.

Ad referendum – Para apreciação posterior, para aprovação.

Ad rem – À coisa, de modo pertinente (ao assunto). Categoricamente. Juridicamente é utilizada para indicar o direito pessoal que se tem sobre a coisa (*ius ad rem*).

Ad summam – Em suma.

Ad tempus – Por um tempo, momentaneamente.

Ad usucapionem – Posse por usucapião.

Ad valorem – Pelo valor.

Aequitas – Equidade.

Afectio societatis – Vontade de constituir e manter uma sociedade e sem a qual, nas sociedades de pessoas, não pode ela subsistir.

A fortiori – Com força.

A fortiori ratione – Com mais forte razão.

A jus – Com direito.

A latere – Ao lado.

Alea jacta est – "A sorte está lançada" (Júlio César).

Alibi – Em outra parte.

A lume – Ao conhecimento de.

Analogia juris – Analogia do direito.

Analogia legis – Analogia da lei.

Animus – Intenção, vontade, ânimo.

Animus abutendi – Intenção de abusar.

Animus adjuvandi – Intenção de ajudar.

Animus dolandi – Intenção dolosa de prejudicar.

Animus domini – Intenção de ser proprietário.

Animus furandi – Intenção de furtar.

Animus jocandi – Intenção de gracejar, brincar.

Animus laedendi – Intenção de lesar, ferir ou prejudicar.

Animus lucrandi – Intenção de lucrar.

Animus manendi – Intenção de permanecer, em caráter definitivo, em determinado lugar; fixar-se (caracteriza o domicílio civil).

Animus necandi – Intenção de matar.

Animus nocendi – Intenção de causar dano, prejudicar.

Animus possidendi – Intenção de possuir.

Animus rem sibi habendi – Com a intenção de ter a coisa para si.

Animus simulandi – Intenção de simular.

Animus solvendi – Intenção de pagar, cumprir uma obrigação (solver).

Animus violandi – Intenção de violar.

Anno domini – No ano do Senhor.

A non domino – Sem título de domínio ou de propriedade.

A posteriori – A partir do que vem depois. A partir do fato. Do efeito para a causa. Depois do fato. Argumento que prova a causa a partir do efeito.

A priori – Do que procede. A partir do que vem antes. Da causa para o efeito.

Apud – Junto de, segundo, consoante.

Apud acta – Na ata, nos autos. Ex.: Procuração outorgada na ata da audiência.

B

Bona Fide – De boa-fé.

Bens pro diviso – Em virtude de divisão, divisíveis.

Bens pro indiviso – Em virtude de indivisão, indivisíveis.

Bis in idem – Repete-se por duas vezes a mesma coisa.

C

Capitis diminutio – Perda ou diminuição da capacidade.

Caput – Cabeça de artigo que inclui parágrafos, itens ou alíneas.

Causa debendi – Causa de dever, causa da dívida.

Causa detentionis – Causa de detenção (pela qual se detém algo).

Causa petendi – Causa de pedir.

Citra petita – Aquém do pedido.

Cognitio causa – Conhecimento da causa.

Competência ratione loci – Em razão do lugar.

Competência ratione materiae – Em razão da matéria.

Competência ratione valori – Em razão do valor da causa.

Condictio facendi – Condição de fazer.

Conditio juris – Condição de direito, condição legal.

Conditio nom faciendi – Condição de não fazer.

Conditio sine qua non – Condição sem a qual (condição necessária).

Contra jus – Contra o direito.

Contra legem – Contrário à lei (contrário: *secundum legis*/segundo a lei).

Contrario sensu – Significa "em sentido contrário", ou seja, o sentido que se obtém armando-se determinada oração por forma oposta àquela em que se acha formulada.

Corpus delicti – Corpo de delito.

Culpa in comitendo – Culpa em cometer (conduta comissiva). Sinônimo: *culpa in faciendo*.

Culpa in custodiendo – Culpa em guardar.

Culpa in eligendo – Culpa em escolha.

Culpa in omittendo – Culpa em omitir ou pela omissão (conduta omissiva).

Culpa in vigilando – Culpa em vigiar.

Culpa ubi non est, nec poena esse debet – Onde não existe culpa, não deve haver pena.

Cum laude – Com louvor.

Curriculum vitae – Currículo (curso, histórico da vida).

Custos legis – O guardião da lei.

D

Da mihi factum, dabo tibi jus - Exponha o fato e direi o direito. Exposto o fato, o magistrado aplicará o direito, ainda que não alegado o dispositivo legal.

Dano ex delicto - Dano causado pelo delito.

Dare nemo potest quod non habet - Ninguém pode dar o que não tem.

Data maxima venia - Com devida licença (com maior respeito).

Data venia - Com respeito, com licença. Fórmula de cortesia com que se começa uma argumentação para discordar do interlocutor. Com a devida permissão. Com o devido respeito. É o mesmo que *concessa venia* ou *permissa venia*.

De cujus - O falecido, geralmente empregado como a pessoa inventariada.

Decisum - Decisão, sentença.

De iure - De direito.

De lege ferenda - Da lei a ser criada.

De lege lata - Da lei criada.

Debitum coniugale (conjugale) - Débito conjugal.

Dies a quo - Dia do começo.

Dies ad quem - Dia do vencimento (último dia).

Dolo res ipsa (ou in re ipsa) - Dolo presumido.

Dolus bonus - É o dolo involuntário do agente, há intenção do bem e mal resultado. Oposto de *Dolus malus* - Quando a vontade do agente quis o mau resultado.

Dura lex sed lex - A lei é dura, mas é lei. A lei deve ser aplicada ainda que pareça imoral ou injusta.

E

Erga omnes - Para com todos. O que é usado contra todos.

Error facti - Erro de fato.

Error in judicando (in procedendo) - Erro ao julgar, erro de procedimento.

Error in objecto - Erro quanto ao objeto.

Error in persona - Erro quanto à pessoa.

Error iuris - Erro de direito.

Ex abrupto - De súbito.

Ex adverso - Ao lado contrário.

Ex iure - Conforme o direito.

Ex lege - De acordo com a lei.

Ex more - Conforme o costume.

Ex nunc - A partir de agora.

Ex officio - De ofício, por dever de ofício, em razão do ofício.

Ex positis - Isto posto. Do que foi exposto.

Ex tunc - A partir de então (indica retroação).

Ex vi - Por força de, por efeito de.

Ex vi contractus - Por força do contrato.

Ex vi legis - Por força da lei, por efeito da lei.

Exceptio non adimplenti contractus - Exceção do contrato não cumprido.

Exceptio - Exceção.

Exequatur - Execute-se; cumpra-se (é o processo pelo qual se obtém a autorização necessária à execução de uma sentença estrangeira no Brasil).

Extra petita – Fora do pedido (que não faz parte do pedido), diferente do pedido, objeto diverso do pedido.

Exceptio rei iudicatae – Exceção de coisa julgada.

Exempli gratia – Por exemplo. O mesmo que *verbi gratia.*

Extra litis – Fora da demanda.

Extra petita – Fora do pedido. Sentença que concedeu o que não constitui objeto do pedido.

F

Fac simile – Reprodução fiel de um original.

Factum principis – Fato do príncipe (do Poder Público, da Administração).

Facultas agendi – Poder de ação, faculdade de agir (direito subjetivo).

Forum – Foro.

Fumus boni juris – Fumaça do bom direito, aparência de bom direito (diz-se quando a pretensão parece ter fundamento jurídico).

G

Gratia argumentandi – Apenas para argumentar.

H

Habeas corpus – Que tu tenhas o corpo.

Habeas data – Que tu tenhas os dados.

Hic et nunc – Aqui e agora (neste exato lugar e momento), imediatamente.

Honoris causa – A título de honra (honorificamente). Título honorífico concedido por uma universidade a jurista insigne.

I

Ibidem – No mesmo lugar.

Idem – O mesmo.

Ignorantia juris neminem excusat – A ignorância da lei não escusa ninguém.

Impotentia coeundi – Inaptidão masculina ou feminina para realizar o ato sexual.

Impotentia generandi – Incapacidade masculina para a fecundação.

In abstrato – Em abstrato. Não considera a realidade.

In albis – Em branco.

In casu – No (presente) caso, na espécie.

In dubio pro reo – Na dúvida, interpreta-se a favor do acusado.

In dubio pro societate – Na dúvida, deve-se interpretar a norma a favor da sociedade.

In dubio, contra fiscum – Na dúvida, contra o fisco.

In dubio pro misero – Na dúvida, decidir em favor do mais fraco ou pobre.

In fine – No final, no fim.

In initio – No início.

In initio litis (in limine litis) – No início da lide.

In limine – No começo, desde logo, liminarmente.

In status quo ante – No estado que se encontrava antes.
In totum – No todo, integralmente.
In verbis – Nas palavras, nestes termos, textualmente.
Inaudita altera parte – Não ouvida a outra parte.
Infra – Embaixo, abaixo.
Infra petita – Aquém do pedido; menos do que o pedido.
Inter vivos – Entre os vivos.
Interpretatio cessat in claris – A interpretação cessa nas coisas claras.
Intuitu personae – Em consideração à pessoa.
Inaudita altera parte – Sem que seja ouvida a outra parte.
Ipsis litteris – Exatamente igual, com as mesmas letras.
Ipsis verbis – Exatamente igual, com as mesmas palavras.
Ipso facto – Pelo próprio fato.
Ipso iure – Pelo próprio direito, em decorrência do direito (de acordo com o direito).
Iter criminis – Caminho do crime.
Iura novit curia – "O juiz conhece o direito".
Ius (Jus) – Direito.
Ius civile – Direito Civil.
Ius fruendi – Direito de fruir, gozar.
Ius in re – Direito real, direito sobre a coisa.
Ius in re aliena – Direito sobre coisa alheia.
Ius naturale – Direito natural.
Ius non scriptum – Direito não escrito.
Ius persequendi – Direito de perseguir, buscar.
Ius possessionis – Direito de posse.
Ius possidendi – Direito de possuir.
Ius postulandi – Direito de postular.
Ius puniendi – Direito de punir.
Ius sanguinis – Direito de sangue (decorrente da hereditariedade).
Ius scriptum – Direito escrito.
Ius soli – Direito de solo (decorrente do local de nascimento).

J

Jurisdictio – Jurisdição.
Jurisprudentia – Jurisprudência.
Justitia – Justiça.

L

Lato sensu – Em sentido geral.
Lege lata – Pela lei tomada em seu sentido amplo, pela lei extensamente.
Legem habemus – Temos leis.
Legitimatio ad causam – Legitimação para a causa.
Lex – Lei.
Loci – Lugar.

M

Mandamus - Mandado de segurança.
Mandato ad judicia - Mandato para o foro em geral.
Mandato ad negotia - Mandato para os negócios judiciais.
Manu militari - Com poder militar, ação executada à força.
Master semper certa est - A mãe é sempre certa.
Mens legis (ratio legis) - Espírito da lei.
Meritum causae - Mérito da causa.
Mirabile dictu - Coisa admirável de se dizer.
Modus adquirendi - Modo de adquirir.
Modus faciendi - Maneira de fazer.
Modus probandi - Modo de provar.
Modua operandi - Modo de operação.
Modus vivendi - Modo de viver.
Mora accipiendi - Mora do credor. Sinônimos: *mora credendi* ou *mora creditoris*.
Mora debitoris (mora debendi* ou *solvendi) - Mora do devedor.
More uxorio - Conforme o costume de casado, como se fossem casados.
Mutantis mutandis - Mudando-se o que deve ser mudado (fazendo-se as alterações necessárias).

N

Neminem laedere - Não lesar a ninguém.
Nemo iudex sine lege - Ninguém é juiz sem lei.
Nihil obstat - Nada impede.
Nomem iuris - O nome de direito (a denominação legal).
Non bis in idem (ne bis in idem) - Ninguém deve ser julgado duas vezes pelo mesmo fato.
Non liquet - Não está claro.
Norma agenda - Norma de agir, norma de conduta.
Notitia criminis - Notícia (ou comunicação) do crime.
Nulla crimen, nulla poena sine praevia lege - Não há crime, nem pena, sem lei anterior que os defina.
Nulla tributum sine praevia lege - Não há tributo sem lei anterior.
Numerus apertus - Número ilimitado.
Numerus clausus - Número limitado.

O

Obligatio - Obrigação.
Obligatio dandi - Obrigação de dar.
Obligatio faciendi - Obrigação de fazer.
Obigatio in solidum - Obrigação solidária.
Obigario propter rem - Obrigação em razão da coisa (fundada em direito real).
Omnes - Por todos.
Onus probandi - Ônus da prova.
Opinio delicti - Posição, opinião ou interpretação a respeito do delito.
Opus citatum - Obra citada.

P

Pacta sunt servanda – Os contratos devem ser cumpridos.
Pari passu – Simultaneamente, a par.
Patria potestas – Poder paternal, pátrio poder.
Per capita – Por cabeça, por pessoa.
Periculum in mora – Perigo de mora, perigo na demora.
Persecutio criminis – Persecução do crime, persecução penal.
Persona – Pessoa.
Persona non grata – Pessoa não bem-aceita ou recebida.
Pleno iure – Pleno direito.
Posse ad interdicta – Aquele que é amparada nos interditos possessórios, na hipótese de ser ameaçada, turbada, esbulhada ou perdida.
Pots mortem – Depois da morte.
Post scriptum – Depois do escrito.
Praeter legem – Além da lei, conta a lei.
Premissa venia – Com o devido respeito.
Presunção iuris et de iure – Presunção de direito e por Direito, presunção absoluta.
Presunção iuris tantum – Presunção somente de Direito, presunção relativa.
Prima facie – À primeira vista.
Pro forma – Por mera formalidade.
Pro labore – Pelo trabalho.
Pro rata – Proporcionalmente, em proporção.
Pro soluto – Para resolver (extinguir a obrigação).
Pro solvendo – Para pagar.
Pro tempore – Temporariamente, em razão do tempo ou das circunstâncias.

Q

Quantum – Quanto.
Qui pro quod – Uma coisa por outra.
Quod abundant non nocet**n** – O que abunda não prejudica.
Quorum – Número mínimo para funcionamento de um órgão colegiado.

R

Ratione contractus – Em razão de contrato.
Ratione legis – Em razão da lei.
Ratione loci – Em razão do lugar.
Ratione materiae – Em razão da matéria.
Ratione personae – Em razão da pessoa.
Ratione valori – Em razão do valor.
Rebus in stantibus – Estando assim as coisas.
Reformatio in melius – Reforma para melhor.
Reformatio in pejus – Reforma para pior.
Rei sitae – Situação (localização) da coisa.
Res – Coisa.
Res aliena – Coisa alheia.

Res communis – Coisa comum.
Res derelictae – Coisa abandonada.
Res extra commercium – Coisa fora do comércio.
Res furtiva – Coisa furtada.
Res judicata – Coisa julgada.
Res publica – Coisa pública
Res uxoriae – Bens da mulher.
Reus sacra res est / Reo res sacra est – O réu é coisa sagrada.

S

Secundum ius – Segundo (conforme) o direito.
Secundum legem – De acordo com a lei. Espécie de costume que consiste em regras sobre a uniforme interpretação e aplicação da lei.
Sic – Assim.
Si et quantum – Se e enquanto.
Sine die – Sem dia (sem fixar ou determinar o dia), sem data marcada.
Sine iure – Sem direito.
Sine qua non – Sem o que não.
Si vis pacem, para bellum! – Se você quer paz, prepare-se para a guerra.
Sponte sua – Por sua livre vontade, espontaneamente, por iniciativa própria.
Statu quo ante – No estado em que se encontrava anteriormente.
Status – Posição.
Status libertatis – Estado de liberdade.
Stricto sensu – Em sentido estrito.
Sub judice – Sob (ou com) o juiz, sob a apreciação de um juiz; em julgamento; em juízo.
Summum jus, summa injuria – Suma justiça, sua injúria. Exercício do direito em excesso gera injúria excessiva.
Sui generis – Do seu gênero, peculiar, especial.
Sursis – Suspensão (condicional da pena).
Suum cuique tribuere – Dar a cada um o que é seu.

T

Tantum devolutum quantum apellatum – tanto (foi) devolvido quanto apelado (recorrido).
Tempus regit actum – O tempo rege o ato.
Testis unus, testis nullus – Testemunho único, testemunho nulo (testemunha única, testemunha nenhuma).

U

Ubi eadem est ratio, ibi ide jus – A mesma razão autoriza o mesmo direito.
Ubi societas, ibi ius – Onde há sociedade, há o Direito.
Ubis – Onde, local de residência.
Ultra petita – Além do pedido.
Utile per inutile non vitiatur – O útil não é viciado pelo inútil.
Usque – Até.

V

Vacatio legis - Dispensa da lei. Espaço de tempo entre a publicação de uma lei e sua entrada em vigor.

Vade mecum - Vai comigo, anda comigo.

Venda ad corpus - Por corpo ou individualizadamente (pela coisa ou bem individualizado, discriminado).

Venda ad mensuram - Por medida.

Verba legis - Palavra da lei.

Verba volant, scripta manent - As palavras voam, os escritos permanecem.

Verbi gratia - Por exemplo.

Verbis - Com estas palavras.

Veritas odium parit - A verdade gera o ódio.

Versus - Contra.

Vexata quaestio - Questão controversa.

Vis - Força, violência.

***Vox populi, vox* Dei** - (A) voz do povo, (é a) voz de Deus.

Z

Zeluus et iracundia minuunt dies - A inveja e a ira diminuem os dias.

COMO ELABORAR UM TEXTO CIENTÍFICO

Eugênio Rosa de Araújo

• Juiz Federal Titular da 17ª. Vara, Presidente da Comissão de Ciências Sociais e Econômicas da Escola da Magistratura Regional Federal da 2ª. Região - EMARF

Toda produção científica deve seguir um modelo para elaboração de dissertações monográficas ou pequenos artigos.

Para tanto, tomam-se como referência as regras da Associação Brasileira de Normas Técnicas (ABNT), o que se apontará neste brevíssimo informe de molde a facilitar a vida do aluno ou daquele que precisa elaborar um texto segundo os padrões científicos em vigor, minimizando as dificuldades.

Sabe-se que o papel da elaboração de um trabalho científico é o de fazer uma crítica, isto é, lançar um olhar de indagação, de criatividade, de confrontação e um trabalho árduo e atento de material bibliográfico levantado durante a pesquisa.

O trabalho fruto de um estudo científico deve, preferencialmente, voltar-se para um tema único – evite o "neoconstitucionalismo na pós-modernidade".

Prefira temas com objetos bem delimitados em sua extensão, com o objetivo de reunir, analisar e interpretar as informações colhidas, evidenciando o conhecimento da literatura existente sobre o assunto e a capacidade de sistematização e domínio do tema escolhido.

Assim, pode-se focar um tema específico como o exame psicotécnico para concurso na carreira do Ministério Público, ou mesmo um caso concreto do Supremo Tribunal Federal analisando os argumentos de um determinado julgado.

O tema não precisa ser inédito, mas recomenda-se a criatividade – mesmo temas batidos podem ser contextualizados com nova roupagem.

Espera-se com a elaboração do trabalho científico que o autor possa demonstrar capacidade de selecionar fontes de autores consagrados, sem descuidar dos não muito conhecidos, mas que possam acrescentar aspectos importantes no estudo do tema.

É preciso conhecer as autoridades no assunto, interpretá-las, compará-las em seus posicionamentos divergentes e terminando com o oferecimento de uma conclusão que será a leitura crítica (crítica é contraposição, é desmontar para montar novamente...) da pesquisa desenvolvida.

Como nosso objetivo aqui é facilitar e estimular a produção científica na área do Direito, pode-se dar um caminho de pesquisa que tem 4 passos:

1. escolher o tema específico;
2. identificar o tema na ordem constitucional;
3. identificar o tema na ordem infraconstitucional;
4. selecionar julgados sobre o tema nos tribunais superiores e pesquisar doutrina sobre o tema.

Se tiver dúvida sobre qual tema específico deve escolher, passe os olhos nos programas de concurso; eles costumam trazer temas bem específicos.

Bem, você já escolheu o tema, já localizou onde se insere na Constituição e como é tratado na legislação, jurisprudência e doutrina, siga para a elaboração do "projeto" do texto.

O texto deve conter três partes: a introdução, o desenvolvimento (em itens) e a conclusão.

A introdução é a parte do trabalho em que o assunto é apresentado como um todo. Aqui se deve citar o tema sobre o qual se vai discorrer, sua delimitação, o problema da pesquisa, as hipóteses formuladas, seus objetivos e a justificativa na qual fique bem clara a importância do estudo e a metodologia adotada.

Tome cuidado para não tornar a introdução muito grande. Os itens e as partes devem ser proporcionais.

Na parte do desenvolvimento, aparecem os itens em que se estrutura o texto sobre o tema escolhido.

Aqui é importante frisar que a linguagem científica deve ser clara, precisa, objetiva, simples e despida de ornamentos supérfluos do tipo "o grande", "o saudoso", ou frases genéricas como "é de ampla aceitação que..." ou citações em latim sem que se conheça seu uso correto.

Na redação do texto podem ser feitas paráfrases ou transcrições (citações literais). Quando ocorrerem, é obrigatório colocar a referência das fontes de onde tais citações foram retiradas, seja em nota de rodapé ou na forma de o autor datar, conforme se verá mais adiante.

Chegando à conclusão, releia todo o trabalho para que se possam fazer comparações, apontar divergências, levando-se em conta o problema da pesquisa e as hipóteses formuladas.

Esta parte encerra a leitura da pesquisa do autor e deve ser coerente com o desenvolvimento dos itens e sintonizada com os objetivos explicitados na introdução.

A conclusão não deve ser longa e tem como função amarrar os pontos que foram sendo tratados durante o desenvolvimento, por isso, quanto mais clara e objetiva, melhor.

Referências

Todo trabalho científico deve apresentar uma relação das obras utilizadas na sua elaboração. A organização da apresentação dessas obras deve ser feita com base nas normas previstas pela ABNT, (ver exemplos mais à frente). A listagem deve vir em ordem alfabética, a partir do último sobrenome do autor.

As referências permitem que o leitor tenha o conhecimento da documentação consultada pelo autor, podendo, também, servir como fomento para novas pesquisas.

A lista das obras apresentadas nas Referências deve ser composta somente pelas que realmente serviram de suporte ao trabalho. O mestrando deve evitar cair na tentação de impressionar o leitor pelo volume de documentos consultados, porque a consistência e coerência das Referências são de fato o que conta.

Apêndice(s) e anexo(s) (opcionais)

O apêndice é formado por todo material produzido pelo autor da dissertação e que o mesmo considere importante como apoio à inteligibilidade de seu trabalho. Pode ser constituído por textos complementares, questionários elaborados para a pesquisa etc. Já o anexo é formado por material de apoio utilizado no trabalho, que pode servir para ilustrar e fundamentar as discussões entabuladas na dissertação, mas que não se constituem como material fundamental do trabalho; do contrário o mesmo deverá ser incorporado ao texto. Como exemplo de anexos temos: artigos de jornais, fotos, processos, íntegra de acórdão etc.

Formatação

Estrutura física

- Tipo de papel: A4
- Margens: 3 cm (superior, direita)
- Margens: 2,5 cm (inferior, direita)
- Fonte: Times New Roman ou Arial
- Tamanho da fonte: 12 para texto e 14 para o título
- Espaço entre linhas: 1,5 ou duplo
- Parágrafo: 1 tab
- Numeração das páginas:
  1. tipo: em algarismos arábicos
  2. local: margem superior direita
  3. início: a numeração deve começar na 1ª folha após a introdução, as páginas anteriores são numeradas com algarismos romanos a partir da capa
  4. exceções: não se numeram as folhas iniciais dos Capítulos, da Conclusão e das Referências

Regras Gerais

Uso do negrito, itálico e aspas

O recurso utilizado para destacar conceitos é o **negrito**. O *itálico* é utilizado para os termos que se encontrem fora do vernáculo. É preciso ter muito cuidado para não utilizar o **negrito** ou *itálico* indiscriminadamente. Já as aspas são recursos para indicar a utilização de textos de terceiros copiados literalmente, ou para relativizar o uso de algumas expressões/conceitos que, na falta de outros mais adequados, são utilizados, porém com alguma reserva. Em artigos científicos não se utiliza sublinhado como forma de destaque.

Citações

Um elemento sempre presente em trabalhos científicos é o chamado argumento de autoridade, através do qual se busca apoio, fundamentação para a ideia que o autor deseja sustentar. Para isso, recorre-se com frequência, às citações. Estas, segundo a ABNT (1992)[1], podem ser de dois tipos: paráfrases e citações literais, também denominadas de transcrições.

As paráfrases, segundo tal documento da ABNT, são definidas como "citações livres de texto" (ABNT, 1992).

As transcrições consistem em "reproduções das próprias palavras do texto citado" (ABNT, 1992).

Em ambos os casos, devem ser feitas as referências das fontes de onde são retiradas as paráfrases e as transcrições.

1 ABNT – NBR 10520. Apresentação de Citações em Documentos. Rio de Janeiro, Abril, 1992.

As transcrições diretas devem estar de acordo com as seguintes regras: quando a transcrição se limitar a três linhas, ela deve ser mantida no corpo do texto elaborado, entre aspas e com a devida identificação do autor, obra, ano e número de página. Quando a transcrição exceder três linhas, ela deverá começar em uma nova linha, recuada em 4 cm, com o corpo da letra diminuído para o tamanho 10 e com espaço entrelinhas simples. Esta forma de citação dispensa as aspas. De todo modo, seja na forma recuada ou não, nenhuma forma de citação deve omitir a origem da mesma.

As citações devem ser feitas segundo duas formas possíveis a serem escolhidas de acordo com a preferência do autor: no formato autor-data ou pela numérica. No sistema autor-data as informações sobre a fonte de onde se retirou o trecho citado vêm no corpo do texto entre parênteses, com a indicação do último sobrenome do autor, ano da publicação da obra e o número da página.

Exemplo:

> A história cultural, tal como a entendemos, tem por principal objeto identificar o modo como em diferentes lugares e momentos uma determinada realidade social é construída, pensada, dada a ler. Uma tarefa deste tipo supõe vários caminhos. O primeiro diz respeito às classificações, divisões e delimitações que organizam a apreensão do mundo social como categorias fundamentais de percepção e de apreciação do real. (CHARTIER, 1990, pp. 16 -17)

O modo numérico é feito no rodapé ou ao final do capítulo. Contudo, segundo a ABNT (NBR 10520), "o sistema numérico não deve ser utilizado quando há notas de rodapé", o que quer dizer que, se o autor da dissertação optar pelo sistema numérico, ele estará abrindo mão das notas explicativas, passando a ter que incorporar as possíveis explicações no corpo do texto.[2]

As vantagens do sistema autor-data são: 1) a possibilidade do uso das notas explicativas; 2) a simplificação das citações, já que as informações colocadas no texto são simplesmente aquelas que darão a possibilidade ao leitor de localizar nas Referências a obra citada, sendo dispensado o uso das regras a serem aplicadas no sistema numérico (colocadas a seguir). De todo modo, cabe ao autor a escolha do sistema que lhe pareça mais pertinente.

Algumas convenções devem ser respeitadas nas citações numéricas, como será visto a seguir. São elas:

1. quando o autor/documento for citado pela primeira vez, a referência deve ser completa.

Exemplo:

---

[7] RUSSELL, Bertrand. *O Elogio ao Ócio.*4 ed. Rio de Janeiro: Sextante, 2002. p. 109

---

2 O sistema de referência com notas de rodapé ou notas de fim de capítulo é desaconselhado na maior parte das vezes.

2. quando o mesmo autor for citado novamente e na mesma página, pode-se utilizar os seguintes recursos:

- *Idem* ou Id. (do mesmo autor)
- *Ibidem* ou Ibid. (mesma obra)

Exemplo:

---

[8] Id. Ibid., p. 127.

- *Opus citatum* ou op. cit. (obra citada)

Exemplo:

---

[8] RUSSELL, op. cit., p. 127.

Termos e abreviações

Todo o texto acadêmico faz uso de alguns termos em latim que tornam possíveis a padronização da linguagem científica. São eles:

- *Apud* – utilizado quando o autor vai fazer uma citação indireta, ou seja, quando a obra citada não tiver sido consultada diretamente e sim através de uma outra. O exemplo que se segue diz que foi através da leitura do livro de Wacquant que se teve contato com Marest;

Exemplo:

MAREST *apud* WACQUANT, 2001, p.118

- *Sic* (assim mesmo) – utilizado quando a citação direta apresentar algum termo / expressão incorreta ou em desuso. Usa-se o *sic* entre colchetes [sic] logo após o termo;
- Ver (v.) ou Confira (cf.) – recurso utilizado quando o autor quiser remeter o leitor para alguma obra que possa elucidar ou contrapor conceitos / ideias, indicando fontes como forma de enriquecer a leitura;
- e.g.(*exempli gratia*) – por exemplo

Elaboração das referências

As Referências são compostas por vários tipos de documentos como, por exemplo, livros, capítulos de livros, artigos de revistas, leis, matéria de jornais, documentos retirados da internet etc. Para cada um desses tipos, existe um tratamento específico. Em todos os casos, contudo, informações básicas devem constar, são elas: autor, título – subtítulo, edição, local, editora, data de publicação.

Exemplos:

1. Livros

WACQUANT, Loïc. *As prisões da miséria.* RJ: Jorge Zahar Editor, 2001.

2. Parte de uma coletânea[3]

PILATI, José Isaac. Direitos autoriais e internet. In: ROVER, Aires José (Org.). *Direito, sociedade e informática:* limites e perspectivas da vida digital. Florianópolis: Fundação Boiteux, 2000. p. 127-134[4]

3. Artigo de revista

SALES, G. Bezerra. Psicanálise e poder. *Revista Roteiro,* Universidade do Oeste de Santa Catarina, Joaçaba, v. XVIII, n. 33, p. 88-96, jan./jun. 1995.

ZAVERUCHA, Jorge. O congresso, o presidente e a justiça miilitar. *Justiça e Democracia,* São Paulo, n.3, p. 141-152, 1997.

4. Artigo de jornal

MARCELO, Cláudia. Crescem os lares sob chefia da mulher. *Diário Catarinense.* Florianópolis, p. 34, 12 de maio de 2002.

5. Anais de Congressos

CONGRESSO JURÍDICO BRASIL-ALEMANHA, 7., 1996. Belo Horizonte. *Anais do VII Congresso Jurídico Brasil-Alemanha.* Belo Horizonte: Sociedade de Estudos Jurídicos Brasil-Alemanha, 1996.

6. Trabalhos publicados em Congressos

LAMOUNIER, Bolívar. Asseguras a governabilidade: perspectivas do futuro político e social do Brasil. In: SIMPÓSIO BRASIL-ALEMANHA, 4.,1998, Bonn, Alemanha. *A projeção do Brasil face ao século XXI.* São Paulo: Fundação Konrad-Adenauer, 1998.

7. Constituições

BRASIL. *Constituição da República Federativa do Brasil.* Brasília, Distrito Federal: Senado Federal, 1988.

SANTA CATARINA. *Constituição do Estado de Santa Catarina.* Florianópolis: Imprensa Oficial, 1989.

8. Códigos

BRASIL. *Código Eleitoral.* Organizador Antonio de Oliveira Moruzzi. 5. ed. São Paulo: Rideel, 1999.

9. Monografias, dissertações e teses

MEZZAROBA, Orides. *Da representação política liberal ao desafio de uma democracia partidária:* o impasse constitucional da democracia representativa brasileira. 2000. 545 f. Tese (Doutorado em Direito) – Curso de Pós-Graduação em Direito, Universidade Federal de santa Catarina, Florianópolis, 2000.

10. Documentos obtidos pela internet

BRASIL. Lei nº 9.279, de 14 de maio de 1996. Regula direito e obrigações relativos à propriedade industrial. Disponível em: <http://www.mct.gov.br/conjur/lei/lei>. Acesso em: 12 maio 2002, 23h12.

VELOSO SOBRINHO, Manoel Lopes. Execução do pequeno valor contra a fazenda pública. Questão de sobrevivência e a lei de responsabilidade fiscal. *Jus Navigandi,* n. 50. Disponível em: <http://www1.jus.com.br/doutrina/texto.asp?>. Acesso em: 20 fev. 2002, 12h15.

11. Quando a obra consultada tiver mais de três autores

URANI, A. *et al.*[5]. *Constituição de uma matriz de contabilidade social para o Brasil.* Brasília, DF: IPEA, 1994.

---

3 Os exemplos que constam nos itens 2 ao 9 foram retirados do *livro Manual de Metodologia da Pesquisa no Direito* de autoria de Mezzaroba e Monteira (2003).

4 No caso de artigos, capítulos etc é necessário colocar as páginas referentes aos mesmos.

5 Ou et alii. "Alii" quer dizer "outros".

A seguir, apresentaremos algumas situações e as suas respectivas soluções.

- Quando existirem nas Referências autores com o mesmo sobrenome, a solução é citá-lo utilizando as iniciais dos nomes. Caso haja coincidência inclusive aí, colocar os nomes por extenso;
- Quando houver mais de uma obra do mesmo autor no mesmo ano, colocar letras no ano. Exemplo: SILVA, 2003 (a); SILVA, 2003 (b), e assim sucessivamente.

Bibliografia do capítulo

ECO, Umberto. *Como se faz uma tese*. São Paulo: Perspectiva, 2008.

LAKATOS, E. M. e MARCONI, M. *Fundamentos de Metodologia Científica*. São Paulo: Atlas, 1985.

LEITE, E. O. *A Monografia Jurídica*. 4. ed. São Paulo: Revista dos Tribunais, 2000.

Fichamento do capítulo 3 do livro *Como Se Faz Uma Tese*

AUTOR: UMBERTO ECO, Editora Perspectiva SA, 21ª. ed, 2008.

"A pesquisa do material." Pág. 35

"Quais são as fontes de um trabalho científico?" pág. 35

"Uma tese estuda um objeto por meio de determinados instrumentos. Muitas vezes o objeto é um livro e os instrumentos outros livros." Pág. 35

Uma tese sobre o pensamento de A.Smith terá como objeto os livros de Adam Smith, enquanto os instrumentos são outros livros de Adam Smith.

Serão fontes primárias os escritos de Adam Smith.

Serão fontes secundárias os escritos sobre Adam Smith.

Se a tese fosse as fontes do pensamento de Adam Smith, as fontes primárias seriam os livros e escritos em que Smith se inspirou.

As fontes de um autor podem ser acontecimentos históricos.

Em certos casos o objeto é um fenômeno real; as fontes não existem ainda sob a forma de textos escritos, mas devem tornar-se os textos que se inserirão na tese à guisa de documentos: dados estatísticos, transcrições de entrevistas, fotos etc.

Fontes e literatura crítica são distintas. Por vezes, estas constituem fontes de segunda mão. Pode-se confundir discurso sobre as fontes com o discurso sobre a literatura crítica.

Pode ocorrer que, a certa altura, o interesse deixe de ser o que o autor disse, para o que outros disseram inspirados nele.

É importante definir logo o objeto da tese, posto que se impõe o problema da acessibilidade das fontes.

Em relação às fontes, é preciso saber:

- "Onde podem ser encontradas
- Se são facilmente acessíveis
- Se estou em condições de compulsá-las" pág. 36

Da literatura crítica, deve-se ler, se não tudo, pelo menos o mais importante, sendo necessário abordar as fontes diretamente.

"O candidato ou o docente deve limitar com bastante exatidão a amplitude do trabalho." Pág. 37

"Fontes de primeira e de segunda mão." Pág. 39

"Fonte de primeira é uma edição original." Pág. 39

"Tradução não é fonte." Pág. 39

"Antologia não é fonte; é um apanhado de fontes." Pág. 39

Resenhas efetuadas por outros autores não é fonte; quando muito são fontes de segunda mão.

Não se deve citar de uma citação.

Não se deve citar uma fonte de segunda mão fingindo ter visto o original.

"O problema, quando se recorre a fontes de segunda mão (declarando-o), é controlar sua multiplicidade e averiguar se uma dada citação ou menção de um fato são confirmadas por diferentes autores." Pág. 40-41

"A pesquisa bibliográfica." Pág. 42

"Como usar a biblioteca." Pág. 42

"Organizar uma bibliografia significa buscar aquilo cuja existência ainda se ignora. O bom pesquisador é aquele que é capaz de entrar numa biblioteca sem ter a mínima ideia sobre um tema e sair dali sabendo um pouco mais sobre ele." Pág. 42

O catálogo de assuntos da biblioteca informa tudo o que posso encontrar em suas salas.

O catálogo de autores é sempre mais seguro que o catálogo por assuntos.

O modo mais cômodo de escolher os catálogos bibliográficos é, em primeiro lugar, solicitar os títulos ao orientador da tese.

Como abordar a bibliografia – o fichário.

Convém não ler na primeira assentada, todos os livros encontrados, mas elaborar uma ficha básica bibliográfica.

Devemos saber qual livro pedir em primeiro lugar.

Quando se acha o capítulo desejado, deve-se copiar a bibliografia e copiá-la inteira. É possível ter uma ideia dos livros que o autor considera básicos. É preciso saber quais os autores mais citados por todos.

Assim se estabelece uma hierarquia inicial.

Colocar a bibliografia em ordem alfabética.

Ter uma ficha para cada livro é útil. O sistema mais cômodo é o de um pequeno arquivo de fichas.

À medida que vou encontrando um livro, uma ficha é aberta.

O arquivo bibliográfico inicial pode constituir a base para a redação da bibliografia final.

"Normas de citação bibliográfica são válidas para:

1. A ficha bibliográfica
2. A ficha de leitura
3. A citação dos livros em notas de rodapé
4. A redação da bibliografia final" pág. 47

A citação bibliográfica:

1. Declinar nome e sobrenome do autor – nada de P.Rossi
2. Não é preciso colocar entre aspas o título do livro
3. Dizer onde o livro foi publicado, por quem, data e edição
4. Mencionar a cidade da edição na língua original (Milano, London)

Quatro maneiras corretas de citar um livro permitindo:

1. distinguir livros de artigos ou de capítulos de outros livros;
2. determinar, sem equívocos, o nome do autor e o título;
3. determinar o local de publicação, editora e edição;
4. determinar, eventualmente, a espessura ou a dimensão do livro.

"Ex.: Searle, John R.Speech Acts – An Essay in The Philosophy of Language, 1a. Ed., Cambridge University Press, 1969 (5a. Ed., 1974), pp VIII – 204." Pag. 50

"Wilson, John. Philosophy and Religion – The logic of Religious Belief London, Oxford University Press, 1961, pp. VIII, 120." Pag. 50

As revistas

Ex.: Anceschi, Luciano. Orizzonte della poesia, in "Il Verri", fevereiro 1962.

O preferível: Anceschi, Luciano. "Orizzonte della poesia". Il Verri 1 (NS), fevereiro 1962: 6-21.

Neste exemplo, coloca entre aspas o artigo e em grifo a revista, permitindo saber que é um artigo e não um livro.

Os artigos de revista entram na mesma categoria dos capítulos de livros e de atas de congressos.

(NS) significa "nova série".

A indicação de páginas inicial e final servem-me para saber se se trata de um artigo longo ou de uma breve nota.

Vários autores e organizado por:

Ex.: Morpurgo-Tagliabne, Guido. "Aristotelismo e Barroco". In: VVAA, Retórica e Barroco. Atti Del III Congresso Internazionale di Studi Umanistici, Venezia, 15-18, junho 1954, organizado por Enrico Castelli, Roma, Bocca, pp. 119-196.

- Trata-se de um texto inserido numa coletânea de outros textos; portanto Morpurgo-Tagliabne não é um livro, embora pelo número de páginas (77) se conclua que é um estudo bastante consistente.
- Tal coletânea se constitui na reunião de textos de vários autores (VVAA).
- Constitui documentação de uma convenção.
- A coletânea foi organizada por Eurico Castelli - VVAA. Retórica e Barroco. Roma, Bocca, 1955, pp. 256, 20 tav.
- Muitos autores e nenhum organizador.

Djk,T.A.Van et al., Zur Bestimmung Narrativer Strukturem etc.

Caso complexo: longo artigo, no terceiro tomo do 12o. volume de uma obra coletiva, da qual cada volume tem um título distinto da obra como um todo:

Hymes, Dell. "Anthropology and Sociology". In: Debeok, Thomas A., org., current trends in Linguistics, Vol. XII, Linguistics and Adjacent Arts and Sciences, t.3, The Hagne, Mouton, 1974, pp. 1445-1475.

Citações de jornais

Funcionam como as de revistas, salvo que é mais oportuno (por razões de localização) colocar a data antes do número. Precisando citar de passagem um artigo, não é estritamente necessário mencionar também a página (embora seja útil), nem, no caso de jornais diários, indicar a coluna. Mas, se for um caso de estudo específico sobre a imprensa, então tais indicações se tornam quase indispensáveis.

Ex.: Nascibeni, Giulio. "Come l´Italiano santo e navigatore é diventato bipolare", Corriere dela Sera, 25/6/1976. p.1, col 9.

Citação de documentos oficiais ou de obras monumentais.

Atas do congresso americano: S.Res. 218,83 d Congr, 2dSess. 100 Cong. Rec. 2972 (1954).

Leia-se: Senate Resolution number 218 adopted at the second session of the Eighy-Third Congress, 1954, and recorded in volume 100 of the Congressional Record begining on page 2972.

Citações de clássicos.

Título – livro – capítulo, parte – parágrafo ou canto – verso.

Ex.: citar o princípio da não contradição da Metafísica de Aristóteles, a citação será: Net. IV, 3, 1005 b,18.

Versículo da Bíblia: 1 sam. 14: 6-9

Comédias e tragédias citam-se colocando o ato em algarismos romanos, a cena em arábicos e, eventualmente, o verso ou os versos: hegera, IV, 2:50-51

Citações de obras inéditas ou de documentos privados.

Teses, manuscritos e similares são especificados como tais.

Ex.: La Porta, Andréa. Aspetti di uma teoria dell´excuzione nel linguaggio naturale. Tese apresentada à faculdade de Letras e Filosofia, Bolonha, A. A. 1975-76.

Valesio, Paolo. Novantigua: Rhetorics as a Contemporary Linguistic Theory. Original datilografado em curso de publicação (gentileza do autor).

Originais e traduções.

"Para obras em línguas pouco conhecidas, sem tradução, mas cuja existência se pretende assinalar, costuma-se colocar entre parênteses a tradução do título, após a sua menção no original." Pág. 58

Resumo das regras para citação bibliográfica:

Livros:

1. Nome e sobrenome do autor (ou autores, ou organizador, com eventuais indicações sobre pseudônimos ou falsas atribuições);
2. Título e subtítulo da obra;
3. ("Coleção");
4. Número da edição (se houver várias);
5. Local da edição: não existindo no livro, escreve-se s.l. (sem local);
6. Editor: não existindo no livro, omiti-lo;

7. Data da edição: não existindo no livro, escreve-se s.d. (sem data);
8. Dados eventuais sobre edição mais recente;
9. Número de páginas e eventual número de volumes de que a obra se compõe;
10. (Tradução: se o título era em língua estrangeira e existe uma tradução da nossa, especifica-se o nome do tradutor, o título traduzido, o local de edição, data da edição e número de páginas, eventualmente).

Artigos de revista.

1. Nome e sobrenome do autor
2. Título do artigo e capítulo
3. Título da revista
4. Volume e número do fascículo (eventuais indicações de Nova Série)
5. Mês e ano
6. Páginas onde aparece o artigo

"Capítulos de livro, atas de congressos, ensaios em obras coletivas.

1. Nome e sobrenome do autor
2. Título do capítulo ou ensaio
3. In:
4. (Eventual nome do organizador da obra coletiva ou VVAA)
5. Título da obra coletiva
6. (Eventual nome do organizador se primeiro foi colocado VVAA)
7.Eventual número do volume da obra onde se encontra o ensaio citado
8. Local, Editor, data, número de páginas, como no caso de livros de um só autor" pág. 60

"E se for preciso ler livros? Em que ordem?" pág. 77

"Em geral, uma tese sobre livros recorre a dois tipos de livros: os livros de que se fala e os livros com a ajuda dos quais se fala." Pág.78

"Existem textos objeto e a literatura sobre eles." Pág.78

Deve-se primeiro abordar dois ou três textos críticos dos mais gerais, o suficiente para formar uma ideia do terreno onde está se movendo; passar depois ao autor original, procurando entender algo do que ele diz; a seguir, examinar o resto da literatura crítica; por fim, voltar ao autor original e reexaminá-lo à luz das novas ideias adquiridas.

BREVE PANORAMA DO RITO COMUM ORDINÁRIO

WILNEY MAGNO DE AZEVEDO SILVA

Graduado em Direito, nas Faculdades Integradas Cândido Mendes. Mestre em Direito, com área de concentração em Direito do Estado, na Universidade Estácio de Sá. Juiz Federal Titular da 16ª Vara Federal do RJ. Foi Titular do cargo de Promotor de Justiça de 1ª categoria, da carreira do Ministério Público do RJ. Autor de livro e diversos artigos e peças técnicas publicados. Professor de Escolas de Magistratura, cursos preparatórios e institutos, das disciplinas de Teoria Geral do Processo, Direito Processual Civil, Direito Processual Constitucional, Técnica de Elaboração de Sentença, Direito Comercial, Direito Falimentar, Direito Processual Penal, Princípios Institucionais do Ministério Público e Técnica de Elaboração de Peças Processuais e Orientação de Monografias.

Como rito, o desenvolvimento do rito comum ordinário é um roteiro seguro para a elaboração do relatório da sentença.

Esse iter é composto por quatro momentos básicos – a fase postulatória, a fase formal de saneamento, a fase probatória e a fase decisória.

1. FASE POSTULATÓRIA

Disciplinada pelos arts. 282 a 322 do Código de Processo Civil, é a fase do rito comum ordinário destinada à prática dos atos processuais de provocação do exercício da função jurisdicional. Nesse momento inicial, as "estrelas do show" são as partes.

Essa fase se desenvolve em duas etapas:

- 1ª etapa: petição inicial;
- 2ª etapa: resposta.

Entre essas duas etapas, verifica-se a citação do Réu – que, embora não seja um ato postulatório, viabiliza o exercício do contraditório, pelo demandado.

O relatório deve, pois, conter alusão a esses três atos processuais – petição inicial, citação e resposta – repita-se, sem qualquer expressão que denote juízo de valor. Não é esse, ainda, o momento de decidir. Isso só deve ocorrer na fundamentação e no dispositivo.

2. FASE FORMAL DE SANEAMENTO

Um raciocínio direto levaria à conclusão de que, logo após a prática dos atos processuais de provocação do juízo, a cargo das partes - a fase postulatória -, seguir-se-ia a prestação jurisdicional - a fase decisória. Afinal, após a provocação surge a reação.

Ocorre que, ante a necessidade de que a comunicação entre o juízo e as partes seja a mais nítida possível - sem "ruídos" processuais -, a lei prevê o desenvolvimento de uma fase intermediária, inteiramente voltada à prática de atos processuais de "limpeza" do processo, e à disciplina de suas consequências. É a fase formal de saneamento do processo[1].

Disciplinada pelos arts. 323 a 331 do Código de Processo Civil, essa fase se desenvolve em duas etapas: as providências preliminares e o julgamento conforme o estado do processo.

Nessa segunda fase do rito, a "estrela do show processual" passa a ser o juízo. Assim, tanto as providências preliminares, quanto o julgamento conforme o estado do processo tratam de medidas a cargo do órgão jurisdicional.

- 1ª etapa: Providências preliminares (arts. 323 a 328 do CPC):
  - 1 - Especificação de provas (art. 324 do CPC);
  - 2 - Réplica (arts. 326 e 327, 1ª parte, do CPC); e,
  - 3 - Retificação de falhas processuais (art. 327, 2ª parte, do CPC).
- 2ª etapa: Julgamento conforme o estado do processo (arts. 329 a 331 do Código de Processo Civil): marcado pela prolação de um ato decisório - uma sentença ou uma decisão interlocutória.

Providências preliminares

Disciplinadas pelos arts. 323 a 328, todos do Código de Processo Civil, são três as providências preliminares básicas, todas a cargo do juízo: franquear à parte Autora a oportunidade de se manifestar, em réplica, se, na resposta, o Réu houver formulado alguma exceção[2]

1 Esse momento do rito comum ordinário é denominado de "fase *formal* de saneamento do processo", porque, a rigor, a atividade saneadora é exercida, pelo juízo, por todo o *iter* procedimental - desde o exame da admissibilidade da petição inicial até o momento de prolação da sentença.

2 Em processo, exceção é a defesa indireta - toda e qualquer forma de o Réu resistir ao reconhecimento da procedência do pedido, que não implique a impugnação do fato que constitui o fundamento da pretensão do Autor, ou do efeito que o demandante deseja ver extraído desse fato.

formal ou material; deferir às partes a especificação das provas que desejam ver produzidas no processo[3]; e determinar-lhes, também, medidas para a correção de falhas processuais supríveis – referentes, de regra, à inobservância de pressuposto para o válido desenvolvimento do processo, tais como, o defeito de representação (art. 13 do Código de Processo Civil), ou a ausência de documento essencial à admissibilidade de um ato postulatório (art. 283 do Código de Processo Civil).

Julgamento conforme o estado do processo

Preclusa a oportunidade processual para o atendimento das solicitações judiciais antes indicadas – cumpridas ou não –, abre-se a ocasião para a segunda etapa da fase processual em curso: o julgamento conforme o estado do processo.

Como a própria denominação permite inferir – "julgamento" –, essa nova etapa é marcada pela prolação de um ato decisório. E as opções que se põem para o juízo são, apenas, duas: proferir uma **sentença** ou uma **decisão interlocutória**. É o que dispõem os arts. 329 a 331, todos do Código de Processo Civil.

Julgamento conforme o estado do processo – Casos de prolação de sentença

Se, nesse momento, uma sentença puder ser proferida, essa deve ser a opção do juízo. A lei não permite ao órgão jurisdicional a escolha discricionária entre os tipos de ato decisório a ser prolatado: Será caso de decisão interlocutória, apenas, na hipótese de a sentença não ser processualmente viável. É por esse motivo que o Código de Processo Civil inicia a disciplina dessa nova etapa da segunda fase do rito, pelo exame das situações de prolação de sentença, nos arts. 329 e 330.

Tais situações podem ser referidas, genericamente, como aqueles casos em que o processo **não pode** ou **não precisa** ter andamento ulterior, para a validade da entrega da prestação jurisdicional.

Assim, sob esse prisma, apesar da respeitável divergência doutrinária, são duas as formas possíveis de defesa indireta pelo Réu – aquelas referidas, genericamente, nos artigos 326 e 327, primeira parte, do Código de Processo Civil: (i) a alegação de questões preliminares formais, atinentes aos pressupostos de desenvolvimento válido do processo e às condições de legítimo exercício da ação – exceções formais –; e, (ii) a arguição de fatos impeditivos, modificativos ou extintivos da eficácia da pretensão deduzida com a demanda – exceções materiais. Formais ou materiais, as defesas indiretas passíveis de exame jurisdicional de ofício são também conhecidas como *objeções*. Aquelas insuscetíveis de conhecimento jurisdicional de ofício são também chamadas de *exceções em sentido estrito*.

3 Algo que, com a vênia dos respeitáveis entendimentos em contrário, é somente viável, a rigor, após o oferecimento da réplica, pois somente então será possível verificar os fatos que se tenham tornado controvertidos, no processo, e sobre os quais a prova deve versar (artigo 334, incisos II e III, do Código de Processo Civil).

Os casos em que o andamento suplementar do processo é **inviável**[4] são aqueles de inobservância de qualquer questão preliminar formal – pressuposto de desenvolvimento válido do processo ou condição de legítimo exercício do direito de ação –, que não possa ou não tenha sido oportunamente retificada[5].

Já as situações em que, o andamento ulterior do processo se demonstra **desnecessário**[6] – e, por isso, proibido[7] – são aquelas em que:

1. tenha havido acordo entre as partes, para a solução da lide[8]; ou,

2. não haja necessidade de produção de (mais) provas no processo.

Disciplinada pelo art. 330 do Código de Processo Civil, essa última possibilidade – a de **desnecessidade** de produção de (mais) prova no processo – trata do chamado "julgamento antecipado da lide"[9], que se deve verificar quando:

- a questão posta em litígio for estritamente de direito – como, por exemplo, aquelas concernentes à validade da norma de um edital de licitação, ou à constitucionalidade de uma norma legal instituidora de um tributo, formuladas em ação condenatória preventiva proposta em face da Fazenda Pública –, caso em que não há necessidade de produção de prova para o válido julgamento do litígio[10];

---

4 O show *não pode* continuar...

5 Artigo 329, primeira parte, combinado com qualquer dos incisos do artigo 267, ambos do Código de Processo Civil. Normalmente, falhas concernentes a pressuposto de desenvolvimento válido do processo podem ser retificadas (como, por exemplo, a incompetência do juízo, ou o defeito de representação processual). Já os vícios que caracterizam o ilegítimo exercício da ação são, normalmente, insuperáveis (como, por exemplo, a impossibilidade jurídica do pedido).

6 O show *não precisa* continuar...

7 Imposta, não apenas para o legítimo exercício da ação, a regra do *interesse processual* exige a demonstração da utilidade, da necessidade e da adequação de qualquer ato processual, para os fins a que seu eventual agente se propõe. Assim, por força dessa exigência, a prática de atos processuais *desnecessários*, no processo jurisdicional, é proibida por lei.

8 Referidos por lei, tais acordos são os negócios jurídicos materiais dispositivos: (i) o reconhecimento jurídico da procedência do pedido, pelo Réu; (ii) a transação das partes; e (iii) a renúncia à pretensão deduzida com a demanda, pelo Autor (artigo 329, combinado com qualquer dos incisos II, III ou V, do artigo 269, ambos do Código de Processo Civil).

9 Referência legal imprópria, já que a ideia da lei não é a de *adiantar* o julgamento do litígio, e sim de não permitir que ele seja *adiado*, sem motivo – pelo que a denominação legal correta para a situação em exame deveria ser "julgamento *imediato* (ou *oportuno*) da lide".

10 Artigo 330, I, primeira parte, combinado com o inciso I do artigo 269, ambos do Código de Processo Civil. Em regra, a prova versa sobre *fatos* controvertidos, relevantes para o julgamento da causa (artigos 130 e 332, ambos do Código de Processo Civil). Essa regra encontra **exceção**, apenas, nos casos em que é necessário provar o teor ou a vigência de Direito estrangeiro, consuetudinário, estadual ou municipal (artigo 337 do Código de Processo Civil). E, como todos sabem, a exceção confirma a regra...

- a questão jurídica disser respeito a fatos cuja demonstração, no processo, exija apenas a produção de prova documental – como, por exemplo, nos casos de reconhecimento de decadência ou de prescrição –, caso em que não há necessidade de produção de mais prova para o válido julgamento do litígio[11]; e
- por efeito da revelia do Réu[12], ou da ausência de impugnação específica, na contestação, de algum fato afirmado pelo Autor[13], a lei autorizar a formação da presunção relativa de veracidade das alegações fáticas formuladas na petição inicial –, casos em que, não há, tampouco, necessidade de produção de mais prova para o válido julgamento do litígio.

Julgamento conforme o estado do processo – Casos de prolação de decisão interlocutória

Deve-se atentar para a lógica do Código de Processo Civil: como visto, os arts. 329 e 330 esgotam os casos de prolação de sentença, em julgamento conforme o estado do processo.[14]

É lógico concluir, então, que o artigo seguinte trata das hipóteses de prolação de decisão interlocutória – aquelas em que a validade da entrega da sentença depende da produção de provas não documentais.

E é possível reconhecer, também, que tais hipóteses correspondem ao exato inverso das situações de prolação de sentença, cumulativamente consideradas, que, como dito, compreendem os casos em que o processo não pode ou não precisa de mais andamento: (i) invalidade do desenvolvimento do processo; (ii) ilegítimo exercício da ação; (iii) celebração de acordo entre as partes; e (iv) desnecessidade de (mais) prova (porque a lide versa, apenas, questão de direito, ou questão de direito e de fato, para cuja evidência, no processo, baste a prova documental).

Invertem-se, assim, as situações de prolação de sentença. É a maneira lógica e segura de encontrar as características cumulativas dos casos de

---

11 Artigo 330, I, segunda parte, combinado com o inciso I do artigo 269, ambos do Código de Processo Civil. Isso porque, ante o que dispõem os artigos 303, 396 e 397, todos do Código de Processo Civil, em regra, a prova documental já terá sido produzida, no processo, quando do encerramento da etapa das providências preliminares – e, assim, antes da etapa em exame, de julgamento conforme o estado do processo (mais precisamente, do julgamento "antecipado" da lide).

12 Artigo 330, II, combinado com o artigo 319, ambos do Código de Processo Civil.

13 Artigo 330, II, combinado com os artigos 302, *caput*, e 319, parte final, todos do Código de Processo Civil.

14 Como visto, as situações dos artigos 267 e 269 do Código de Processo Civil – neste último caso, sempre que tenha havido acordo, entre as partes, que solucione o litígio; ou não haja necessidade de produção de (mais) provas para a validade do julgamento da lide.

obrigatoriedade de prolação de uma decisão interlocutória, nessa etapa do rito:

- O processo está validamente desenvolvido;
- A ação foi legitimamente exercida;
- Ainda não houve acordo entre as partes; e
- Há necessidade da produção de mais provas, no processo, para a validade da prestação da tutela jurisdicional – caso em que, deve-se:
  - fixar os pontos controvertidos[15];
  - deferir a produção da prova cabível[16]; e
  - se for preciso (isto é, se houver sido deferida a inspeção judicial ou a produção de prova oral[17]), designar audiência de instrução e julgamento.

Esse é o conteúdo do chamado "despacho" saneador, tal como descrito no parágrafo 2º do art. 331 do Código de Processo Civil – cujos termos podem, assim, ser facilmente estabelecidos, pela mera inversão das hipóteses de cabimento de sentença nessa etapa do rito[18].

Atente-se para a necessidade de que as características acima relacionadas se verifiquem, **cumulativamente**, para que caiba a prolação de uma decisão interlocutória, nessa segunda etapa da segunda fase do rito comum ordinário. É o que denota a primeira parte do caput do art. 331 do Código de Processo Civil.

E, é interessante observar, também, que, em vista da **terceira característica** cumulativa da situação de cabimento legal de uma decisão interlocutória, acima apontada – ou seja, ainda não ter havido acordo entre as partes –, a lei prevê, não uma, mas duas possibilidades de decisão interlocutória, nesse momento processual:

---

15 Expressão legal para referir os *fatos* controvertidos sobre os quais a provar deve versar.

16 Em regra, aquelas de natureza não documental – inspecionais (inspeção judicial e perícia) e orais (depoimento pessoal e testemunhal) – porque, a essa altura do rito, a prova documental já terá sido produzida, no processo (ao cabo da etapa das providências preliminares – e, assim, antes da etapa em exame, de julgamento conforme o estado do processo). Esse é o motivo, aliás, por que, a prova documental é também conhecida como "*prova pré-constituída*": o prefixo "pré" denota anterioridade, não ao processo, mas à *fase probatória* – momento processual que, como visto, destina-se à produção da prova não documental. Logo, apenas *excepcionalmente* é que se poderá deferir, nesse momento (quando da decisão saneadora), a produção de prova *documental* suplementar – para o que é necessário que se caracterize qualquer das situações (excepcionais, frise-se) dos artigos 303 e 397, ambos do Código de Processo Civil.

17 O deferimento da produção de prova pericial não implica, desde logo, a necessidade da designação de audiência, o que somente se verifica se, em vista de alguma obscuridade do laudo pericial, o *expert* for chamado a prestar esclarecimentos adicionais (artigo 452, inciso I, do Código de Processo Civil).

18 Matematicamente, o artigo 331 do Código de Processo Civil é o inverso da soma dos artigos 329 e 330 do mesmo Código: 331 CPC = 1/(329 +330 CPC). É a "matemática processual"!

- A designação de audiência preliminar; e
- A prolação do "despacho" saneador, por escrito[19].

Não há mistério nessas hipóteses. Como dito, a prolação imediata do "despacho" saneador, por escrito, depende da verificação de **todas** as características antes relacionadas – inclusive, a terceira.

Esse é o motivo por que, se **não for caso de imediata prolação de sentença**, e se o juiz verificar que o acordo é objetiva e subjetivamente viável – isto é, se não houver proibição legal de acordo, e se as partes não estiverem envolvidas no litígio, ao ponto de demonstrarem, desde logo, a impossibilidade fática de conciliação[20] –, cumpre designar a chamada "audiência preliminar", de que tratam a segunda parte do caput e o parágrafo 1º, ambos do art. 331 do Código de Processo Civil[21].

Tais são os requisitos firmados pela primeira parte do caput e pelo parágrafo 3º, ***a contrario sensu***, ambos do art. 331 do Código de Processo Civil, para a prolação dessa primeira opção de decisão interlocutória, nessa etapa do rito.

3. FASE PROBATÓRIA

Como se pôde examinar, se for reconhecida a necessidade de ulterior desenvolvimento do processo, a fase formal de saneamento do processo se encerra com a prolação de uma decisão interlocutória – o "despacho" saneador (por escrito[22], ou oral, se restar frustrada a tentativa de conciliação promovida na audiência preliminar[23]).

Abre-se espaço, assim, para a fase probatória (ou instrutória), disciplinada pelos arts. 332 a 457, todos do Código de Processo Civil. Seu propósito é dar lugar à produção da prova não documental – inspecional (inspeção judicial e perícia) e oral (depoimento pessoal e testemunhal) –, havida como necessária para a válida prolação da sentença[24].

19 Artigo 331, parágrafo 3º, do Código de Processo Civil.

20 O juiz não está legalmente compelido a dar "palco" para uma situação de *grotesca litigiosidade*!

21 Cabe repetir: O juiz só deve cogitar de proferir uma decisão interlocutória, nessa etapa da segunda fase do rito – como, por exemplo, a designação da audiência preliminar –, se não houver possibilidade de imediata prolação de sentença. Poder-se-ia argumentar que essa afirmação inibiria a viabilidade de um acordo que ainda pudesse ser alcançado entre as partes. Ocorre que, além de contrariar a disciplina legal cabível – como dito, a primeira parte do *caput* do artigo 331 do Código de Processo Civil –, esse argumento ignora a possibilidade, expressamente admitida por lei, de o acordo eventualmente estabelecido pelas partes ser homologado, pelo juízo de primeiro grau, mesmo *depois* de proferida a sentença (artigo 475-L, inciso VI, do Código de Processo Civil). É possível afirmar, até, que, em muitos casos, a própria prolação da sentença acaba por fornecer o estímulo necessário à conciliação dos litigantes...

22 Artigo 331, parágrafo 3º, do Código de Processo Civil.

23 Artigo 331, parágrafo 2º, do Código de Processo Civil.

24 Apenas excepcionalmente é que se poderá produzir prova documental, nessa terceira etapa do rito comum ordinário. Isso porque, em regra, a apresentação de documentos, no processo, pelas partes, é permitida, tão só, quando do oferecimento da petição inicial, da contestação e da réplica (artigos 283, 300, 303, 326, 327, 396, 397 e 399, todos do Código de Processo Civil) – ou seja, a

Esse é o motivo, aliás, por que essa fase é também conhecida como "dilação" probatória (ou instrutória): ela somente se verifica, quando não é viável a imediata prolação de sentença, que, por isso, é **adiada** para momento processual posterior.

A rigor, pelas características da prova oral, essa fase do rito se desenvolve, até a parte final da audiência de instrução e julgamento. O término da dilação probatória coincide com o encerramento dos debates orais, após a oitiva da última testemunha arrolada pelo Réu[25].

4. FASE DECISÓRIA

Disciplinada pelos arts. 458 a 475 do Código de Processo Civil, a fase decisória tem por objeto o momento culminante do rito comum ordinário - a prolação de sentença.

Considerando, porém, que, na hipótese de produção de prova não documental, o momento de prolação da sentença coincide, em regra, com a etapa final da audiência de instrução e julgamento, é costume examinar esse evento processual, quando do estudo da última fase do rito.

Audiência de instrução e julgamento

Está disciplinada pelos arts. 444 a 457 do Código de Processo Civil. Seu desenvolvimento pode ser decomposto em quatro momentos básicos:

- Abertura (art. 450);
- Tentativa de Conciliação (arts. 447 a 449);
- Instrução (arts. 451, 452 e 454):
  - A - Produção da prova de inspeção faltante;
  - B - Produção da prova oral:
    - » depoimentos pessoais do Autor e do Réu;
    - » oitiva das testemunhas arroladas pelo Autor;
    - » oitiva das testemunhas arroladas pelo Réu;
  - C - Debates orais; e,
- Prolação de sentença (art. 456).

Abertura

Referida pelo art. 450 do Código de Processo Civil, ocorre com a declaração de instalação da audiência, seguida do pregão das partes, ou seja, o ato de convocar as partes e seus advogados para participar da audiência.

---

situação comum é que a produção da prova documental ocorra, no processo, até o encerramento da primeira etapa da segunda fase do rito comum ordinário (providências preliminares, na fase formal de saneamento do processo).

25 Artigos 452, inciso III, e 454, ambos do Código de Processo Civil.

Tentativa de conciliação

Contida no art. 448 do Código de Processo Civil, a previsão legal de renovação da tentativa de conciliação das partes – já ensaiada, em princípio, na audiência preliminar, a que se referem a segunda parte do caput e o parágrafo 1º, ambos do art. 331 do Código de Processo Civil –, exprime o dever judicial de fomentar a autocomposição do litígio, já firmado nos incisos II e IV do art. 125 daquela mesma lei.

Produção de prova

Antes de iniciada a produção de prova, em audiência, devem ser fixados os pontos controvertidos **remanescentes**, sobre os quais ela deve versar.

Inexiste redundância na previsão do art. 451 do Código de Processo Civil, ainda que levada em conta a anterior prolação de "despacho" saneador, nos termos dos parágrafos 2º e 3º do art. 331 da mesma lei. Isso porque há possibilidade de as partes entrarem em acordo, se não quanto à solução do litígio, ao menos quanto a uma parte da controvérsia verificada nos autos. Esse, pois, é o sentido da expressão "ouvidas as partes", incluída no texto do mencionado art. 451. É sobre os pontos fáticos controvertidos remanescentes que incidirá a prova a ser produzida em audiência.

A ordem da produção de provas, na ocasião, é estabelecida pelo art. 452 do Código de Processo Civil:

I – Inicia-se pela produção das provas de inspeção ainda faltantes. Apesar de a lei se referir, diretamente, à colheita dos esclarecimentos orais do perito, ou seja, ao eventual complemento de prova pericial – o que somente deve ocorrer, na audiência, em resposta a quesitos suplementares apresentados pelas partes, no caso de obscuridade verificada no laudo da perícia[26] –, a norma em exame também se aplica à inspeção judicial, não apenas pela identidade de natureza entre as duas modalidades de prova, como também pela necessidade de interpretação sistemática dessa norma com aquelas dos arts. 440 a 443, todos do Código de Processo Civil.

II – Colheita dos depoimentos pessoais das partes. Essa modalidade de prova se produz com a colheita das declarações prestadas, em audiência, por pessoa interessada no julgamento da lide – isto é, pelas partes.
Na ordem da lei, colhem-se, primeiramente, as declarações do Autor e, em seguida, as do Réu.

26 Artigo 435 do Código de Processo Civil.

III – Produção da prova testemunhal. Essa modalidade de prova se produz com a colheita, em audiência, das declarações prestadas por pessoa desinteressada no julgamento da lide – a testemunha.

Na ordem da lei, em primeiro lugar, tomam-se as declarações das testemunhas arroladas pelo Autor e, depois, das testemunhas arroladas pelo Réu.

Debates e encerramento

Encerrada a produção da prova, surge o momento processual para a prática dos derradeiros atos instrutórios, a cargo das partes – os debates orais, na forma prevista no art. 454 do Código de Processo Civil.

Nessa ocasião, as partes têm oportunidade de manifestação sobre a prova até então produzida e de formular alegações tendentes a influir na formação do convencimento do órgão jurisdicional, quanto à solução da lide.

Em princípio, as sustentações devem ser formuladas oralmente, mas, se as partes considerarem que a lide apresenta questões de maior complexidade, poderão requerer ao juízo a substituição dos debates orais pela apresentação de memoriais, em condições similares, o quanto possível, à formulação de alegações em audiência. Isso significa que, se a medida vier a ser deferida pelo juízo[27], cada parte deverá apresentar memorial, na mesma data designada para a outra, ao término dos prazos sucessivos de disponibilidade dos autos para consulta.

Preclusa a oportunidade das alegações orais, encerra-se a fase instrutória, e surge o momento processual de prolação da sentença – que deve ser proferida, imediatamente, em audiência, ou no prazo impróprio de dez dias[28].

Essas são as fases de desenvolvimento do rito comum ordinário, que devem ser observadas, para a adequada elaboração do relatório da sentença.

---

27 Não é direito subjetivo público da parte a substituição de uma etapa do rito. O *iter* procedimental já está previsto por lei, em vista da complexidade da demanda a ser julgada. Por esse motivo, a possibilidade do oferecimento de memoriais está submetida à discricionariedade do juízo.

28 Artigo 456 do Código de Processo Civil.

OBSERVAÇÕES PRÁTICAS A RESPEITO DA TÉCNICA DE SENTENÇA CRIMINAL

FLÁVIO OLIVEIRA LUCAS

• Possui graduação em Direito pela Universidade Federal do Rio de Janeiro (1993) e mestre em Direito pela Universidade do Estado do Rio de Janeiro (2008). Atualmente é Juiz Federal Titular - Justiça Federal de 1ª Instância do Rio de Janeiro. Exerceu os cargos de Procurador da República, Promotor de Justiça e Defensor Público. Foi Professor Substituto de Direito Penal e Introdução ao Estudo do Direito na Faculdade de Direito da UFRJ e Professor Substituto de Direito Penal na Faculdade de Direito da UERJ. É palestrante e professor de Direito Penal. Tem experiência na área de Direito, com ênfase em Direito Penal, atuando principalmente nos seguintes temas: direito penal comparado, justiça criminal, direito penal econômico, crimes omissivos, direito penal e política criminal.

1. INTRODUÇÃO

Muitos são os pontos que um juiz deve observar ao prolatar uma sentença criminal.

No presente trabalho, pretende-se identificar quais são os dados essenciais que deverão constar no corpo de uma sentença, de modo a auxiliar aqueles que estão iniciando o nobre mister, ou, ainda, os candidatos a concursos, que são submetidos ao teste de prolatarem sentenças fictícias em reduzido espaço de tempo.

A falta de experiência do candidato na prática do Direito Penal, não raras vezes, acaba sendo decisiva para a sua reprovação. Pouco tempo depois, ao adquirir a necessária prática, percebe ele que a sua reprovação poderia ter sido facilmente evitada.

Logo, este modesto estudo não tem outra pretensão que não a de servir de guia de orientação prática para a elaboração estrutural de uma sentença criminal, evidenciando o seu formato, os pressupostos indispensáveis e os chamados consectários legais que nela deverão constar.

2. USO DO VERNÁCULO

Por óbvia imposição legal, torna-se necessário que a sentença seja redigida em língua portuguesa.

Nesse ponto, cabe a advertência de que uma boa escrita não se confunde com escrita rebuscada, de termos não coloquiais ou expressões latinas e estrangeiras desnecessárias.

Por outro lado, também não cabe a utilização de palavras chulas ou gírias, afinal o bom senso deve ser a marca de um bom juiz. Expressões populares, por mais que caibam no contexto da sentença, devem ser evitadas a todo custo, salvo quando constituem reproduções de trechos de depoimentos (ou degravações de conversas telefônicas), absolutamente indispensáveis para o desenvolvimento do raciocínio lógico do texto.

O juiz deve ter em mente que o objetivo único da sentença é decidir o caso concreto, solucionar a lide que lhe foi apresentada. Disso decorre a necessária utilização de termos compreensíveis à média da população, o que não o autoriza, contudo, a usar de linguagem inadequada ou chula, como já advertido acima. O registro cabe porque em tempos não muito distantes a sentença era utilizada como forma de demonstração de conhecimentos acadêmicos ou de erudição, o que explicava, por exemplo, as longas citações doutrinárias, algumas em língua estrangeira, e outros preciosismos. Hoje em dia, felizmente, os juízes estão se dando conta de que tal forma de proceder é totalmente inadequada para a finalidade da atividade jurisdicional, além de algo cafona também.

De todos os pecados quanto ao vernáculo, parece-nos que a confusão das ideias expostas é o pior. Como ato de inteligência, a sentença deve ser clara e precisa. Para tanto, deve-se evitar os períodos longos ou invertidos, além de ser dever do juiz manifestar-se a respeito de todos os pontos da acusação, examinando, ainda, todos os argumentos de defesa.

3. REQUISITOS INDISPENSÁVEIS

É o próprio Código de Processo Penal que, em seu art. 381, explicita quais são os dados indispensáveis que deverão constar em uma sentença criminal, a saber: I – os nomes das partes ou, quando não possível, as indicações necessárias para identificá-las; II – a exposição sucinta da acusação e da defesa; III – a indicação dos motivos de fato e de direito em que se fundar a decisão; IV – a indicação dos artigos de lei aplicados; V – o dispositivo; VI – a data e a assinatura do juiz.

4. DIVISÃO ESTRUTURAL DA SENTENÇA

Observe-se que a lei não estrutura a sentença criminal em três partes – relatório, fundamentação e dispositivo – como costumeiramente faz a doutrina.

Em razão disso, nada obsta a que o juiz, após o relatório, una a fundamentação e o dispositivo. Há divergência em relação ao momento em que o dispositivo é inserido na sentença.

Uma das formas possíveis é que o juiz, logo após a análise da materialidade do crime e de sua autoria, elabore o dispositivo, julgando e, se for o caso, condenando o réu nas penas de tal dispositivo penal (assim mesmo, abstratamente), para, depois, iniciar a dosimetria trifásica da pena.

Outra forma de tratar o problema é, após o exame da materialidade e da autoria, no caso de condenação, proceder à fixação da pena e, somente ao final, inserir o dispositivo, julgando e condenando o réu a uma pena já certa e especificada

Além disso, no caso de sentença condenatória, é corriqueiro que o juiz proceda à dosimetria da pena aplicada ainda na fundamentação e no dispositivo simplesmente se refira à quantidade e natureza da pena aplicada.

Entretanto, não haverá maiores consequências, tampouco irregularidade, no caso de o juiz proceder, inteiramente, a todo o raciocínio necessário à dosimetria da pena na parte dispositiva o que, inclusive, nos parece mais lógico.

5. PRELIMINARES

Sempre que alguma das partes suscita questão preliminar, ainda que vinculadas ao mérito da causa, deverá o juiz examiná-la logo ao início da fundamentação de sua sentença. Como premissa lógica do prosseguimento do raciocínio que o fará decidir a causa, é necessário que tal aconteça.

No caso de prescrição, seguramente a mais comum das questões passíveis de apreciação nesse ponto da sentença, algumas observações devem ser feitas.

Primeiramente, a chamada "prescrição pela pena abstrata" pode e deve ser reconhecida pelo juiz independentemente de provocação das partes.

Por outro lado, a prescrição calculada pela pena concretamente aplicada, como óbvio, pressupõe que o juiz prossiga todo o raciocínio capaz de conduzir à prolação de uma sentença condenatória, inclusive, e principalmente, com a aplicação da pena. A partir daí reside um dissenso doutrinário. Enquanto alguns sustentam que não cabe ao próprio juiz de 1º grau declarar a prescrição pela pena *in concreto*, outros entendem que a ele isso é possível. Para estes últimos, ainda há que se considerar a possibilidade de se declarar a prescrição na própria sentença que aplicou a pena, o que se daria em sua parte final e em termos condicionais (para o caso de não existir recurso ministerial!). Contudo, para outros, o juiz sentenciante que vislumbra a prescrição pela pena aplicada, deveria determinar no bojo da própria sentença o retorno dos autos para o fim de declaração da prescrição, o que estaria a depender, igualmente, da não interposição de recurso da acusação.

É sempre bom lembrar que o aumento de pena eventualmente imposto por alguma espécie de concurso de crimes não influenciará no reconhecimento do prazo prescricional, *ex vi* do disposto no art. 119 do Código Penal. Além do mais, também cabe mencionar a Súmula 18 do Superior Tribunal de Justiça, a qual é interpretada pela doutrina como opção daquele Egrégio Tribunal pela natureza declaratória da sentença que reconhece a prescrição.

6. CONCURSO DE CRIMES E DE AGENTES

No caso de concurso de pessoas, caberá ao juiz proceder à fundamentação individualizada da sentença, quanto a cada um dos réus. Trata-se de corolário lógico do princípio constitucional da pessoalidade da pena. Destarte, por exemplo, para que um partícipe seja condenado, deverá o juiz analisar os pressupostos para o reconhecimento de um concurso de agentes, aferindo a relevância de sua conduta, o liame subjetivo etc.

Igualmente, no caso de condenação de vários réus, laborará em equívoco o juiz que fundamentar a aplicação de pena de uma única vez, não diferenciando a situação de cada um dos condenados. Nada obstante, no caso de aplicação de pena mínima, a jurisprudência não vem reconhecendo nulidades nesse caso.

No que diz com o concurso de crimes, tem-se que diferenciar a situação, porque o reconhecimento de alguns deles (concurso material e concurso formal impróprio) acarreta a necessidade de soma das penas. Por conseguinte, nessa hipótese, deverá o juiz proceder à aplicação da pena, tal como se estivesse a dosá-la para cada um dos crimes em processos separados. Somente ao final é que o juiz deverá efetivamente somá-las.

Quando o juiz reconhecer o concurso formal próprio ou o crime continuado (1ª parte do art. 70, *caput*, e art. 71 do CP, respectivamente), surge uma dúvida, porque estas espécies levam à aplicação de apenas uma das penas dos crimes reconhecidos, a maior, sempre *exasperada* em percentuais determinados em lei. Daí decorre a dúvida: deverá ele aplicar todas as penas para depois verificar qual é a maior? Ou deveria aplicar somente a pena que abstratamente revelar-se maior e sobre ela fazer incidir o percentual de aumento?

A prática nos tribunais revela que a última opção é a seguida usualmente, além de ser a mais conveniente.

7. DOSIMETRIA DE PENA

Quanto à *pena de multa*, surge uma dúvida a respeito de sua fixação bifásica ou trifásica. Alguns juízes dosam a pena de multa simplesmente fixando a quantidade de dias-multa com base nas circunstâncias judiciais (art. 59 do Código Penal), seguida da fixação do valor de cada dia-multa (art. 60 do Código Penal). Outros, contudo, seguem o método trifásico de fixação da pena, ao argumento de que o art. 68 do Código Penal não excepcionou a pena pecuniária. Para estes últimos, a fixação da quantidade de dias-multa obedeceria a todo o critério trifásico (circunstâncias judiciais, agravantes, atenuantes, causas de aumento e de diminuição da pena), e somente ao final é que seria fixado o valor do dia-multa, com base no art. 60 do Código Penal.

Quanto à *pena privativa de liberdade*, alguns pontos importantes hão de ser destacados.

Primeiramente, fora os elementos constitutivos da figura delituosa ("elementares"), os quais interferem no próprio preceito secundário do tipo penal aplicável, todos os demais fatores, nominados de "circunstâncias", interessam à aplicação da pena.

Uma vez definido certo aspecto como elementar do crime, não pode ele novamente ser ponderado para a fixação da pena em alguma de suas fases, sob pena de *bis in idem*.

O Código Penal brasileiro optou por estabelecer a dosimetria de pena em três fases (art. 68).

A primeira das fases de fixação da pena é a que visa a estabelecer uma *pena-base* mediante análise das circunstâncias judiciais, previstas no art. 59 do Código Penal: culpabilidade, antecedentes, conduta social, personalidade do condenado, motivos, circunstâncias e consequências do crime e comportamento da vítima.

Assim se encontra redigido tal dispositivo legal: "o juiz (...) estabelecerá, conforme seja necessário e suficiente para reprovação e prevenção do crime: I – as penas aplicáveis dentre as cominadas; II – a quantidade de pena aplicável, dentro dos limites previstos;

III – o regime inicial de cumprimento da pena privativa de liberdade; IV – a substituição da pena privativa da liberdade aplicada, por outra espécie de pena, se cabível".

Da análise do mesmo, extrai-se como conclusão que o raciocínio judicial passa por quatro etapas, preliminares uma da outra: 1ª) eleição da *pena cabível* entre as cominadas, se o tipo penal der essa opção ao juiz (pena privativa de liberdade, pena de multa ou pena restritiva de direito); 2ª) determinação da *quantidade* de pena; 3ª) fixação da *qualidade* de pena (regime de cumprimento de pena); e 4ª) avaliação do cabimento da *substituição de pena*.

A primeira etapa (eleição da pena cabível, *dentre as previstas*) é rara de ocorrer, eis que usualmente o legislador brasileiro centraliza seus esforços na pena de prisão e na pena pecuniária.

Na segunda etapa, o próprio art. 59, inciso II, do Código Penal, remete o juiz ao art. 68, segundo o qual "a pena-base será fixada atendendo-se ao critério do art. 59 deste Código; em seguida serão consideradas as circunstâncias atenuantes e agravantes; por último, as causas de diminuição e de aumento".

À míngua da possibilidade de se estabelecer uma espécie de forma aritmética para dosimetria da pena, deve o magistrado, no caso concreto, tendo em vista a peculiaridade das circunstâncias, estabelecer critérios de preponderância de uma ou outra circunstância. É certo que a análise das circunstâncias judiciais envolve um grande subjetivismo, variando de juiz para juiz; por exemplo, a análise da culpabilidade de um condenado. Daí a dificuldade de se chegar a um consenso quanto à quantidade da pena. Contudo, algumas observações hão de ser feitas. Primeiro, as circunstâncias judiciais não reclamam análise exaustiva, eis que o juiz somente deverá verificar aquelas que são reconhecidas no processo. Além disso, deve o magistrado, a todo o custo, evitar que o natural subjetivismo leve ao arbítrio. Destarte, deve abster-se de analisar a "personalidade" do condenado se não possui conhecimento ou elementos necessários a tanto. O mesmo se diga quanto à conduta social.

Assim, vencida a etapa de análise e valoração das circunstâncias judiciais do art. 59 do Código Penal, sobre esta "pena-base" incidirá eventual aumento ou diminuição baseados no reconhecimento de atenuantes ou agravantes, salvo se a pena-base já tiver sido fixada em seu mínimo ou máximo, diante do que prevê a Súmula 231 do Superior Tribunal de Justiça, segundo a qual "a *incidência da circunstância atenuante não pode conduzir à redução da pena abaixo do mínimo legal*". Outro ponto a ser destacado aqui é o disposto no art. 67 do Código Penal, o qual evidencia que as atenuantes e agravantes não apresentam a mesma importância para a lei penal, já que algumas preponderam sobre outras, devendo o juiz obedecer a essa valoração prévia do legislador.

O *quantum* de aumento ou de diminuição das atenuantes e agravantes, segundo entendimento jurisprudencial, deve girar em torno de 1/6 da pena aplicada na primeira fase, em vista de ser este o grau mínimo de aumento ou de diminuição previsto na legislação penal para as majorantes e minorantes. Contudo, existem aqueles que sustentam aumento ou diminuição ilimitado.

Ultimada essa fase, chega-se à derradeira: a fase de aumento ou diminuição decorrente do reconhecimento de causas de aumento ou diminuição de pena. Elas podem ser previstas tanto na parte geral, quanto na parte especial do Código Penal. O importante é considerar que, em regra, no reconhecimento de várias causas de aumento ou diminuição, todos os aumentos ou diminuições devem ser considerados e, nesse caso, incidem uns sobre os outros ("em cascata").

Após estas etapas, o juiz já terá uma quantidade de pena a ser aplicada e, por conseguinte, deverá fixar, no caso de aplicação de pena privativa de liberdade, o regime inicial de seu cumprimento. Nesse ponto, primeiramente deve verificar se para o crime que ensejou a condenação não existe um regramento especial que o impeça de proceder à análise normal da situação (o que ocorre, *v.g*, no caso de crimes hediondos). Não sendo o caso, a quantidade de pena será fator importante, mas não único, para a escolha do regime inicial, *ex vi* do art. 33 e seus parágrafos. Chamo a atenção do leitor para o disposto no parágrafo 3º do citado dispositivo legal, o qual autoriza que as circunstâncias judiciais sejam utilizadas para a fixação de regime inicial de cumprimento de pena, mais gravoso do que o normal. Importante assinalar que a pena decorrente das regras do concurso de crimes será a utilizada para a fixação do regime de seu cumprimento.

Por fim, deverá o juiz verificar se o caso comporta a substituição de pena. Nesse ponto, deverá observar se não há vedação legal (*v.g.* art. 44 da Lei nº 11.343/06) e, não sendo o caso, atentar para o disposto no art. 44 do Código Penal.

8. CONSECTÁRIOS LEGAIS

A recente reforma do Código de Processo Penal trouxe, entre as suas alterações, a necessidade de o juiz fixar o valor mínimo da reparação dos danos causados pela infração, conforme redação dada ao art. 387, IV. Deve o magistrado, dessarte, atentar para a possibilidade de fazê-lo de pronto, residindo uma dúvida se também isso será possível para os *danos morais*. Aparentemente, os termos utilizados pela lei processual penal não autorizam essa conclusão. É que o legislador utilizou a expressão "*prejuízo sofrido pelo ofendido*", que, numa primeira visão, pressupõe dano patrimonial.

Posteriormente, deve o juiz determinar a inclusão do nome do condenado no "rol dos culpados", após o trânsito em julgado da sentença.

A Constituição Federal, em seu art. 15, inciso III, impõe a cassação ou perda dos direitos políticos após o trânsito em julgado de condenação criminal, o que impõe que a sentença determine a expedição de ofício ao Tribunal Eleitoral, quando do seu trânsito em julgado.

A condenação em custas, no âmbito estadual, é matéria que dependerá da lei local, já que em alguns estados da Federação há isenção total de custas nos processos criminais. Não sendo este o caso, deverá o juiz condenar o réu ao pagamento das custas, no caso de condenação.

Finalmente, deverá o juiz determinar a publicação, intimação e o registro da sentença, além de expedir os ofícios necessários.

ATUAÇÃO DO MINISTÉRIO PÚBLICO NO MANDADO DE SEGURANÇA

FLÁVIO OLIVEIRA LUCAS

• Possui graduação em Direito pela Universidade Federal do Rio de Janeiro (1993) e mestrado em Direito pela Universidade do Estado do Rio de Janeiro (2008). Atualmente é Juiz Federal Titular - Justiça Federal de 1ª Instância do Rio de Janeiro. Exerceu os cargos de Procurador da República, Promotor de Justiça e Defensor Público. Foi Professor Substituto de Direito Penal e Introdução ao Estudo do Direito na Faculdade de Direito da UFRJ e Professor Substituto de Direito Penal na Faculdade de Direito da UERJ. É palestrante e professor de Direito Penal. Tem experiência na área de Direito, com ênfase em Direito Penal, atuando principalmente nos seguintes temas: direito penal comparado, justiça criminal, direito penal econômico, crimes omissivos, direito penal e política criminal.

1. INTRODUÇÃO

Segundo o art. 12 da Lei nº 12.016/09, o juiz "ouvirá o representante do Ministério Público, que opinará, dentro do prazo improrrogável de 10 (dez) dias".

Vê-se, pois, que tal como já o fazia o texto anterior (Lei nº 1.533/51), a atual também prevê a necessidade de o órgão do Ministério Público se pronunciar em ação de mandado de segurança.

O atual estudo tem por objetivo, ainda que de forma breve, tecer algumas considerações sobre esta atuação ministerial, analisando a obrigatoriedade ou não da intervenção do Ministério Público e também os requisitos que devem constar no parecer deste importante órgão estatal.

2. OBRIGATORIEDADE DE MANIFESTAÇÃO MINISTERIAL

Já vem de longa data o debate sobre ser ou não obrigatória a intervenção ministerial na ação de mandado de segurança.

O texto legal anterior (art. 10 da Lei nº 1.533/51) parecia impor tal intervenção. Contudo, após o advento da Constituição Federal de 1988, vários membros do Ministério Público, em especial do Ministério Público Federal, passaram a sustentar que o parecer ministerial somente teria lugar nas hipóteses que justificam a intervenção ministerial, *ex vi* dos arts. 81 e 82 do Código de Processo Civil. O argumento para tanto era o de que, à luz da Constituição Federal, a atribuição ministerial só poderia se dar quando a matéria discutida envolvesse interesse público, considerando a indisponibilidade e abrangência social (arts. 127 e 129 da Constituição Federal) de tal interesse. Este entendimento foi referendado pelo Procurador Geral da República, Cláudio Fontelles, no bojo do processo administrativo PGR nº 6599/2003-91, o qual deixou registrado que *o Ministério Público não tem sempre que se pronunciar sobre o mérito posto em ação mandamental, desde que, concretamente, justifique a ausência de interesse individual ou coletivo indisponível.*

Tal orientação, usualmente seguida pelos membros do Ministério Público Federal, parece ter sido acolhida pela atual Lei nº 12.016/09, em seu art. 12, parágrafo único, quando o legislador consignou que, *com ou sem o parecer do Ministério Público, os autos serão conclusos ao juiz, para a decisão, a qual deverá ser necessariamente proferida em 30 (trinta) dias.*

Deve se registrar que somente ao membro do Ministério Público cabe avaliar se o caso concreto está ou não a justificar a intervenção do órgão.

3. PRESSUPOSTOS

Sendo o caso de o membro do Ministério Público oferecer seu parecer, deve ele proceder tal como o magistrado procede ao prolatar a sentença. Trata-se de um projeto de sentença, com valoração das questões de fato e de indicação do direito aplicável ao caso concreto, analisando-se o *thema decidendum*. Como fiscal da lei que é, o Ministério Público é um terceiro legitimado a intervir no processo, com poderes processuais, entre os quais destaca-se o de recorrer, previsto no art. 499, § 2º, do Código de Processo Civil. Quando oferece o seu parecer, o Ministério Público age como juiz.

Deveras, muitas semelhanças há entre o parecer ministerial e a sentença, não sendo exagero dizer que em muitas oportunidades a sentença nada mais faz do que repercutir o que já fora assentado no parecer ministerial.

Daí porque, em linha gerais, o parecer ministerial deve seguir os pressupostos de uma sentença judicial.

A começar pela necessidade de elaboração de um relatório, expressa e formalmente imposta pelo art. 43, inciso III, da Lei nº 8.625/93, o qual também impõe que haja fundamentação em todas as manifestações finais do Ministério Público, como é o caso do parecer em mandado de segurança.

Após a fundamentação, deverá o parecer concluir pela concessão ou denegação da segurança pleiteada. Para ser completo, deve o parecer, ainda, especificar os efeitos concretos da sentença que entende cabíveis. Por exemplo, se o pedido se dirige à anulação de uma determinada questão de um concurso público, e o membro do Ministério Público o entende correto, deverá ele, na conclusão de seu parecer, adiantar a sua opinião quanto à reclassificação dos demais candidatos.

A respeito do seu conteúdo, primeiramente o parecer deverá atentar para os pressupostos processuais e condições da ação e, se for o caso, preliminarmente posicionar-se pela falta deles. Destarte, deverá o membro do Ministério Público atentar para a competência do juízo perante o qual oficia, para o interesse processual etc.

Igualmente deverá o *parquet*, na qualidade de fiscal da correta aplicação da lei, pronunciar-se quanto há necessidade de eventual intimação de litisconsortes necessários, de forma a evitar futuras alegações de nulidade.

Nessa mesma qualidade, compete-lhe analisar a decisão que eventualmente deferiu a medida liminar e, se for o caso, nos termos do art. 499 do CPC, impugná-la ou requerer a sua revogação. Ainda no que tange à medida liminar, cabe ao órgão ministerial requerer o reconhecimento de sua caducidade ou da perempção, nos exatos termos do art. 8º da Lei nº 12.016/09.

Atuando como fiscal da lei, é concedido ao representante do Ministério Público o direito de, entre outras coisas, interpor recurso (expressamente admitido pela Súmula 99 do STJ); ser intimado pessoalmente de todos os atos do processo; opor exceções de impedimento e suspeição e ter prazo em dobro para interpor recurso de qualquer decisão.

Quando se tratar de mandado de segurança em que a autoridade coatora seja membro do próprio Ministério Público, caberá a intervenção ministerial por parte de outro representante, o qual deverá zelar pela imparcialidade de sua atuação.

Discute-se, outrossim, se é necessário o parecer ministerial em 1º grau de jurisdição, após a parte ter interposto recurso.

No âmbito do Ministério Público do Estado do Rio de Janeiro, esta intervenção é usual, eis que recomendada pela Resolução nº 618, de 18 de novembro de 1994, de lavra do Procurador Geral de Justiça.

Contudo, não parece correta tal intervenção, já que a atribuição dos representantes do Ministério Público em 1° grau de jurisdição se restringe aos feitos em andamento perante o juízo monocrático. Ora, se a sentença é o ato pelo qual o Juiz põe fim a seu ofício de julgar, não caberá ao membro do *parquet* que atua perante ele manifestar-se a respeito do cabimento ou não do recurso, mesmo porque tal parecer já deverá ser emitido, necessariamente, pelo membro do Ministério Público que atue em segundo grau de jurisdição. Além desse trabalho inútil, a medida atentaria, ainda, contra a celeridade processual, a qual é potencializada em se tratando de mandado de segurança.

4. CONCLUSÃO

A atividade ministerial como *custos legis* é medida da mais alta importância e, sem dúvida, contribui para a qualidade da atividade jurisdicional, evitando, por que não reconhecer, que sentenças equivocadas sejam prolatadas.

Para que esse mister seja cumprido a contento, impõe-se que o membro do Ministério Público se conscientize de suas relevantes funções e, tanto quanto possível, procure emitir pareceres detalhados e específicos para os casos concretos.

ATRIBUTOS DA ESCRITA NA ATIVIDADE DE AUDITORIA FISCAL – ALGUMAS NOÇÕES

Fábio Zambitte Ibrahim

• Auditor-Fiscal da Receita Federal do Brasil, Professor da FGV/Rio, doutor em Direito Público - UERJ, Mestre em Direito Previdenciário - PUC/SP.

1. INTRODUÇÃO

A atividade fiscalizatória demanda algumas aptidões mínimas em matéria redacional, e por isso a relevância de algumas observações básicas sobre este ofício. Em razão de uma ação fiscal, alguns documentos podem ser elaborados, como o *auto de infração*, que é emitido com mais frequência.

Além desse, há a necessidade de relatórios fiscais, representações fiscais e mesmo despachos em processos administrativos, todos demandando algum conhecimento e preparação específica para sua produção adequada.

O presente texto, sem qualquer pretensão de aprofundamento ou inovação, tem, meramente, o objetivo de apresentar alguns consensos sobre a atividade fiscal, de fundamental importância para o desenvolvimento adequado do trabalho.

2. REQUISITO ELEMENTAR – OBJETIVIDADE

Para a expedição adequada de tais atos fiscais, além da necessária utilização do vernáculo e obediências às regras gramaticais, um componente elementar é a *objetividade* do texto. Tal requisito vale para qualquer documento exarado por um auditor-fiscal - desde um simples despacho em processo de restituição até um intrincado relatório referente a autuações de valores vultosos.

Como a atividade fiscalizatória é vinculada à lei, a descrição objetiva dos fatos identificados deve ser demonstrada de modo suficiente a ponto de justificar a subsunção da norma legal, propiciando o surgimento da obrigação tributária e, adicionalmente, expondo alguns elementos caracterizadores de sanções pecuniárias, como a fraude ou sonegação.

É certo que a atividade fiscal, apesar de vinculada, sempre propiciará alguma margem de discricionariedade do Fisco, especialmente em situações de lacuna ou ambiguidade legal, o que não é incomum no complexo ordenamento tributário existente.

Em tais situações, é fundamental que o agente fiscal tenha uma descrição ainda mais detalhada dos fatos observados, de modo a expor, com a maior clareza possível, a veracidade dos fatos e garantir a manutenção do crédito constituído.

Observe que a descrição minuciosa dos fatos não propicia, de modo algum, um juízo de valor pelo agente fiscal, o qual, dentro das diretrizes fixadas por seus superiores, autuará determinado sujeito passivo em razão de tal situação fática, na interpretação do Fisco, subsumir-se ao estabelecido em lei.

Não é incomum que relatórios fiscais venham entulhados de citações doutrinárias e mesmo referências metafísicas, como se produzissem uma peça processual visando a persuadir um julgador frente às pretensões da parte. No entanto, o lançamento fiscal, com a fundamentação em relatório que a explicita, nada mais faz do que descrever, objetivamente, fatos concretos, comprovadamente existentes, e afirmar que tais são enquadrados na legislação vigente.

A discussão jurídica somente se justifica quando surge lide, ou seja, quando o sujeito passivo insurge-se frente à autuação, expondo suas razões no sentido da nulidade do lançamento de ofício. Isso, no entanto, é uma etapa posterior, que pode nem ser tratada em âmbito administrativo e, certamente, fora do escopo de competência do agente fiscal notificante.

O ingresso em debates doutrinários, já na fase de lançamento, além de obscurecer os fatos concretos efetivamente justificadores do crédito, ainda permite uma anulação mais fácil do lançamento, pois, ao desenvolver alguma lógica doutrinária incorreta, poderá o notificado alegar que, em consequência, o crédito é nulo, pois o fundamento jurídico que norteou sua constituição é insubsistente.

Enfim, relatórios fiscais não são documentos propícios para desenvolvimentos doutrinários, teses inovadoras ou mesmo argumentos de qualquer ordem, mas meros procedimentos eminentemente inquisitoriais, com a previsão do embasamento legal e descrição dos fatos que, no entender da fiscalização, subsumem-se ao previsto em lei. É o suficiente para justificar a cobrança e, ao mesmo tempo, assegurar o direito de defesa do sujeito passivo, que deverá, necessariamente, apontar que tais fatos não existiram ou mesmo que eles não se subsumem ao previsto em lei.

Abstrações doutrinárias no relatório somente funcionam como abertura para novas formas de defesa, enfraquecendo a notificação e colocando em risco a sustentabilidade do crédito tributário. Objetividade é não só necessária, mas suficiente.

3. AÇÕES MAIS COMUNS

3.1. Auto de infração

Auto de infração é o documento emitido exclusivamente por auditor-fiscal no exercício de suas funções, quando efetua lançamento de ofício de contribuição não recolhida na época própria. Assim, constatada a falta de recolhimento de qualquer contribuição ou outra importância devida, a fiscalização lavrará o auto com discriminação clara e precisa dos fatos geradores, das contribuições devidas e dos períodos a que se referem.

No auto de infração, o agente fiscal descreve os fatos observados e os dispositivos legais que, no juízo da Administração, produzem os efeitos tributários desejados.

É a ação mais comum e conhecida em um procedimento fiscal externo, demandando precisão, concisão e objetividade, de modo a fundamentar a autuação e, ao mesmo tempo, deixar claros ao sujeito passivo os fundamentos legais que nortearam a constituição do crédito.

O auto de infração, como lançamento de ofício que é, deverá, além da objetividade do enquadramento legal, fixar com clareza o montante do crédito tributário, apresentando base de cálculo e alíquotas aplicáveis, além de expor, com clareza, a quantificação dos acréscimos legais porventura cobrados, permitindo, sem grandes dificuldades, a compreensão do valor fixado.

Em conjunto com o auto de infração, pode o agente elaborar a representação fiscal para fins penais, quando, *a priori*, a conduta do sujeito passivo possa ser passível de enquadramento em algum tipo penal.

Naturalmente, em tal documento, não cabe ao auditor-fiscal afirmar que houve crime, mas que há elementos caracterizadores de sua materialidade e indícios de autoria, cabendo ao Judiciário, com ação impetrada pelo Ministério Público, avaliar a ilicitude da conduta.

3.2. Termo de início de ação fiscal – TIAF

O TIAF, emitido privativamente pelo auditor-fiscal, tem dupla finalidade: cientificar o sujeito passivo de que ele se encontra sob ação fiscal e intimá-lo a apresentar, em dia e em local nele determinados, os documentos necessários à verificação do regular cumprimento das obrigações previdenciárias principais e acessórias, os quais deverão ser deixados à disposição da fiscalização até o término do procedimento fiscal.

A data e hora do TIAF são fundamentais, pois este documento, ao dar início ao procedimento fiscal, implica a perda da espontaneidade do sujeito passivo, que tem grande relevância para fins de multas e mesmo efeitos penais (arts. 168-A e 337-A, ambos do CP). Após a notificação, o sujeito passivo deverá apresentar a documentação e as informações no prazo fixado pelo auditor-fiscal, sob pena de auto de infração.

3.3. Termo de intimação para apresentação de documentos – TIAD

O Termo de Intimação para Apresentação de Documentos tem por finalidade intimar o sujeito passivo a apresentar documentos e informações no decorrer do procedimento fiscal, e normalmente é apresentado junto com o TIAF, embora nada impeça sua emissão *a posteriori*, quando novos documentos se façam necessários.

Normalmente, pode-se dizer que o TIAD já é incluído no TIAF, pois, na maioria das vezes, a apresentação de documentos é demandada com o início do procedimento fiscalizatório. Deverá constar do TIAD, se for o caso, a intimação para que o sujeito passivo libere ao auditor-fiscal documentos com vistas à extração de cópias reprográficas ou, se o sujeito passivo preferir, forneça as cópias necessárias à instrução do processo a ser instaurado.

3.4. Termo de encerramento de auditoria fiscal – TEAF

O TEAF é emitido pelo auditor-fiscal, quando do término da ação fiscal, e destina-se a cientificar o sujeito passivo da conclusão da mesma. Deverá constar do TEAF a expressa referência aos elementos examinados e aos créditos lançados, que são objeto de auto de infração.

Tanto o TIAF como o TIAD e o TEAF serão emitidos em caracteres legíveis, sem emendas ou rasuras, em duas vias, normalmente por meio eletrônico, sendo uma via destinada à RFB e outra ao sujeito passivo, e deles será dada ciência ao representante legal, ao mandatário ou ao preposto do sujeito passivo.

4. CONCLUSÃO

Como já exposto, a intenção deste curto texto foi apresentar os principais documentos elaborados na atividade fiscal, expondo algumas particularidades e ressaltando a maior qualidade dos textos fiscais, que é a objetividade.

Qualquer profissional ou candidato que tenha tal premissa em mente poderá elaborar textos de qualidade e mesmo obter vantagem em processos seletivos, os quais, mesmo junto ao Fisco, já começam a demandar dos candidatos conhecimentos particulares de redação, por meio de provas discursivas.

PARTE II

Unidade I

Gramática

Capítulo 1

ACENTUAÇÃO GRÁFICA

Quanto ao acento tônico, as palavras da língua portuguesa podem ser:

1. oxítonas: quando o acento se encontra na última sílaba.
   Ex.: ilu**são**, vence**dor**, ca**fé**, cha**péu**, estu**dar.**

2. paroxítonas: quando o acento se acha na penúltima sílaba.
   Ex.: ami**za**de, jus**ti**ça, gran**de**za, do**çu**ra, verda**dei**ro.

3. proparoxítonas: quando o acento recai na antepenúltima sílaba.
   Ex.: **ár**vore, te**lé**grafo, emble**má**tico, **lú**cido, **prós**pero.

✓ Obs.: Muitas palavras recebem um acento gráfico, que pode ser agudo (´) ou circunflexo (^). Vejamos, a partir de agora, as situações em que isso ocorre.

I) REGRAS GERAIS DE ACENTUAÇÃO

1. Oxítonas

Acentuam-se aquelas terminadas em A, E, O, EM, ENS.
Ex.: sabi**á**, Andr**é**, jud**ô**, al**ém**, parab**éns**.

2. Paroxítonas

Acentuam-se as que terminam em L, N, R, X, I, US, UM, UNS, OM, ONS, Ã, PS, DITONGO.
Ex.: amáve**l**, póle**n**, caráte**r**, ôni**x**, júr**i**, bôn**us**, fór**um**, médi**uns**, rád**om**, nêutr**ons**, ím**ã**, bíce**ps**, infânc**ia**.

3. Proparoxítonas

Todas são acentuadas, independentemente da terminação.
Ex.: álibi, pântano, espírito, gênero, pássaro.

4. Monossílabos tônicos

São acentuados aqueles que terminam em A, E, O.
Ex.: pá, ré, só.

OBSERVAÇÕES

1ª) A letra S, quando se liga a uma vogal, não altera a acentuação da palavra.
Ex.: jacaré – jacarés, lírio – lírios, parágrafo – parágrafos.

2ª) Atualmente, só existem paroxítonas terminadas em U seguidas de S. Palavras como **tribu** e **meinacu** são grafadas, hoje, com O: tribo, meinaco.

3ª) Nas formas verbais com o pronome **lo** (transformação do pronome **o**) enclítico ou mesoclítico, aplica-se a regra de acentuação para a forma ou formas verbais.
Ex.:encontrar + o = encontrá-lo. (**encontrá** é oxítona terminada em **a**)
esqueceríamos + o = esquecê-lo-íamos. (**esquecê** é oxítona terminada em **e**; **íamos** é proparoxítona)
Pode ser que não haja acento gráfico, como em **pedi-lo-ei**. Note que **pedi** e **ei** não se encaixam em nenhuma regra de acentuação.

II) CASOS ESPECIAIS

Situações em que o acento não depende do tipo da palavra.

1. Acentuam-se os ditongos abertos ÉI, ÉU e ÓI, desde que na sílaba tônica e em palavras oxítonas ou monossílabos tônicos. No caso de ÉI, sempre seguido de **s**.
Ex.: an**éi**s, fogar**éu**, her**ói**, **céu**, d**ói**.

OBSERVAÇÕES

1ª) Ficam sem acento os ditongos ÉI e ÓI, quando em palavras paroxítonas. ÉU não aparece nesse tipo de palavra.
Ex.: ideia, assembleia, joia, boia

2ª) Igualmente não se acentuam se forem fechados.
Ex.: veia, Romeu, boi

2. Acentuam-se as letras I e U, tônicas e constituindo hiato com a vogal anterior,
desde que sozinhas na sílaba ou acompanhadas de S.
Ex.: saída, saúde, caímos, caíste, balaústre.

Não levam acento quando:

a) fazem sílaba com outra letra, que não S, e quando seguidas de NH.
Ex.: caindo, raiz, paul, moinho, tainha.

b) estão repetidas.

Ex.: xiita, urucuuba.

c) quando precedidas de ditongo, a menos que estejam no final da palavra.

Ex.: cauila, feiura; Piauí.

3. Verbos **ter** e **vir** e derivados, na terceira pessoa do plural do presente do indicativo. O acento é circunflexo.

Ex.: eles têm, eles vêm, eles detêm, eles convêm.

4. Acento diferencial

a) Obrigatório

• Na forma verbal **pôr**, para distinguir da preposição **por**. É acento diferencial de intensidade ou tonicidade.

Ex.: Vamos pôr o livro na estante.
Irei por um caminho melhor.

• Na forma verbal **pôde** (pretérito perfeito de poder), para distinguir de **pode** (presente do indicativo). É acento diferencial de timbre.

Ex.: Carlos não pôde fazer nada. (ação realizada)
Carlos não pode fazer nada. (ação em curso)

b) Facultativo

• No substantivo **fôrma**, para diferençá-lo de **forma**. É acento diferencial de timbre.

Ex.: Pusemos a massa na **fôrma**. (ou forma)
Existe outra **forma** de agir.

• Na forma verbal **dêmos** (presente do subjuntivo), para distinguir de **demos** (pretérito perfeito). Não é usado no português do Brasil.

• Na primeira pessoa do plural do pretérito perfeito dos verbos da primeira conjugação (cantámos, louvámos, andámos), para distinguir da forma correspondente do presente do indicativo (cantamos, louvamos, andamos). Não é usado no português do Brasil.

5. Trema

Usa-se trema apenas em palavras derivadas de nomes próprios estrangeiros. Raríssimas, pode-se dizer.

Ex.: mülleriano. (de Müller)

Dessa forma, não levam trema palavras como linguiça, sequência, sequela, tranquilo, equino, quinquênio, sequestro, cinquenta etc.

Palavras que podem enganar

São oxítonas:

con**dor**	re**cém**
mis**ter**	re**fém**
no**vel**	ru**im**
No**bel**	ure**ter**

São paroxítonas:

ava**ro** → a**va**ro	gra**tui**to
azi**a**go	i**be**ro
barba**ri**a	**lá**tex
ba**ta**vo	maquina**ri**a
celti**be**ro	misan**tro**po
de**ca**no	necrop**si**a
dúplex	pu**di**co
filan**tro**po	quiroman**ci**a
for**tui**to	

São proparoxítonas:

ágape	**é**olo
al**cí**one	**ím**probo
álibi	**ín**terim
an**tí**frase	**lê**vedo
are**ó**pago	mo**nó**lito
a**rí**ete	**ô**mega
ar**qué**tipo	**ô**micron
bávaro	**pé**riplo
bímano	pro**tó**tipo
bi**ó**tipo	qua**drú**mano
coti**lé**done	**zê**nite
cri**sân**temo	

Têm dupla prosódia:

acro**ba**ta ou a**cró**bata	pro**jé**til ou proje**til**
ani**dri**do ou a**ní**drido	**rép**til ou rep**til**
hie**ró**glifo ou hiero**gli**fo	**só**ror ou so**ror**
Ocea**ni**a ou Oce**â**nia	**xé**rox ou xe**rox**
orto**é**pia ou ortoe**pi**a	zan**gão** ou **zân**gão

✓ Obs.: **Flui**do (o gás) – fluído (particípio de fluir); maquina**ri**a e maqui**ná**rio (variantes); barba**ri**a e bar**bá**rie (variantes).

EXERCÍCIOS

1) Aponte o erro de acentuação gráfica.

a) xará b) você c) gurí

2) Há erro de acentuação em:

a) após b) atraves c) ninguém

3) Está errada a acentuação da palavra:

a) medo b) tunel c) possível

4) Só não há erro de acentuação em:

a) proton b) taxi c) surpresa

5) Assinale a palavra com erro de acentuação.

a) movel b) órgão c) rápido

6) Assinale a forma verbal com erro de acentuação.

a) mostrá-lo-ei b) escreve-la-ás c) apresentá-los

7) Não há erro de acentuação em:

a) ré b) otimo c) orfã

8) Assinale o erro de acentuação.

a) joia b) juíz c) ceia

9) Marque o erro de acentuação.

a) plateia b) ruído c) caírdes

10) Está errada a palavra:

a) perdoo b) reveem c) Lisbôa

11) Está correta a palavra:

a) inocência b) eter c) cajú

12) Aponte a palavra de acento facultativo:

a) eloquência b) fôrma c) pôr (verbo)

13) Está errada quanto à acentuação a palavra:

a) boiúna b) três c) arquétipo

14) Assinale a alternativa em que a sílaba tônica de uma palavra foi indevidamente destacada. Os acentos foram retirados para efeito de teste.

a) **o**mega, **du**plex, ru**im**

b) gra**tui**to, ure**ter**, **in**terim

c) a**rie**te, **con**dor, **ze**nite

15) Não há erro de acentuação na frase:

a) Comprávamos jilo naquele mercado.

b) O jóvem perdeu o boné no colégio.

c) Nélson pediu água na casa de José.

Capítulo 2

CONCORDÂNCIA NOMINAL

Concordância existente entre o substantivo e seus acompanhantes.

I) REGRA GERAL

O substantivo concorda em número e gênero com as palavras que o determinam na frase.

Ex.: o livro, bom livro, primeiro livro, algum livro.
a revista, boas revistas, primeira revista, algumas revistas.

As palavras que se ligam ao substantivo são o artigo (definido ou indefinido), o adjetivo, o numeral e o pronome adjetivo. Veja no Apêndice o capítulo referente às classes gramaticais.

II) CASOS PARTICULARES

1. Quando um adjetivo qualifica dois ou mais substantivos, temos:

a) Se os substantivos são de mesmo gênero, o adjetivo vai ao plural nesse gênero (concordância gramatical), ou concorda com o substantivo mais próximo (concordância atrativa).

Ex.: cachorro e gato mansos. (concordância gramatical)
cachorro e gato manso. (concordância atrativa)

b) Se os substantivos são de gêneros diferentes, o adjetivo vai ao masculino plural (concordância gramatical), ou concorda com o mais próximo (concordância atrativa).

Ex.: carro e lancha novos. (concordância gramatical)
carro e lancha nova. (concordância atrativa)

Veja exemplos de todas as construções possíveis.

mulher e homem altos
mulher e homem alto
mulheres e homem altos
mulheres e homem alto
mulher e homens altos
mulheres e homens altos
homem e mulher altos
homem e mulher alta
homens e mulher altos
homens e mulher alta
homem e mulheres altos
homem e mulheres altas
homens e mulheres altos
homens e mulheres altas

OBSERVAÇÕES

1ª) Há casos em que o sentido impede a concordância gramatical.

Ex.: vidro e banana gostosa

Dizer "gostosos" é classificar também o vidro, que, evidentemente, não se come.

2ª) Quando o adjetivo vem antes dos substantivos, temos:

a) Deve ser feita a concordância atrativa.

Ex.: falso contrato e certidão (e não falsos)
falsa certidão e contrato (e não falsos)

b) Deve ser feita a concordância gramatical, quando se trata de nomes de pessoas ou de parentesco.

Ex.: Encontrei os incansáveis Manuel e Antônio.
Conheci as delicadas mãe e filha.

c) Se houver um artigo ou pronome entre o adjetivo e o substantivo, as duas concordâncias serão possíveis.

Ex.: Considero falsos o contato e a certidão.
Considero falso o contrato e a certidão.
Considero falsos a certidão e o contrato.
Considero falsa a certidão e o contrato.

2. MENOS e ALERTA são palavras invariáveis.

Ex.: Tive menos dificuldades. (e não menas)
Os vigias permaneciam alerta. (e não alertas)

✓ Obs.: Só use **alerta** no plural se estiver substantivado.
Ex.: Recebi os alertas com preocupação.

3. BASTANTE pode ser variável ou invariável.

Ex.: Houve bastantes problemas. (muitos problemas)
Eles falam bastante. (falam muito)
Eles são bastante esforçados. (muito esforçados)

No primeiro exemplo, **bastante** é pronome adjetivo indefinido, devendo então concordar com o substantivo. Nos dois últimos, é advérbio de intensidade, pois se refere ao verbo (falam) e ao adjetivo (esforçados), não podendo ir ao plural.

✓ Obs.: Se estiver após o substantivo, será adjetivo, concordando obrigatoriamente com ele.
Ex.: Houve problemas bastantes. (suficientes)

4. POSSÍVEL concorda com o artigo que antecede a palavra **mais**, em construções especiais do português.

Ex.: Massas o mais saborosas possível.
Massas as mais saborosas possíveis.

✓ Obs.: Com o advérbio **quanto**, fica no singular.
Ex.: Massas quanto possível saborosas.

5. NENHUM é pronome indefinido, concordando normalmente com o substantivo.

Ex.: Nenhuns problemas o afastariam do projeto.

6. ANEXO, OBRIGADO, QUITE e LESO são adjetivos; portanto, flexionam-se normalmente.

Ex.: A cópia está anexa. Anexos ao processo, enviamos dois documentos.
– Obrigado, disse o rapaz. – Obrigada, disse a moça. – Obrigados por tudo.
Estou quite com a secretaria. Estamos quites com a secretaria.
É um crime de leso-patriotismo. É um crime de lesa-pátria.

✓ Obs.: **Em anexo** é invariável.
Ex.: Em anexo remeto duas fotografias.

7. Em construções do tipo É PROIBIDO, É NECESSÁRIO, o adjetivo só vai ao feminino se o substantivo estiver determinado por artigo ou pronome demonstrativo.

Ex.: É proibida a entrada de estranhos.
É proibido entrada de estranhos.
É necessária essa documentação.

Assim, ficam erradas frases como “É proibido a entrada”, “É proibida entrada” e “É necessário essa apresentação”.

✓ Obs.: Às vezes a ordem é direta.
Ex.: Ginástica é bom.
A ginástica é boa.

8. MESMO e PRÓPRIO concordam com a palavra a que se referem na frase.

Ex.: Ela mesma conferiu a conta. Ela conferiu a mesma conta. Ela conferiu mesmo a conta.
Eles próprios fizeram a comida. Eles fizeram a própria comida.

9. UM E OUTRO, NEM UM NEM OUTRO e UM OU OUTRO pedem substantivo no singular e adjetivo no plural.

Ex.: Um e outro menino levados correram no quintal.

10. SÓ pode ser variável ou invariável. Vai ao plural quando significa "sozinhos"; permanece no singular com o sentido de "somente".

Ex.: As mulheres estavam sós. (sozinhas)
Só as mulheres compareceram. (somente)

✓ Obs.: A expressão A SÓS é invariável.
Ex.: O funcionário estava a sós.
Os funcionários estavam a sós.

11. Substantivo usado em lugar de adjetivo é invariável.

Ex.: Tinha uma atividade monstro. (monstruosa)
Eram funcionários laranja.

12. HAJA VISTA é, de preferência, invariável.

Ex.: Haja vista os convites, vou comparecer.

✓ Obs.: Admitem-se, também, a flexão de **haja** e o emprego da preposição **a**.
Ex.: Hajam vista os convites, vou comparecer.
Haja vista aos convites, vou comparecer.

13. TAL QUAL é variável em frases com o verbo **ser**.

Ex.: O jovem era tal qual o tio.
Os jovens eram tais qual o tio.
O jovem era tal quais os tios.
Os jovens eram tais quais os tios.

Como se vê pelos exemplos, **tal** concorda com o primeiro membro da comparação; **qual**, com o segundo.

14. MEIO pode ser variável ou invariável.

Ex.: Pediu meia porção.
Carla parecia meio distraída.

No primeiro caso, **meia** é numeral e está concordando com **porção**. No segundo, é advérbio, pois se liga a um adjetivo.

✓ Obs.: Há gramáticos que admitem a flexão do advérbio **meio**. Pode-se dizer que é uma situação polêmica, discutível. Em uma redação, contudo, é mais aconselhável usá-lo como invariável.
Ex.: A moça estava meio abatida. (preferível)
A moça estava meia abatida.

15. TODO, quando acompanha adjetivo, é advérbio, equivalendo a "totalmente". Pode, nesse caso, concordar com o adjetivo ou, situação mais rara, manter-se invariável.

Ex.: A menina regressou toda machucada.
A menina regressou todo machucada.

✓ Obs.: **Todo** é invariável na palavra **todo-poderoso**.
Ex.: o todo-poderoso, a todo-poderosa, os todo-poderosos, as todo-poderosas

16. A expressão A OLHOS VISTOS é usada, na atualidade, sem flexão. Admite, no entanto, a variação de **vistos**.

Ex.: A enferma emagrecia a olhos vistos. (preferível)
A enferma emagrecia a olhos vista.
O enfermo emagrecia a olhos visto.

17. Plural das cores

a) Adjetivo se flexiona; substantivo, não.
Ex.: camisas azuis, faixas amarelas, muros verdes
camisas rosa, faixas laranja, muros vinho

b) No nome composto formado por dois adjetivos, só o último se flexiona.
Ex.: camisas azul-escuras, faixas verde-amarelas, muros verde-claros
Exceções: azul-marinho e azul-celeste, que são invariáveis.
Ex.: calças azul-marinho, ternos azul-celeste

c) No nome composto formado por um adjetivo e um substantivo, ou vice-versa, os dois elementos não variam.
Ex.: camisas azul-piscina, faixas amarelo-ouro, muros verde-abacate, calças cinza-claro
Piscina, **ouro**, **abacate** e **cinza** são substantivos.

OBSERVAÇÕES

1ª) **Castanho** é adjetivo, embora exista o substantivo **castanha**.
Ex.: tranças castanhas, cabelos castanho-claros

2ª) **Gaio** é substantivo (nome de um pássaro europeu). O composto é, pois, invariável.
Ex.: pijamas verde-gaio

3ª) Embora adjetivo, **marinho** é invariável. É o mesmo que **azul-marinho**, que, como vivos, não se flexiona.
Ex.: tecidos marinho

18. Com numerais ordinais em referência a apenas um substantivo, temos o seguinte:

a) Se não houver artigo antes dos numerais, o substantivo irá obrigatoriamente ao plural.
Ex.: terceiro, quarto e quinto candidatos

b) Havendo artigo antes dos numerais, o substantivo ficará no singular ou no plural, indiferentemente.

Ex.: o terceiro, o quarto e o quinto candidato
o terceiro, o quarto e o quinto candidatos

c) Também é correto colocar o substantivo logo depois do primeiro numeral; então, os numerais seguintes deverão estar acompanhados pelo artigo.

Ex.: o terceiro candidato, o quarto e o quinto

19. Com CARO e BARATO ocorre o seguinte:

a) São adjetivos, portanto variáveis, quando unidos a substantivos ou usados com verbos de ligação.

Ex.: Ele tem joias caras. (ou baratas)
Os imóveis continuam caros. (ou baratos)

b) São advérbios, portanto invariáveis, quando usados com verbos que não sejam de ligação.

Ex.: Os sapatos custam caro.
Vendi barato os meus armários.

✓ Obs.: Admite-se, também, o emprego dos adjetivos. Dê preferência, no entanto, em sua redação, ao emprego dos advérbios, como visto acima.

Ex.: Os sapatos custam caros.
Vendi baratos os meus armários.

EXERCÍCIOS

16) Assinale a alternativa com erro de concordância nominal.

a) Trouxemos tênis e chuteiras novos.

b) Aluguei canoa e lancha descascada.

c) Pedi novos livro e revista.

17) Há erro de concordância nominal em:

a) Recebi bastantes avisos.

b) Eles são bastantes tímidos.

c) Há bastantes papéis sobre a mesa.

18) Marque o erro de concordância nominal.

a) Eles têm menos habilidades, mas sempre estão alerta.

b) A mulher mesma deu o recado.

c) Um e outro estudantes não compareceram.

19) Há erro no emprego de ANEXO em:
a) Anexo seguiram os relatórios.
b) Os relatórios seguiram anexos.
c) Os relatórios seguiram em anexo.

20) Só está correta a concordância nominal em:
a) – Obrigado, falou a professora.
b) Ocorreu ali um crime de leso-cristianismo.
c) O rapaz estava quites com a faculdade.

21) Só está correta a concordância nominal em:
a) Será necessário a compreensão da família.
b) Música é sempre muito bom.
c) Era proibida utilização de aparelhos sonoros.

22) Há erro no emprego de POSSÍVEL na alternativa:
a) Verdades as mais chocantes possíveis.
b) Pinturas o mais bonitas possível.
c) Comidas quanto possíveis saborosas.

23) Há erro de concordância nominal na seguinte opção:
a) As mulheres ficaram só.
b) Eles são tais qual o pai.
c) Elas próprias disseram isso.

24) Não há erro de concordância nominal em:
a) Bastantes pessoas esperavam a comitiva.
b) Preocupadas, regressaram logo a médica, a professora e o jornalista.
c) Nem um nem outro participante estrangeiro entendeu a explicação.

25) Assinale C (certo) ou E (errado) para a concordância nominal e anote a alternativa adequada.
( ) O gerente quis ficar a sós.
( ) Não será permitido interrupção.
( ) Haja visto o ocorrido, tomei algumas decisões.
a) E, C, E
b) C, E, C
c) C, C, E

26) Marque o erro de concordância nominal.
a) A camisa estava toda manchada.
b) A toda-poderosa quer falar com você.
c) Lúcia estava meio tonta.

27) Só há erro de concordância nominal em:

a) bolsa e calçado elegante.

b) alegres Roberto e Maurício.

c) camisa e gravata importados.

28) Assinale o erro no emprego do nome designativo de cor.

a) Ela tem belos olhos verde-mar.

b) Encomendei dois paletós gelo.

c) Não gosto de calças marrom.

29) Assinale o erro de concordância nominal.

a) Não admitirei meias palavras.

b) Só, vocês serão derrotados.

c) Só vocês serão derrotados.

30) Assinale C (para certo) e E (para errado) para a concordância nominal e marque a opção adequada.

( ) Prefiro o primeiro e o segundo capítulos.

( ) Aqueles eram aparelhos caro.

( ) A jovem melhorava a olhos vistos.

a) C, E, C

b) E, E, C

c) E, C, E

Capítulo 3

CONCORDÂNCIA VERBAL

É a concordância entre o verbo e seu sujeito ou predicativo.

I) REGRA GERAL

O verbo concorda com o sujeito em número e pessoa.

Ex.: Reinaldo pediu o cardápio. Tu precisas de ajuda. As crianças brincavam no pátio do colégio.

II) CASOS PARTICULARES

1. Quando o sujeito é composto, o verbo vai ao plural.

Ex.: Alberto e Ricardo conversaram sobre o problema.

OBSERVAÇÕES

1ª) Se os núcleos do sujeito forem sinônimos, o verbo ficará no singular.

Ex.: A paz e a tranquilidade da mata envolve nossa alma.

Há, no entanto, autores que admitem o plural. Preferência, numa redação, para o singular.

2ª) Se o sujeito estiver depois do verbo, este pode concordar com o núcleo mais próximo. É a concordância atrativa.

Ex.: Disseram a verdade Pedro e Juvenal. (concordância gramatical)

Disse a verdade Pedro e Juvenal. (concordância atrativa)

2. Concordância do verbo HAVER

a) Concorda normalmente com seu sujeito.

Ex.: Eles se houveram bem na prova. (saíram)

Os homens houveram do governo uma solução. (obtiveram)

Os estudantes haviam lido o livro. (tinham)

b) Com o sentido de "existir" ou indicando tempo, não admite plural, pois é verbo impessoal.

Ex.: Houve diversos problemas. (existiram)
Há meses que não nos vemos.

✓ Obs.: Se estiver em uma locução verbal, o verbo auxiliar também ficará no singular.
Ex.: Pode haver muitas perguntas. (podem existir)

3. Concordância do verbo EXISTIR

Tem sujeito, concordando normalmente com ele. É o **haver** que não admite plural.

Ex.: Existem obstáculos.
Existe um grande equívoco.
Existe um erro e um acerto. (concordância atrativa)
Existem um erro e um acerto. (concordância gramatical)

4. Concordância do verbo FAZER

a) Concorda normalmente com seu sujeito.

Ex.: Ele fez o trabalho. Eles fizeram o trabalho.

b) Quando indica tempo decorrido ou meteorológico, é impessoal, sendo usado apenas no singular.

Ex.: Faz dias que não escrevo.
Na segunda-feira fez 40 graus.

✓ Obs.: Se for o verbo principal de uma locução, seu auxiliar ficará no singular.
Ex.: Deve fazer anos que não vou a Porto Alegre.

5. Palavra SE

a) Usada com verbo transitivo direto e significando "alguém", é partícula apassivadora (ou pronome apassivador). Nesse caso, o verbo concorda com o termo que, aparentemente, seria o objeto direto; na realidade, trata-se de seu sujeito.

Ex.: Cortou-se a <u>melancia</u>. Cortaram-se as <u>melancias</u>.
sujeito sujeito

Note que se poderia dizer "a melancia foi cortada" e "as melancias foram cortadas".

b) Usada com verbo que não seja transitivo direto e significando "alguém", é índice (ou símbolo) de indeterminação do sujeito. Nesse caso, o sujeito da oração é indeterminado, e o verbo fica na terceira pessoa do singular.

Ex.: Gosta-se de melancias.
Vive-se bem naquele bairro.

✓ Obs.: Também ficará no singular o verbo transitivo direto com objeto direto preposicionado.
Ex.: Comeu-se dos bolos.

Veja que o verbo **comer** é transitivo direto (comer alguma coisa). A preposição não é obrigatória.

6. Os verbos DAR, BATER, SOAR e TOCAR, quando marcam horas, concordam com o numeral.

Ex.: Deu uma hora. Deram dez horas.
sujeito sujeito

Com o sujeito **relógio** (ou **sino**), o verbo concorda normalmente com ele.

Ex.: O relógio bateu quatro horas.
O sino da capela deu cinco horas.

7. Concordância de QUE e QUEM

a) **Que** leva o verbo a concordar com o substantivo ou pronome que o antecede.

Ex.: Fomos nós que explicamos.
Foste tu que reclamaste.

b) **Quem** leva o verbo à terceira pessoa do singular, mas também se admite a concordância com o antecedente.

Ex.: Fomos nós quem explicou. Fomos nós quem explicamos.
Foste tu quem reclamou. Foste tu quem reclamaste.

8. Sujeito formado por pessoas gramaticais diferentes (eu, tu, ele) leva o verbo ao plural, na pessoa que predomina.

Ex.: Eu, tu e ele fizemos um belo trabalho. (equivale a **nós**, primeira do plural)
Tu e ele fizestes um belo trabalho. (equivale a **vós**, segunda do plural)

✓ Obs.: No segundo exemplo, também é correto o emprego da terceira pessoa do plural: Tu e ele fizeram um belo trabalho.

9. Concordância do verbo PARECER

a) Concorda normalmente com seu sujeito.

Ex.: A criança parece feliz. As crianças parecem felizes.

b) Seguido de infinitivo, pode formar locução verbal, quando então admite singular ou plural, ou constituir duas orações distintas, quando permanece no singular, flexionando-se o infinitivo.

Ex.: Pareciam dançar as nuvens. (locução verbal)
sujeito

Parecia dançarem as nuvens. (duas orações)

✓ Obs.: No segundo caso, o sujeito de **parecia** é a oração seguinte, "dançarem as nuvens". **Dançarem** está no plural pois seu sujeito é **as nuvens**. Poder-se-ia dizer "Parecia que as nuvens dançavam".

10. Nomes próprios usados com artigo plural levam o verbo ao plural, mesmo que eles indiquem uma unidade (livro, cidade, país etc.).

Ex.: Os Miseráveis pertencem à literatura mundial.
Os Andes ficam na América.

OBSERVAÇÕES

1ª) Com **o livro** (e semelhantes) na função de sujeito, o verbo fica no singular.

Ex.: O livro Os Miseráveis pertence à literatura mundial.

Embora haja registros da concordância no singular mesmo sem a palavra **livro**, ela não é aconselhável, devendo ser evitada.

2ª) Em frases com o verbo **ser**, havendo a palavra **livro** (e semelhantes), o verbo concordará ou com o sujeito ou com o predicativo.

Ex.: Os Miseráveis são um grande livro.
Os Miseráveis é um grande livro.

11. A expressão UM DOS QUE pede verbo no singular ou no plural.

Ex.: Alfredo é um dos que mais colabora.
Alfredo é um dos que mais colaboram.

12. A expressão UM E OUTRO leva o verbo ao singular ou ao plural.

Ex.: Um e outro agricultor plantava milho.
Um e outro agricultor plantavam milho.

13. A expressão UM OU OUTRO exige verbo no singular.

Ex.: Um ou outro marinheiro viajará.

14. A expressão NEM UM NEM OUTRO pede verbo no singular.

Ex.: Nem um nem outro jornalista dará essa notícia.

✓ Obs.: Há gramáticos que admitem o plural. É uma situação discutível, polêmica. Dê preferência, por isso mesmo, ao singular.

15. Concordância de expressões do tipo A MAIORIA DE, GRANDE PARTE DE, A MAIOR PARTE DE e semelhantes

a) Quando seguidas de palavra no plural, levam o verbo ao singular ou ao plural.

Ex.: A maioria dos turistas aprovou a ideia.
A maioria dos turistas aprovaram a ideia.

b) Quando não são seguidas por palavra no plural, o verbo fica no singular.

Ex.: A maioria do grupo aprovou a ideia.
A maioria aprovou a ideia.

16. Quando o sujeito é formado por pronome interrogativo ou indefinido mais pronome pessoal, temos o seguinte:

a) Se o primeiro pronome é singular, o verbo concorda com ele.

Ex.: Qual de nós trabalhará ali?
Algum de vós necessita de orientação.

b) Se o primeiro pronome é plural, as duas concordâncias são corretas.

Ex.: Quais de nós trabalharemos ali?
Quais de nós trabalharão ali?
Alguns de vós necessitais de orientação.
Alguns de vós necessitam de orientação.

17. As expressões CERCA DE, PERTO DE, MAIS DE e MENOS DE levam o verbo a concordar com o numeral.

Ex.: Cerca de trinta manifestantes fizeram barulho.
Mais de um atleta embarcou hoje.
Mais de vinte atletas embarcaram hoje.

OBSERVAÇÕES

1ª) Se houver ideia de reciprocidade, MAIS DE UM levará o verbo ao plural; o mesmo se dará se a expressão aparecer repetida.

Ex.: Mais de um vizinho compareceu.
Mais de um vizinho se ofenderam. (reciprocidade)
Mais de um colega, mais de um amigo estavam presentes.

2ª) Com o verbo **ser**, CERCA DE e PERTO DE têm concordância facultativa.

Ex.: Era cerca de dez horas quando chegamos.
Eram cerca de dez horas quando chegamos.

18. Concordância da palavra OU

a) Verbo no plural, se houver possibilidade de todos praticarem a ação.

Ex.: O gato ou o cão perseguirão aquele rato.

b) Verbo no singular, se apenas um puder praticar a ação.

Ex.: Maurício ou Regina conseguirá a vaga.

19. Se o sujeito for constituído por fração, o verbo concordará com o numerador.

Ex.: Um quinto dos vendedores trabalha bem.
Dois quintos dos vendedores trabalham bem.

20. Concordância do verbo SER

a) Quando o sujeito é formado por TUDO, NADA, ISTO, ISSO, AQUILO, O (sinônimo de **isso**), o verbo **ser** concorda com o sujeito ou com o predicativo.

Ex.: Tudo eram flores. Tudo era flores.
Aquilo seriam dificuldades. Aquilo seria dificuldades.
O que ele disse eram verdades. O que ele disse era verdades.

✓ Obs.: A oração principal é "O eram (ou era) verdades", sendo **o** o sujeito.

b) Indicando horas ou datas, concorda com o numeral.

Ex.: Já são quatro horas. Já é uma hora. Já é uma hora e quinze. Hoje são quatro de agosto.

✓ Obs.: Com a palavra **dia** expressa, concorda com ela.
Ex.: Hoje é dia quatro de agosto.

c) É invariável em expressões que indicam quantidade, preço ou distância.

Ex.: Dez litros é muito. Duzentos reais é pouco. Cem reais é o preço. Vinte quilômetros é a distância.

d) Com sujeito representado pelos pronomes interrogativos **quem** ou **que** (ou **o que**), concorda com o predicativo.

Ex.: Quem seriam os vencedores?
Que são as dificuldades do caminho?
O que são essas coisas?

e) Concorda com a pessoa ou pronome pessoal, e não com a coisa.

Ex.: Júlio era os obstáculos.
Os obstáculos era Júlio.
Ele era as alegrias da família.
As alegrias da família era ele.

EXERCÍCIOS

31) Assinale o erro de concordância verbal.

a) Haviam inúmeros erros na redação.

b) Não existirão maiores dificuldades.

c) Houve boas notas.

32) Marque o erro de concordância verbal.

a) Deve haver novas provas.

b) Devem existir rios de água límpida.

c) Costumam haver muitos elogios.

33) Só não há erro de concordância verbal em:

a) Fazem meses que estudo para o vestibular.

b) Basta apenas dois ônibus.

c) Faltou um balconista e um supervisor.

34) Assinale a frase em que o verbo também poderia estar no singular.

a) Fazem um bom trabalho aqueles funcionários.

b) Passeavam o rapaz e a moça.

c) Existiam bons motivos para sorrir.

35) Marque o erro de concordância verbal.

a) Mostrou-se o resultado dos testes.

b) Pedem-se desculpas a todos.

c) Chupou-se as mangas.

36) Está errada quanto à concordância verbal a frase:

a) Obedeceu-se às ordens do comando.

b) Aqui se costuram fantasias.

c) Aludiram-se aos problemas.

37) Assinale a única frase sem erro de concordância verbal.

a) Deve fazer sete dias que ele não toma o remédio.

b) Existe pessoas muito simpáticas nessa loja.

c) Analisar-se-á as propostas.

38) Assinale o erro de concordância verbal.

a) Sou eu quem irá.

b) Sou eu que irei.

c) Sou eu que irá.

39) Marque o erro de concordância verbal.

a) No relógio, bateram seis horas.

b) No relógio, soou seis horas.

c) O relógio deu seis horas.

40) A única frase incorreta quanto à concordância verbal é:

a) Tu e ele fizestes o possível.

b) Tu e ele fizeram o possível.

c) Tu e ele fizeste o possível.

41) Coloque C (certo) ou E (errado) para a concordância verbal e assinale a alternativa adequada.

( ) Tirou-se as manchas.

( ) Cheguei eu e minha filha.

( ) Fomos nós quem avisamos.

a) E, E, C

b) E, C, C

c) C, E, E

42) Assinale a alternativa com erro de concordância verbal.

a) Nenhum deles reclamaram.

b) Sempre existiram pessoas bondosas.

c) E se houvesse complicações?

43) Assinale a opção sem erro de concordância verbal.

a) Acontece coisas estranhas naquela casa.

b) Os Lusíadas, obra máxima de Camões, contam a história de Portugal.

c) Campinas têm ótima rede hoteleira.

44) Marque a frase cujo verbo pode ir ao plural.

a) Deve haver várias rasuras.

b) Grande parte dos visitantes estava sorrindo.

c) Um ou outro comunicará o fato.

45) Assinale a frase cujo verbo pode ir ao plural.

a) Dez reais é pouco.

b) É uma hora e quarenta minutos.

c) Encontrou-se o documento e a fotografia.

46) Coloque C (certo) e E (errado) para a concordância verbal e anote a opção correspondente.

( ) Que são algumas gotinhas, afinal?

( ) Nada ali eram rosas.

( ) Nada ali era rosas.

a) C, C, C

b) C, C, E

c) E, E, C

47) Em qual frase ocorre erro de concordância verbal?

a) Nem um nem outro resolveu falar.

b) Joana e tu sereis bem-vindos.

c) Serão bem-vindos Joana, tu e eu.

48) Assinale o erro de concordância verbal.

a) Parecem flutuar os barquinhos.

b) Parece flutuarem os barquinhos.

c) Parecem flutuarem os barquinhos.

49) Quanto à frase "Esperava-se as suas explicações", pode-se afirmar que:

a) não há erro de concordância.

b) não há erro de concordância, mas também seria correto "esperavam-se".

c) há erro de concordância.

50) Assinale a frase correta quanto à concordância verbal.

a) Já eram meio-dia.

b) Um terço dos trabalhadores agiu com correção.

c) Amanhã será quatorze de abril.

Capítulo 4

REGÊNCIA

Regência é a relação de dependência dos termos da oração. Pode ser verbal ou nominal. O termo mais importante chama-se regente; o outro, regido.

Ex.: Necessitamos de paz.

termo regente: necessitamos

termo regido: de paz

Regência verbal

I) PREDICAÇÃO VERBAL

Classificação dada aos verbos no seu relacionamento com os complementos ou adjuntos. É a base da regência e da análise sintática.

1. Verbo transitivo direto

É aquele que exige um complemento sem preposição obrigatória. A esse complemento se dá o nome de objeto direto.

Ex.: Ouvimos um ruído. Levei-o para casa.

Veja o seguinte: quem ouve ouve alguma coisa; quem leva leva alguma coisa. A coisa ouvida (um ruído) e a coisa levada (o) são objetos diretos de seus verbos.

✓ Obs.: Em alguns casos, o verbo transitivo direto vem acompanhado de complemento introduzido por preposição, preposição esta que ele não exige. É o chamado objeto direto preposicionado.

Ex.: Ele bebeu <u>a água</u>. (objeto direto)

Ele bebeu <u>da água</u>. (objeto direto preposicionado)

2. Verbo transitivo indireto

É aquele que exige um complemento introduzido por preposição obrigatória. Esse complemento se chama objeto indireto.

Ex.: Preciso de você. Ele resistiu ao ataque.

Note bem: quem precisa precisa de alguém (ou de alguma coisa); quem resiste resiste a alguém (ou a alguma coisa). Os complementos **de você** e **ao ataque**, cujas preposições são obrigatórias, são os objetos indiretos de seus verbos.

OBSERVAÇÕES

1ª) Se o complemento for um pronome átono (me, te, lhe etc.), a preposição não aparecerá.

Ex.: Obedeci ao pai.
Obedeci-lhe.

2ª) Se o complemento for palavra feminina, o artigo será **a**. Dessa forma, em vez de **ao**, aparecerá **à**, com o acento grave que caracteriza a crase.

Ex.: Ele resistiu ao ataque.
Ele resistiu à doença.

Evidentemente, isso é extremamente comum na língua portuguesa. A crase é estudada no capítulo seguinte.

3. Verbo transitivo direto e indireto

É o que exige dois complementos, um direto e um indireto.

Ex.: Solicitei um memorando ao diretor.
Solicitei-lhe um memorando.
Solicitei-o ao diretor.

4. Verbo intransitivo

É o verbo que não exige complemento, ou seja, objeto direto ou indireto. Pode vir acompanhado de adjunto adverbial (modo, tempo, lugar, causa, condição etc.).

Ex.: Meu filho saiu.
O jovem sorria.
As crianças brincavam no parque.

✓ Obs.: No último exemplo, **no parque** é adjunto adverbial de lugar, introduzido pela preposição **em**.

5. Verbo de ligação

Aquele que liga um predicativo ao sujeito; indica estado ou mudança de estado. Principais verbos de ligação: ser, estar, parecer, ficar, continuar, permanecer, andar, virar, achar-se, tornar-se.

Ex.: Noêmia é bonita.
O gerente estava preocupado.
O lugar continua sossegado.
O prédio acha-se vazio.

OBSERVAÇÕES

1ª) As palavras **bonita, preocupado, sossegado** e **vazio**, que se referem diretamente ao sujeito de sua oração, chassificam-se como predicativos do sujeito.

2ª) Esses verbos classificam-se como verbos de ligação somente quando acompanhados de predicativo. Podem, no entanto, ser intransitivos, geralmente com adjuntos adverbiais; deixam, é claro, de ser verbos de estado ou mudança de estado.

Ex.: Minha tia estava no quarto.
O carteiro anda muito.
O estudante ficou na escola.

II) REGÊNCIA DE ALGUNS VERBOS

1. Assistir

a) Transitivo direto ou indireto, quando significa "dar assistência", "amparar". Como indireto, pede a preposição **a**.

Ex.: Os médicos assistiram os acidentados.
Os médicos assistiram aos acidentados.

b) Transitivo indireto, com o sentido de "ver", "presenciar". Exige a preposição **a**.

Ex.: Todos assistiram ao espetáculo.

✓ Obs.: Não admite **lhe** como complemento.
Ex.: Todos lhe assistiram. (errado)
Todos assistiram a ele. (certo)

c) Transitivo indireto, com o sentido de "caber", "competir". Pede a preposição **a**.

Ex.: Não assiste a você esse direito.
Não lhe assiste esse direito.

✓ Obs.: **Esse direito** é o sujeito da oração.

d) Intransitivo, com o sentido de "morar". Pede a preposição **em**, que introduz um adjunto adverbial de lugar. Usa-se pouco, na atualidade.

Ex.: Meu amigo assiste em Lisboa.

2. Aspirar

a) Transitivo direto, quando significa "sorver", "cheirar", "inspirar".

Ex.: Aspirei o forte odor do café.

b) Transitivo indireto, quando significa "almejar", "pretender". Exige a preposição **a**.

Ex.: Bóris aspirava ao amor de Juliana.

✓ Obs.: Não aceita **lhe** como complemento.
Ex.: Bóris lhe aspirava. (errado)
Bóris aspirava a ele. (certo).

3. Visar

a) Transitivo direto, com o sentido de "pôr o visto", "rubricar".
Ex.: A professora visou o caderno.

b) Transitivo direto, com o sentido de "olhar fixamente", "mirar".
Ex.: Visei um ponto na parede.

c) Transitivo indireto, com o sentido de "pretender", "almejar". Exige a preposição **a**.
Ex.: Marcos visava ao bem da humanidade.

✓ Obs.: Não admite **lhe** como complemento.
Ex.: Marcos visava-lhe. (errado)
Marcos visava a ele. (certo)

4. Responder

a) Transitivo direto em relação à coisa respondida, ou seja, à resposta dada.
Ex.: Mário respondeu que estava preparado. (objeto direto: que estava preparado)

b) Transitivo indireto com relação à coisa ou à pessoa a que se dá a resposta.
Ex.: Respondi ao professor.
Marcos respondeu à carta.
Responda ao telegrama.

5. Pagar e perdoar

Transitivos diretos ou indiretos. Pedem objeto direto de coisa e indireto de pessoa. Como indiretos, exigem a preposição **a**.
Ex.: Perdoei o erro. Paguei o apartamento. (erro e apartamento são coisas)
Perdoei ao cunhado. Paguei ao empregado. (cunhado e empregado são pessoas)

✓ Obs.: Pode-se dizer "Perdoei o erro ao cunhado" ou "Perdoei o erro do cunhado". No primeiro caso, o verbo é transitivo direto e indireto, com a preposição **a**, que ele exige. No segundo, apenas transitivo direto, sendo **o erro do cunhado** o seu objeto direto.

6. Esquecer, lembrar e recordar

Verbos transitivos diretos. Não pedem preposição.
Ex.: Ele esqueceu o encontro. (certo)
Ele esqueceu do encontro. (errado)

Podem ser verbos pronominais (esquecer-se, lembrar-se, recordar-se), quando então são transitivos indiretos, exigindo a preposição **de**.
Ex.: Ele se esqueceu do encontro.

✓ Obs.: Lembrar e recordar podem ter dois complementos.
Ex.: Lembrei a ele nossa reunião.
Recordamos a todos que a prova foi cancelada.

7. Preferir

Transitivo direto e indireto, regendo a preposição **a**. Não admite nenhuma expressão de intensidade (mais, menos etc.), nem a conjunção **que** (ou **do que**). Prefere-se uma coisa a outra.

Ex.: Prefiro mais o basquete do que o futebol. (errado)
Prefiro o basquete ao futebol. (certo)

✓ Obs.: Se não houver artigo no primeiro complemento, não poderá haver no segundo.
Ex.: Prefiro basquete ao futebol. (errado)
Prefiro basquete a futebol. (certo)

8. Avisar, informar, prevenir, certificar e cientificar

Transitivos diretos e indiretos, com objeto direto de coisa e indireto de pessoa, ou vice-versa.

Ex.: Informei o inspetor do problema. Informei-o do problema.
Informei ao inspetor o problema. Informei-lhe o problema.

OBSERVAÇÕES

1ª) É comum um dos objetos ser oracional.

Ex.: Avisei-o de que chegaria tarde.
Avisei-lhe que chegaria tarde.

2ª) Fica errado o emprego de dois objetos indiretos.

Ex.: Preveni ao menino do perigo.
Preveni-lhe do perigo.

9. Chamar

a) Transitivo direto, quando significa "convocar", "pedir a presença".

Ex.: Chamamos o mecânico. Chamei-o ontem.

b) Transitivo indireto, com o sentido de "clamar". Pede a preposição **por**.

Ex.: A mulher chamava pelo marido.

c) Transitivo direto ou indireto, acompanhado de predicativo preposicionado ou não, quando equivale a "qualificar", "apelidar".

Ex.: Chamei-o louco. Chamei-o de louco. Chamei-lhe louco. Chamei-lhe de louco.

✓ Obs.: Se o complemento for um substantivo, convém usar a preposição, para evitar o duplo sentido da frase.

Ex.: Chamei o homem de louco.

Veja que a frase "Chamei o homem louco" poderia ser entendida de duas formas. Assim, evite, ao falar ou escrever, a sua utilização.

10. Custar

a) Intransitivo, quando acompanhado de adjunto adverbial de preço.

Ex.: O quadro custa mil reais.

b) Transitivo indireto, quando significa "ser custoso", "ser difícil". Nesse caso, estará seguido de infinitivo.

Ex.: Custou ao homem perceber o engano.

✓ Obs.: Em nosso dia a dia, é comum a frase "O homem custou a perceber o engano". Ela está errada, pois a pessoa não pode ser o sujeito do verbo **custar**, função exercida pela oração iniciada por infinitivo. Se preferir, use o verbo **demorar**: "O homem demorou a perceber o engano".

11. Proceder

a) Intransitivo, quando significa "agir".

Ex.: Nélson procedeu bem.

b) Intransitivo, quando equivale a "vir". Pede a preposição **de**.

Ex.: O navio procedia de Salvador.

c) Intransitivo, com o sentido de "ter sentido", "ter cabimento".

Ex.: O que ele diz não procede.

d) Transitivo indireto com o sentido de "iniciar", "dar andamento". Exige a preposição **a**.

Ex.: O investigador procedeu ao inquérito.

Não admite **lhe** como complemento.

Ex.: O investigador procedeu-lhe. (errado)
O investigador procedeu a ele. (certo)

12. Implicar

a) Transitivo direto, quando significa "acarretar" ou "pressupor".

Ex.: Essa atitude talvez implique uma punição.
O perdão implica evolução espiritual.

✓ Obs.: Evite o emprego da preposição **em**, que já vai se tornando comum, embora errado.

b) Transitivo indireto com o sentido de "perturbar". Pede a preposição **com**.

Ex.: Meu sobrinho implicava com o jornaleiro.

c) Transitivo direto e indireto, com o sentido de "envolver". Pede a preposição **em**.

Ex.: Envolveram Henrique no processo.

13. Agradar

a) Transitivo direto, com o sentido de "fazer carinho".

Ex.: Mônica agradou o menino.

b) Transitivo indireto, com o sentido de "ser agradável". Rege a preposição **a**.

Ex.: Essa atitude agradou ao presidente.

Veja a diferença de sentido: "Ela agradou o filho" (acariciou), "Ela agradou ao filho" (foi agradável a ele, por exemplo, com algo que permitiu).

14. Querer

a) Transitivo direto, com o sentido de "desejar".

Ex.: Quero aquela revista.

b) Transitivo indireto, quando expressa sentimento. Pede a preposição **a**.

Ex.: A mãe quer bem ao filho.

15. Pedir, implorar, suplicar

Transitivos diretos e indiretos. Recusam a preposição **para**, a não ser que esteja subentendida uma palavra como licença ou permissão.

Ex.: Pedi a ele que trouxesse a comida.
Pedi-lhe que trouxesse a comida.
Pedi para sair. (licença)

Evite, dessa forma, frases como "Pedi para ele sair" e "Pedi para que ele saísse", tão ao gosto do nosso povo.

16. Presidir, satisfazer, ajudar, preceder

Indiferentemente transitivos diretos ou indiretos com a preposição **a**.

Ex.: Presidi o conselho. Presidi ao conselho.
Ele satisfez a lei. Ele satisfez à lei.
Ajudamos um morador. Ajudamos a um morador.
A primavera precede o verão. A primavera precede ao verão.

✓ Obs.: **Ajudar** pode ter dois complementos.
Ex.: Marcelo ajudou a velhinha a preencher o documento.

17. Namorar

Transitivo direto. Não pede a preposição **com**.

Ex.: Minha irmã namorou Ricardo.

18. Apelar

a) Transitivo indireto com o sentido de "recorrer", "pedir ajuda". Rege a preposição **para**.

Ex.: Apelei para um colega de trabalho.

b) Transitivo indireto com o sentido de "interpor recurso". Pede a preposição **de**.

Ex.: O advogado apelará da sentença.

19. Consistir

Transitivo indireto. Rege a preposição **em**, e não **de**.

Ex.: A prova consistiu em uma pesquisa especial.

20. Pisar, adentrar, favorecer, referir

Transitivos diretos.

Ex.: Pisei o tapete. Adentraram o recinto. Favoreci o funcionário. Referi a situação.

✓ Obs.: Não confunda **referir** (narrar) com **referir-se** (fazer alusão, referência), que exige a preposição **a**.
Ex.: Ele referiu o acontecimento.
Ele referiu-se ao acontecimento.

21. Constar

a) Transitivo indireto quando significa "estar registrado". Pede a preposição **em**, e não **de**.

Ex.: Minha assinatura consta no registro.

b) Transitivo indireto com o sentido de "constituir-se". Exige a preposição **de**.
Ex.: A peça constava de apenas dois atos.

22. Ir, chegar, dirigir-se, encaminhar-se

Intransitivos, pedem adjunto adverbial de lugar introduzido pela preposição **a**.
Ex.: Fui ao clube.
Chegamos ao curso.

23. Amar, estimar, apreciar, elogiar, adorar, abençoar, parabenizar, louvar, admirar, detestar, odiar, ofender, magoar

Transitivos diretos. Não devem ser empregados com a preposição **a**, a não ser que se encaixem em alguma situação de objeto direto preposicionado. Veja, para tal, Termos da Oração, no apêndice.
Ex.: Ela estima o primo. Elogiei seu comportamento. Admiro meu irmão. Nunca ofendi esse rapaz.

✓ Obs.: Por serem transitivos diretos, não aceitam o **lhe** como complemento.
Ex.: Eu lhe estimo. (errado)
Eu o estimo. (certo)
Eu te estimo. (certo)

OBSERVAÇÕES FINAIS

1ª) Verbo transitivo direto não vai para a voz passiva.
Ex.: O jogo será assistido por você. (errado)
Você assistirá ao jogo. (certo)

Exceções: obedecer, desobedecer e responder.

Ex.: A lei foi obedecida por eles. (certo)
Eles obedeceram à lei. (certo)

2ª) Não se une a preposição ao sujeito de um infinitivo.
Ex.: Apesar da prova ser adiada, ele estava feliz. (errado)
Apesar de a prova ser adiada, ele estava feliz. (certo)
Depois dele explicar, consegui entender. (errado)
Depois de ele explicar, consegui entender. (certo)

3ª) Quando no período existe pronome relativo (o qual, que, quem etc.), antes dele é colocada a preposição que a regência porventura exige.
Ex.: O livro de que preciso está esgotado. (precisar de)

Veja em separado: o livro está esgotado; preciso do livro.

Assim, a preposição **de**, exigida pelo verbo **precisar**, fica antes do pronome relativo **que**. Se disséssemos "O livro que preciso está esgotado", estaríamos omitindo a preposição **de**, exigida pelo verbo.

Outros exemplos:
A história a que me refiro é verdadeira. (referir-se a)
A pessoa em quem confio chegou agora. (confiar em)
O homem com cujo pensamento concordo é aquele. (concordar com)

4ª) O pronome átono **o** (e flexões), quando complemento, funciona como objeto direto; o pronome **lhe** (ou **lhes**), como objeto indireto.
Ex.: Plantei a árvore. Plantei-a.
Ofereceu à professora uma maçã. Ofereceu-lhe uma maçã.

Regência nominal

Quando a palavra que pede preposição não é verbo, temos a regência nominal, ou seja, entre nomes.

Vejamos alguns casos.

1. Alheio a
Ex.: Vivia alheio aos problemas.

2. Amigo de
Ex.: Era amigo do professor.

3. Aptidão para
Ex.: Tem aptidão para o futebol.

4. Apto a ou para
Ex.: Estava apto à pesquisa de campo.
Ele parece apto para trabalhar aqui.

5. Assédio de
Ex.: João recebeu assédio daquela empresa.

6. Atalho para
Ex.: Achamos um atalho para a cachoeira.

7. Busca de
Ex.: Saiu em busca da vitória.

8. Cauteloso com
Ex.: Sempre fui cauteloso com as palavras.

9. Confiante em
Ex.: Estava confiante em si mesmo.

10. Compatível com
Ex.: Isso não é compatível com sua campanha.

11. Contemporâneo de
Ex.: Era contemporâneo de Rui Barbosa.

12. Desejo / desejoso de
Ex.: É fundamental o desejo de paz.
Fiquei desejoso de me conhecer melhor.

13. Entendido em

Ex.: Sou entendido em gemologia.

14. Envolvimento em ou com

Ex.: Não tivemos envolvimento no caso.
Cláudio teve envolvimento com ela.

15. Escassez de

Ex.: É triste a escassez de comida.

16. Estranho a

Ex.: Isso é estranho ao estatuto.

17. Exame de

Ex.: Faça um exame de consciência.

18. Favorável / favoravelmente a

Ex.: Sempre fui favorável à vida.
Fiz tudo favoravelmente a você.

19. Habituado a ou com

Ex.: Estava habituado ao estudo.
Ele parece habituado com a bagunça.

20. Idêntico a

Ex.: Meu paletó é idêntico ao dele.

21. Incluído em ou entre

Ex.: O nome foi incluído na lista.
Teu amigo está incluído entre os aprendizes.

22. Junto a ou de

Ex.: O cão ficou junto ao muro.
Ele estava junto dos amigos.

23. Leigo em

Ex.: Mostrou-se leigo no assunto.

24. Liberto de

Ex.: Estava liberto das paixões terrenas.

25. Morador em ou de

Ex.: Era morador na Av. Atlântica.
Falei com um morador daquela rua.

26. Nocivo a

Ex.: O fumo é nocivo à saúde.

27. Obediente / obediência a

Ex.: Seja obediente a seus avós.
É necessário obediência às leis de Deus.

28. Parecido a ou com

Ex.: O menino é parecido ao tio.
Sou parecido com meu pai.

29. Passível de

Ex.: Tal atitude é passível de punição.

30. Perceptível a

Ex.: Aquilo era perceptível à vista.

31. Permissão de ou para

Ex.: Ele tem permissão de entrar sozinho.
Quero permissão para consultar os registros.

32. Possível a ou de

Ex.: A evolução é possível a todos.
É um trabalho possível de ser feito.

33. Preferível a

Ex.: Uma coisa é preferível à outra.

34. Próximo a ou de

Ex.: Continuava próximo ao portão.
O pato está próximo do lago.

35. Respeito a, de ou por

Ex.: Temos imenso respeito ao que ele faz.
Consegui o respeito de todos.
Não há respeito por nada.

36. Simples em

Ex.: Ele é simples em tudo.

37. Sito / situado em

Ex.: Carla tem um apartamento sito na Rua Santa Clara.
O prédio está situado numa rua bem agradável.

38. Tolerante com ou para com

Ex.: Ela é tolerante com os colegas de trabalho.
Sejamos tolerantes para com a ignorância alheia.

39. Versado em

Ex.: Rui é versado em pintura impressionista.

40. Vizinho a ou de

Ex.: Meu prédio é vizinho ao seu.
Gabriel é vizinho do patrão.

EXERCÍCIOS

51) Há erro de regência verbal em:

a) Os bombeiros assistiram o motorista.

b) Os bombeiros assistiram ao motorista.

c) Minha mulher sempre assiste a novela.

52) Assinale o erro de regência verbal.

a) Aspirei o ar puro daquele vale.

b) Quem aspirou a fragrância do jasmim?

c) O moço aspirava um posto mais elevado.

53) Marque o erro de regência verbal.

a) O competidor visou o alvo com muito cuidado.

b) Mariana só visa a harmonia de seu lar.

c) O sócio visou as folhas do contrato.

54) Assinale a alternativa em que a regência verbal respeita a norma culta da língua.

a) Perdoei aos que me perseguiram.

b) Pagaremos os fornecedores amanhã.

c) Paguei à dívida.

55) Só há erro de regência verbal na seguinte opção:

a) Luís prefere mais estudar do que trabalhar.

b) Januário prefere natação a atletismo.

c) Prefiro ao cinema o teatro.

56) Assinale o erro de regência verbal.

a) Raimundo se esqueceu da festa.

b) Raimundo esqueceu a festa.

c) Raimundo esqueceu da festa.

57) Marque o erro de regência verbal.

a) Informei-lhe do acidente.

b) Cientificamos o funcionário da licença.

c) Avisei-lhe que havia muitas vagas.

58) Escreva C (certo) ou E (errado) para a regência verbal e assinale a alternativa correspondente.

(   ) Naquela época, assistíamos em Uberaba.

(   ) Perdoemos os inimigos.

(   ) Imediatamente, lembrei de meu querido pai.

a) C, C, E   b) C, E, E   c) E, E, C

59) Assinale o erro de regência verbal.

a) Chamei os colegas para uma reunião.

b) Custei a compreender a situação.

c) Chamei-lhes de incompetentes.

60) Só não há erro de regência verbal na alternativa:

a) Custou-lhe confessar a culpa.

b) O coordenador chamará aos participantes da entrevista.

c) O casal visava uma noite especial.

61) Há erro de regência verbal em:

a) O doce que comi é muito bom.

b) O relatório que me refiro está à disposição de todos.

c) O esporte de que mais gosto é futebol.

62) Não há erro de regência verbal em:

a) O médico de quem lhe falei está em férias.

b) Esse é o instrutor o qual confio muito.

c) O filme que assisti ontem será reprisado.

63) No emprego do pronome cujo, houve uma omissão indevida de preposição. Marque a alternativa em que isso acontece.

a) Falei com o escritor cujo livro analisei.

b) Aquela é a mulher cujas palavras não me saem da cabeça.

c) Encontrei Osvaldo, cujas ideias sempre concordei.

64) Preencha o espaço dos parênteses com C (certo) ou E (errado) e marque a alternativa adequada.

( ) Responderei o telegrama.

( ) Certifiquei ao proprietário de que desistira da compra.

( ) Paguei aqueles que colaboraram.

a) C, C, E   b) C, E, C   c) E, E, E

65) Marque a opção com erro de regência verbal.

a) Parabenizei o vencedor da maratona.

b) Buscou favorecer o amigo.

c) Ele não resistiu a pressão.

66) Assinale a frase correta quanto à regência verbal.

a) Seu gesto não agradou ao comerciante.

b) Paulo namorava com uma linda japonesa.

c) Chegarei na cidade ao anoitecer.

67) Assinale a frase que pode ser completada com o que vai nos parênteses.

a) Adentramos imediatamente ______ refeitório. (no)

b) Foi uma tarefa ______ me dediquei com muito prazer. (a que)

c) Não desobedeça ______ ordens. (as)

68) Assinale a frase com mau emprego de o ou lhe:

a) Eu lhe adoro, meu filho.

b) Admiro-lhe as ideias.

c) Elogiei-o sinceramente.

69) Há verbos transitivos indiretos que não admitem lhe. Por esse motivo, só está correta a seguinte a frase:

a) Ao programa, já lhe assisti.

b) Àquele cargo, já lhe aspirei.

c) À mulher, já lhe obedeci.

70) Há verbos que não admitem a voz passiva. Por esse motivo, só está correta a seguinte frase:

a) A entrevista foi assistida por muita gente.

b) O enfermo será assistido pelos médicos.

c) O emprego era aspirado por Patrícia.

Capítulo 5

CRASE

Introdução

Crase é a aglutinação da preposição **a** com um outro **a**, que pode ser:

a) o artigo definido.

Ex.: Dei a a mulher uma resposta.
Dei à mulher uma resposta.

✓ Atenção! É necessário, nesse caso, que o substantivo seja feminino. Por isso costuma-se dizer que só há crase antes de palavra feminina. Essa afirmação diz respeito apenas à crase entre a preposição e o artigo.

b) o pronome demonstrativo **a**.

Ex.: Expliquei a situação a a que chegou.
Expliquei a situação à que chegou.

c) o **a** inicial dos pronomes **aquele**, **aquela**, **aquilo**.

Ex.: Perguntaram a aquele operário alguma coisa.
Perguntaram àquele operário alguma coisa.

✓ Obs.: A crase é assinalada graficamente com o acento grave (`), também conhecido como acento de crase.

Para saber se existe a crase, podemos recorrer, inicialmente, a um pequeno truque.

a) Com nomes comuns

Troca-se o substantivo feminino por um masculino. Se aparecer **ao**, existe a crase.

Ex.: Ele se dirigiu à praça. (ao parque)
O jovem conseguiu a medalha. (o troféu)

✓ Obs.: No segundo exemplo, a troca não nos leva a dizer **ao troféu**. Por isso não há crase e, consequentemente, o acento.

b) Com nomes próprios designativos de lugar (cidade, país, estado etc.)

Troca-se o verbo que pede a preposição **a** por um que peça outra preposição. Se aparecer **da, na** etc. , existe a crase.

Ex.: Viajamos à Itália. (Viemos da Itália)
Viajamos a Cuiabá. (Viemos de Cuiabá)

✓ Obs.: No segundo exemplo, a troca não nos leva a dizer **da**. Dessa forma não ocorre a crase. Porém, se determinarmos a palavra **Cuiabá**, aparecerá o acento.

Ex.: Viajamos à pitoresca Cuiabá. (Viemos da pitoresca Cuiabá)

Situações de crase obrigatória

1. Diante da palavra **hora**, clara ou oculta, quando indica o momento em que acontece alguma coisa.

Ex.: Estaremos lá às sete horas.
Retornarei à uma hora.
Eu já estava preparado às quatro.

2. Em determinadas locuções formadas por palavras femininas.

a) Adverbiais: às claras, às ocultas, às vezes, às cegas, à força, à direita etc.

Ex.: Pretendo deixar tudo às claras. (modo)
O carro dobrou à direita. (lugar)
Às vezes ele vinha acompanhado. (tempo)

OBSERVAÇÕES

1ª) Nas locuções adverbiais de instrumento, é mais adequado, atualmente, não usar o acento de crase.

Ex.: Escreveu o bilhete a caneta.

2ª) A locução adverbial **a vista** (o oposto de **a prazo**) escreve-se, de preferência, sem o acento de crase.

Ex.: Adquiri as mercadorias a vista.

b) Prepositivas: à espera de, à frente de, à procura de, à beira de, à disposição de, à volta de, às voltas com etc.

Ex.: Os operários estavam à frente do prédio.
Coloco-me à disposição da diretoria.

c) Conjuntivas: à proporção que e à medida que.

Ex.: Ia ficando horrorizado, à medida que pesquisava o assunto.

3. Com o **a** inicial dos pronome demonstrativos **aquele**, **aquela** e **aquilo**.

Ex.: Tudo é permitido àquele que age com correção. (permitido a aquele)

4. Com o pronome demonstrativo **a**.

Ex.: O advogado se referiu **à** que constava no processo.

✓ Obs.: Existem dois **as** diante da palavra **que**: a preposição e o pronome demonstrativo. Há três maneiras práticas de perceber isso.

a) Pode-se dizer **a aquela**.

Ex.: Referia-se à que estava danificada. (a aquela que estava)

b) Equivale a **ao**.

Ex.: A fazenda é semelhante à que eu herdei.
O sítio é semelhante ao que eu herdei.

c) Existe substantivo subentendido.

Ex.: Houve clara referência à que fora desclassificada.
Houve clara referência à atleta que fora desclassificada.

5. Com o pronome relativo **a qual**.

Ex.: Ficou triste a mulher à qual fizeram alusão.

Note que a troca pelo masculino levará a **ao qual**: homem ao qual fizeram alusão.

Situações de crase facultativa

1. Antes de nome de mulher.

Ex.: Recorremos à Denise. (ao Januário)
Recorremos a Denise. (a Januário)

✓ Obs.: Isso ocorre porque antes de nomes de pessoas o artigo é facultativo. Quando não há acento, entende-se que só a preposição **a** foi utilizada.

2. Antes de pronome adjetivo possessivo no singular.

Ex.: Miguel se referiu à minha mãe. (ao meu pai)
Miguel se referiu a minha mãe. (a meu pai)

OBSERVAÇÕES

1ª) Assim se dá porque o artigo é facultativo diante do pronome possessivo.

2ª) Se o pronome possessivo for substantivo, ou seja, não acompanhar substantivo na frase, o acento será obrigatório.

Ex.: Miguel se referiu à sua. (ao seu)

3ª) Se o pronome possessivo estiver no plural, o acento não será facultativo.

Ex.: Explique-se às minhas assessoras. (acento obrigatório: preposição mais artigo)
Explique-se a minhas assessoras. (acento proibido: apenas a preposição)

3. Depois da preposição **até**.

Ex.: Caminhamos até à lagoa. (até a a lagoa)
Caminhamos até a lagoa.

✓ Obs.: Depois da preposição **até** pode ou não ser usada a preposição **a**.

4. Antes das palavras **Europa**, **África**, **Ásia**, **França**, **Inglaterra**, **Espanha**, **Holanda** e **Escócia**.

Ex.: Retornarei à África em janeiro.
Retornarei a África em janeiro.

✓ Obs.: Diante desses nomes, o artigo é facultativo. Prefira-se, numa redação, o emprego do acento, por ser mais atual.

Situações de crase proibida

1. Diante da palavra **casa** quando indica o lar da pessoa. Nesse caso, aparece sem determinante algum.

Ex.: Irei a casa depois do trabalho.
Mas: Irei à casa da esquina.

2. Diante da palavra **terra**, quando equivale ao contrário de **bordo**.

Ex.: Todos os marinheiros irão a terra no final de semana.
Mas: Eles irão à terra de seus avós.

3. Diante da palavra **distância**, quando não aparece especificada.

Ex.: Os pescadores ficaram a distância.
Mas: Os pescadores ficaram à distância de quinze metros.

4. Em locuções com palavra repetida: cara a cara, frente a frente, gota a gota etc.

Ex.: Finalmente, os políticos ficarão frente a frente.

5. Em qualquer situação que não apresente o artigo **a**.

a) Com **a** diante de palavra no plural.

Ex.: Pedi ajuda a pessoas daquela comunidade.

b) Diante de masculino, a não ser que haja um feminino subentendido.

Ex.: Preferimos ir a pé.
Os participantes foram escolhidos a dedo.

Mas: Irei à Jorge da Silva. (à Rua)
Comportava-se à Casimiro de Abreu. (à moda)

c) Antes de pronomes indefinidos, demonstrativos, interrogativos e pessoais, incluídos, aqui, os de tratamento.

Ex.: Chegaremos a alguma cidade.
Darei explicações a esta repórter.
A qual pesquisadora você se refere?
Peça a ela novas instruções.
Remeterei a Vossa Alteza as solicitações.

✓ Obs.: Aceitam o acento de crase os pronomes de tratamento madame, senhora, senhorita e dona, este somente quando antecedido de adjetivo.

Ex.: Direi à senhorita o que ocorreu.

Entregue o disquete à alegre dona Julieta.

d) Antes de verbos.

Ex.: Não cheguei a pedir ajuda.

e) Antes de artigos indefinidos.

Ex.: Aspiro a uma vida menos agitada.

f) Em frases tomadas num sentido vago.

Ex.: Nunca aspirei a posição tão elevada. (a uma posição)

g) Antes de nomes de vultos históricos.

Ex.: Sempre fazia referências a Maria Antonieta.

✓ Obs.: Estando determinado o nome, haverá o acento.

Ex.: Sempre fazia referências à famosa Maria Antonieta.

h) Depois de preposição.

Ex.: Chegarei após as quatro horas.

✓ Obs.: **Até**, como vimos, torna o acento de crase facultativo.

Ex.: Chegarei até às quatro horas.

Chegarei até as quatro horas.

OBSERVAÇÕES FINAIS

1ª) Estarei lá das cinco às oito horas.

Preciso de cinco a oito horas para fazer o conserto.

Ambas as construções são corretas. Errado é "De cinco às oito horas".

2ª) Ele sempre viveu à toa. (sem fazer nada)

Não é à toa que você se machucou. (por acaso)

Ele é uma pessoa à toa. (sem caráter).

Nos dois primeiros exemplos, **à toa** é locução adverbial. No terceiro, é adjetivo.

3ª) Com referência à mãe de Jesus, Nossa Senhora e Maria Santíssima não admitem o acento de crase. Com o mesmo sentido, Virgem Maria (ou simplesmente Virgem) pede o acento.

Ex.: Fez uma prece a Nossa Senhora. (a Nosso Senhor).

Fez uma prece à Virgem Maria.

EXERCÍCIOS

71) Assinale o erro no emprego do acento de crase.

a) Gustavo não compareceu à festa.

b) Chegaremos à Noruega no inverno.

c) Eu me adapto à qualquer tarefa.

72) Marque o erro de crase.

a) Resolveram fazer o percurso a cavalo.

b) Prestarão uma homenagem à Vossa Excelência.

c) Examinei o caderno folha a folha.

73) Quanto ao acento de crase, só está correta a seguinte frase:

a) Indo à Roma, visite meus avós.

b) Dedicou sua vida à felicidade dos filhos.

c) Isso está cheirando à trapaça.

74) Há erro de crase na seguinte opção:

a) Tal assunto será tratado à parte.

b) Recorri à enfermeira do prédio.

c) Ele não se furtou à colaborar.

75) Assinale o erro de crase.

a) Falaremos, mais tarde, à respeito das contratações.

b) Saiu à cata de notícias.

c) Aprenderei à proporção que estudar o manual.

76) A única frase em que está correto o acento de crase é:

a) Ele fez às vezes de treinador.

b) Só às vezes ele acerta.

c) Estive com ele todas às vezes que pude.

77) Anote C (certo) ou E (errado) para a crase e assinale a alternativa adequada.

( ) O oxigênio é necessário à vida.

( ) Estavam todos às gargalhadas.

( ) À mulher coube dar a notícia.

a) C, C, E b) C, C, C c) E, E, E

78) Assinale o erro de crase.

a) Rogério vive a custa de um parente.

b) Não fuja à responsabilidade.

c) Pretendo ir à Costa Rica.

79) Só não há erro de crase em:

a) O pai sentou-se à cabeceira da mesa.

b) Eles faltaram à poucas reuniões.

c) Ficou alheio à tudo.

80) Na frase "Marli pediu à filha, que estava a janela, que não saísse à noite", pode-se dizer que:

a) não há erro de crase.

b) há dois erros de crase.

c) há um erro de crase.

81) Assinale a frase com erro de crase.

a) Não me referi a isto, mas aquilo.

b) Àquele aluno foram dadas todas as oportunidades.

c) O comerciante se dirigiu àquela cidade.

82) Só está correta quanto à crase a alternativa:

a) Você está subordinado à quem sabe mandar.

b) Nossa ida a fria Curitiba foi proveitosa.

c) Minha análise é igual à que ele apresentou.

83) Assinale a alternativa em que a indicação de crase facultativa está errada.

a) Confessei a nossa mãe o erro. (ou à nossa)

b) Encontrei a Raquel no mercado. (ou à Raquel)

c) Caminhamos até a primeira esquina. (ou à primeira esquina)

84) Há erro de crase em:

a) Sou contrário a que façam greve.

b) Edmundo deixava tudo as avessas.

c) Mandou o filho à Europa.

85) Assinale o erro de crase.

a) Não me submeto à dietas.

b) Estou a caminho do aeroporto.

c) Depois, irei a casa.

86) Diga C (certo) ou E (errado) para a crase e marque a opção correspondente.

( ) A estrela era visível a olho nu.

( ) Raul estava acostumado à muita mordomia.

( ) Permanecíamos à grande distância.

a) C, E, C   b) E, C, C   c) C, E, E

87) Marque o erro de crase.

a) Vinculou sua imagem à do bandido.

b) Os pássaros voavam às centenas.

c) Fiz um churrasco a gaúcha.

88) Assinale a frase que, sem o acento de crase, continua correta, porém ganha um novo sentido.

a) Saiu à francesa.

b) Responderam à questão.

c) Presidiu à reunião.

89) Assinale o erro de crase.

a) Os bárbaros achavam-se às portas da cidade.

b) Eu estava ali desde às nove horas.

c) Apareceu com um saco às costas.

90) Há erro de crase em:

a) Tinha horror à política.

b) O escritório funciona de duas à nove horas.

c) Voava à semelhança de uma águia.

Capítulo 6

SEMÂNTICA

Parte da gramática que trata da significação das palavras.

Denotação e conotação

1. Chama-se denotação o emprego de uma palavra com seu sentido real, primitivo, dicionarizado. Diz-se que a palavra tem valor denotativo.
   Ex.: Cajuzinho é um doce.

2. Chama-se conotação o emprego especial de uma palavra, o qual extrapola o sentido primitivo. Diz-se que a palavra tem valor conotativo.
   Ex.: Essa menina é um doce.

Observe que é impossível uma pessoa ser um doce. Para entender bem a frase, é necessário recorrer à comparação da qual ela provém. Pode-se, pois, entender que ela é agradável, delicada como um doce. Esse tipo de conotação que surge de uma comparação constitui uma figura de linguagem chamada metáfora. Veja outros exemplos.

Rodrigo é um leão. (forte como um leão)
Teus cabelos são fios de ouro. (amarelos como fios de ouro)
Teus olhos de pérola me seduzem. (negros como a pérola)

Polissemia

Característica de certas palavras de terem muitas significações.

Ex.: Ele é um amor de menino. Meu amor chegou. O amor enobrece.

Campo semântico

Conjunto de palavras associadas por determinados conceitos.

Ex.: árvore, madeira, galhos, jacarandá, ipê
pé de moleque, doce, açúcar, cocada, melado
valsa, bolero, dança, música, tango

Sinônimos e antônimos

1. Chamam-se sinônimas as palavras que, num dado contexto, têm o mesmo sentido.
   Ex.: É um caminho comprido. É um caminho longo.
   Tem um sentimento oculto. Tem um sentimento recôndito.
   Era uma estrela cintilante. Era uma estrela fulgente.

2. Chamam-se antônimas as palavras de sentido oposto.
   Ex.: Todos permaneceram longe. Todos permaneceram perto.
   Esse óleo é ruinoso à saúde. Esse óleo é benéfico à saude.
   Prefiro um ambiente rural. Prefiro um ambiente citadino.

Homônimos e parônimos

1. Chamam-se homônimos os vocábulos que apresentam identidade de pronúncia ou de grafia, ou de ambas ao mesmo tempo.

   a) Homônimos homófonos

   Palavras de mesma pronúncia e grafia diferente.
   Ex.: Resolvi passar um cheque. O enxadrista saiu do xeque.

   b) Homônimos homógrafos

   Palavras de mesma grafia e pronúncia diferente. Uma delas pode ter acento.
   Ex.: O cobrador me deu o troco. Não troco mercadorias.
   Ele não pôde fazer nada. Ele não pode fazer nada.

   c) Homônimos perfeitos

   Palavras de mesma pronúncia e mesma grafia.
   Ex.: Jarbas é um homem são. Já são dez os convocados.

2. Chamam-se parônimos os vocábulos muito parecidos cujo emprego costuma ser confundido.
   Ex.: Agiu com muita discrição. Fizemos a descrição do ambiente.

ALGUNS HOMÔNIMOS E PARÔNIMOS	
absolver (inocentar)	absorver (esgotar, consumir)
acender (iluminar)	ascender (elevar-se)
aferir (conferir)	auferir (obter)
asado (com asas, alado)	azado (propício, oportuno)
assoar (limpar o nariz)	assuar (vaiar)
cavaleiro (que monta cavalo)	cavalheiro (educado)
cegar (tirar a visão de)	segar (ceifar)
cela (cômodo pequeno)	sela (arreio)
cerração (nevoeiro)	serração (ato de serrar)
cidra (tipo de fruta)	sidra (tipo de vinho)

comprimento (extensão)	cumprimento (ato de cumprir; saudação)
conserto (reparo)	concerto (harmonia; audição musical)
cozer (cozinhar)	coser (costurar)
descrição (ato de descrever)	discrição (qualidade de discreto)
despercebido (sem ser notado)	desapercebido (desprevenido)
destratar (insultar)	distratar (desfazer)
discriminar (separar)	descriminar (inocentar)
emergir (vir à tona; surgir)	imergir (mergulhar)
emigrar (sair de um país)	imigrar (entrar em um país)
eminente (destacado)	iminente (prestes a acontecer)
estada (permanência de alguém)	estadia (permanência de veículos)
estático (firme, parado)	extático (em êxtase)
extrato (que se extraiu)	estrato (camada; tipo de nuvem)
flagrante (evidente; o ato)	fragrante (aromático)
fluir (correr em estado líquido)	fruir (desfrutar)
infringir (transgredir)	infligir (aplicar)
insipiente (que ignora)	incipiente (que está no início)
intemerato (puro)	intimorato (corajoso)
lactante (que amamenta)	lactente (que mama)
locador (proprietário)	locatário (inquilino)
lustre (luminária)	lustro (cinco anos; brilho)
mandado (ordem)	mandato (procuração; gestão)
peão (tipo de operário)	pião (tipo de brinquedo)
pleito (disputa; pedido)	preito (homenagem)
proscrever (afastar, desterrar)	prescrever (receitar; vencer)
prover (abastecer)	provir (vir; originar-se)
ratificar (confirmar)	retificar (corrigir)
sessão (tempo de uma reunião)	seção (departamento)
soar (produzir som)	suar (transpirar)
tacha (tipo de prego)	taxa (imposto)
tráfego (trânsito)	tráfico (comércio ilícito)
usuário (que usa)	usurário (avarento; agiota)
viagem (jornada)	viajem (flexão de viajar)
vultoso (grande, volumoso)	vultuoso (vermelho e inchado)
xá (soberano do Irã)	chá (tipo de bebida)
xácara (narrativa popular em verso)	chácara (propriedade campestre)

Locuções adjetivas

A língua portuguesa é rica em locuções adjetivas. Veja, abaixo, uma boa relação de locuções com seus adjetivos correspondentes.

ADJETIVOS	LOCUÇÕES
abismal ou abissal	do abismo
acicular	de agulha
acrídeo	de gafanhoto
adamantino ou diamantino	de diamante
agnelino	de cordeiro
agreste, rural ou campestre	do campo
alectório	de galo
anímico	da alma
anserino	de pato ou ganso
apícola	de abelha
aquilino	de águia
aracnídeo	de aranha
arbóreo	de árvore
arenáceo	de areia
argênteo ou argírico	de prata
arietino	de carneiro
asinino	de asno
áureo	de ouro
auricular	da orelha
austral ou meridional	do sul
avuncular	do tio, da tia
batracoide	de rã
bélico	da guerra
boreal ou setentrional	do norte
brônzeo ou êneo	de bronze
bubalino ou bufalino	de búfalo
capilar	do cabelo
caprino	de cabra
cardíaco	do coração
cardinalício	de cardeal
caseoso	de queijo
cefálico	da cabeça
celeste ou cerúleo	do céu
céreo	de cera
cervical	do pescoço
ciático	dos quadris
ciconídeo	de cegonha
cinéreo	de cinza
citadino ou urbano	da cidade
colubrino	de cobra
coriáceo	de couro

crepuscular ou vespertino	da tarde
crural	da coxa
cunicular	de coelho
cúprico	de cobre
cutâneo	da pele
ebóreo ou ebúrneo	de marfim
entérico	do intestino
entômico	de inseto
eólio ou eólico	do vento
episcopal	do bispo
equestre	de cavaleiro
equino ou hípico	de cavalo
equóreo	do alto mar
espectral ou lemural	de fantasma
especular	de espelho
espinal	da espinha
espiritual	do espírito
esplênico	do baço
estelar	de estrela
etário	de idade
fabril	de fábrica
febril	de febre
falconídeo	de falcão
fecal	de fezes
felino	de gato
femoral	do fêmur
férreo	de ferro
filatélico	de selo
fluvial	de rio
foliáceo	de folha
formicário ou formicular	de formiga
fraterno ou fraternal	de irmão
fulgural	do relâmpago
gástrico ou estomacal	do estômago
genicular	do joelho
gípseo	de gesso
glacial	de gelo
glúteo	das nádegas
gutural	da garganta
hemático	do sangue
hepático	do fígado
heráldico	de brasão

herbáceo ou herbóreo	de erva
hialino ou vítreo	de vidro
hibernal	do inverno
hídrico	de água
hircino	de bode
hirundino	de andorinha
ígneo	de fogo
inguinal	da virilha
insular	de ilha
jurídico	do Direito
lácteo	de leite
lacustre	de lago
lanoso	de lã
lateral	de lado
laterário	de tijolo
leonino	de leão
leporino	de lebre
letal ou mortal	da morte
lígneo	de madeira
linear	de linha
lodoso ou lodacento	de lodo
lupino	de lobo
magistral	de mestre
marginal	da margem
marmóreo	de mármore
másculo	de macho
matinal ou matutino	da manhã
monacal	de monge
monetário	de moeda
murídeo ou murino	de rato
níveo ou nival	de neve
nucular	da noz
occipital	da nuca
ocular, óptico ou oftálmico	do olho
ofídico	de serpente
onírico	de sonho
ótico	do ouvido
palustre	de pântano
papilionáceo	de borboleta
paradisíaco	do paraíso
parietal	da parede
pascal	da Páscoa

passional	de paixão
patelar	da patela, rótula
pectoral	do peito
pecuniário	de dinheiro
pélvico	da bacia
písceo	de peixe
plúmbeo	de chumbo
pluvial	de chuva
prosaico	de prosa
pueril ou infantil	de criança
purulento	do pus
raquiano	da espinha dorsal
rupestre	de rocha
selênico	da Lua
senil	de velho
silvestre	de selva
simiesco	de macaco
somático	do corpo
suíno	de porco
sulfúrico	de enxofre
taurino ou táureo	de touro
telúrico	da Terra, do solo
tenebroso	de treva
têxtil	de tecido
tigrino	de tigre
tonsilar	das amídalas
torácico	do tórax
turturino	de rola
ungueal	de unha
ursino	de urso
uxoriano	de esposa
venoso	da veia
víneo	de vinho
viperino	de víbora
viril	de homem
vital	da vida
vocal	da voz
vocálico	da vogal
volitivo	da vontade
vulpino	de raposa
vulturino	de abutre

EXERCÍCIOS

91) Assinale a frase em que todas as palavras têm valor denotativo.

a) Corremos pelos campos, entre árvores enormes e rios de águas mornas.

b) Naquela bonita fazenda, respirava-se uma paz que não existe na cidade.

c) As estrelas eram bússolas a orientar os viajantes.

92) Na frase "É necessário <u>acondicionar</u> imediatamente os materiais", a palavra sublinhada tem como sinônimo:

a) separar

b) limpar

c) guardar

93) Assinale a alternativa em que as palavras pertencem ao mesmo campo semântico.

a) joia, força, beleza

b) dúvida, altivez, claro

c) comida, paladar, salada

94) Assinale a frase em que os vocábulos sublinhados são antônimos.

a) Era um texto ora <u>hermético</u>, ora <u>aberto</u>.

b) Queria <u>esclarecer</u>, <u>explicar</u> a situação.

c) Enquanto Rodrigo <u>repudiava</u> aqueles pensamentos, Marício os <u>avaliava</u> com cuidado.

95) Assinale a frase que se completa com a primeira palavra dos parênteses.

a) Queriam .... os maus políticos. (assoar / assuar)

b) Chegaremos no tempo .... (azado / asado)

c) Comprou um ...... para a sala. (lustro / lustre)

96) Marque a frase que se completa com a segunda palavra dos parênteses.

a) Meu amigo ganhou uma .... quantia. (vultosa / vultuosa)

b) Não quis pôr a .... no cavalo. (sela / cela)

c) Logo após a colisão, o navio .... (emergiu / imergiu)

97) Marque a frase que se completa com a primeira palavra dos parênteses.

a) O policial apresentou um ...... de busca. (mandato / mandado)

b) O juiz ...... ao réu uma pesada pena. (infligiu / infringiu)

c) Minha .... na cidade foi agradável. (estadia / estada)

98) Assinale a frase que se completa com a segunda palavra dos parênteses.

a) Providenciarei o .... do refrigerador. (conserto / concerto)

b) É preciso .... o arroz. (coser / cozer)

c) Entrevistei o .... ministro da Fazenda. (eminente / iminente)

99) Assinale a frase em que houve erro na escolha da palavra utilizada.

a) Tomei uma taça de cidra. (cidra / sidra)

b) O acidente nos passou despercebido. (despercebido / desapercebido)

c) O ônibus desapareceu na cerração. (cerração / serração)

100) Assinale a frase em que houve erro na escolha da palavra utilizada.

a) Precisamos segar o trigo imediatamente. (segar / cegar)

b) Prenderam o bandido em flagrante. (flagrante / fragrante)

c) Não tive intenção de distratar o companheiro. (distratar / destratar)

101) Relacione as duas colunas e anote a alternativa correspondente.

( ) de andorinha	1) glacial
( ) de águia	2) hircino
( ) de gelo	3) hirundino
( ) de bode	4) aquilino

a) 4, 3, 1, 2 b) 3, 4, 2, 1 c) 3, 4, 1, 2

102) Relacione as colunas e assinale a opção adequada.

( ) de rio	1) lígneo
( ) de madeira	2) fulgural
( ) de sonho	3) fluvial
( ) do relâmpago	4) onírico

a) 2, 1, 4, 3 b) 3, 4, 1, 2 c) 3, 1, 4, 2

103) Relacione as colunas e assinale a alternativa adequada.

( ) esplênico	1) do joelho
( ) sulfúrico	2) do baço
( ) uxoriano	3) de esposa
( ) genicular	4) de enxofre

a) 2, 4, 1, 3 b) 2, 4, 3, 1 c) 4, 2, 3, 1

104) Relacione as colunas e assinale a opção correspondente.

( ) filatélico	1) de selo
( ) acrídeo	2) de agulha
( ) acicular	3) de brasão
( ) heráldico	4) de gafanhoto

a) 1, 4, 2, 3 b) 1, 3, 2, 4 c) 4, 3, 1, 2

105) Relacione as colunas e marque a alternativa adequada.

( ) de dinheiro — 1) cutâneo

( ) de queijo — 2) pecuniário

( ) da pele — 3) entômico

( ) de inseto — 4) caseoso

a) 2, 1, 4, 3 b) 2, 4, 1, 3 c) 3, 1, 2, 4

Capítulo 7

FLEXÃO NOMINAL

I) FLEXÃO DE NÚMERO

Os nomes, classes que se opõem aos verbos, admitem, quando variáveis, a flexão de número: singular e plural.

Ex.: O meu primeiro aluno estrangeiro
Os meus primeiros alunos estrangeiros

Principais casos

1. Geralmente, acrescenta-se S.
Ex.: planta – plantas, alto – altos, cujo – cujos

2. Acrescenta-se ES quando:

a) a palavra termina em R ou Z.
Ex.: suéter – suéteres, gravidez – gravidezes

b) a palavra é oxítona e termina em S.
Ex.: lilás – lisases

✓ Obs.: São invariáveis as paroxítonas e as proparoxítonas; só o artigo se flexiona.
Ex.: o atlas – os atlas, o ônibus – os ônibus

3. São invariáveis as palavras terminadas em X; só o artigo se flexiona.
Ex.: o tórax – os tórax

4. Palavras terminadas em EL átono fazem o plural com EIS.
Ex.: túnel – túneis

5. Palavras terminadas em EL tônico fazem o plural com ÉIS.
Ex.: anel – anéis

6. Palavras terminadas em IL átono trocam IL por EIS.
Ex.: dócil – dóceis

7. Palavras terminadas em IL tônico trocam L por S.

Ex.: febril – febris

8. Em algumas palavras a sílaba tônica avança.

Ex.: **jú**nior – juni**o**res

sênior – seni**o**res

ca**rá**ter – carac**te**res

9. O pronome QUALQUER faz o plural no meio: quaisquer.

10. As palavras terminadas em ÃO fazem o plural de maneiras diferentes.

a) Com a terminação ÃOS

Ex.: cristãos, cidadãos, pagãos, demãos, irmãos

b) Com a terminação ÕES

Ex.: melões, corações, ilusões, gaviões, lampiões, botões, grilhões, padrões, anfitriões

c) Com a terminação ÃES

Ex.: tabeliães, escrivães, capitães, alemães, capelães

✓ Obs.: Não confunda com as formas femininas, que apenas ganham um S.

Ex.: alemã – alemãs, irmã – irmãs

d) Com ÕES ou ÃOS

Ex.: corrimões / corrimãos, anões / anãos, verões / verãos, hortelões / hortelãos

e) Com ÕES ou ÃES

Ex.: guardiões / guardiães, charlatões / charlatães, cirurgiões/ cirurgiães, alazões / alazães

f) Com ÃOS ou ÃES

Ex.: sacristãos / sacristães, refrãos / refrães

g) Com ÕES, ÃOS ou ÃES

Ex.: anciões / anciãos / anciães, vilões / vilãos / vilães, sultões / sultãos / sultães, ermitões / ermitãos / ermitães

11. Plural dos diminutivos

Quando o diminutivo apresenta a consoante de ligação **z**, ocorre o seguinte:

a) Pluraliza-se a palavra no grau normal: coração – corações.

b) Corta-se a letra **s**: coraçõe.

c) Acrescenta-se **zinhos**: coraçõezinhos.

✓ Obs.: Mantém-se o til porque ele não é um acento. Em palavras como papeizinhos, faroizinhos, carreteizinhos etc., o acento agudo do diminutivo desaparece pois a sílaba tônica passa a ser **zi**.

12. Metafonia

Algumas palavras mudam o timbre da vogal tônica, quando passam ao plural; outras, no entanto, mantêm o timbre fechado.

a) **Plural com metafonia**

SINGULAR (Ô)	PLURAL (Ó)
caroço	caroços
coro	coros
corvo	corvos
despojo	despojos
destroço	destroços
esforço	esforços
forno	fornos
fosso	fossos
imposto	impostos
miolo	miolos
morto	mortos
poço	poços
porco	porcos
porto	portos
posto	postos
reforço	reforços
rogo	rogos
socorro	socorros
tijolo	tijolos
torto	tortos
troco	trocos

b) **Plural sem metafonia**

SINGULAR (Ô)	PLURAL (Ô)
acordo	acordos
adorno	adornos
bolso	bolsos
endosso	endossos
esboço	esboços
esgoto	esgotos
estojo	estojos
estorvo	estorvos
ferrolho	ferrolhos
globo	globos
gosto	gostos
horto	hortos
jorro	jorros
logro	logros
sogro	sogros
sopro	sopros
transtorno	transtornos

OBSERVAÇÕES

1ª) No feminino não há metafonia.
Ex.: poça – poças, boca – bocas

2ª) **Sogros** (^) é plural de sogro, isto é, os dois homens. **Sogros** (´) refere-se ao sogro e à sogra juntos.

13. Têm dois plurais:

aval	avales e avais
cal	cales e cais
cós	coses e cós
fel	feles e féis
gol	goles e gois

✓ Obs.: A forma popular **gols** já está enraizada na língua. No entanto, as formas oficiais são **goles** e **gois**. Quem quiser (e tiver coragem) pode usá-las.

14. Pluralizam-se normalmente os nomes próprios, a menos que sejam estrangeiros e não estejam adaptados à fonética do português.
Ex.: Conversei com os Andrades.
Havia muitos Ricardos naquela sala.

Plural dos compostos

1. Os dois elementos variam.

Quando o composto é formado por substantivo e palavra variável.
Ex.: obra-prima – obras-primas
tenente-coronel – tenentes-coronéis
primeiro-ministro – primeiros-ministros

2. Só o primeiro elemento varia.

a) Com preposição no composto, clara ou oculta.
Ex.: água-de-colônia – águas-de-colônia
cavalo-vapor – cavalos-vapor (de ou a vapor)

b) Quando o segundo substantivo indica fim ou semelhança.
Ex.: laranja-lima – laranjas-lima (semelhante a lima)
navio-escola – navios-escola (escola é a finalidade do navio)

✓ Obs.: Há gramáticos que admitem a flexão dos dois elementos. É preferível, no entanto, em uma redação, flexionar apenas o primeiro.
Ex.: bananas-ouro (preferível) ou bananas-ouros

3. Somente o último elemento varia.

a) Quando se trata de dois adjetivos.
Ex.: anglo-saxão – anglo-saxões
Exceção: surdo-mudo, cujo plural é surdos-mudos.

b) Com verbo ou qualquer elemento invariável mais substantivo ou adjetivo.
Ex.: quebra-cabeça – quebra-cabeças
sempre-verde – sempre-verdes (**sempre** é advérbio)
contra-argumento – contra-argumentos (**contra** é prefixo)

c) Nos compostos com os adjetivos **grão**, **grã** e **bel**. São raros os exemplos.
Ex.: grão-duque – grão-duques

d) Com elementos repetidos ou de valor onomatopaico; pode haver alguma alteração em um dos elementos.
Ex.: tico-tico – tico-ticos
pingue-pongue – pingue-pongues
corre-corre – corre-corres

✓ Obs.: No último exemplo também seria correto flexionar os dois elementos: corres-corres. Isso acontece porque se trata de dois verbos. É preferível, por ser mais eufônico, flexionar apenas o segundo.

4. Nenhum elemento varia. Nesse caso, só se flexiona o artigo.

a) Com verbo mais palavra invariável.
Ex.: o bota-fora – os bota-fora

b) Com verbos de sentido oposto.
Ex.: o perde-ganha – os perde-ganha

c) Com frases substantivas (frases usadas como substantivos).
Ex.: o disse me disse – os disse me disse

OBSERVAÇÕES

1ª) São invariáveis sem-vergonha, sem-teto, sem-terra e sem-trabalho.

2ª) Têm mais de um plural:
pai-nosso – pai-nossos ou pais-nossos
terra-nova – terra-novas ou terras-novas
salvo-conduto – salvo-condutos ou salvos-condutos
xeque-mate – xeques-mate ou xeques-mates
fruta-pão – frutas-pão ou frutas-pães
guarda-marinha – guardas-marinha ou guardas-marinhas

3ª) Há palavras que não se encaixam em regra alguma. Veja as mais importantes.
o bem-me-quer – os bem-me-queres
o joão-ninguém – os joões-ninguém
o banho-maria – os banhos-maria
o mapa-múndi – os mapas-múndi
o lugar-tenente – os lugar-tenentes
o arco-íris – os arco-íris
o louva-a-deus – os louva-a-deus

II) FLEXÃO DE GÊNERO

Há dois gêneros em português: masculino e feminino.

Ex.: o menino – a menina, meu bom amigo – minha boa amiga

Como se observa nos exemplos, admitem esse tipo de variação o substantivo e seus acompanhantes.

A variação de gênero se dá, normalmente, das seguintes maneiras:

1. Trocando-se as vogais temáticas **o** ou **e** do masculino por **a**, desinência do feminino.

Ex.: moço – moça, gato – gata, mestre – mestra, elefante – elefanta

2. Acrescentando-se a desinência **a**.

Ex.: doutor – doutora, escritor – escritora

3. Por meio de um sufixo, com ou sem alteração do radical da palavra. Rigorosamente, a variação de gênero, nesse caso, ocorre por derivação.

Ex.: poeta – poetisa, conde – condessa, maestro – maestrina

4. Por meio de uma palavra diferente, como **vaca**, em relação a **boi**. Diz-se que os substantivos, nesse caso, são heterônimos.

FEMININOS IMPORTANTES	
abade	abadessa
afegão	afegã
alfaiate	alfaiata
anfitrião	anfitriã ou anfitrioa
ateu	ateia
barão	baronesa
ator	atriz
bispo	episcopisa
búfalo	búfala
burro	burra ou besta
cananeu	cananeia
capiau	capioa
cavaleiro	amazona
cavalheiro	dama
charlatão	charlatã ou charlatona
comandante	comandanta
cônego	canonisa
confrade	confreira
cônsul	consulesa (esposa) ou cônsul (funcionária)
deus	deusa, deia ou diva
diácono	diaconisa
duque	duquesa
embaixador	embaixatriz (esposa) ou embaixadora (funcionária)
elefante	elefanta ou aliá (uma espécie)

faquir	faquiresa
fariseu	fariseia
filisteu	filisteia
folião	foliona
frade	freira
frei	sóror
glutão	glutona
grou	grua
hebreu	hebreia
hindu	hindu
ilhéu	ilhoa
infante	infanta
jabuti	jabota
javali	javalina ou gironda
judeu	judia
ladrão	ladra
maestro	maestrina
marajá	marani
melro	mélroa ou melra
moleque	moleca
monge	monja
oficial	oficiala
padre	madre
parente	parenta
pavão	pavoa
peão	peona ou peoa
perdigão	perdiz
pierrô	pierrete
pigmeu	pigmeia
píton	pitonisa
plebeu	plebeia
poeta	poetisa
profeta	profetisa
rajá	rani
rinoceronte	abada
sandeu	sandia
sapo	sapa
sultão	sultana
tabaréu	tabaroa
tecelão	tecelã ou teceloa
vilão	vilã ou viloa
zangão	abelha

Substantivos uniformes

São aqueles que possuem uma única forma quanto ao gênero. Assim, temos:

1. Substantivos comuns de dois gêneros

Podem ser masculinos ou femininos, de acordo com o artigo empregado.

o agente	a agente
o cientista	a cientista
o colega	a colega
o consorte	a consorte
o contribuinte	a contribuinte
o estudante	a estudante
o gerente	a gerente
o homeopata	a homeopata
o mártir	a mártir
o intérprete	a intérprete
o jovem	a jovem
o médium	a médium
o ouvinte	a ouvinte
o paciente	a paciente
o patriota	a patriota

2. Substantivos sobrecomuns

Designam os dois sexos, mas pertencem a um único gênero, determinado pelo artigo.

o algoz
o apóstolo
o carrasco
o cônjuge
o indivíduo
o monstro
a pessoa
a testemunha
o verdugo
a vítima

3. Substantivos epicenos

Designam animais e só admitem um artigo. Pertencem, pois, a um único gênero. Havendo necessidade de especificar o sexo, usam-se as palavras **macho** ou **fêmea**.

a águia	o gafanhoto
a baleia	o gavião
a borboleta	a girafa
o besouro	a onça
a cobra	o polvo
o condor	o rouxinol
o crocodilo	o tatu

Gênero duvidoso

Alguns substantivos têm seu gênero correntemente trocado pelo usuário da língua. Vejamos alguns importantes.

1. Masculinos

o alpiste	o haras
o anátema	o herpes
o araçá	o lança-perfume
o aneurisma	o mármore
o bólido	o matiz
o champanha	o milhar
o dó	o pernoite
o eclipse	o pijama
o estratagema	o saca-rolhas
o grama (massa)	o telefonema

2. Femininos

a aguardente	a cólera-morbo
a alface	a ênfase
a aluvião	a fênix
a apendicite	a ioga
a atenuante	a grama (relva)
a bacanal	a mascote
a bólide	a matinê
a cal	a musse
a cataplasma	a omoplata
a cólera	a suíte

3. Masculinos ou femininos, indiferentemente

o avestruz	a avestruz
o caudal	a caudal
o diabetes	a diabetes
o íris	a íris
o laringe	a laringe
o suéter	a suéter
o usucapião	a usucapião

OBSERVAÇÕES

1ª) Os adjetivos terminados em **e** são, normalmente, invariáveis em gênero.

Ex.: homem elegante – mulher elegante, cidadão eminente – cidadã eminente

2ª) Alguns substantivos têm sentidos diferentes, de acordo com o gênero.

a cabeça – parte do corpo
o cabeça – chefe
a capital – cidade principal
o capital – dinheiro
a grama – relva
o grama – unidade de massa
a guia – tipo de documento
o guia – aquele que conduz
a moral – dignidade
o moral – ânimo
a praça – lugar público
o praça – soldado raso
a rádio – estação
o rádio – aparelho sintonizador

São comuns erros do tipo "levantar a moral do grupo" e "comprar duzentas gramas de presunto". É necessário, naturalmente, evitá-los.

III) FLEXÃO DE GRAU

Embora o grau não seja propriamente flexão, e sim derivação, por razões didáticas vai ele aqui incluído.

1. Grau do substantivo

a) Normal: dedo

b) Diminutivo

analítico: dedo pequeno
sintético: dedinho

c) Aumentativo

analítico: dedo grande
sintético: dedão

2. Grau do adjetivo

a) Normal: claro

b) Comparativo
- de superioridade: mais claro que (ou do que)
- de inferioridade: menos claro que (ou do que)
- de igualdade: tão claro como (ou quanto)

c) Superlativo
- relativo
  - de superioridade: o mais claro de
  - de inferioridade: o menos claro de
- absoluto
  - sintético: claríssimo
  - analítico: muito claro

Exemplário

O trabalho está correto. (normal)
Mauro é mais veloz que (ou do que) João. (comparativo de superioridade)
João é menos veloz que (ou do que) Mauro. (comparativo de inferioridade)
Mauro é tão veloz como (ou quanto) João. (comparativo de igualdade)
Ela é a mais esforçada da turma. (superlativo relativo de superioridade)
Ela é a menos esforçada da turma. (superlativo relativo de inferioridade)
Olívia é inteligentíssima. (superlativo absoluto sintético)
Olívia é muito inteligente. (superlativo absoluto analítico)

OBSERVAÇÕES

1ª) Um grau é sintético quando se expressa por meio de um sufixo; analítico, quando há o apoio de uma palavra.

Ex.: caderninho, boníssimo
caderno pequeno (reduzido, diminuto etc.)
muito (ou bastante, excessivamente etc.) bom

2ª) As palavras **maior**, **menor**, **melhor** e **pior** constituem sempre graus de superioridade, seja no comparativo, seja no superlativo.

Ex.: O carro é <u>menor</u> (mais pequeno) do que o ônibus.
(grau comparativo de superioridade)
Este é o <u>maior</u> (mais grande) de todos.
(superlativo relativo de superioridade)

3ª) **Mais pequeno**, que aparece na observação anterior, é uma expressão correta em português. **Mais grande**, no entanto, não se admite na língua culta, a menos que se refira ao mesmo ser.

Ex.: Ele é mais grande que a porta. (errado)

Ele é mais grande que pequeno. (correto)

Alguns superlativos absolutos sintéticos

ágil	agílimo
agradável	agradabilíssimo
agudo	acutíssimo
amargo	amaríssimo
antigo	antiquíssimo
atroz	atrocíssimo
benéfico	beneficentíssimo
benévolo	benevolentíssimo
célebre	celebérrimo
cristão	cristianíssimo
cruel	crudelíssimo
doce	dulcíssimo
feroz	ferocíssimo
fiel	fidelíssimo
frágil	fragílimo
frio	frigidíssimo
geral	generalíssimo
humilde	humílimo
íntegro	integérrimo
jovem	juveníssimo
livre	libérrimo
loquaz	loquacíssimo
magnífico	magnificentíssimo
magro	macérrimo
malévolo	malevolentíssimo
manso	mansuetíssimo
miserável	miserabilíssimo
mísero	misérrimo
miúdo	minutíssimo
necessário	necessariíssimo
negro	nigérrimo
nobre	nobilíssimo

pessoal	personalíssimo
pobre	paupérrimo
precário	precariíssimo
pródigo	prodigalíssimo
provável	probabilíssimo
sábio	sapientíssimo
sagrado	sacratíssimo
sensível	sensibilíssimo
sério	seriíssimo
soberbo	superbíssimo
terrível	terribilíssimo
vário	variíssimo
veloz	velocíssimo
visível	visibilíssimo
voraz	voracíssimo

OBSERVAÇÕES

1ª) Existem alguns superlativos de base popular que vêm sendo aceitos em algumas gramáticas. Dê preferência, em sua redação, às formas eruditas acima apresentadas.

Ex.: dulcíssimo (preferível) ou docíssimo
humílimo (preferível) ou humildíssimo
macérrimo (preferível) ou magríssimo
nigérrimo (preferível) ou negríssimo
paupérrimo (preferível) ou pobríssimo

2ª) Alguns adjetivos têm dois superlativos: os regulares e os anômalos. São eles:

alto – altíssimo ou supremo (ou sumo)
baixo – baixíssimo ou ínfimo
bom – boníssimo ou ótimo
grande – grandíssimo ou máximo
mau – malíssimo ou péssimo
pequeno – pequeníssimo ou mínimo

EXERCÍCIOS

106) Assinale o erro na formação do plural.

a) éter – éteres

b) júnior – júniores

c) grácil – gráceis

107) Há erro na formação do plural em:

a) projetil – projetis

b) gaviãozinho – gaviãozinhos

c) ananás – ananases

108) Marque a palavra que não se flexiona em número.

a) arroz

b) qualquer

c) arco-íris

109) Só está correta a flexão de plural em:

a) pão de lós

b) colas-tudo

c) beija-flores

110) Marque o erro na formação do plural.

a) gentil-homens

b) arranha-céus

c) sempre-vivas

111) Só não há erro de plural em:

a) luso-brasileiro – lusos-brasileiros

b) tórax – tóraxes

c) paul – pauis

112) Coloque C (certo) ou E (errado) para a formação do feminino. Depois, anote a opção adequada.

( ) marajá – marani

( ) elefante – elefanta

( ) bispo – bispa

( ) maestro – maestrina

a) C, C, E, C   b) E, E, E, C   c) E, C, C, E

113) Coloque C (certo) ou E (errado) para a formação do feminino. Em seguida, assinale alternativa adequada.

( ) anfitrião – anfitriã

( ) jacaré – jacaroa

( ) frade – sóror

( ) mestre – mestra

a) C, E, C, C b) E, C, C, E c) C, E, E, C

114) Anote C (certo) ou E (errado) para a formação do feminino e marque a opção adequada.

( ) cônego – cônega

( ) cavaleiro – dama

( ) filisteu – filistoa

( ) sultão – sultana

a) C, E, E, C b) E, E, E, C c) E, C, C, E

115) Assinale a alternativa em que todos os substanivos são comuns de dois gêneros.

a) colega, mártir, ouvinte, patriota

b) algoz, intérprete, polvo, agente

c) contribuinte, médium, testemunha, vítima

116) Assinale o substantivo epiceno.

a) tatu

b) rinoceronte

c) lobo

117) Marque o substantivo sobrecomum.

a) jovem

b) homeopata

c) cônjuge

118) Assinale a alternativa que apresenta erro no plural das palavras em **–ão**.

a) cristãos, pagãos, melões

b) verãos, tabeliães, escrivães

c) cidadães, cirurgiões, capelães

119) Marque a alternativa em que todas as palavras têm plural com metafonia.

a) socorro, bolso, caroço, esgoto

b) miolo, porto, transtorno, imposto

c) troco, coro, corvo, forno

120) Marque a frase que apresenta erro de flexão nominal.

a) A poetisa teve duas gravidez.

b) Os primeiros-ministros assinaram os acordos anglo-germânicos.

c) As jovens peonas criavam reptis.

121) Assinale o erro na indicação do grau superlativo absoluto sintético.

a) magro – macérrimo

b) fiel – fielíssimo

c) doce – dulcíssimo

122) Só está correto o superlativo absoluto sintético em:

a) jovem – joveníssimo

b) agudo – acutíssimo

c) sagrado – sagradíssimo

123) Assinale a alternativa em que todas as palavras são masculinas.

a) champanha, alface, telefonema

b) cal, pernoite, eclipse

c) dó, milhar, mármore

124) Assinale a alternativa em que todas as palavras são femininas.

a) omoplata, musse, ioga

b) aguardente, cataplasma, matiz

c) haras, araçá, grama (relva)

125) Marque a alternativa em que as duas palavras são indiferentemente masculinas ou femininas.

a) laringe, diabetes

b) faringe, usucapião

c) caudal, matinê

Capítulo 8

FLEXÃO VERBAL

O verbo se flexiona em número, pessoa, tempo, modo e voz.

I) Flexão de número: singular e plural.

Ex.: singular: ando, andas, anda; queria, querias, queria; voltarei, voltarás, voltará

plural: andamos, andais, andam; queríamos, queríeis, queriam; voltaremos, voltareis, voltarão

II) Flexão de pessoa: primeira (aquela que fala), segunda (aquela com quem se fala) e terceira (aquela de quem se fala). As pessoas gramaticais correspondem, respectivamente, aos pronomes pessoais eu, tu e ele (e as formas do plural).

Ex.: escuto, escutas, escuta – primeira, segunda e terceira do singular

escutamos, escutais, escutam – primeira, segunda e terceira do plural

III) Flexão de tempo: presente, pretérito (passado) e futuro.

Ex.: corro, corri, correrei.

✓ Obs.: Veja a distribuição de tempos na flexão de modo, a seguir

IV) Flexão de modo: indicativo, subjuntivo e imperativo.

Modo indicativo

Apresenta o fato verbal de maneira indubitável, real.

Ex.: estudo, estudei

1. Presente: basicamente, mostra o fato verbal no momento atual.

   Ex.: Escrevo cartas.

2. Pretérito (o mesmo que passado). Pode ser perfeito, imperfeito e mais-que-perfeito.

   a) Perfeito: indica ação extinta. É o passado propriamente dito.

   Ex.: Escrevi cartas.

b) Imperfeito: indica ação prolongada, repetida, passada.
Ex.: Escrevia cartas.

c) Mais-que-perfeito: indica ação passada em relação a outra ação, também passada. Ou seja, é anterior ao perfeito.
Ex.: Quando cheguei, ele já escrevera a carta.

3. Futuro: basicamente, mostra o fato verbal que ainda vai realizar-se.

a) Futuro do presente: ação futura indiscutível.
Ex.: Escreverei cartas.

b) Futuro do pretérito: ação futura com alguma dependência. Por isso mesmo, antigamente era chamado de modo condicional.
Ex.: Se ela deixasse, eu escreveria cartas.

Modo subjuntivo

Apresenta o fato verbal de maneira duvidosa; por isso aparece, nomalmente, em orações subordinadas.
Ex.: que eu estude, se eu estudasse

1. Presente: precedido geralmente por **que**, apresenta valores semânticos variados, podendo, inclusive, remeter ao futuro.
Ex.: Todos esperam que eu escreva cartas.
Espero que amanhã você escreva cartas.

2. Pretérito imperfeito: indica geralmente condição ou tempo, em relação ao que se diz numa outra oração.
Ex.: Todos me entenderiam se eu **escrevesse** cartas.
Eu seria aceito assim que **escrevesse** cartas.

3. Futuro: indica fato que ainda vai ocorrer, mas que depende de outra ação também futura.
Ex.: Se você escrever cartas, chamará a atenção deles.

Modo imperativo

Expressa uma ordem, um pedido veemente. É emprestado; forma-se do presente do indicativo e do presente do subjuntivo. Pode ser afirmativo ou negativo.

1. Imperativo afirmativo: forma-se do presente do indicativo (tu e vós, menos a letra **s**) e do presente do subjuntivo (você, nós e vocês).
Ex.: imperativo afirmativo de **escrever**

escrevo	escreva
escreves → escreve (tu)	escrevas
escreve	escreva → escreva (você)
escrevemos	escrevamos → escrevamos (nós)
escreveis → escrevei (vós)	escrevais
escrevem	escrevam → escrevam (vocês)

Assim, o imperativo afirmativo de escrever é: escreve, escreva, escrevamos, escrevei, escrevam.

2. Imperativo negativo: forma-se integralmente do presente do subjuntivo; basta acrescentar a palavra **não**.

Ex.: imperativo negativo de **escrever**

escreva
escrevas → não escrevas (tu)
escreva → não escreva (você)
escrevamos → não escrevamos (nós)
escrevais → não escrevais (vós)
escrevam →não escrevam (vocês)

Dessa forma, o imperativo negativo de escrever é: não escrevas, não escreva, não escrevamos, não escrevais, não escrevam.

OBSERVAÇÕES

1ª) Não existe a primeira pessoa do singular.

2ª) A terceira pessoa é **você** (ou **vocês**), já que se trata da pessoa com quem se fala, ou seja, à qual se dá uma ordem; **ele** é a pessoa de quem se fala.

3ª) Pode-se, como se vê, tratar a pessoa por **tu** ou **você**. O que não pode ocorrer é a mistura de tratamentos; isso vale para todas as situações, não apenas para o emprego do imperativo.

Ex.: Espere-me lá fora, que eu te darei uma resposta. (errado)
Espera-me lá fora, que eu te darei uma resposta. (certo)
Espere-me lá fora, que eu lhe darei uma resposta. (certo)

Espere é você; **espera** é tu. O pronome a ser usado com **espere** é **lhe** (terceira pessoa); com **espera**, usa-se **te** (segunda pessoa).

V) Flexão de voz: ativa, passiva e reflexiva.

1. Voz ativa: quando o sujeito pratica a ação verbal.

Ex.: Os insetos destruíram a plantação.

2. Voz passiva: quando o sujeito sofre a ação verbal. Pode ser:

a) analítica ou verbal: com o verbo **ser** e o particípio do verbo principal.

Ex.: A plantação foi destruída pelos insetos.

✓ Obs.: O objeto direto da voz ativa (a plantação) passa a sujeito da passiva; o sujeito da voz ativa (os insetos) passa a agente da passiva.

b) sintética ou pronominal: com a palavra **se**, partícula apassivadora.

Ex.: Destruiu-se a plantação. (a plantação foi destruída)

O que parece objeto direto (a plantação) na realidade é um sujeito passivo. Tanto é que, se pluralizarmos a frase, teremos "destruíram-se as plantações". (as plantações foram destruídas)

3. Voz reflexiva: quando o sujeito pratica e sofre a ação; sempre aparece um pronome reflexivo.

Ex.: A criança se penteou. Eu me machuquei. Tu te sujaste.

OBSERVAÇÕES

1ª) Na mudança da voz verbal não deve ocorrer alteração de sentido, como acréscimo ou perda de informações, mudança do tempo verbal etc.

2ª) As locuções verbais passam à passiva com três formas verbais.

Ex.: Ele tinha decorado o escritório.
(O escritório tinha sido decorado por ele.)
Ele estava decorando o escritório.
(O escritório estava sendo decorado por ele.)

Formas rizotônicas e arrizotônicas

Eis algo simples, porém importante para a conjugação dos verbos.

1. Formas rizotônicas: aquelas que têm o acento tônico no radical. Ocorrem, geralmente, no presente do indicativo e no presente do subjuntivo, na primeira, segunda e terceira pessoas do singular e na terceira do plural; por extensão, aparecem também nas formas correspondentes do imperativo.

Ex.: ch**o**ro, ch**o**ras, ch**o**ra, ch**o**ram (radical: chor)
v**i**vo, v**i**ves, v**i**ve, v**i**vem (radical: viv)

✓ Obs.: Aparecem raramente em outros tempos, sempre em verbos irregulares, como no pretérito perfeito de **dizer**: d**i**sse.

2. Formas arrizotônicas: aquelas cuja vogal tônica não se encontra no radical. É a grande maioria na língua.

Ex.: chor**a**mos, chor**a**is; viv**e**mos, viv**e**is; diss**e**ste, diss**e**mos

Conjugação de verbos regulares

Os verbos regulares seguem um padrão de conjugação. Tomemos três verbos para modelos. Qualquer outro verbo regular segue a conjugação do paradigma (modelo) de sua conjugação.

VOLTAR (modelo da primeira conjugação)	
Pres. ind.:	volto, voltas, volta, voltamos, voltais, voltam
Pret. perf.:	voltei, voltaste, voltou, voltamos, voltastes, voltaram
Pret. imperf.:	voltava, voltavas, voltava, voltávamos, voltáveis, voltavam
Pret. m.-q.-perf.:	voltara, voltaras, voltara, voltáramos, voltáreis, voltaram

Fut. pres.:	voltarei, voltarás, voltará, voltaremos, voltareis, voltarão
Fut. pret.:	voltaria, voltarias, voltaria, voltaríamos, voltaríeis, voltariam
Pres. subj.:	volte, voltes, volte, voltemos, volteis, voltem
Imperf. subj.:	voltasse, voltasses, voltasse, voltássemos, voltásseis, voltassem
Fut. subj.:	voltar, voltares, voltar, voltarmos, voltardes, voltarem
Imp. afirm.:	volta, volte, voltemos, voltai, voltem
Imp. neg.:	não voltes, não volte, não voltemos, não volteis, não voltem
Inf. impess.:	voltar
Inf. pess.:	voltar, voltares, voltar, voltarmos, voltardes, voltarem
ger.:	voltando
part.:	voltado

RECEBER (modelo da segunda conjugação)	
Pres. ind.:	recebo, recebes, recebe, recebemos, recebeis, recebem
Pret. perf.:	recebi, recebeste, recebeu, recebemos, recebestes, receberam
Pret. imperf.:	recebia, recebias, recebia, recebíamos, recebíeis, recebiam
Pret. m.-q.-perf.:	recebera, receberas, recebera, recebêramos, recebêreis, receberam
Fut. pres.:	receberei, receberás, receberá, receberemos, recebereis, receberão
Fut. pret.:	receberia, receberias, receberia, receberíamos, receberíeis, receberiam
Pres. subj.:	receba, recebas, receba, recebamos, recebais, recebam
Imperf. subj.:	recebesse, recebesses, recebesse, recebêssemos, recebêsseis, recebessem
Fut. subj.:	receber, receberes, receber, recebermos, receberdes, receberem
Imp. afirm.:	recebe, receba, recebamos, recebei, recebam
Imp. neg.:	não recebas, não receba, não recebamos, não recebais, não recebam
Inf. impess.:	receber
Inf. pess.:	receber, receberes, receber, recebermos, receberdes, receberem
Ger.:	recebendo
Part.:	recebido

PARTIR (modelo da terceira conjugação)	
Pres. ind.:	parto, partes, parte, partimos, partis, partem
Pret. perf.:	parti, partiste, partiu, partimos, partistes, partiram
Pret. imperf.:	partia, partias, partia, partíamos, partíeis, partiam
Pret. m.-q.-perf.:	partira, partiras, partira, partíramos, partíreis, partiram
Fut. pres.:	partirei, partirás, partirá, partiremos, partireis, partirão
Fut. pret.:	partiria, partirias, partiria, partiríamos, partiríeis, partiriam
Pres. subj.:	parta, partas, parta, partamos, partais, partam
Imperf. subj.:	partisse, partisses, partisse, partíssemos, partísseis, partissem
Fut. subj.:	partir, partires, partir, partirmos, partirdes, partirem
Imp. afirm.:	parte, parta, partamos, parti, partam

Imp. neg.:	não partas, não parta, não partamos, não partais, não partam
Inf. impess.:	partir
Inf. pess.:	partir, partires, partir, partirmos, partirdes, partirem
Ger.:	partindo
Part.:	partido

OBSERVAÇÕES

1ª) Procure observar bem as terminações verbais. Elas devem aparecer nos demais verbos regulares da língua. Os irregulares, que veremos mais adiante, também costumam apresentá-las, com raras exceções. O problema dos verbos irregulares é a alteração do radical.

2ª) Nos verbos regulares, são iguais o futuro do subjuntivo e o infinitivo pessoal. O primeiro se conjuga com o apoio de uma conjunção ou pronome relativo; o segundo, de uma preposição.

Ex.: Aprenderei a matéria quando estudar mais.
(futuro do subjuntivo; **quando** é conjunção)
Aprenderei bem a matéria que estudar.
(futuro do subjuntivo; **que** é pronome relativo)
Inscrevi-me no curso para estudar à noite.
(infinitivo pessoal; **para** é preposição)

Conjugação de pôr, ter, ver e vir

Vejamos a conjugação desses quatro verbo irregulares. São importantíssimos porque dão origem a uma grande quantidade de verbos derivados, com o acréscimo de prefixos. Não deixe de aprendê-los.

PÔR	
Pres. ind.:	ponho, pões, põe, pomos, pondes, põem
Pret. perf.:	pus, puseste, pôs, pusemos, pusestes, puseram
Pret. imperf.:	punha, punhas, punha, púnhamos, púnheis, punham
Pret. m.-q.-perf.:	pusera, puseras, pusera, puséramos, puséreis, puseram
Fut. pres.:	porei, porás, porá, poremos, poreis, porão
Fut. pret.:	poria, porias, poria, poríamos, poríeis, poriam
Pres. subj.:	ponha, ponhas, ponha, ponhamos, ponhais, ponham
Imperf.: subj.:	pusesse, pusesses, pusesse, puséssemos, pusésseis, pusessem
Fut. subj.:	puser, puseres, puser, pusermos, puserdes, puserem
Imp. afirm.:	põe, ponha, ponhamos, ponde, ponham
Imp. neg.:	não ponhas, não ponha, não ponhamos, não ponhais, não ponham

Inf. impess.:	pôr
Inf. pess.:	pôr, pores, pôr, pormos, pordes, porem
Ger.:	pondo
Part.:	posto

TER	
Pres. ind.:	tenho, tens, tem, temos, tendes, têm
Pret. perf.:	tive, tiveste, teve, tivemos, tivestes, tiveram
Pret. imperf.:	tinha, tinhas, tinha, tínhamos, tínheis, tinham
Pret. m.-q.-perf.:	tivera, tiveras, tivera, tivéramos, tivéreis, tiveram
Fut. pres.:	terei, terás, terá, teremos, tereis, terão
Fut. pret.:	teria, terias, teria, teríamos, teríeis, teriam
Pres. subj.:	tenha, tenhas, tenha, tenhamos, tenhais, tenham
Imperf. subj.:	tivesse, tivesses, tivesse, tivéssemos, tivésseis, tivessem
Fut. subj.:	tiver, tiveres, tiver, tivermos, tiverdes, tiverem
Imp. afirm.:	tem, tenha, tenhamos, tende, tenham
Imp. neg.:	não tenhas, não tenha, não tenhamos, não tenhais, não tenham
Inf. impess.:	ter
Inf. pess.:	ter, teres, ter, termos, terdes, terem
Ger.:	tendo
Part.:	tido

VER	
Pres. ind.:	vejo, vês, vê, vemos, vedes, veem
Pret. perf.:	vi, viste, viu, vimos, vistes, viram
Pret. imperf.:	via, vias, via, víamos, víeis, viam
Pret. m.-q.-perf.:	vira, viras, vira, víramos, víreis, viram
Fut. pres.:	verei, verás, verá, veremos, vereis, verão
Fut. pret.:	veria, verias, veria, veríamos, veríeis, veriam
Pres. subj.:	veja, vejas, veja, vejamos, vejais, vejam
Imperf. subj.:	visse, visses, visse, víssemos, vísseis, vissem
Fut. subj.:	vir, vires, vir, virmos, virdes, virem
Imp. afirm.:	vê, veja, vejamos, vede, vejam
Imp. neg.:	não vejas, não veja, não vejamos, não vejais, não vejam
Inf. impess.:	ver
Inf. pess.:	ver, veres, ver, vermos, verdes, verem
Ger.:	vendo
Part.:	visto

VIR	
Pres. ind.:	venho, vens, vem, vimos, vindes, vêm
Pret. perf.:	vim, vieste, veio, viemos, viestes, vieram
Pret. imperf.:	vinha, vinhas, vinha, vínhamos, vínheis, vinham
Pret. m.-q.-perf.:	viera, vieras, viera, viéramos, viéreis, vieram
Fut. pres.:	virei, virás, virá, viremos, vireis, virão
Fut. pret.:	viria, virias, viria, viríamos, viríeis, viriam
Pres. subj.:	venha, venhas, venha, venhamos, venhais, venham
Imperf. subj.:	viesse, viesses, viesse, viéssemos, viésseis, viessem
Fut. suj.:	vier, vieres, vier, viermos, vierdes, vierem
Imp. afirm.:	vem, venha, venhamos, vinde, venham
Imp. neg.:	não venhas, não venha, não venhamos, não venhais, não venham
Inf. impess.:	vir
Inf. pess.:	vir, vires, vir, virmos, virdes, virem
Ger.:	vindo
Part.:	vindo

OBSERVAÇÕES

1ª) **Veem** é presente do verbo **ver**; **vêm**, do verbo **vir**.

Ex.: Eles só veem problemas.
Elas vêm cedo para casa.

2ª) Erra-se muito a flexão de futuro do subjuntivo do verbo **ver**. Cuidado! A letra **e**, como foi mostrado, passa a **i** em todas as pessoas. Já o verbo **vir** faz **vier**.

Ex.: Quando ele vir a casa, vai querer comprá-la.
Quando você vier, ficarei mais à vontade.

3ª) **Vimos** pode ser presente do indicativo de **vir** ou pretérito perfeito de **ver**.

Ex.: Nós vimos falar-lhe.
Vimos o jogo em sua varanda.

Verbos irregulares mais problemáticos

1. Verbos terminados em **ear**: passear, recear, pentear, cear, nomear, ombrear, ladear, clarear, patentear etc.

Apresentam o ditongo **ei** nas formas rizotônicas.

Pres. ind.:	nom**ei**o, nom**ei**as, nom**ei**a, nomeamos, nomeais, nom**ei**am
Pres. subj.:	nom**ei**e, nom**ei**es, nom**ei**e, nomeemos, nomeeis, nom**ei**em
Imp. afirm.:	nom**ei**a, nom**ei**e, nomeemos, nomeai, nom**ei**em
Imp. neg.:	não nom**ei**es, não nom**ei**e, não nomeemos, não nomeeis, não nom**ei**em

✓ Obs.: Em todos os outros casos, não aparede o ditongo **ei**.
Ex.: nomeava, nomearemos, nomeasse, nomeando, nomeado

2. Verbos terminados em **iar**: confiar, renunciar, anunciar, premiar, aliviar etc.
São verbos regulares; cuidado para não confundi-los com os terminados em **ear**.

Pres. ind.:	confio, confias, confia, confiamos, confiais, confiam
Pres. subj.:	confie, confies, confie, confiemos, confieis, confiem

✓ Exceções: mediar, ansiar, remediar, incendiar, odiar e intermediar, que apresentam o ditongo **ei** nas formas rizotônicas.
Ex.: med**ei**o, med**ei**as, med**ei**a, mediamos, mediais, med**ei**am
med**ei**e, med**ei**es, med**ei**e, mediemos, medieis, med**ei**em

3. Aderir, competir, repetir, concernir, discernir, impelir, expelir, repelir, preterir, gerir, divergir etc.
Trocam o **e** do radical por **i** na primeira pessoa do singular do presente do indicativo, bem como em todo o presente do subjuntivo.

Pres. ind.:	ad**i**ro, aderes, adere, aderimos, aderis, aderem
Pres. subj.:	ad**i**ra, ad**i**ras, ad**i**ra, ad**i**ramos, ad**i**rais, ad**i**ram

4. Compor, repor, impor, depor, expor, propor etc.
São derivados de **pôr**, cuja conjugação seguem rigorosamente.
Ex.: compus, compuseste, compôs; repuser, repuseres, repuser; impusesse, impusesses, impusesse; depunha, depunhas, depunha etc.

5. Conter, deter, manter, reter etc.
Conjugam-se da mesma forma que o verbo **ter**, que lhes dá origem.
Ex.: contive, contiveste, conteve; detinha, detinhas, detinha; mantivera, mantiveras, mantivera; retivesse, retivesses, retivesse etc.

6. Rever, antever, prever etc.
Seguem integralmente a conjugação de **ver**, o verbo primitivo.
Ex.: revi, reviste, reviu; antevira, anteviras, antevira; previsse, previsses, previsse etc.

7. Advir, intervir, provir, convir etc.
Sendo derivados de **vir**, seguem a sua conjugação.
Ex.: advenho, advéns, advém; interviera, intervieras, interviera; proviesse, proviesses, proviesse; convier, convieres, convier etc.

8. Estourar, roubar, dourar, inteirar, peneirar, aleijar etc.
Mantêm o ditongo do infinitivo em toda a conjugação; o timbre é fechado.
Ex.: estouro, estouras, estoura; douro, douras, doura; inteire, inteires, inteire etc.

✓ Obs.: Cuidado com a pronúncia incorreta, que se vai espalhando por todos os lados: estóro, róba, intére, aléja etc.

9. Mobiliar

O primeiro **i** é tônico e acentuado nas formas rizotônicas.

Pres. ind.:	mobílio, mobílias, mobília, mobiliamos, mobiliais, mobíliam
Pres. subj.:	mobílie, mobílies, mobílie, mobiliemos, mobilieis, mobíliem

10. Polir

Veja a conjugação correta nos dois presentes.

Pres. ind.:	pulo, pules, pule, polimos, polis, pulem
Pres. subj.:	pula, pulas, pula, pulamos, pulais, pulam

11. Raptar, adaptar, captar, optar, obstar, pugnar, impugnar, impregnar, ritmar etc.

A vogal que antecede o encontro consonantal é tônica (formas rizotônicas). Veja a sílaba tônica em destaque.

rapto, a**dap**to, **cap**to, **op**to, **obs**to, **pug**no, im**pug**no, im**preg**no, **rit**mo

✓ Obs.: Evite a pronúncia relaxada, desagradável, aviltante: rapíto, adapíto, capíto, opíto, obísto, puguíno, impuguíno, impreguíno, ritímo. Não se esqueça: o advogado tem de pronunciar corretamente as palavras da língua, sob o risco de cair no ridículo.

12. Requerer

Com exceção da primeira pessoa do singular do presente do indicativo (requeiro) e de todo o presente do subjuntivo (requeira, requeiras, requeira etc.), o verbo mantém o radical do infinitivo: **requer**.

Ex.: requeri, requereste, requereu; requerera, requereras, requerera; requerer, requereres, requerer etc.

✓ Obs.: O radical **quis**, que o verbo **querer** às vezes apresenta, não aparece no verbo **requerer**.

Ex.: eu quis → eu requeri

eu quisera → eu requerera

13. Prover

Não segue o verbo **ver** no pretérito perfeito e seus derivados (pret. mais-que-perfeito, imperfeito do subjuntivo e futuro do subjuntivo), bem como no particípio.

Pres. ind.:	provejo, provês, provê, provemos, provedes, proveem
Pret. perf.:	provi, proveste, proveu, provemos, provestes, proveram
Pret. imperf.:	provia, provias, provia, províamos, províeis, proviam
Pret. m.-q.-perf.:	provera, proveras, provera, provêramos, provêreis, proveram
Fut. pres.:	proverei, proverás, proverá, proveremos, provereis, proverão
Imperf. subj.:	provesse, provesses, provesse, provêssemos, provêsseis, provessem
Fut. do subj.:	prover, proveres, prover, provermos, proverdes, proverem
Part.:	provido

14. Crer e descrer

Pres. ind.:	creio, crês, crê, cremos, credes, creem
Pret. perf.:	cri, creste, creu, cremos, crestes, creram
Pret. imperf.:	cria, crias, cria, críamos, críeis, criam

15. Valer

Pres. ind.:	valho, vales, vale, valemos, valeis, valem
Pret. perf.:	vali, valeste, valeu, valemos, valestes, valeram
Pret. imperf.:	valia, valias, valia, valíamos, valíeis, valiam
Fut. pres.:	valerei, valerás, valerá, valeremos, valereis, valerão
Pres. subj.:	valha, valhas, valha, valhamos, valhais, valham

16. Dormir

Pres. ind.:	durmo, dormes, dorme, dormimos, dormis, dormem
Pret. perf.:	dormi, dormiste, dormiu, dormimos, dormistes, dormiram
Pret. imperf.:	dormia, dormias, dormia, dormíamos, dormíeis, dormiam
Pres. subj.:	durma, durmas, durma, durmamos, durmais, durmam

17. Cuspir e bulir

Pres. ind.:	cuspo, cospes, cospe, cuspimos, cuspis, cospem
Pret. perf.:	cuspi, cuspiste, cuspiu, cuspimos, cuspistes, cuspiram
Pret. imperf.:	cuspia, cuspias, cuspia, cuspíamos, cuspíeis, cuspiam
Pres. subj.:	cuspa, cuspas, cuspa, cuspamos, cuspais, cuspam

✓ Obs.: Cuidado para não dizer ou escrever **cospi**, **cospimos**, **cospia** etc.

18. Abolir, colorir, banir, estorquir, demolir

São verbos defectivos. Não possuem a primeira pessoa do singular do presente do indicativo, bem como todo o presente do subjuntivo. Nos outros tempos, são completos.

Pres. ind.:	aboles, abole, abolimos, abolis, abolem
Pres. subj.:	não há

19. Reaver, precaver-se, adequar, falir, remir

São defectivos. No presente do indicativo só possuem a primeira e a segunda pessoas do plural (nós e vós). Não têm presente do subjuntivo. São completos nos demais tempos.

Pres.: ind.:	reavemos, reaveis
Pres. subj.:	não há.

✓ Obs.: Esses verbos às vezes são conjugados, indevidamente, de maneira completa. Absurdos como **adequa**, **fale**, **precavenha** etc. vão se espalhando por aí. Uma pessoa culta deve, sem nenhuma dúvida, evitar tais equívocos.

20. Aguar, desaguar, enxaguar e minguar

A vogal **u** desses verbos é sempre átona.

Pres. ind.:	águo, águas, água, aguamos, aguais, águam
Pres. subj.:	água, águes, águe, aguemos, agueis, águem

21. Caber

Tem duas variantes do radical: caib e coub.

Pres. ind.:	caibo, cabes, cabe, cabemos, cabeis, cabem
Pret. perf.:	coube, coubeste, coube, coubemos, coubestes, couberam
Pres. subj.:	caiba, caibas, caiba, caibamos, caibais, caibam

22. Saudar e abaular

Têm **u** tônico nas formas rizotônicas.

Pres. ind.:	saúdo, saúdas, saúda, saudamos, saudais, saúdam
Pres. subj.:	saúde, saúdes, saúde, saudemos, saudeis, saúdem

EXERCÍCIOS

126) Assinale o erro de flexão verbal.

a) Alguém reviu a documentação?

b) Se você desfizer o contrato, vai prejudicar-me.

c) Todos se deteram em frente da estátua.

127) Está correta a flexão verbal apenas em:

a) Ele não quereria elogios.

b) Se o juiz manter a calma, enxergará melhor.

c) Quando o professor rever os testes, encontrará aquele erro.

128) Existe um erro de flexão verbal na seguinte alternativa:

a) Espero que Alberto não desdiga tudo.

b) O barco provinha do Pará.

c) Se o acordo lhe convir, faça-o logo.

129) Marque o erro na flexão do verbo mobiliar.

a) Mobiliemos a loja.

b) Desejo que mobilies logo o teu apartamento.

c) Se mobiliásseis a casa, não teríeis esse problema.

130) Aponte o erro na flexão do verbo requerer.

a) Ninguém requerera ainda a vista de prova.

b) Quando você requiser o benefício, eu o ajudarei.

c) Não requeirais agora vossa aposentadoria.

131) Assinale o erro de flexão verbal.

a) Se valhesse tanto, eu não reclamaria.

b) Jamais cri em suas explicações.

c) Carla sempre pule a vidraça.

132) Assinale a frase que apresenta verbo no modo indicativo.

a) Escreve, assim que puderes, uma carta para mim.

b) Se quiseres, apresenta a solução.

c) Diga-me a verdade, que eu te ajudarei.

133) Há erro numa forma do verbo prover em:

a) provejo

b) provêramos

c) provisto

134) Não há erro de flexão verbal na opção:

a) Teu filho sempre colore os desenhos.

b) O bom funcionário se adequa às funções.

c) O que todos pedem é que eu me precavenha.

135) Complete as lacunas da frase abaixo e assinale a alternativa correspondente.

.... à tua colega o gabarito, mas não......... comentário algum.

a) Mostra, faças

b) Mostre, faça

c) Mostre, faças

136) Complete as lacunas da frase abaixo e marque a opção adequada.

.... o que lhe dizem os mais velhos e........ a decisão que achar melhor.

a) Ouça, toma

b) Ouça, tome

c) Ouve, tome

137) Complete as lacunas da frase abaixo e assinale a opção adequada.

Não........ da vida que levas, porque....... a maior parte da culpa.

a) reclame, tens

b) reclames, tem

c) reclames, tens

138) Assinale o erro na mudança da voz verbal.

a) O homem trouxera o cavalo.
O cavalo foi trazido pelo homem.

b) Lerei o relatório à noite.
O relatório será lido por mim à noite.

c) Sempre pedes desculpas.
Desculpas sempre são pedidas por ti.

139) Marque a frase em que a mudança da voz verbal acarreta mudança de sentido.

a) O jovem tinha comprado uma bicicleta.
Uma bicicleta tinha sido comprada pelo jovem.

b) Apararam a grama.
A grama foi aparada por eles.

c) Vê-lo-emos.
Ele será visto por nós.

140) Há erro na mudança da voz verbal em:

a) Serias compreendido por todos.
Todos te compreenderiam.

b) Fui prejudicado.
Prejudicaram-me.

c) O pátio era lavado por Joaquim.
Joaquim lavara o pátio.

141) Reformaram a praça. Reformou-se a praça.
Sobre essas frases é correto dizer que:

a) Ambas estão na voz ativa.

b) Ambas estão na voz passiva.

c) Apenas uma está na voz ativa.

142) Preencha com C (certo) ou E (errado) para a flexão verbal e assinale a opção adequada.

( ) Já reavi o relógio.

( ) Se você prever algo, avise-me.

( ) Eles não se provêm do necessário.

( ) Tinham ceiado com a família.

a) C, E, C, C   b) E, E, E, E   c) C, C, C, E

143) Coloque C (certo) ou E (errado) para a flexão verbal; a seguir, anote a alternativa adequada.

( ) Premie apenas o primeiro colocado.

( ) Traga tua mãe.

( ) Você creu naquilo?

( ) Se ele se expor, terá problemas.

a) C, C, C, E b) C, E, C, E c) E, C, E, C

144) Assinale a frase cujo verbo está no infinitivo, e não no futuro do subjuntivo, como os demais.

a) Se falar alto, será atendido.
b) Doarei os livros que comprar no leilão.
c) Fiz tudo para acertar.

145) Anote o erro de flexão verbal.

a) Não bolimos na mercadoria.
b) Ladeemos o quarteirão.
c) Sempre compito honestamente.

Capítulo 9

ORTOGRAFIA

Costuma-se, indevidamente, associar ortografia unicamente a emprego de letras. Na realidade, o termo abrange também a acentuação gráfica, já estudada, o emprego do hífen, a divisão silábica, o emprego das iniciais maiúsculas e minúsculas, as abreviaturas e as siglas.

Neste capítulo, estudaremos o emprego das letras. Os demais itens serão abordados em capítulos subsequentes.

Emprego de letras

I) Algumas regras importantes

1. EZA / ESA

a) Usa-se EZA (ou EZ) em substantivos abstratos derivados de adjetivos.
Ex.: grande – grandeza, claro – clareza, altivo – altivez

b) Usa-se ESA (ou ISA) na formação de feminino.
Ex.: barão – baronesa, faquir – faquiresa, diácono – diaconisa

✓ Obs.: Não se enquadrando num desses dois casos, a palavra será geralmente grafada com **s**.
Ex.: empresa, surpresa, represa

2. IZAR / ISAR

a) IZAR é sufixo verbal (sufixo **iz** mais **ar**).
Ex.: canal – canalizar, suave – suavizar, ágil – agilizar

Veja que a terminação **izar** pode ser retirada. Certas palavras primitivas, como **suave**, perdem a vogal átona final quando a elas se une o sufixo: suav(e)+ izar.

b) ISAR não é sufixo. Ocorre quando a palavra tem **s** no radical.
Ex.: pesquisa – pesquisar, aviso – avisar

✓ Obs.: Em **catequizar** há uma aparente exceção. Acontece que o radical de **catequese** se reduz para receber o sufixo **izar**: catequ(ese) + izar. Algo semelhante ocorre com **batizar**. A terminação **ismo** perdeu a função normal de sufixo. Leva-se em conta a redução da palavra: bat(ismo) + izar.

3. Depois de ditongo usa-se:

a) S, e não Z.

Ex.: pausa, coisa, pousar, ousadia

Exceções: palavras com diminutivo em **zinho**.

Ex.: aneizinhos.

b) X, e não CH.

Ex.: caixa, eixo, ameixa, trouxa

Exceções: caucho e derivados, como recauchutar.

c) Ç, e não SS.

Ex.: afeição, sujeição, rejeição

4. A letra **t** do radical se transforma em **ç**.

Ex.: proje**t**ar – proje**ç**ão, op**t**ar – op**ç**ão, exce**t**o – exce**ç**ão

5. As letras J, S e Z conservam-se nas palavras derivadas.

Ex.: la**j**e – la**j**eado, lápi**s** – lapi**s**eira, arro**z** – arro**z**al

6. Depois de ME usa-se X, e não CH.

Ex.: mexer, mexerico, mexilhão

Exceções: mecha (de cabelo); mechar e mechoação.

7. Depois de EN usa-se X, e não CH.

Ex.: enxoval, enxaqueca, enxugar

Exceções: enchova (o mesmo que anchova); encher (e derivados); palavras derivadas cujas primitivas têm **ch** no radical: enchumbar (de chumbo).

8. Palavras derivadas de verbos

a) Com Ç:

- se o verbo é **ter** ou derivados.

Ex.: ater – atenção, conter – contenção.

- se a vogal temática do verbo se mantém.

Ex.: salv**a**r – salv**a**ção, part**i**r – part**i**ção.

b) Com S, se o radical do verbo termina em ND, RT ou RG.

Ex.: suspe**nd**er – suspen**s**ão, repree**nd**er – repreen**s**ão
diver**t**ir – diver**s**ão, rever**t**er – rever**s**ão
asper**g**ir – asper**s**ão, imer**g**ir – imer**s**ão

c) Com SS:

- quando o radical do verbo termina em CED, MET, PRIM ou GRED.

Ex.: con**ced**er – conce**ss**ão, su**ced**er – suce**ss**ão
pro**met**er – prome**ss**a, re**met**er – reme**ss**a
com**prim**ir – compre**ss**ão, im**prim**ir – impre**ss**ão
re**gred**ir – regre**ss**ão, pro**gred**ir – progre**ss**ão

- quando o verbo termina em TIR, se este grupo desaparece.

discu**tir** – discu**ss**ão, repercu**tir** – repercu**ss**ão

II) Formas corretas e formas erradas

CERTO	ERRADO
abóbada	abóboda
adivinhar	advinhar
aforismo	aforisma
asterisco	asterístico
bandeja	bandeija
beneficência	beneficiência
bicarbonato	bicabornato
bússola	bússula
braguilha	barriguilha ou barguilha
cabeçalho	cabeçário
caramanchão	carramanchão
caranguejo	carangueijo
cataclismo	cataclisma
corcunda	carcunda
dentifrício	dentefrício
despender	dispender
digladiar	degladiar
dignitário	dignatário
discricionário	descricionário
disenteria	desinteria
dispêndio	despêndio
empecilho	impecilho
engajar	enganjar
estrambótico	estrambólico
estrelar (ovos)	estalar
exprobrar	exprobar
frustrar	frustar
ignomínia	ignonímia
invés	envés
irascível	irrascível
jabuti	jaboti
jabuticaba	jaboticaba
lagartixa	largatixa
má-criação	malcriação
mendigo	mendingo
meritíssimo	meretíssimo
mimeógrafo	mimiógrafo
meteorologia	metereologia
mortadela	mortandela

muçulmano	mulçumano
opróbrio	opróbio
pantomima	pantomina
prazeroso	prazeiroso
privilégio	previlégio
prostrar	prostar
reivindicar	reinvindicar ou reividicar
samambaia	sambambaia
silvícola	selvícola
supetão	sopetão
surripiar	surrupiar
terebintina	terebentina
usufruto	usofruto
xifópago	xipófago

✓ Obs.: Cuidado com **torácico** (de tórax), **femoral** (de fêmur), **umedecer** (de úmido) e **extensão** (de estender), palavras que alteram o radical em relação às primitivas.

III) Formas variantes

abdome	abdômen
alarme	alarma
aluguel	aluguer
assobiar	assoviar
bêbado	bêbedo
botijão	bujão
brócolis	brócolos
cãibra	câimbra
carroceria	carroçaria
champanha	champanhe
chimpanzé	chipanzé
coisa	cousa
cuspe	cuspo
diabetes	diabete
doirar	dourar
espécime	espécimen
germe	gérmen
hidroavião	hidravião
hidroelétrico	hidrelétrico
humus	humo
infarto, enfarte	enfarto
lavanderia	lavandaria
leiteria	leitaria

louro	loiro
marimbondo	maribondo
mestria	maestria
mostrengo	monstrengo
nenê	neném
nômade	nômada
percentagem	porcentagem
quatorze	catorze
quatriênio	quadriênio
quociente	cociente
quota	cota
quotidiano	cotidiano
radioativo	radiativo
rasto	rastro
reescrever	rescrever
registrar	registar
ruptura	rotura
soalho	assoalho
sobressalente	sobresselente
soprar	assoprar
taverna	taberna
terraplanagem	terraplenagem
toucinho	toicinho
traje	trajo
transladar	trasladar
voleibol	volibol
xale	xaile

✓ Obs.: Variantes como flecha / frecha, floco / froco, flauta / frauta e neblina / nebrina tendem nitidamente ao emprego da primeira. Convém, mesmo, evitar as formas com **r**, praticamente desusadas na língua. Pelo mesmo motivo, convém evitar as variantes dous (de dois) e doudo (de doido).

EXERCÍCIOS

146) Assinale a alternativa com erro de ortografia.

a) caçarola, enguiçar, torção

b) apreensão, consenso, conversão

c) exegese, vajem, xará

147) Marque a opção com erro de ortografia.

a) gêiser, açude, radicalizar

b) gergelim, enfaixar, blusão

c) xampu, acessor, graxa

148) Marque a alternativa sem erro de ortografia.

a) vicissitude, excursão, hesitar

b) mochila, xarque, ressarcir

c) hortaliça, repressão, anjina

149) Assinale a alternativa em que todas as palavras se completam com **es**, e não **ex**.

a) ...planar,...pontâneo,...tender

b) ...plêndido,...tourar,...pargir

c) ...tasiar,...pectativa,...tratosfera

150) Marque a palavra que não pode ser grafada com **h** inicial.

a) herbíboro

b) hervanário

c) hindu

151) Assinale a alternativa em que as duas palavras se completam com **i**, e não com **e**.

a) acr...ano, cr...olina

b) cas...mira, pár...o

c) d...gladiar, pát...o

152) Aponte a alternativa em que as duas palavras se completam com **e**, e não com **i**.

a) ...nvés, pont...agudo

b) heterogên...o, mim...ógrafo

c) d...lapidar, réd...a

153) Assinale a opção em que as duas palavras se completam com **u**, e não com **o**.

a) ac...dir, b...lir

b) eng...lir, el...cubração

c) s...petão, m...ela

154) Marque a alternativa em que as duas palavras se completam com **o**, e não com **u**.

a) m...lambo, b...teco

b) c...rtume, jab...ticaba

c) ób...lo, estrip...lia

155) Aponte o erro de ortografia.

a) siso, textura

b) abstenção, analisar

c) realeza, paralizia

156) Coloque C (certo) ou E (errado) para a grafia das palavras; depois, assinale a alternativa correspondente.

( ) rabugento, braguilha

( ) egrégio, destreza

( ) coalizão, passoca

( ) jenipapo, abóboda

a) C, C, E, E b) C, E, C, C c) E, C, E, E

157) Assinale a palavra grafada erradamente por não possuir o dígrafo **sc**, como as demais.

a) suscitar

b) suscinto

c) piscina

158) Marque a opção em que as duas palavras estão grafadas corretamente.

a) insosso, excasso

b) éjide, regurgitar

c) muçulmano, pechincha

159) Assinale a alternativa em que as duas palavras estão escritas com correção.

a) xipófago, enxada

b) bissetriz, bicabornato

c) lagartixa, xícara

160) De todas as palavras abaixo, apenas uma apresenta erro de grafia. Assinale a opção em que ela se encontra.

a) hangar, camurça, grangear, chuchu

b) cuscuz, ojeriza, tornozelo, fuligem

c) capixaba, digladiar, cercear, dispêndio.

Capítulo 10

EMPREGO DO HÍFEN

I) Em palavras compostas por justaposição.

Ex.: guarda-roupa, bem-te-vi, cola-tudo, meio-fio, segunda-feira

II) Nos casos de ênclise ou mesóclise.

Ex.: Espantei-me. Realizar-se-á.

III) Para ligar os termos de uma cadeia linguística.

Ex.: Fiz o percurso Brasília-Manaus em menos de três horas.
A ponte Rio-Niterói tem tráfego intenso.

IV) Em palavras formadas por determinados prefixos.

Existem em português elementos que, por sua origem e natureza, são considerados prefixos.

Ex.: in-, des-, re-, pró-, sub-, super-, vice- etc.

Existem elementos, radicais gregos ou latinos, que entram na composição de uma grande quantidade de palavras, sem ter vida autônoma. A eles dá-se o nome de pseudoprefixos.

Ex.: bio-, macro-, micro-, tele- etc.

Às vezes determinadas palavras, como preposições e advérbios, funcionam com prefixos.

Ex.: bem, sem, mal etc.

Por todos esses elementos funcionarem como prefixos, assim os chamaremos, por razões didáticas.

1. Com prefixos terminados em vogal, como ante-, anti-, arqui-, auto-, contra-, entre-, extra-, infra-, intra-, neo-, proto-, pseudo-, semi-, sobre-, supra-, ultra-, aero-, agro-, eletro-, geo-, hidro-, hio-, macro-, maxi-, micro-, mini-, multi-, pluri-, retro-, tele- etc.

a) Quando a palavra começa por H.

Ex.: anti-higiênico, semi-hospitalar, neo-helênico, geo-história

b) Quando a palavra começa pela mesma vogal com que termina o prefixo.

Ex.: semi-interno, supra-auricular, infra-axilar, eletro-ótica, micro-onda

OBSERVAÇÕES

1ª) Se as vogais forem diferentes, não haverá o hífen.
Ex.: antiaéreo, macroeconomia, autoestrada, aeroespacial, agroindustrial

3ª) Se a palavra começar por R ou S, essas letras serão dobradas.
Ex.: extrarregular, contrarregra, infrassom, cosseno, minissaia, microrradiografia, eletrossiderurgia, microssistema, hiossatélite

2. Com os prefixos circum- e pan- antes de H, M, N e VOGAL.
Ex.: circum-hospitalar, circum-murado, circum-navegação, pan-africano, pan-mágico

3. Com os prefixos hiper-, inter- e super- antes de H e R
Ex.: super-homem, hiper-requintado, inter-resistente

4. Com os prefixos ab-, ob-, sob- e sub- antes de H, B e R
Ex.: sub-humano, sub-bibliotecário, ab-rogar, ob-reptício, sub-reitoria

5. Com o prefixo ad- antes de H, D e R.
Ex.: ad-digital, ad-renal

6. Com os prefixos tônicos acentuados pré-, pró-, pós-.
Ex.: pré-vestibular, pró-europeu, pós-guerra
Mas: prever, promover, pospor

7. Com os prefixos ex- (significando "aquilo que não é mais"), sota-, soto-, vice- e vizo-.
Ex.: ex-aluno, soto-mestre, vice-presidente, vizo-rei

8. Com os prefixos além-, recém-, aquém-, bem- e sem-
Ex.: além-mar, aquém-mar, recém-casado, bem-vindo, bem-mandado, sem-cerimônia

OBSERVAÇÕES

1ª) A preposição **sem**, usada como prefixo (último exemplo), exige o hífen. Cuidado, no entanto, com seu emprego. Se for mera preposição, não haverá o hífen.

Ex.:Ele era um sem-vergonha. (prefixo)
Agiu sem vergonha nenhuma. (preposição)
Houve um sem-número de erros. (prefixo)
Era um lote sem número. (preposição)

2ª) O advérbio **bem**, usado como prefixo, exige o hífen. No entanto, há muitas palavras em que os dois elementos se justapõem sem o hífen.
Ex.: benfazejo, benfeito, benfeitor, benquerença

9. Com o advérbio **mal** usado como prefixo, antes de VOGAL, H ou L.
Ex.: mal-estar, mal-humorado, mal-limpo

10. Com os prefixos co-, re-, des- e in-, jamais se usa o hífen.
Ex.: coautor, coerdeiro, reler, ressurgir, desonesto, inumano

Palavras com hífen

água-de-coco	erva-cidreira
água-de-colônia	erva-doce
bem-estar	erva-mate
bem-vindo	livre-arbítrio
boa-fé	má-fé
capim-limão	mala-direta
cartão-postal	mais-que-perfeito
cor-de-rosa	maus-tratos
dois-pontos	sangue-frio
edifício-garagem	zero-quilômetro

Palavras sem hífen

aperto de mão	marcha a ré
arco e flecha	maria vai com as outras
à toa	meio ambiente
boa vontade	obra de arte
bom senso	óleo de soja
bumba meu boi	olho mágico
cadeira de balanço	pai de família
cartão de crédito	ponto de vista
chefe de família	ponto e vírgula
disco voador	pôr do sol
dona de casa	ser humano
jardim de infância	tão só
jardim de inverno	tão somente
má vontade	

EXERCÍCIOS

161) Há erro no emprego do hífen na seguinte alternativa:

a) proto-organismo, neoacadêmico

b) extra-temporal, contracultura

c) suprapartidário, anterreforma

162) Assinale o erro no emprego do hífen.

a) ultra-apressado, semimorto

b) pseudoágata, auto-conhecimento

c) intramolecular, sobrerrosado

163) Só está correta quanto ao hífen a palavra:

a) arquiinimigo

b) anti-roubo

c) superorgânico

164) Marque o item em que a palavra não pode ser grafada com hífen.

a) soto-mestre

b) neo-humanismo

c) super-mãe

165) Marque a alternativa em que a palavra não pode ser grafada sem hífen.

a) panamericano

b) interestelar

c) arquipoeta

166) Está empregado corretamente o hífen na seguinte opção:

a) sub-aéreo

b) sub-solo

c) sub-bosque

167) Marque a alternatica em que as duas palavras estão corretas quanto ao hífen.

a) extra-hepático, antenupcial

b) vice-reitor, macro-economia

c) eletroímã, supra-sumo

168) Assinale a palavra que levaria hífen se a ela se unisse o prefixo dos parênteses.

a) seção (sub)

b) túmulo (além)

c) precioso (semi)

169) Marque a palavra que não levaria hífen se a ela se ligasse o prefixo dos parênteses.

a) vizinho (circum)

b) diretor (vice)

c) apressado (ultra)

170) Coloque C (certo) ou E (errado) para o emprego do hífen e marque a alternativa adequada.

( ) ab-jurar

( ) malagradecido

( ) hiperacústico

( ) contraindicação

a) C, E, E, C b) E, E, C, C c) E, C, C, E

171) Coloque C (certo) ou E (errado) para o emprego do hífen; a seguir, assinale a opção correspondente.

( ) semidocumental

( ) proto-geografia

( ) extraparlamentar

( ) supra-dental

a) C, C, C, E b) E, E, E, C c) C, E, C, E

172) Assinale a frase com erro de hífen.

a) O vice-cônsul só usa cartão de crédito.

b) O subtenente matriculou o filho no jardim de infância.

c) Esta cadeira-de-balanço é super-resistente.

173) Marque a frase com erro de hífen.

a) O meio-ambiente só me causa bem-estar.

b) O codiretor é sempre bem-vindo aqui.

c) O contra-almirante agiu com bom senso.

174) Assinale o erro de hífen.

a) circum-ambiente

b) hiper-hidrose

c) pseudo-cientista

175) Assinale o erro de hífen.

a) ante-gregoriano

b) multi-instrumentista

c) recém-casado

Capítulo 11

DIVISÃO SILÁBICA

1. Não se separam os ditongos e os tritongos.
Ex.: pei-xe, sau-da-de, Pa-ra-guai, sa-guão

2. Separam-se os hiatos.
Ex.: car-na-ú-ba, co-ro-a, ál-co-ol

3. Separam-se os dígrafos RR, SS, SC, SÇ e XC.
Ex.: mor-rer, as-sim, nas-cer, cres-ça, ex-ce-to

4. Separam-se os grupos consonantais impróprios, que são aqueles que não terminam por **l** nem **r**.
Ex.: pug-nar, pa-ra-dig-ma, ca-rac-te-ri-zar, op-tar
Mas: a-fli-to, a-tle-ta, so-gro, a-gra-var

✓ Obs.: Pode o encontro consonantal ter mais de duas consoantes. Nesse caso, destaca-se sempre a última, que vai formar sílaba com a vogal seguinte.
Ex.: subs-tân-cia, tungs-tê-nio

5. Quando um prefixo termina por **r** ou **s**, há duas possibilidades:

a) se a palavra começar por consoante, **r** e **s** permanecem nos prefixos.
Ex.: trans-por-tar, bis-ne-to, su-per-lo-ja

b) se a palavra começar por vogal, **r** e **s** vão formar sílaba com ela, de acordo com a pronúncia.
Ex.: tran-sa-tlân-ti-co, su-pe-rin-te-li-gen-te

6. Não se quebra o prefixo **sub** quando está seguido por consoante; caso a palavra comece por vogal, o **b** do prefixo vai formar sílaba com ela. Nesse caso, a pronúncia corrente é sacrificada.
Ex.: sub-se-ção, sub-so-lo, sub-li-nhar, sub-re-gi-ão (a palavra já tem hífen: sub-região); su-ba-é-reo, su-bi-tem, su-ba-flu-en-te
Atenção! Em sublime (e derivados) o **sub** não é prefixo. Separação: su-bli-me.

7. Palavras terminadas por elementos vocálicos.

a) pá-tria (ditongo, pois o grupo é átono)
que-ri-a (hiato, pois a primeira vogal do grupo é tônica)
pa-tu-á (hiato, pois a segunda vogal do grupo é tônica)

Essa explicação pode ser resumida, de maneira curiosa, com as palavras sábia, sabia e sabiá. Separação: sá-bia, sa-bi-a, sa-bi-á.

b) ge-lei-a (ditongo mais vogal)

c) U-ru-guai (tritongo)

d) cons-tru-í-a (dois hiatos seguidos)
constru-iu (vogal mais ditongo)

✓ Obs.: No grupo **iu**, o primeiro elemento é o mais forte, é a vogal; o segundo, mais fraco, a semivogal. Esse ditongo é conhecido como decrescente. Na palavra **geleia**, vista no item **b**, a separação com vogal mais ditongo (ge-le-ia) é impossível, pois não existem em português palavras com vogal mais ditongo crescente.

8. AB-RUPTO (e derivados) pode ser grafada sem hífen. Na pronúncia, o prefixo AB- deve ser destacado. Divisão silábica e pronúncia correta: ab-rup-to.

9. Não há sílaba sem vogal. Assim, ficam erradas separações do tipo p-neu, fel-ds-pa-to, fór-ce-ps etc. O correto é pneu (só uma sílaba), felds-pa-to e fór-ceps.

EXERCÍCIOS

176) Está com suas sílabas indevidamente separadas a palavra:

a) i-de-o-plas-ti-a
b) ex-cep-ci-o-nal
c) ae-ros-co-pi-a

177) Assinale a alternativa em que todas as palavras estão com suas sílabas devidamemte separadas.

a) am-né-sia, cor-ro-es-sem, in-cré-u
b) nau-se-a-bun-do, su-ba-tô-mi-co, i-í-di-che
c) i-nad-mis-sí-vel, bis-es-drú-xu-lo, su-pe-ra-per-ta-do

178) As duas palavras estão erradas quanto à divisão em:

a) car-dí-a-co, cla-ra-boi-a
b) p-tê-nio, de-clí-ni-o
c) sub-o-fi-ci-al, pu-ir

179) Está errada quanto à divisão a palavra:

a) pin-tas-sil-go

b) ads-trin-gên-cia

c) hi-per-a-ti-vo

180) Está correta a divisão da palavra:

a) psi-cro-fo-bi-a

b) a-bre-u-gra-fi-a

c) zo-o-te-cnis-ta

181) Há erro de divisão silábica em:

a) oo-gô-nio

b) ca-mo-ni-a-no

c) his-to-ri-a-dor

182) Ponha C (certo) ou E (errado) para a divisão silábica e anote a opção adequada.

( ) ic-ti-o-fa-gi-a

( ) se-rei-a

( ) pa-na-ce-ia

( ) bo-ia-da

a) E, C, E, E   b) C, E, C, C   c) C, C, E, E

183) Assinale o erro de divisão silábica.

a) jo-ei-rar

b) ob-si-di-a-na

c) sub-li-mar

184) Marque o erro de divisão silábica.

a) fas-cí-cu-lo

b) trans-al-pi-no

c) ne-crop-si-a

185) Assinale a alternativa em que as duas palavras estão com as sílabas devidamente separadas.

a) a-tu-á-veis, a-ds-tra-to

b) pte-ro-dác-ti-lo, hi-gi-e-ni-za-ção

c) ap-nei-a, con-sum-pção

Capítulo 12

MAIÚSCULAS E MINÚSCULAS

I) Emprego das iniciais maiúsculas

1. Nos substantivos próprios de qualquer espécie.

Ex.: Paris, Raquel, Eduardo, Silva, Deus, Cupido

OBSERVAÇÕES

1ª) Qualquer palavra ou expressão que se refira a Deus ou a Jesus escreve-se com maiúscula.

Ex.: Criador, Pai, Senhor, Arquiteto do Universo, Ele, Mestre

2ª) Deus, em sentido amplo, escreve-se com minúscula.

Ex.: Acredito em Deus.
O dinheiro era seu deus.

2. No início de um período ou de uma citação direta.

Ex.: Já fiz as compras do mês.

Disse Confúcio: "Todos comem e bebem; são poucos os que sabem distinguir os sabores."

3. Nos nomes de vias públicas, mesmo que abreviados; também é correto o emprego da inicial minúscula.

Ex.: Residia na Rua Conde de Bonfim. (ou rua Conde de Bonfim)
Encontraram-se na Praça Barão de Drummond. (ou praça Barão de Drummond)
O escritório fica na Avenida Passos. (ou avenida Passos)
Trabalho na Av. Barata Ribeiro. (ou av. Barata Ribeiro)

✓ Obs.: Isoladamente, escrevem-se com minúscula.

Ex.: Era uma rua arborizada.
Encontrei-o naquela praça.

4. Nos pronomes e expressões de tratamento, mesmo que abreviados; excetua-se a palavra **você**, que, só por deferência especial, se escreve com maiúscula.

Ex.: Vossa Excelência, Sua Alteza, V. Sa., Excelentíssimo Senhor

5. Nos nomes de épocas notáveis e eras históricas.

Ex.: Idade Média, Renascimento, Quinhentos, Era Atômica

6. Nos títulos em geral (jornais, revistas, livros, quadros, músicas etc.).

Ex.: Folha Dirigida, Época, O Guarani, Uma Olímpia Moderna, Chão de Estrelas

7. Nos nomes de instituições de um modo geral.

Ex.: Organização dos Estados Americanos, Academia Brasileira de Filologia, Colégio Militar, Casa de André Luís, Instituto de Educação, Receita Federal, Presidência da Câmara

8. Nas expressões que designam altos postos ou cargos.

Ex.: Ministro da Fazenda, Presidente da República, Papa, Secretário de Estado.

OBSERVAÇÕES

1ª) Admite-se, hoje em dia, o emprego de minúsculas.

Ex.: Chegou o Ministro da Educação.
Chegou o ministro da Educação.

2ª) Sem designar alguém em particular, é obrigatório o uso de iniciais minúsculas.

Ex.: O presidente tomará a decisão.
Deixei a documentação com o ministro.

9. Nos nomes que designam datas comemorativas.

Ex.: A festa será no Dia das Mães.
A palestra ocorreu no Sete de Setembro.

10. Nos nomes que designam atos das autoridades da República.

Ex.: Já está em vigor o Decreto 49/08.
A Lei nº 577/79 será revogada.
Isso consta na Portaria de 15 de fevereiro de 2007.

✓ Obs.: Sem a numeração do documento, usa-se incial minúscula.

Ex.: Não entendi bem aquele decreto.
Estou aguardando uma nova portaria.

11. Nos nomes de corpos siderais.

Ex.: Localizou Marte com facilidade.
Essa estrela fica na constelação de Órion.

12. Nos nomes dos pontos cardeais, quando designam regiões específicas.

Ex.: Visitou os países do Leste.
Aprecio os povos do Oriente.
Mas: Irei de norte a sul à sua procura.

13. Nos nomes de datas e festas religiosas.

Ex.: Natal, Páscoa, Semana Santa, Reis

14. Nos nomes que designam domínios do saber (artes, ciências ou disciplinas); também é correto o emprego da inicial minúscula.

Ex.: Era um pesquisador da Biologia. (ou biologia)
A Música ocupava todas as suas horas. (ou música)
Ele foi aprovado em Português. (ou português)

15. Na palavra Estado, com o sentido de país, nação.

Ex.: Isso é uma questão de Estado.

16. Na palavra País (ou sinônimos) quando aparece em lugar de Brasil. Admite-se, no entanto, a minúscula.

Ex.: O País conta com você. (ou o país)
A Nação continuará de pé. (ou a nação)

II) **Emprego das iniciais minúsculas**

Além das situações já citadas, podemos destacar alguns outros casos de iniciais minúsculas.

1. Nos nomes de acidentes geográficos (rio, baía, mar, oceano etc.).

Ex.: Marcos viajou pelo rio Negro.
O Brasil é banhado pelo oceano Atlântico.
Mostrou-me a lagoa Rodrigo de Freitas.

✓ Obs.: Em relação ao bairro, naturalmente a inicial será maiúscula.
Ex.: Residíamos na Lagoa.

2. Nos nomes dos dias da semana, dos meses e das estações do ano.

Ex.: Era um belo domingo de primavera.
Tudo se passou em dezembro.

3. Nos nomes de festas pagãs.

Ex.: carnaval, saturnais, entrudo

4. Nos nomes que designam profissões e cargos em geral.

Ex.: O professor Arnaldo deseja falar-lhe.
Ele é fiscal de rendas do Rio de Janeiro.
Morreu a princesa Diana.
Explique ao vice-presidente.

✓ Obs.: A instituição, como já vimos, grafa-se com maiúsculas.
Ex.: Ocupou a Vice-Presidência.

5. Em palavras como estado, município, cidade etc., ainda que seguidas do nome próprio.
Ex.: Morei no estado de São Paulo.
Conheço o município de Resende.
Gosto da cidade de Maceió.

✓ Obs.: Há discordâncias, no entanto é mais aconselhável, em uma redação, o emprego das iniciais minúsculas.

6. Em nomes próprios que se transformam em comuns.
Ex.: Ele é atualmente um verdadeiro cristo.
Suas atitudes eram de um dom-quixote.

7. Nos nomes de idiomas.
Ex.: Ele fala francês e italiano.

EXERCÍCIOS

186) Na **avenida** Paulista, encontrei o **doutor** Azevedo, que é **Diretor-Executivo** de uma grande empresa do **município**.

Com relação aos termos sublinhados na frase acima, pode-se afirmar que apresenta(m) erro no emprego das iniciais:

a) somente o primeiro e o quarto

b) somente o primeiro e o segundo

c) somente o terceiro

187) Há erro no emprego das iniciais na seguinte alternativa:

a) A revolução francesa mudou os rumos da história.

b) Visitei o Instituto Brasileiro de Geografia e Estatística.

c) Admirava-se com As Meninas, de Velázquez.

188) Assinale o erro no emprego da inicial da palavra NATAL.

a) Venha conhecer minha cidade natal.

b) Quero visitar Natal.

c) O natal aproxima os homens.

189) Assinale o erro no emprego da letra inicial.

a) Contou a todos a história de baco.

b) Trabalhei na Tribuna da Imprensa.

c) Chegamos do Oriente em setembro.

190) Não há erro no emprego da letra inicial em:

a) O sonegador era procurado pela receita.

b) Contemplava, estarrecido, a Via-Láctea.

c) Discordo do que diz a Portaria.

191) Há erro de maiúscula ou minúscula em:

a) O vencedor foi o Colégio Pedro II.

b) Li tudo no Extra.

c) Era devoto de buda.

192) Até no Sudeste Asiático se conhece a inconfidência mineira.

Quanto ao emprego das letras iniciais, pode-se dizer que:

a) os dois estão corretos.

b) os dois estão errados.

c) só o primeiro está correto.

193) A Câmara dos deputados depende do presidente do Senado.

Quanto ao emprego das letras iniciais, pode-se afirmar que:

a) só o segundo termo está correto.

b) só o primeiro termo está correto.

c) ambos os termos estão corretos.

194) No Outono de 2007, ele conheceu a diretoria do banco do Brasil.

Considerando os dois termos em destaque, pode-se afirmar, quanto às letras iniciais, que:

a) só o primeiro está errado.

b) os dois estão errados.

c) só o segundo está errado.

195) Há erro no emprego das letras iniciais em:

a) Doutorou-se em Astrofísica.

b) Achava-se um João-ninguém.

c) Gostava muito das Lojas Americanas.

Capítulo 13

ABREVIATURAS E SIGLAS

I) **Abreviatura**

É a escrita reduzida de uma palavra ou de uma expressão.

Ex.: dif. – diferente, pres. subj. – presente do subjuntivo

A seguir algumas anotações importantes sobre as abreviaturas.

1. Não confundir abreviatura com abreviação, que é um processo de formação de palavras. Ou seja, a abreviação é uma nova palavra: a motocicleta – a moto, a poliomielite – a pólio. A abreviatura é uma simples redução, tem valor apenas gráfico. Por exemplo, adv. é abreviatura de advérbio, e não uma nova palavra.

2. Geralmente, as abreviaturas terminam por um ponto, depois de uma consoante ou depois da última consoante de um grupo.

Ex.: ed. – edição, supl. – suplemento

3. Algumas abreviaturas modernas terminam por vogal.

Ex.: anu. – anuário

4. Os símbolos científicos não admitem o ponto abreviativo, nem o **s** do plural.

Ex.: h – hora ou horas

5. Abreviaturas que tinham algumas letras menores, colocadas acima da anterior, podem hoje ser usadas sem essa elevação.

Ex.: V. S^{a} ou V. Sa. – Vossa Senhoria

6. Há abreviaturas que servem para mais de uma palavra.

Ex.: t. – termo ou tomo

7. São mantidos nas abreviaturas os hifens e acentos gráficos.

Ex.: ten.-cel. – tenente-coronel
séc. – século

8. Plural das abreviaturas

a) Normalmente, acrescenta-se **s**; em casos raros, dobra-se a letra.

Ex.: cap. – capítulo, caps. – capítulos; p. – página, pp.(ou ps.) – páginas

b) Letras maiúsculas são dobradas.

Ex.: E. – editor, EE. – editores

ABREVIATURAS IMPORTANTES
a = are(s)
a.a. = ao ano
A. = autor
AA. = autores
abr. = abril
abrev. = abreviatura
a. C. ou A. C. = antes de Cristo
adapt. = adaptação
adj. = adjetivo
adv. = advérbio
ag. ou ago. = agosto
alm. = almirante
a.m. = *ante meridiem* (antes do meio-dia)
ant. = antigo
antôn. = antônimo
ap. ou apart. = apartamento
ap. = aprovado ou *apud*
apl. = aplicado
arc. = arcaico
ass. = assinado
atm. = atmosfera
aum. = aumentativo
autom. = automóvel
aux. = auxiliar
bat. = bateria
brig. = brigadeiro
btl. = batalhão
c. = cena ou cento
cálc. = cálculo
cap. = capitão ou capítulo
card. = cardeal ou cardinal
cat. = catálogo
cel. = coronel

cent. = centavo
cm = centímetro(s)
com. = comandante ou comendador
compl. = complemento
cond. = condutor ou condicional
conj. = conjunção ou conjuntivo
cons. = consoante
dec. = decreto
def. = definido
dem. = demonstrativo
dic. = dicionário
dif. = diferente
dim. = diminutivo
dit. = ditongo
dm = decímetro(s)
doc. = documento
dr. = doutor
dra. = doutora
dz. = dúzia(s)
E. = editor
EE. = editores
ed. = edição
el. = elemento
elétr. = elétrico
epíst. = epístola(s)
equiv. = equivalente
est. = estadual, estrofe(s) ou estante(s)
euf. = eufemismo
ex. = exemplo(s)
exc. = exceto ou exceção
excl. = exclamação ou exclamativo
gloss. = glossário(s)
hon. = honorário
int. = internacional
interj. = interjeição ou interjetivo
intr. = intransitivo
irreg. = irregular
jul. = julho
jun. = junho
jur. ou juríd. = jurídico
Just. = Justiça

g = quilograma(s)
km = quilômetro(s)
l = litro(s)
l. = linha(s) ou loja(s)
f., fl. ou fol. = folha
fls. ou fols. = folhas
fem. = feminino
flex. = flexão(ões)
for. = forense
fut. = futuro ou futebol
g = grama(s)
g. ou gr. = grau(s)
ger. = gerúndio
gír. = gíria
h = hora(s)
ha = hectare(s)
hom. = homônimo
imper. = imperativo ou imperial
imperf. = imperfeito
ind. = indicativo, indireto ou indiano
indef. = indefinido
inf. = infinitivo, infantil, informativo ou infantaria
lig. = ligação
ling. = linguagem ou linguístico
loc. = locução ou locativo
m = metro(s)
m. = masculino, mês (meses) ou morreu
masc. = masculino
méd. = médico(s)
méd.-vet. = médico-veterinário
mg = miligrama(s)
min ou m = minuto(s)
ml = mililitro(s)
mm = milímetro(s)
m.-q.-perf. = mais-que-perfeito
ms. = manuscrito
mss. = manuscritos
n. = nome, nasceu, nascido ou número(s) (em Bibliografia)
neg. = negativo
ob. = obra(s)
obj. = objeto

obs. = observação

p. ou pág. = página

pp. ou págs. = páginas

pal. = palavra(s)

par. = parônimo

part. = particípio ou partícula

pc. ou pe. = pacote

pç. = peça

pe. = pacote ou padre

peq. = pequeno

pess. = pessoa ou pessoal

p. ex. = por exemplo

pg. = pago ou pagou

pl. = plural

p. m. = *post meridiem* (depois do meio-dia) ou *post mortem* (depois da morte)

poss. = possessivo

p.p. = por procuração ou próximo passado

pred. = predicado ou predicativo

pref. = prefixo, prefixal ou prefeito

prep. = preposição ou prepositivo(a)

pres. = presente ou presidente

proc. = processo, procuração ou procurador

prof. = professor

profa. = professora

pron. = pronúncia, pronome ou pronominal

q. = que

qdo. = quando

ref. = reformado, referente ou referido

reg. = regular, registro, regional ou regimento

rel. = relativo

rep. = reprovado

s ou **seg** = segundo(s), na Física

s. = substantivo

sec. = secante

séc. = século

s.d. = sem data

seg. = seguinte

segs. ou **ss.** = seguintes

sér. = série(s)

sin. = sinônimo(s)

sing. = singular

sr. = senhor
sra. = senhora
subj. = subjuntivo
suf. = sufixo ou sufixal
sup. = superlativo ou superior
super. = superioridade
superlat. = superlativo
t = tonela ou tempo (Matemática)
t. = termo ou tomo
tb. = também
tang. = tangente
ten. = tenente
ten.-cel. = tenente-coronel
test. = testemunha
tít. = título(s)
tôn. = tônico
top. = topônimo
tr. = transitivo
trad. = tradutor ou tradução
trat. = tratamento
tur. = turismo
u.e. = uso externo
u.i. = uso interno
univ. = universidade ou universal
us. = usado
v. = verbo, verbal, você, vapor, *vide* (veja), verso (poemas) ou volume(s) (em Bibliografia)
vv. = versos
v.-alm. = vice-almirante
var. = variante ou variação
vog. = vogal
vol. = volume
vols. = volumes
vulg. = vulgar(es) ou vulgarismo

II) **Sigla**

Redução de uma expressão, geralmente por meio do emprego das letras iniciais de seus componentes ou de algumas de suas sílabas.

Ex.: ABI – Associação Brasileira de Imprensa

Algumas siglas ficam com todas as letras maiúsculas; outras, apenas com as iniciais. Embora haja algumas exceções, bem como desencontros entre os autores, podemos ter uma ideia segura se observarmos determinadas coisas.

1. Todas as siglas de até 3 letras são escritas com maiúsculas.
Ex.: PUC, SP, UNE

✓ Obs.: A sigla para Universidade de Brasília é **UnB**, com a segunda letra minúscula.

2. Se a sigla tiver quatro ou mais letras:

a) terá apenas a inicial maiúscula se for pronunciada como uma palavra.
Ex.: Ibama, Senac, Inpe

b) terá todas as letras maiúsculas se não for pronunciada como uma palavra, mas letra por letra.
Ex.: INPC, ICMS, DNER

SIGLAS IMPORTANTES
ABI = Associação Brasileira de Imprensa
ABL = Academia Brasileira de Letras
ABNT = Associação Brasileira de Normas Técnicas
AC = Acre
AFA = Academia da Força Aérea
AL = Alagoas
Alca = Área de Livre Comércio das Américas
AM = Amazonas
Anatel = Agência Nacional de Telecomunicações
Aneel = Agência Nacional de Energia Elétrica
Anvisa = Agência Nacional de Vigilância Sanitária
AP = Amapá
Bird = Banco Internacional de Reconstrução e Desenvolvimento
BNDES = Banco Nacional de Desenvolvimento Econômico e Social
Bovespa = Bolsa de Valores do Estado de São Paulo
CE = Ceará
CEP = Código de Endereçamento Postal
Cesgranrio = Centro de Ensino Superior do Grande Rio
Cespe = Centro de Seleção e de Promoção de Eventos
CGT = Central Geral dos Trabalhadores
CIC = Cartão de Inscrição do Contribuinte
CLT = Consolidação das Leis Trabalhistas
CMN = Conselho Monetário Nacional
CNBB = Conferência Nacional dos Bispos do Brasil
CNE = Comissão Nacional de Energia
CNI = Confederação Nacional da Indústria
CNPJ = Cadastro Nacional de Pessoas Jurídicas
Contran = Conselho Nacional de Trânsito
Copom = Comitê de Política Monetária

CPF = Cadastro de Pessoas Físicas
CPI = Comissão Parlamentar de Inquérito
CREA = Conselho Regional de Engenharia, Arquitetura e Agronomia
CRM = Conselho Regional de Medicina
CTI = Centro de Tratamento Intensivo
CTN = Código Tributário Nacional
CTPS = Carteira de Trabalho e Previdência Social
CUT = Central Única dos Trabalhadores
CVM = Comissão de Valores Mobiliários
Detran = Departamento Estadual de Trânsito
DF = Distrito Federal
Dieese = Departamento Intersindical de Estatística e Estudos Sociais
DNER = Departamento Nacional de Estradas de Rodagem
DUT = Documento Único de Trânsito
ECT = Empresa Brasileira de Correios e Telégrafos
Eletrobras = Centrais Elétricas Brasileiras
Embraer = Empresa Brasileira de Aeronáutica S.A.
Embrapa = Empresa Brasileira de Pesquisa Agropecuária
Embratur = Empresa Brasileira de Turismo
Enem = Exame Nacional do Ensino Médio
ES = Espírito Santo
Esaf = Escola de Administração Fazendária
FAB = Força Aérea Brasileira
FAT = Fundo de Amparo ao Trabalhador
FCC = Fundação Carlos Chagas
FEB = Federação Espírita Brasileira
FEB = Força Expedicionária Brasileira
Febem = Fundação Estadual do Bem-Estar do Menor
Febraban = Federação Brasileira das Associações de Bancos
Fenaban = Federação Nacional dos Bancos
FGTS = Fundo de Garantia do Tempo de Serviço
FGV = Fundação Getúlio Vargas
Fiocruz = Fundação Instituto Osvaldo Cruz
Fipe = Fundação Instituto de Pesquisas Econômicas
FMI = Fundo Monetário Internacional
Funai = Fundação Nacional do Índio
Funart = Fundação Nacional de Arte
GO = Goiás
IAB = Instituto dos Advogados do Brasil
Ibama = Instituto Brasileiro do Meio Ambiente e dos Recursos Naturais Renováveis
IBGE = Fundação Instituto Brasileiro de Geografia e Estatística.

Ibope = Instituto Brasileiro de Opinião Pública e Estatística

IBV = Índice da Bolsa de Valores

ICMS = imposto sobre circulação de mercadorias e serviços

Inca = Instituto Nacional de Câncer

Incra = Instituto Nacional de Colonização e Reforma Agrária

Inmet = Instituto Nacional de Meteorologia

Inmetro = Instituto Nacional de Metrologia, Normalização e Qualidade Industrial

INPC = Índice Nacional de Preços ao Consumidor

Inpe = Instituto Nacional de Pesquisas Espaciais

INSS = Instituto Nacional do Seguro Social

IPI = Imposto sobre Produtos Industrializados

IPTU = Imposto Predial e Territorial Urbano

IPVA = Imposto sobre a Propriedade de Veículos Automotores

IR = Imposto de Renda

ISS = imposto sobre serviços

ITA = Instituto Tecnológico de Aeronáutica

LBA = Fundação Legião Brasileira de Assistência

LBV = Legião da Boa Vontade

MA = Maranhão

MAM = Museu de Arte Moderna

Masp = Museu de Arte de São Paulo

MG = Minas Gerais

MS = Mato Grosso do Sul

MST = Movimento dos Trabalhadores Rurais sem Terra

MT = Mato Grosso

NGB = Nomenclatura Gramatical Brasileira

OAB = Ordem dos Advogados do Brasil

OEA = Organização dos Estados Americanos

OIT = Organização Internacional do Trabalho

OMC = Organização Mundial do Comércio

OMS = Organização Mundial da Saúde

ONU = Organização das Nações Unidas

Opep = Organização dos Países Exportadores de Petróleo

OTAN = Organização do Tratado do Atlântico Norte

PA = Pará

PB = Paraíba

PE = Pernambuco

Petrobras = Petróleo Brasileiro S.A.

PI = Piauí

Procon = Procuradoria de Proteção e Defesa do Consumidor

PUC = Pontifícia Universidade Católica

RGI = Registro Geral de Imóveis

RJ = Rio de Janeiro

RO = Rondônia

RN = Rio Grande do Norte

RR = Roraima

RS = Rio Grande do Sul

SC = Santa Catarina

SE = Sergipe

Sebrae = Serviço Brasileiro de Apoio às Micro e Pequenas Empresas

Senac = Serviço Nacional de Aprendizagem Comercial

Senai = Serviço Nacional de Aprendizagem Industrial

Sesc = Serviço Social do Comércio

Sesi = Serviço Social da Indústria

SP = São Paulo

SSP = Secretaria de Segurança Pública

STF = Supremo Tribunal Federal

STJ = Superior Tribunal de Justiça

STM = Superior Tribunal Militar

TCU = Tribunal de Contas da União

TJ = Tribunal de Justiça

TO = Tocantins

TRE = Tribunal Regional Eleitoral

TRT = Tribunal Regional do Trabalho

TSE = Tribunal Superior Eleitoral

TST = Tribunal Superior do Trabalho

UE = União Europeia

UERJ = Universidade do Estado do Rio de Janeiro

UF = Unidade Federativa

UFF = Universidade Federal Fluminense

UFIR = Unidade Fiscal de Referência

UFRJ = Universidade Federal do Rio de Janeiro

UFRRJ = Universidade Federal Rural do Rio de Janeiro

UnB = Universidade de Brasília

UNE = União Nacional de Estudantes

Unicamp = Universidade Estadual de Campinas

USP = Universidade de São Paulo

UTI = Unidade de Terapia Intensiva

VOLP = Vocabulário Ortográfico da Língua Portuguesa

EXERCÍCIOS

196) A abreviatura de página é:

a) pag. ou p.

b) pág. ou pá.

c) pág. ou p.

197) A abreviatura de horas é:

a) hs.

b) hs

c) h

198) Não admite mais de uma forma a abreviatura da seguinte palavra:

a) tôn. (tônico)

b) a. C. (antes de Cristo)

c) min (minuto)

199) A abreviatura **s.** equivale a:

a) sutil

b) substantivo

c) subir

200) Em relação às abreviaturas, é errado afirmar que:

a) se mantém o hífen dos compostos.

b) os símbolos científicos não aceitam o ponto abreviativo.

c) é facultativa a manutenção do acento gráfico.

201) Assinale a afirmativa errada.

a) Há palavras com mais de uma abreviatura.

b) Toda abreviatura termina por um ponto.

c) Existem abreviaturas que servem para mais de uma palavra.

202) Marque o erro na formação do plural.

a) A. (autor) – As. (autores)

b) ms. (manuscrito) – mss. (manuscritos)

c) l (litro) – l (litros)

203) Apartamento admite duas abreviaturas, que são:

a) ap. e apart.

b) ap. e aptº

c) apart. e aptº

204) A sigla CNI corresponde a:

a) Confederação Nacional da Imprensa

b) Conferência Nacional da Indústria

c) Confederação Nacional da Indústria

205) A sigla CREA corresponde a:

a) Conselho Regional de Engenharia e Arquitetura

b) Conselho Regional de Engenharia, Arquitetura e Agronomia

c) Conselho Regional de Engenharia e Agronomia

206) Assinale a alternativa em que está correta a identificação da sigla.

a) Fipe – Fundação Instituto de Pesquisas Econômicas

b) MST – Movimento dos Trabalhadores sem Terra

c) ITA – Instituto de Tecnologia da Aeronáutica

207) Marque a alternativa sem erro na identificação da sigla.

a) INSS – Instituto Nacional de Seguridade Social

b) ECT – Empresa de Correios e Telégrafos

c) Embrapa – Empresa Brasileira de Pesquisa Agropecuária

208) A única identificação errada da sigla está na seguinte alternativa:

a) LBA – Fundação Legião Brasileira de Assistência

b) Anatel – Agência Nacional de Telecomunicações

c) FAT – Fundo de Apoio ao Trabalhador

209) Quanto ao emprego de maiúsculas e minúsculas na sigla, apresenta erro a opção:

a) Cut

b) CIC

c) FGV

210) Há erro na identificação da sigla de um estado brasileiro em:

a) AP – Amapá

b) RO – Roraima

c) MS – Mato Grosso do Sul

Capítulo 14

COLOCAÇÃO PRONOMINAL

Os pronomes átonos **me**, **te**, **se**, **o**, **lhe**, **nos** e **vos** podem ser colocados em posições diferentes, com relação ao verbo. Por isso temos os casos de próclise, ênclise e mesóclise.

Próclise

Pronome átono colocado antes do verbo. O pronome se diz proclítico. Ocorre em cinco situações distintas.

1. Depois de advérbios, desde que não haja pausa.

Ex.: Ontem me alegrei muito.
Mas: Ontem, alegrei-me muito.

✓ Obs.: Com a pausa, marcada pela vírgula, surge a primeira situação de ênclise. Não se admite, nesse caso, a próclise.

2. Depois de pronomes indefinidos, relativos e interrogativos.

Ex.: Todos nos incentivavam.
Chegou a ferramenta que lhe encomendei.
Quem me mandou esse tecido?

3. Depois das conjunções subordinativas.

Ex.: Conforme lhe disse, haverá uma interrupção. (conjunção conformativa)
Quando me viu na sala, ficou animado. (conjunção temporal)
Espero que se animem para a caminhada. (conjunção integrante)

✓ Obs.: Consulte, se for necessário, Noções de Classes Gramaticais, no apêndice.

4. Em construções com o gerúndio antecedido de **em**.

Ex.: Em se preocupando comigo, você terá dificuldades no trabalho.

5. Em frases que exprimem desejos do falante, conhecidas como frases optativas.

Ex.: Deus te proteja!

Ênclise

Pronome átono colocado depois do verbo. O pronome se diz enclítico. A rigor, ocorre quando não existe situação de próclise obrigatória.

1. No início do período.
Ex.: Vesti-me logo.

2. Com o imperativo afirmativo.
Ex.: Cláudio, traga-me uma tesoura.

3. Com orações iniciadas por gerúndio.
Ex.: Foi embora muito cedo, deixando-nos preocupados.

OBSERVAÇÕES

1ª) No item **1**, por estar o verbo no início, não há palavra atrativa que justifique a próclise.

2ª) Nos itens **2** e **3**, nota-se a presença da vírgula, o que impede a próclise do pronome.

Mesóclise

Pronome colocado dentro do verbo, o que só é possível com o futuro do presente e o futuro do pretérito.

Ex.: Mostrar-lhe-ei uma nova espécie.
Vender-te-ia o carro, se pudesse.

✓ Obs.: Com o verbo no futuro do presente ou do pretérito, não se pode usar a ênclise. Como não há, nas duas frases, palavra atrativa, também não cabe a próclise.

Próclise Facultativa

Emprego optativo de prócise e ênclise, próclise e mesóclise, dependendo do tempo verbal.

1. Depois de substantivos.
Ex.: O lojista me ajudou.
O lojista ajudou-me.
O lojista me ajudará.
O lojista ajudar-me-á.

2. Depois de pronomes pessoais (inclusive os de tratamento) e demonstrativos.

Ex.: Ele nos encomendou a máquina.
Ele encomendou-nos a máquina.

Isso me deixou alividado.
Isso deixou-me aliviado.

Vossa Excelência se atrasará.
Vossa Excelência atrasar-se-á.

3. Depois das conjunções coordenativas.

Ex.: Ele trabalha muito, porém se diverte.
Ele trabalha muito, porém diverte-se.

Ele trabalharia muito, porém se divertiria.
Ele trabalharia muito, porém divertir-se-ia.

✓ Obs.: Veja, se necessário, Noções de Classes Gramaticais, no Apêndice.

4. Com o infinitivo pessoal, antecedido por palavra negativa ou preposição.

Ex.: Acelerei o trabalho para não te atrapalhar.
Acelerei o trabalho para não atrapalhar-te.

Fiz tudo para o ajudar.
Fiz tudo para ajudá-lo.

Colocação nas locuções verbais

1. Com o infinitivo ou o gerúndio.

A colocação é bastante flexível, podendo haver ênclise ao auxiliar ou ao principal.

Ex.: Quero-lhe pedir algo.
Quero pedir-lhe algo.

Estou-lhe pedindo algo.
Estou pedindo-lhe algo.

2. Com o particípio

Diferentemente do infinitivo e do gerúndio, o particípio não admite ênclise.

Ex.: Havia-lhe pedido algo.
Havia pedido-lhe algo. (errado)

OBSERVAÇÕES

1ª) Se houver palavra atrativa, ficará errada a ênclise ao verbo auxiliar.

Ex.: Não lhe quero pedir algo.
Não quero pedir-lhe algo.
Não quero-lhe pedir algo. (errado)
Não lhe estou pedindo algo.
Não estou pedindo-lhe algo.
Não estou-lhe pedindo algo. (errado)
Não lhe havia pedido algo.
Não havia-lhe pedido algo.(errado)

2ª) É preferível evitar em uma redação o emprego do pronome átono solto entre os dois verbos, situação polêmica da língua portuguesa. Vale para infinitivo, gerúndio e particípio.

Ex.: Quero pedir-lhe algo. (preferível)
Quero-lhe pedir algo. (preferível)
Quero lhe pedir algo.

Situações especiais

1. Com duas palavras atrativas, pode o pronome ser colocado entre as duas. É uma situação especial de próclise chamada **apossínclise**.

Ex.: Provavelmente me não dirás a verdade.

✓ Obs.: Dê preferência à colocação usual, mais agradável: Provavelmente não me dirás a verdade.

2. Às vezes a palavra atrativa é seguida por uma expressão ou oração entre vírgulas. Nesse caso, prevalece a atração, sendo obrigatório o uso da próclise.

Ex.: Disseram que, por causa da lei, nos convocariam imediatamente.

EXERCÍCIOS

211) Assinale o erro de colocação pronominal.

a) Meu filho, dirija-se à enfermaria.
b) Nada compara-se ao que ele fez.
c) É preciso que nos adaptemos à nova situação.

212) Está errada a colocação pronominal na alternativa:

a) Eu me agarrei ao parapeito da janela.
b) Alguns se ofereceram para ajudar.
c) Quem comprometer-se-á com a empresa?

213) Só está correta a colocação pronomimal em:

a) Me explicaram o problema.
b) Tenho apresentado-me em seu programa.
c) Embora o conheça bem, solicitei a sindicância.

214) Só está errado o emprego da ênclise na seguinte alternativa:

a) Leandro, com o qual encontrei-me ontem, voltará para a Europa.
b) O publicitário encantou-se com minhas ideias.
c) O sargento pediu apoio, comunicando-se pelo rádio.

215) Está errado o emprego da mesóclise em:

a) Edmundo, contratar-te-ei assim que puder.

b) Far-te-ei um bolo de aniversário.

c) Ninguém dir-te-á o que pesquisar.

216) Assinale C (certo) ou E (errado) para a colocação pronominal; depois, escolha a opção adequada.

( ) Precisamos falar-te.

( ) Tinham-me comunicado o fato.

( ) Poucos desejavam-me orientar.

( ) Tudo se estava ajeitando.

a) E, E, E, C b) C, C, E, C c) C, E, C, E

217) Não há erro de colocação pronominal em:

a) Caso admitam-me, farei tudo para corresponder.

b) Vê-lo-ei no domingo.

c) Lerei-o em voz alta.

218) Assinale a frase que não admite outra colocação do pronome átono.

a) Estou-lhe comunicando o adiamento da reunião.

b) Nós o trouxemos.

c) Faça-me um favor.

219) Assinale a frase em que a próclise é facultativa.

a) Eu me adiantei.

b) Todos se adiantaram.

c) Jamais nos adiantamos.

220) Há erro de colocação pronominal em:

a) Talvez me não comprometam.

b) É possível que, por causa do acidente, se cancele a festa.

c) Tenho feito-lhe boas coisas.

Capítulo 15

PONTUAÇÃO

Os sinais de pontuação devem ser usados com muito cuidado. A maior parte dos erros de um texto é, geralmente, de pontuação. Estude bem a vírgula, o ponto, o ponto e vírgula etc.

VÍRGULA

Introdução

Só se pensa em vírgula quando há uma pausa no trecho. Assim, ler cadenciadamente o texto ajuda muito. Veja situações em que não há pausa, sendo proibida a vírgula.

1. Entre o sujeito e o verbo.

Ex.: Os homens, esperavam na sala. (errado)
Os homens esperavam na sala. (certo)

Chegou à cidade, uma carreta gigantesca. (errado)
Chegou à cidade uma carreta gigantesca. (certo)

2. Entre o verbo e o objeto direto.

Ex.: Coloquei ontem, a faixa. (errado)
Coloquei ontem a faixa. (certo)

A faixa, coloquei ontem. (errado)
A faixa coloquei ontem. (certo)

✓ Obs.: Se houver a repetição do objeto direto, aparecerá a vírgula.

Ex.: A faixa, coloquei-a ontem.
(**a** – objeto direto pleonástico)

3. Entre o verbo e o objeto indireto.

Ex.: Obedeci, ao meu pai. (errado)
Obedeci ao meu pai. (certo)

Ao meu pai, obedeci. (errado)
Ao meu pai obedeci. (certo)

✓ Obs.: Também com o objeto indireto, se houver repetição, será usada a vírgula.
Ex.: Ao meu pai, obedeci-lhe.
(**lhe** – objeto indireto pleonástico)

4. Entre o verbo e o predicativo.

Ex.: Daniela é, alta. (errado)
Daniela é alta. (certo)

5. Entre o verbo e o agente da passiva.

Ex.: A geladeira foi trazida, pelo carregador. (errado)
A geladeira foi trazida pelo carregador. (certo)

6. Entre o nome e seu adjunto adnominal.

Ex.: Era uma parede, de alvenaria. (errado)
Era uma parede de alvenaria. (certo)

7. Entre o nome e seu complemento.

Ex.: Tinha medo, de altura. (errado)
Tinha medo de altura. (certo)

Emprego da vírgula

1. Na ordem direta, normalmente não se usa vírgula.

Ex.: Rodrigo fez as contas pela manhã.

✓ Obs.: Se o adjunto adverbial que encerra a frase for deslocado para o início ou para o meio da oração, teremos a ordem inversa, quando então aparecerá a vírgula (facultativa).
Ex.: Pela manhã, Rodrigo fez as contas.
Pela manhã Rodrigo fez as contas.
Rodrigo fez, pela manhã, as contas.
Rodrigo fez pela manhã as contas.

2. Fica entre vírgulas qualquer termo que se intercale entre as partes de uma frase, desde que lido com pausa.

a) Adjuntos adverbiais de qualquer tipo.

Ex.: O aluno, apesar de cansado, fez a prova.
O aluno fez, apesar de cansado, a prova.

✓ Obs.: Por se tratar de adjunto adverbial, as vírgulas são facultativas.

b) Aposto explicativo.

Ex.: Manuela, a secretária da escola, quer falar com você.

✓ Obs.: No final da frase, o aposto explicativo pede, naturalmente, uma vírgula.
Ex.: Chegou Manuela, a secretária da escola.

c) Orações subordinadas.

Ex.: Ele disse que, enquanto houver estoque, as vendas prosseguirão.

d) Vocativo

Ex.: Diga-me, Gabriel, quem deseja licença.

✓ Obs.: Não estando no meio, evidentemente o vocativo exigirá apenas uma vírgula.

Ex.: Gabriel, diga-me quem deseja licença.
Diga-me quem deseja licença, Gabriel.

e) Predicativos sem verbo de ligação.

A vírgula, nesse caso, é facultativa.

Ex.: Fizeram, satisfeitos, a pesquisa.
Fizeram satisfeitos a pesquisa.

✓ Obs.: Se o adjetivo predicativo estiver no final, a vírgula também será facultativa; se começar a frase, a vírgula será obrigatória.

Ex.: Fizeram a pesquisa satisfeitos.
Fizeram a pesquisa, satisfeitos.
Satisfeitos, fizeram a pesquisa.

3. Separam-se os termos de mesmo valor gramatical em coordenação.

Ex.: Recebi as luvas, as chuteiras, as camisas, os calções.

OBSERVAÇÕES

1ª) Se entre os dois últimos aparecer **e**, a vírgula desaparecerá.

Ex.: Recebi as luvas, as chuteiras, as camisas e os calções.

2ª) Literariamente, costuma-se usar **e** em todas as partes, o que se conhece como **polissíndeto**. Embora as vírgulas sejam facultativas, dê preferência ao seu emprego.

Ex.: Recebi as luvas, e as chuteiras, e as camisas, e os calções.

4. Usa-se a vírgula para indicar a supressão de um verbo já escrito anteriormente. É o que se conhece como **zeugma**.

Ex.: Júlia comprou linhas e tecidos; Mariana, um par de agulhas. (Mariana comprou...)

5. Isolam-se por vírgulas as palavras e expressões explicativas ou retificativas, do tipo **isto é, ou seja, digo**, **ou melhor**, **aliás** etc.

Ex.: Li o livro, ou melhor, a revista que me mandaste.

6. Vírgulas entre orações coordenadas.

a) Com exceção daquelas iniciadas por **e**, as orações coordenadas pedem pausa e, consequentemente, o emprego da vírgula.

Ex.: Sempre perturbava a colega, porém ela gostava dele.

A vírgula é usada, como se vê no exemplo, apenas antes da conjunção.

OBSERVAÇÕES

1ª) No lugar dessa vírgula, pode-se usar ponto e vírgula ou ponto; admite-se, então, uma vírgula após a conjunção, o que a colocará em destaque.

Ex.: Sempre perturbava a colega; porém ela gostava dele.
Sempre perturbava a colega; porém, ela gostava dele.
Sempre perturbava a colega. Porém ela gostava dele.
Sempre perturbava a colega. Porém, ela gostava dele.

2ª) Se a conjunção não estiver iniciando a oração, ficará entre vírgulas; antes dela será obrigatório o emprego de ponto e vírgula ou ponto, jamais vírgula.

Ex.: Sempre perturbava a colega; ela, porém, gostava dele.
Sempre perturbava a colega. Ela, porém, gostava dele.

b) Orações coordenadas iniciadas por **e** dispensam a vírgula, a menos que seu sujeito seja diferente do da oração inicial, quando terá uma vírgula, hoje dada como facultativa.

Ex.: Osvaldo trabalha em um escritório, e Sérgio é jogador de futebol. (preferível)
Osvaldo trabalha em um escritório e Sérgio é jogador de futebol.

7. Vírgulas entre as orações subordinadas

a) Substantivas

As orações subordinadas substantivas, que completam o sentido da principal, não se separam desta por meio de vírgulas.

Ex.: Espero que não haja complicações.
É bom que eles reconheçam nosso trabalho.
Necessito de que mandem mais fios.

As orações iniciadas pela palavra **que**, nos exemplos, exercem as funções sintáticas de, respectivamente, objeto direto, sujeito e objeto indireto. Como vimos, esses termos não admitem vírgulas. Por isso, a oração subordinada substantiva não se separa da principal por meio de vírgula. Note, também, e isso é fundamental, que não há pausa entre elas.

b) Adverbiais

As orações subordinadas adverbiais têm dois tratamentos distintos, de acordo com sua colocação na frase.

- No final do período: vírgula facultativa.

Ex.: Iniciei a prova, assim que soou a campainha.
Iniciei a prova assim que soou a campainha.

- No início do período: vírgula obrigatória.

Ex.: Assim que soou a campainha, iniciei a prova.

c) Adjetivas

• As adjetivas restritivas (não têm pausa) não admitem a vírgula.

Ex.: Apresentei o trabalho que você escreveu.
O quadro que pintaste me agrada muito.

• As adjetivas explicativas (com pausa, semelhantes a um aposto), exigem vírgulas.

Ex.: O palhaço, que faz muitas brincadeiras, comove as crianças.
Esse é Machado de Assis, que escreveu Quincas Borba.

PONTO

1. Para encerrar um período. É o chamado ponto final.

Ex.: Disseram que ainda havia muitas vagas.

2. Na maioria das abreviaturas. É o ponto abreviativo.

Ex.: adj., prof., s., cel., perf.

✓ Obs.: Após esse tipo de ponto, podem aparecer outros sinais de pontuação, menos outro ponto.

Ex.: Com o fut. subj., usam-se determinadas conjunções.
Comprei lápis, canetas etc.; ele, apenas um caderno.

PONTO E VÍRGULA

1. Para separar partes de uma frase em que se fazem afirmações sobre elementos distintos; geralmente há termos coordenados em pelo menos um dos segmentos. Admite-se, também, o ponto.

Ex.: Mônica brincou, correu, passeou; Helena, preocupada, ficou em casa.
O cientista divulgou sua teoria; seus colegas acompanharam com desconfiança.

2. Para separar orações coordenadas adversativas ou conclusivas, quando a conjunção não se encontra no início.

Ex.: Escalou uma montanha bem alta; sentiu-se, portanto, vitorioso.

3. Para separar orações coordenadas adversativas ou conclusivas, em substituição à vírgula. Seu emprego cria uma pausa maior. Admite-se, também, o ponto.

Ex.: Encontrei inúmeros amigos naquela empresa; porém não consegui adaptar-me a ela.

4. Para separar os itens de uma enumeração.

Ex.: Todos os jogadores devem fazer o seguinte:

a) trazer seu próprio material;
b) participar de todos os treinos;
c) desenvolver espírito de grupo;
d) respeitar as torcidas adversárias.

5. Para separar os considerandos de uma lei ou decreto.
   Ex.: Considerando que há vagas disponíveis;
   Considerando que o prazo foi prorrogado;
   Decreta que...

6. Em frases longas, onde não se faça a obrigatoriedade de um ponto final. É algo subjetivo, sem dúvida.
   Ex.: Naqueles dias de muita chuva e neblina, os carros passavam de maneira perigosa junto aos muros; traziam medo e insegurança aos moradores da região.

DOIS-PONTOS

1. Para introduzir uma citação.
   Ex.: Disse Einstein: "Os domínios do mistério prometem as mais belas experiências."

2. Para introduzir uma enumeração; seu emprego é facultativo.
   Ex.: Tínhamos na loja: papéis, tecidos, sacolas e tintas.
   Tínhamos na loja papéis, tecidos, sacolas e tintas.

3. Para introduzir um aposto, tanto simples como oracional.
   Ex.: Só um fato me intrigava: sua atitude descompromissada.
   Queríamos apenas uma coisa: que a luz voltasse logo.

4. Para introduzir um esclarecimento.
   Ex.: Não tenho vontade de falar: estou decepcionado com tudo.

5. Depois de palavras como **nota**, **observação**, **exemplo**, **exceção**, etc., mesmo que abreviadas.
   Ex.: Observação: Havendo mais de uma palavra...
   Nota: Não se esqueça o leitor...
   Ex.: guarda-chuvas

PONTO DE INTERROGAÇÃO

Não há propriamente regras para seu emprego.

1. Nas interrogações diretas.
   Ex.: Qual foi o primeiro colocado?

   ✓ Obs.: Se a interrogação for indireta, será usado o ponto final.
   Ex.: Não me disseram qual foi o primeiro colocado.

2. Modernamente, é utilizado entre parênteses após uma palavra ou expressão sobre a qual não se tenha certeza.
   Ex.: Mostrou-me um quadro de Renoir (?).
   Ou seja: existe dúvida se o quadro foi pintado por Renoir.

PONTO DE EXCLAMAÇÃO

Também aqui não existem regras. É usado em frases de caráter exclamativo e nas interjeições.

Ex.: Que situação complicada!
Não faça isso!
Puxa!

✓ Obs.: Usa-se ponto de exclamação na interjeição **oh!**, e não em **ó**, que acompanha substantivos.

Ex.: Oh! Como estou cansado!
Ó menino, fique sossegado!

TRAVESSÃO

1. Para indicar mudança de interlocutor, nos diálogos.

Ex.: – Telefonarei para você assim que terminar o estudo.
– Estarei aguardando.

2. Para destacar um termo, geralmente de valor explicativo, na frase; substitui, nesse caso, a vírgula.

Ex.: O trabalho – uma dissertação sobre Camões – foi apresentado à comissão.
Alexandre – que só fazia versos – vai publicar um romance.

PARÊNTESES

1. Usados geralmente em par, servem basicamente para acrescentar termos de valor acessório, de função independente no período.

Ex.: Era uma senhora de idade avançada (quando a vi, lembrei-me, enternecido, de minha avó), que caminhava com alguma dificuldade pelo jardim.

✓ Obs.: O que vai nos parênteses não tem ligação sintática com o período.

2. Servem também para apontar um nome próprio, uma sigla, uma referência bibliográfica etc.

Ex.: "É próprio dos estultos observar os defeitos alheios e esquecer os próprios". (Cícero)
Procure a Organização dos Estados Americanos (OEA).
"A enunciação do complemento no princípio da oração faz-se, como se vê, sem preposição." (Mario Barreto, Fatos da Língua Portuguesa, pág. 243, Rio de Janeiro, 1982.)

RETICÊNCIAS

1. Basicamente, servem para indicar interrupção da ideia. Levam o leitor a uma pausa mais prolongada, que pode gerar algum tipo de reflexão. Têm, pois, valor expressivo.

Ex.: Havia tantas coisas para dizer, tantas ideias para analisar... e eu ali, impotente, sem poder manifestar-me.

2. Também servem para valorizar uma palavra ou expressão; igualmente criam expressividade.

Ex.: Você é muito... carinhosa.

ASPAS

1. Sua principal função é destacar uma citação.

Ex.: Diz-nos um velho provérbio chinês: "Fica sempre um pouco de perfume nas mãos de quem oferece rosas."

Sócrates afirmava, do alto de sua sabedoria, que "só é útil o conhecimento que nos faz melhores".

2. Para destacar gírias, neologismos e estrangeirismos.

Ex.: Havia muitos "penetras" na festa.
Durante o tumulto, recebeu uma "ovada" no rosto.
Enriqueceram durante o "boom" imobiliário.

3. Em nomes de publicações (livros, revistas etc.); aqui, as aspas são facultativas.

Ex.: Você leu "Floradas na Serra"?
Tinha uma coleção de "O Cruzeiro".

APÓSTROFO

Indica supressão de letra.

Ex.: estrela-d'alva
caixa-d'água
Sant'Ana (ou Santana)

EXERCÍCIOS

221) Assinale o erro no emprego da vírgula.

a) Ontem à noite, chegaram os convites.
b) Espero, meu amigo, que faças um bom trabalho.
c) No momento, estou estudando Mecânica, ou melhor Ótica.

222) Assinale a pontuação perfeita da frase.

a) Os animais, por causa da sede e da fome pararam à beira da estrada.
b) Por causa da sede e da fome, os animais pararam à beira da estrada.
c) Os animais por causa da sede e da fome, pararam à beira da estrada.

223) Assinale a pontuação perfeita da frase.

a) Para garantir a vitória, é necessário, em primeiro lugar, muita determinação.
b) Para garantir a vitória é necessário em primeiro lugar, muita determinação.
c) Em primeiro lugar, é necessário, para garantir a vitória muita determinação.

224) Se todos estivessem de acordo Juvenal que é o mais experiente poderia representar o grupo.

Quanto à pontuação da frase acima, pode-se dizer que:

a) faltam três vírgulas.
b) faltam duas vírgulas.
c) falta uma vírgula.

225) Os mais dedicados e assíduos funcionários da empresa serão muito beneficiados pela nova diretoria.

Quanto à pontuação da frase acima, pode-se dizer que:

a) faltam duas vírgulas.
b) falta apenas uma vírgula.
c) não falta vírgula alguma.

226) Assinale o erro de pontuação.

a) Que nota baixa, meu filho!
b) Estávamos certos, da nomeação.
c) Na realidade, só esperava algo: que fizessem silêncio.

227) Há erro de pontuação em:

a) Apesar de ser estrangeiro, fui muito bem tratado.
b) Quem, entre todos que aqui estão, necessita de dinheiro!
c) Depois de lavadas, as roupas foram colocadas no varal.

228) A única frase de pontuação correta é:

a) Estudávamos francês quando surgiu a oportunidade de viajar.
b) Pessoal é necessário conversar mais.
c) Sabíamos que, sem a devida orientação nos perderíamos na cidade.

229) Tudo estava muito tranquilo, portanto poderíamos dormir.

Das variantes da frase acima, a que apresenta erro de pontuação é:

a) Tudo estava muito tranquilo; portanto, poderíamos dormir.
b) Tudo estava muito tranquilo; poderíamos, portanto, dormir.
c) Tudo estava muito tranquilo, portanto, poderíamos dormir.

230) Assinale a frase com erro de pontuação.

a) O leão que é animal selvagem não se adaptaria ali.
b) Uma só palavra – determinação – recebeu todos os comentários.
c) Não diga nada, que só vai complicar a situação.

231) No balcão havia roupas, fichas, cartões de crédito; na gaveta, apenas dinheiro.

Das variantes da frase acima, a que apresenta erro de pontuação é:

a) No balcão, havia roupas, fichas e cartões de crédito; na gaveta, apenas dinheiro.
b) No balcão havia roupas, fichas e cartões de crédito. Na gaveta, apenas dinheiro.
c) No balcão havia roupas, fichas, cartões de crédito, na gaveta, apenas dinheiro.

232) Coloque C (certo) ou E (errado) para a pontuação das frases; a seguir, assinale a alternativa adequada.

( ) Surgiu, na estrada um veículo estranho.

( ) Este é o Nogueira, pessoa de minha confiança.

( ) Cuidado, Pedro.

( ) Diga-me quem está aí?

a) E, C, E, C b) C, E, C, E c) E, C, E, E

233) Coloque C (certo) ou E (errado) para a pontuação e anote a opção correspondente.

( ) À tarde, as folhas voam para cá.

( ) Meu carro, comprei-o em uma concessionária.

( ) Cheguei bastante cedo mas não consegui falar-lhe.

( ) Havia uma mulher – e que bela mulher! – no comando da empresa.

a) C, E, E, E b) C, C, E, C c) E, C, C, C

234) "Quem recebe um benefício não deve esquecê-lo; quem o faz não deve lembrá-lo." (Charron)

Quanto à pontuação da frase acima, pode-se dizer que:

a) faltam vírgulas depois de **benefício** e **faz**.

b) a frase está perfeita.

c) Está errado o ponto e vírgula; o correto seria o ponto.

235) Há erro de pontuação em:

a) Foi criticado, por todos.

b) Voltei, porque era tarde.

c) Voltei porque era tarde.

236) Apesar da nova derrota, o time continua em primeiro.

A alternativa que justifica o emprego da vírgula na frase acima é:

a) emprego do aposto explicativo

b) antecipação de um adjunto adverbial

c) intercalação de um termo

237) Os funcionários ficaram na fábrica, e os diretores foram à reunião.

Assinale a justificativa apropriada para o emprego da vírgula na frase destacada.

a) frase na ordem inversa

b) presença de uma oração adverbial

c) mudança de sujeito na oração coordenada aditiva

238) Assinale a pontuação perfeita.

a) Não sei por que ele ontem fez tanto barulho?

b) Não sei por que ele, ontem, fez tanto barulho.

c) Não sei, por que ele ontem fez tanto barulho.

239) Há erro de pontuação na seguinte frase:

a) Deixaram-me apenas uma opção; mudar-me para o interior do país.

b) Escolhi uma determinada pessoa (depois me arrependi muito dessa decisão) para compor a equipe de exploradores.

c) Irei à Espanha, aliás, a Portugal, mesmo que me falte dinheiro para visitar todos os parentes.

240) Há erro de pontuação na frase:

a) Estuda na faculdade há... dez anos.

b) Perdidos na floresta, os amigos procuraram manter a calma; de outra forma, teria sido impossível achar o caminho de volta.

c) Ganhei camisas, sapatos, bermudas, chinelos etc...

Capítulo 16

EMPREGO DE PALAVRAS E EXPRESSÕES

I) POR QUE / POR QUÊ / PORQUE / PORQUÊ

1. Por que

a) Quando pode ser trocada por "por que motivo"; aparece no início ou no meio da frase. É advérbio interrogativo de causa.

Ex.: Por que as aves estão agitadas?
Não sabemos por que as aves estão agitadas.

b) Quando equivale a "pelo qual" e flexões. É o pronome relativo **que** precedido pela preposição **por**.

Ex.: O cargo por que ele se interessou já foi ocupado.

2. Por quê

Quando pode ser trocada por "por que motivo" e aparece no final da frase. É advérbio interrogativo de causa.

Ex.: As aves estão agitadas por quê?
As aves estão agitadas, mas não sei por quê.

3. Porque

a) Quando equivale a "pois". É conjunção causal ou explicativa.

Ex.: O bebê chorou porque estava com fome. (causal)
Fale outra vez, porque eu não entendi. (explicativa)

b) Quando equivale a "para que". É conjunção final; seu emprego é raro, hoje em dia.

Ex.: Trabalhou incansavelmente porque tudo se normalizasse.

4. Porquê

Quando é substantivo; significa "motivo" e se usa com algum determinante.

Ex.: Encontrei o porquê de tudo aquilo.

II) ACERCA DE / A CERCA DE / HÁ CERCA DE

1. Acerca de

Equivale a "a respeito de".

Ex.: Conversaremos acerca das novas admissões.

2. A cerca de

Significa "a aproximadamente".

Ex.: A árvore fica a cerca de dez metros da varanda.

3. Há cerca de

Significa "há aproximadamente". Trata-se, pois, do verbo **haver**.

Ex.: Na cidade há cerca de duzentos restaurantes. (existem)
Não trabalho há cerca de dois meses. (ideia de tempo decorrido)

✓ Obs.: É fácil perceber que se trata do verbo **haver**, e não da preposição **a**, porque se pode mudar o tempo.

Ex.: Na cidade havia cerca de duzentos restaurantes.
Não trabalhava havia cerca de dois meses.

III) TAMPOUCO / TÃO POUCO

1. Tampouco

Equivale a "também não", "nem".

Ex.: Não fala muito, tampouco sorri.

2. Tão pouco

União do advérbio **tão** com o advérbio ou pronome **pouco**.

Ex.: O atleta treinava tão pouco que não conseguiu a classificação.
Ele tinha tão pouco tempo que não conseguia escrever.

IV) MAU / MAL

1. Mau

Quando pode ser trocado por **bom**, seu antônimo.

Ex.: Ele deu um mau exemplo.

2. Mal

Em qualquer outra situação.

Ex.: Carlos não se saiu mal. (contrário de **bem**)
Mal choveu, a rua ficou alagada. (**assim que**)
É difícil a comunição, pois ele mal fala. (**quase não**)

V) MAS / MAIS / MÁS

1. Mas

Conjunção adversativa. O mesmo que "porém".

Ex.: O tempo está nublado, mas não há risco de chuva.

✓ Obs.: Também aparece na correlação "não só... mas também", de valor aditivo.
Ex.: Não só varreu a calçada, mas também a lavou.

2. Mais

Antônimo de **menos**. Pode ser advérbio ou pronome.

Ex.: É preciso pesquisar mais.
Consegui mais apoio na prefeitura.

✓ Obs.: Como advérbio, também pode indicar tempo, com o valor de "já" ou "jamais".
Ex.: Não mais estudarei aquela matéria.

3. Más

Feminino plural de **mau**. É adjetivo.

Ex.: Não são pessoas más.

VI) SOB / SOBRE

1. Sob

a) Embaixo de

Ex.: O rio passa sob a ponte.

b) De acordo com

Ex.: Tenho sapatos sob medida.

c) Na dependência de

Ex.: Vivíamos sob um regime de opressão.

d) A partir de

Ex.: Vejamos o caso sob um novo ângulo.

2. Sobre

a) Acima de

Ex.: Deixei o livro sobre a mesa.

b) A respeito de

Ex.: Fui informado sobre o acidente.

c) Relação de dominância

Ex.: Tinha grande influência sobre os netos.

d) De encontro a

Ex.: Jogou o carro sobre a árvore.

VII) SE NÃO / SENÃO

1. Se não

a) O **se** é sinônimo de "caso"; introduz oração condicional.

Ex.: Se não quer correr riscos, faça exercício físicos.
(Caso não queira correr riscos, faça exercícios físicos.)

b) Significa **ou**, ficando o verbo subentendido.

Ex.: Faremos três sessões, se não quatro.
(Faremos três sessões, ou quatro. Faremos três sessões, se não fizermos quatro.)

2. Senão

a) Mas sim, porém

Ex.: Você não fez bobagem, senão uma lambança completa.
[Você não fez bobagem, mas sim (ou porém) uma lambança completa.]

b) Do contrário

Ex.: Melhore sua letra, senão o professor não entenderá.
(Melhore sua letra, do contrário o professor não entenderá.)

✓ Obs.: Com vírgula depois, passa a **se não**, com o verbo subentendido.
Ex.: Melhore sua letra; se não, o professor não entenderá.
(Melhore sua letra; se não melhorar, o professor não entenderá.)

VIII) EM PRINCÍPIO / A PRINCÍPIO

1. Em princípio

Em tese, teoricamente.

Ex.: Em princípio, só com a participação de todos conseguiremos.

2. A princípio

Na maioria das situações, é essa a expressão a ser usada. Significa "no início".

Ex.: A princípio, darei uma aula bem simples.

IX) AO ENCONTRO DE / DE ENCONTRO A

1. Ao encontro de

Expressa algo favorável, positivo.

Ex.: Isso vem ao encontro das minha ideias. (a favor das minhas ideias)

2. De encontro a

Expressa algo contrário, negativo.

Ex.: Isso vem de encontro às minhas ideias. (contra as minhas ideias).

✓ Atenção! É necessário muito cuidado com essas expressões. Trocá-las significa dizer o contrário do que se deseja.

X) SOBRE TUDO / SOBRETUDO

1. Sobre tudo

Pronome indefinido **tudo** antecedido pela preposição **sobre**.

Ex.: Falaremos sobre tudo que se encontra na pauta.

2. Sobretudo

a) Principalmente

Ex.: Preocupava-se com a família, sobretudo com a saúde dos filhos.

b) Casacão

Ex.: Vestiu o sobretudo e se retirou apressadamente.

XI) POR QUANTO / PORQUANTO

1. Por quanto

Pronome **quanto** antecedido pela preposição **por**.

Ex.: Por quanto você me venderia o apartamento?

2. Porquanto

É conjunção causal ou explicativa; significa "porque".

Ex.: Estávamos otimistas, porquanto sabíamos de nossa importância.

XII) COM QUANTO / CONQUANTO

1. Com quanto

Pronome **quanto** antecedido pela preposição **com**.

Ex.: Diga-me com quanto dinheiro poderei viver lá.

2. Conquanto

É conjunção concessiva; equivale a "embora".

Ex.: Conquanto estivesse nervoso, em momento algum ele gaguejou.

XIII) A FORA / AFORA

1. A fora

A expressão só é usada em oposição à palavra **dentro**.

Ex.: Fomos de dentro a fora em poucos segundos.

2. Afora

Palavra usada em qualquer outra situação.

Ex.: O cantor viajou pelo mundo afora.
Ele saiu pela porta afora.
Afora você, todos aceitaram minha proposta.

OBSERVAÇÕES

1ª) Não confundir o segundo exemplo com o do item **1**, onde aparece a palavra **dentro**.

2ª) No terceiro exemplo, pode-se dizer simplesmente **fora**. Ambos, **afora** e **fora**, equivalem a "salvo", "exceto".
Ex.: Fora você, todos aceitaram minha proposta.

XIV) EM FIM / ENFIM

1. Em fim

Significa "em final".

Ex.: Não se muda técnico em fim de campeonato.

2. Enfim

Equivale a "finalmente".

Ex.: Fez, enfim, o que havia planejado.

XV) EM VEZ DE / AO INVÉS DE

1. Em vez de

Tem ideia de simples substituição.

Ex.: Em vez de couve, comprou alface.

2. Ao invés de

Traduz uma ideia de oposição.

Ex.: Ao invés de trabalhar, foi à praia.

EXERCÍCIOS

241) Marque a frase que apresenta erro no emprego de alguma palavra.

a) A aula já terminou por quê?

b) Ele está mal acostumado.

c) Eu e ele falávamos a cerca de uma possível reestruturação.

242) Assinale a frase com palavra errada.

a) Meu tio não gosta de futebol, tampouco de basquete.

b) Ele mal escuta o que dizemos.

c) Diga-me porque está chateado.

243) Só não há palavra errada na opção:

a) Trabalho na empresa a cerca de dez anos.

b) Ainda há muita coisa por que lutarmos.

c) Não é um mal pensamento.

244) Assinale a frase em que se deveria usar SOB, e não SOBRE.

a) Os raios de sol incidiam sobre o papel.

b) Foi feita sobre encomenda para ele.

c) Pusemos a toalha sobre a grama.

245) Assinale a frase em que se deveria usar A CERCA DE, e não HÁ CERCA DE.

a) Estarei formado daqui há cerca de cinco anos.

b) Nesta floresta, há cerca de duzentas espécies nativas.

c) Ele não comparece às reuniões há cerca de três meses.

246) Marque a frase em que se deveria usar PORQUÊ, e não POR QUÊ.

a) Perdi a fome e não sei por quê.

b) Perdi a fome e não sei o por quê.

c) Você tem andado cabisbaixo. Por quê?

247) Coloque C (certo) ou E (errado) para o emprego do termo grifado; depois, assinale a opção adequada.

( ) Falou **tão pouco** que não chamou a atenção.

( ) Não só é nadador, **mais** também alpinista.

( ) Nunca tive **más** intenções.

( ) Falaremos **acerca de** seu problema depois.

a) C, E, C, C b) C, E, E, C c) E, C, C, E

248) Ponha C (certo) ou E (errado) para o emprego do termo destacado; a seguir, marque a alternativa adequada.

( ) Encontrou o caminho **por que** tinha um mapa.

( ) Ignoro **porque** nos contaram aquela história.

( ) Não negue sua participação, **senão** você se complicará.

( ) **Senão** houver determinação, o objetivo jamais será alcançado.

a) E, C, C, E b) C, E, E, C c) E, E, C, E

249) Marque a frase em que se deveria empregar DE ENCONTRO A, e não AO ENCONTRO DE.

a) Feliz, foi ao encontro do amigo.

b) Sua palestra veio ao encontro dos meus anseios.

c) Desgovernada, a lancha foi ao encontro do navio.

250) Assinale a frase em que se deveria usar EM PRINCÍPIO, e não A PRINCÍPIO.

a) A princípio, todos são capazes de atuar.

b) A princípio, admiti todos os meus erros.

c) A princípio, falarei sobre concordância.

251) Assinale a opção em que se deveria usar AO INVÉS DE, e não EM VEZ DE.

a) Em vez de legumes, ofereceu-me verduras.

b) Em vez de ficar calado, contou tudo que sabia.

c) Inscreveu os filhos, em vez dos sobrinhos.

252) Marque a frase em que aparece uma palavra mal empregada.

a) Afora alguns descontentes, os homens aceitaram as explicações.

b) Fora alguns descontentes, os homens aceitaram as explicações.

c) Com quanto tivesse chovido, o asfalto ainda estava muito quente.

253) Só está correto o emprego de PORQUANTO em:

a) Não sei porquanto ele alugará a casa.

b) Porquanto sairá o quilo do peixe?

c) Caminhou rapidamente, porquanto estava com medo.

254) Assinale a frase que apresenta palavra empregada indevidamente.

a) Sentia-se mal com a situação.

b) Saiu ensinando pelo mundo a fora.

c) O contador estava sob suspeita.

255) Assinale a frase em que se deveria usar PORQUE, e não POR QUE.

a) Murício, por que há tanta gente na rua?

b) Ele estuda Direito por que pretende ser juiz federal.

c) Eis o trabalho por que ele se apaixonou.

Capítulo 17

CERTO OU ERRADO

I) CONFRONTO ENTRE CERTO E ERRADO

1. Absolutamente / Em absoluto

Ex.: Em absoluto não concorreremos. (errado)
Absolutamente não concorreremos. (certo)

OBSERVAÇÕES

1ª) Não existe **em absoluto**, com o sentido de "absolutamente".

2ª) Só se usa **absolutamente** como reforço de uma afirmação ou de uma negação.

Ex.: – Desejas dizer algo?
– Absolutamente. (errado)
– Desejas dizer algo?
– Absolutamente não. (certo)

2. Acidente mata / Tragédia mata

Ex.: Tragédia mata vinte pessoas. (errado)
Acidente mata vinte pessoas. (certo)

✓ Obs.: Tragédia é o resultado do acidente.

3. À custa de / Às custas de

Ex.: Ela vivia às custas de um parente. (errado)
Ela vivia à custa de um parente. (certo)

4. Além / Além... também

Ex.: Além do sanduíche, traga também um suco. (errado)
Além do sanduíche, traga um suco. (certo)

5. Alto e bom som / Em alto e bom som

Ex.: Falarei em alto e bom som o que for peciso. (errado)
Falarei alto e bom som o que for preciso. (certo)

✓ Obs.: **Som**, e não **tom**.

6. Amiúde / A miúdo / A miúde

Ex.: Marcos participa a miúde dos nossos programas. (errado)
Marcos participa amiúde dos nossos programas. (certo)
Marcos participa a miúdo dos nossos programas. (certo)

7. Apesar de que / Apesar que

Ex.: Apesar que fizesse calor, ele solicitou um agasalho. (errado)
Apesar de que fizesse calor, ele solicitou um agasalho. (certo)

8. A que horas / Em que horas / Que horas

Ex.: Em que horas iremos ao teatro? (errado)
Que horas iremos ao teatro? (errado)
A que horas iremos ao teatro? (certo)

9. À vista de / Às vistas de

Ex.: Pesou as batatas às vistas do cliente. (errado)
Pesou as batatas à vista do cliente. (certo)

10. Bater com o carro / Bater o carro

Ex.: Meu vizinho bateu o carro. (errado)
Meu vizinho bateu com o carro. (certo)

11. Cheque sem fundos / Cheque sem fundo

Ex.: Ele só passa cheque sem fundo. (errado)
Ele só passa cheque sem fundos. (certo)

12. Círculo vicioso / Ciclo vicioso

Ex.: Aquilo se tornou um ciclo vicioso. (errado)
Aquilo se tornou um círculo vicioso. (certo)

13. Clipe / Clip / Clips

Ex.: Uniu as páginas com um clip. (errado)
Uniu as páginas com um clips. (errado)
Uniu as páginas com um clipe. (certo)

✓ Obs.: Seu plural é **clipes**.

14. Cometer um erro / Fazer um erro

Ex.: O técnico fez um erro muito grande. (errado)
O técnico cometeu um erro muito grande. (certo)

15. Confraternizar / Confraternizar-se

Ex.: Os colegas se confraternizaram alegremente. (errado)
Os colegas confraternizaram alegremente. (certo)

16. Daqui a / Daqui

Ex.: O avião pousará daqui poucos minutos. (errado)
O avião pousará daqui a poucos minutos. (certo)

17. Dar à luz um filho / Dar a luz a um filho

Ex.: A jovem mulher deu a luz a um filho. (errado)
A jovem mulher deu à luz um filho. (certo)

18. De joelhos / De joelho

Ex.: As pessoas estavam de joelho. (errado)
As pessoas estavam de joelhos. (certo)

19. Departamento de pessoal / Departamento pessoal

Ex.: Encaminhei-o ao departamento pessoal. (errado)
Encaminhei-o ao departamento de pessoal. (certo)

20. Descolamento de retina / Deslocamento de retina

Ex.: Com a forte batida, o passageiro teve deslocamento de retina. (errado)
Com a forte batida, o passageiro teve descolamento de retina. (certo)

21. Em branca nuvem / Em brancas nuvens

Ex.: O casal vivia em brancas nuvens. (errado)
O casal vivia em branca nuvem. (certo)

22. Em cima / encima

Ex.: Deixei o estojo encima da mesa. (errado)
Deixei o estojo em cima da mesa. (certo)

23. Em cores / A cores

Ex.: Tenho um aparelho a cores. (errado)
Tenho um aparelho em cores. (certo)

24. Em curto prazo / A curto prazo

Ex.: Pagarei a dívida a curto prazo. (errado)
Pagarei a dívida em curto prazo. (certo)

✓ Obs.: O mesmo para **em médio prazo** e **em longo prazo**.

25. Em dia / Em dias

Ex.: O inquilino está em dias com o aluguel da casa. (errado)
O inquilino está em dia com o aluguel da casa. (certo)

26. Em face de / Face a

Ex.: Face ao que se disse, tomaremos uma decisão. (errado)
Em face do que se disse, tomaremos uma decisão. (certo)

27. Em greve / De greve

Ex.: Os operários estavam de greve. (errado)
Os operários estavam em greve. (certo)

28. Em mão / Em mãos

Ex.: A carta lhe foi entregue em mãos. (errado)
A carta lhe foi entregue em mão. (certo)

29. Em meu ver / A meu ver / Ao meu ver

Ex.: Ao meu ver, não houve irregularidades. (errado)
Em meu ver, não houve irregularidades. (certo)
A meu ver, não houve irregularidades. (certo)

✓ Obs.: O mesmo para **em nosso ver**, **em seu ver** e **em vosso ver**.

30. Em nível de / A nível de

Ex.: Resolveremos o problema a nível de diretoria. (errado)
Resolveremos o problema em nível de diretoria. (certo)

31. Em via de / Em vias de

Ex.: Estava em vias de ter um infarto. (errado)
Estava em via de ter um infarto. (certo)

32. Entre vinte e trinta / Entre vinte a trinta

Ex.: Estavam no salão entre vinte a trinta assistentes. (errado)
Estavam no salão entre vinte e trinta assistentes. (certo)

✓ Obs.: Se preferir, diga "de vinte a trinta assistentes".

33. Entretanto / No entanto / No entretanto

Ex.: Entrou discretamente, no entretanto foi reconhecido. (errado)
Entrou discretamente, entretanto foi reconhecido. (certo)
Entrou discretamente, no entanto foi reconhecido. (certo)

✓ Obs.: **No entretanto** é um cruzamento indevido das duas primeiras, que são legítimas.

34. Equivale a dizer / Equivale dizer

Ex.: Tal atitude equivale dizer que nada presta. (errado)
Tal atitude equivale a dizer que nada presta. (certo)

35. Exatamente / Exatos

Ex.: Pesquisei a doença exatos três meses. (errado)
Pesquisei a doença exatamente três meses. (certo)

36. Fazer conferência / Dar conferência

Ex.: Darei uma conferência sobre o assunto. (errado)
Farei uma conferência sobre o assunto. (certo)

37. Fazer explodir o navio / Explodir o navio

Ex.: As autoridades vão explodir o navio. (errado)
As autoridades vão fazer explodir o navio. (certo)

38. Grosso modo / A grosso modo

Ex.: Mostrou a grosso modo o problema. (errado)
Mostrou *grosso modo* o problema. (certo)

✓ Obs.: É expressão da língua italiana, sem a preposição **a**. Deve ser usada em itálico ou entre aspas.

39. Imposto de renda / Imposto de rendas

Ex.: Eles não pagam imposto de rendas. (errado)
Eles não pagam imposto de renda. (certo)

40. Independentemente / Independente

Ex.: Ficarei feliz independente do resultado. (errado)
Ficarei feliz independentemente do resultado. (certo)

✓ Obs.: O adjetivo **independente** não pode ser usado no lugar do advérbio **independentemente**.

41. Instaurar inquérito / Instalar inquérito

Ex.: Ele vão instalar inquérito administrativo (errado)
Eles vão instaurar inquérito administrativo. (certo)

42. Justamente / Justo

Ex.: Justo hoje ele me pediu dinheiro. (errado)
Justamente hoje ele me pediu dinheiro. (certo)

✓ Obs.: O adjetivo **justo** não pode ser empregado no lugar do advérbio **justamente**.

43. Lanço de escada / Lance de escada

Ex.: Subiu mais um lance da escada. (errado)
Subiu mais um lanço da escada. (certo)

44. Ponte levadiça / Ponte elevadiça.

Ex.: Ergueram imediatamente a ponte elevadiça. (errado)
Ergueram imediatamente a ponte levadiça. (certo)

45. Preço alto / Preço caro

Ex.: O preço estava muito caro. (errado)
O preço estava muito alto. (certo)

✓ Obs.: O que é caro (ou barato) é o produto, e não o preço.

46. Que horas são / Que horas tem

Ex.: Meu amigo, que horas tem? (errado)
Meu amigo, que horas são? (certo)

47. Rebater coisas / Rebater pessoas

Ex.: Ele rebateu o deputado por suas atitudes. (errado)
Ele rebateu as atitudes do deputado. (certo)

✓ Obs.: Não se rebate a pessoa, mas o que ela faz.

48. Resultado do exame / Resultado do laudo

Ex.: Ainda não recebi o resultado do laudo. (errado)
Ainda não recebi o laudo. (certo)

✓ Obs.: Se preferir, diga "resultado do exame".

49. Se acaso / Se caso

Ex.: Se caso parar logo a chuva, a partida recomeçará. (errado)
Se acaso parar logo a chuva, a partida recomeçará. (certo)

✓ Obs.: **Caso** e **se**, por serem sinônimos, não podem ser usados juntos. **Acaso** quer dizer "porventura", "por acaso".

50. Segunda-feira / 2ª-feira

Ex.: Chegaremos na 2ª-feira. (errado)
Chegaremos na segunda-feira. (certo).

✓ Obs.: Não se empregam algarismos para os dias da semana.

51. Seja... seja / Seja... ou

Ex.: Seja um brasileiro ou um português, será aceito no grupo. (errado)
Seja um brasileiro, seja um português, será aceito no grupo. (certo)

✓ Obs.: O mesmo para **quer... quer**.

52. Sobressair / Sobressair-se

Ex.: Helena se sobressai na empresa. (errado)
Helena sobressai na empresa. (certo)

53. Voto em branco / Voto branco

Ex.: Ele apelou para o voto branco. (errado)
Ele apelou para o voto em branco. (certo)

II) TODAS CORRETAS, SEM MUDANÇA DE SENTIDO

1. À entrada / Na entrada

Ex.: Aguardavam-me à entrada do prédio.
Aguardavam-me na entrada do prédio.

✓ Obs.: O mesmo para **à saída**.

2. À falta de / Na falta de

Ex.: À falta de um professor, convidamos um estagiário.
Na falta de um professor, convidamos um estagiário.

3. A folhas / À folha / Na folha

Ex.: A anotação foi feita a folhas 15.
A anotação foi feita à folha 15.
A anotação foi feita na folha 15.

4. Ao redor / em redor

Ex.: Ficávamos ao redor da fogueira.
Ficávamos em redor da fogueira.

5. Às pressas / À pressa

Ex.: Você fez tudo às pressas.
Você fez tudo à pressa.

6. A tempo / Em tempo

Ex.: Chegamos a tempo de votar.
Chegamos em tempo de votar.

7. Calça / Calças

Ex.: O garoto tirou a calça.
O garoto tirou as calças.

8. Casar / Casar-se

Ex.: Aírton casou com Juliana.
Aírton casou-se com Juliana.

9. Cê-cedilha / Cê cedilhado

Ex.: A palavra se grafa com cê-cedilha.
A palavra se grafa com cê cedilhado.

10. De férias / Em férias

Ex.: Os fiscais estão de férias.
Os fiscais estão em férias.

11. De segunda mão / Em segunda mão

Ex.: Adquiri bons sapatos de segunda mão.
Adquiri bons sapatos em segunda mão.

12. Funeral / Funerais

Ex.: Assisti ao funeral de um amigo.
Assisti aos funerais de um amigo.

13. Levantar / Levantar-se

Ex.: O motorista levantou.
O motorista levantou-se.

14. Muitas vezes / Muita vez

Ex.: Muitas vezes tomamos sorvete em sua casa.
Muita vez tomamos sorvete em sua casa.

15. Tudo que / Tudo o que

Ex.: Tudo que mandaram foi aproveitado.
Tudo o que mandaram foi aproveitado.

EXERCÍCIOS

256) Assinale a frase correta.

a) Que horas você estará pronto?
b) Em que horas você estará pronto?
c) A que horas você estará pronto?

257) Assinale a frase em que a forma no plural está correta.

a) Foi à Europa às custas do padrasto.
b) Entregarei a carta em mãos.
c) Ficaram muito tempo de joelhos.

258) Marque a frase com erro.

a) Dê-me um clips, por favor.

b) Preparou às pressas o currículo.

c) Compareça ao departamento de pessoal.

259) Só está correta a seguinte frase:

a) Se caso você quiser, embrulharei alguns salgadinhos.

b) Nesta eleição, utilizarei o voto em branco.

c) A seleção foi feita às vistas do comprador.

260) Apesar que havia tempo, ele não concluiu a tarefa.

Eles fizeram um erro grave.

Face ao exposto, algo deverá ser mudado.

Com relação às frases acima, pode-se dizer que:

a) só a primeira está errada.

b) estão erradas a segunda e a terceira.

c) todas estão erradas.

261) Assinale a alternativa em que as duas construções são perfeitas.

a) Os empregados continuam em greve. Os empregados continuam de greve.

b) Só comprava artigos em segunda mão. Só comprava artigos de segunda mão.

c) Tive descolamento de retina. Tive deslocamento de retina.

262) Assinale a alternativa em que as duas construções são perfeitas.

a) Passou pela vida em branca nuvem. Passou pela vida em brancas nuvens.

b) Os professores se encontram em férias. Os professores se encontram de férias.

c) O cientista fez uma confererência ontem. O cientista deu uma conferência ontem.

263) Marque a frase correta.

a) Tragédia na serra mata quatro pessoas.

b) Estou esperando o resultado do laudo.

c) Jamais bati com o carro.

264) Assinale a alternativa em que a forma no plural está errada.

a) Orlando está em vias de se candidatar.

b) Estive presente nos funerais do contador.

c) Fiz o registro a folhas 27.

265) Marque a opção em que a forma no singular está errada.

a) Preciso comprar nova calça.

b) Muita vez, é preciso ter paciência.

c) Nunca passei cheque sem fundo.

266) Coloque C (certo) ou E (errado) para as frases e anote a opção adequada.

( ) Tudo foi feito a nível de governo.

( ) Decorridos exatos dois anos, o processo foi reaberto.

( ) A Marinha explodirá o velho barco.

( ) Vivíamos num verdadeiro círculo vicioso.

a) E, C, C, E b) C, C, C, E c) E, E, E, C

267) Assinale a frase em que é correto o emprego de SE.

a) Na festa, todos se confraternizaram.

b) Meu sobrinho casou-se no sábado.

c) Carlos sobressaiu-se entre os candidatos.

268) Assinale a frase errada.

a) Dissemos tudo alto e bom som.

b) O campo estava encharcado, no entretanto o jogo foi confirmado.

c) Quer aceite, quer não, você será bem-vindo.

269) Só está correta a frase:

a) À entrada do edifício, uma multidão o esperava para a entrevista.

b) Isso equivale dizer que houve falhas.

c) Achei os preços muito caros.

270) Só está correta a frase.

a) Independente do que ele diga, a reforma será feita.

b) Ninguém ali se preocupava com o imposto de rendas.

c) Quitarei minhas dívidas em longo prazo.

Capítulo 18

FIGURAS DE LINGUAGEM

Recursos estilísticos utilizados notadamente na literatura, as figuras devem ser estudadas não apenas para um melhor entendimento dos textos, mas também para um aprimoramento na arte de escrever. Pede-se, no entanto, ao leitor, que não as utilize em excesso, sob o risco de deixar a redação pesada, desagradável e até mesmo pedante. Equilíbrio, naturalmente, cabe em qualquer situação.

Não faremos aqui a famosa divisão das figuras, por desnecessária numa obra dessa natureza. O importante é recohecê-las e, quando necessário, utilizá-las com sabedoria. Não o faça, no entanto, em documentos de quaisquer espécies, como os utilizados pelos advogados, pois eles pedem uma linguagem sempre objetiva, direta, que não dê margem a outras interpretações.

1. Metáfora

A grande figura, ao lado da metonímia. É um tipo de comparação em que não se utiliza o conectivo nem o elemento comum aos seres comparados.

Ex.: Minha mãe é uma joia rara.

Observe que uma pessoa não pode, objetivamente, ser um joia. A frase só será entendida se recorrermos a uma outra, da qual ela provém: Minha mãe é preciosa como uma joia rara. Veja abaixo:

a) Minha mãe é preciosa como uma joia rara.
   Elementos comparados: mãe e joia.
   Elemento comum aos dois: preciosa.

Conclui-se que a frase é exemplo de comparação ou símile, que alguns já entendem como uma figura.

b) Minha mãe é uma joia rara.

Elementos comparados: mãe e joia.

Elemento comum aos dois: não há.

Conectivo: não há.

Conclui-se que se trata de uma metáfora, e não de uma simples comparação.

Outros exemplos:

a) Comparação ou símile

Ele era forte como um tufão.
Agiu tal qual um cão faminto.
Fazia doces como um experiente cozinheiro.
"...Como linho desfeito a neve cai." (Manuel Bandeira)
"...E as libras se derretem como gelo..." (Antero de Quental)

b) Metáfora

Tuas bochechas são duas maçãs apetitosas.
Observava de longe a neve de seus cabelos. (cabelos brancos como a neve)
"Minh'alma é um livro lindo, encadernado..." (Casimiro de Abreu)
"...A natureza era um poema santo..." (Castro Alves)

2. Metonímia

Substituição de um termo por outro, quando há entre eles uma relação lógica, objetiva.

Há vários tipos de metonímia. Vejamos os mais importantes.

a) A parte pelo todo, e vice-versa.

Ex.: Ninguém ali tinha um teto. (casa / teto)
Tem um cinto de jacaré. (pele / jacaré)

b) O autor pela obra.

Ex.: Emprestou-me o Celso Cunha. (gramática / Celso Cunha)

c) O abstrato pelo concreto, e vice-versa.

Ex.: Preocupava-se com a juventude do Brasil. (jovens / juventude)
Respeitem as lágrimas do povo. (sofrimento / lágrimas)

d) O efeito pela causa.

Ex.: Cortaram as sombras do meu jardim. (árvores / sombras)

e) O continente pelo conteúdo.

Ex.: Bebeu mais um copo e saiu. (bebida / copo)

f) O lugar pelo habitante.

Ex.: Ele tem a confiança do bairro. (moradores / bairro)

g) O singular pelo plural.

Ex.: O homem precisa progredir moralmente. (homens / homem)

3. Prosopopeia ou personificação.

Consiste em atribuir-se a seres inanimados ações próprias dos animados, especialmente as pessoas. Em outras palavras: as coisas passam a agir como se fossem pessoas.

Ex.: As flores ficam alegres com a presença de minha mãe.
"O córrego chora." (Manuel Bandeira)

4. Hipérbole

Utilização do exagero com o objetivo de alcançar-se maior expressividade.

Ex.: Fiz-lhe um milhão de pedidos, e ele não atendeu.
A criança estava banhada em prantos.
Trazia na alma toda a dor do mundo.
"Se uma lágrima as pálpebras me inunda..." (Álvares de Azevedo)

5. Eufemismo

Suavização de uma ideia desagradável.

Ex.: Seu filho tem dificuldades para entender as coisas. (não aprende nada)
Tem o hábito de pegar coisas que não lhe pertencem. (roubar)

6. Pleonasmo

Repetição enfática de um termo sintático ou de uma ideia.

a) De um termo.

Ex.: O livro, deixei-o na estante.

✓ Obs.: O pronome **o**, repetição enfática de **o livro**, é o que se conhece como objeto direto pleonástico.

b) De uma ideia.

Ex.: Pisou o tapete com seus pés delicados.

7. Anacoluto

Quebra na estruturação sintática, que deixa uma palavra ou expressão sem função no período. É semelhante ao pleonasmo da letra **a**.

Ex.: Eu, ninguém me disse nada.

✓ Obs.: A palavra **eu** não tem função sintática. Aparentemente, é repetida pelo pronome **me**. Caso disséssemos "A mim, ninguém me disse nada", teríamos uma caso de pleonasmo, uma vez que **a mim** e **me** podem alternar-se na frase, sendo ambos objeto indireto.

8. Antítese

Emprego de palavras ou expressões de sentido contrário.

Ex.: Chorar e rir são contingências da vida.

Eles trabalham pouco e reclamam muito.

"Como era possível beleza e horror, vida e morte harmonizarem-se assim no mesmo quadro?" (Érico Veríssimo)

9. Silepse

Concordância anormal que se faz, em dadas circunstâncias, com uma palavra que não se encontra no texto. Por isso mesmo, é também conhecida como concordância ideológica.

a) Silepse de gênero

Ex.: A criança me deixou impressionado. Como é educado!

(A concordância se faz com a palavra menino, que está na minha ideia)

b) Silepse de número

Ex.: A multidão esperava o jogador. Faziam um barulho muito grande.

✓ Obs.: **Multidão**, que é singular, levaria o verbo, numa concordância lógica, ao singular: fazia. Na frase a concordância no plural se deve ao fato de **multidão**, que é coletivo, passar uma ideia de plural.

Cuidado! A flexão de plural deve ser feita no segundo verbo, não no primeiro. Seria condenável dizer "A multidão esperavam o jogador".

c) Silepse de pessoa

Ex.: Os professores estamos animados com o projeto.

✓ Obs.: **Estamos**, na primeira pessoa, não está concordando com **professores**, na terceira. Isso ocorre porque o falante se inclui entre os professores.

10. Catacrese

Emprego, por analogia, de uma palavra em lugar de outra, desconhecida ou inexistente.

Ex.: Embarcamos no avião. (embarcar é entrar em um barco)

Amassou o dente de alho. (semelhança com um dente)

Feriu o céu da boca. (semelhança com o céu, a abóbada celeste)

✓ Obs.: Nos dois primeiros casos, não há palavras específicas. No último, existe **palato**, pouco conhecido, o que levou o povo a dizer **céu da boca**.

11. Sinestesia

União de sentidos numa só expressão.

Ex.: Era um som colorido.

Invadiu o ambiente um perfume quente.

12. Hipérbato

Inversão da ordem natural das palavras na frase, ou das orações no período.

Ex.: Aos alunos mandarei o novo gabarito.
Que venham todos é indispensável.

13. Anástrofe

Tipo especial de inversão em que o termo regido (o que tem preposição) se antepõe ao termo regente.

Ex.: Ouviu-se dos passos o rumor.
dos passos: termo regido
o rumor: termo regente

14. Hipálage

Adjetivação de uma palavra em lugar de outra, também presente na frase.

Ex.: O sorriso feliz do marido.
Entenda-se: o sorriso do marido feliz.

15. Enálage

Troca, em determinadas situações, de um tempo verbal por outro.

Ex.: Se eu chegasse cedo, ganhava uma entrada especial. (ganharia)

16. Quiasmo

Misto de repetição e inversão, configurando-se numa espécie de xis. A repetição pode apresentar algumas alterações.

Ex.: Um vento ameno soprava em cada bosque, soprava em cada bosque um vento amigo.

17. Perífrase

Emprego de várias palavras no lugar de uma.

Ex.: O rei dos animais (em vez de leão)
A Veneza brasileira (em vez de Recife)
O precioso líquido (em vez de água)

18. Onomatopeia

Representação fonética dos sons da natureza.

Ex.: Ouvia-se o **tique-taque** do relógio.
Jogávamos **pingue-pongue**.
O **tilintar** dos cristais me acalma.

19. Aliteração

Repetição de fonemas consoanantais.

Ex.: É fácil fazer farofa.

✓ Obs.: Quando a aliteração sugere algo, temos uma onomatopeia. É o caso do famoso verso de Cruz e Sousa, "Vozes veladas, veludosas vozes", em que a aliteração sugere o cochicho das pessoas.

20. Elipse

Omissão de um termo qualquer na frase.

Ex.: Falamos muito. (nós)

Na sala, apenas duas pessoas. (havia)

Estava sorrindo, o coração vibrando de felicidade. (com)

21. Zeugma

Tipo de elipse em que se omite um verbo já empregado na frase.

Ex.: Eu e meu pai pedimos feijoada; minha mãe, uma salada especial. (pediu)

22. Assíndeto

Omissão do conectivo **e**.

Ex.: Cheguei, fui logo para o escritório.

"Sorri, doideja, papagueia, canta." (Raimundo Correia)

23. Polissílabo

Repetição enfática do conectivo aditivo.

Ex.: Ele trouxe pão, e manteiga, e queijo, e mortadela.

✓ Obs.: As vírgulas são facultativas.

24. Apóstrofe

Chamamento forte, expressivo; invocação de seres reais ou imaginários, presentes ou ausentes.

Ex.: Meu filho, veja o que você está fazendo!

"Que querias tu, afinal, meu velho mestre de primeiras letras?" (Machado de Assis)

EXERCÍCIOS

271) Na frase "Seus dentes são duas peças de marfim", temos exemplo de:

a) metáfora b) comparação c) metonímia

272) Na frase "Ele adora ouvir Mozart à noite", temos um caso de:

a) prosopopeia b) eufemismo c) metonímia

273) Na frase "Esse colega, muita gente gosta dele", há um exemplo de:

a) hipérbole b) pleonasmo c) anacoluto

274) Assinale o exemplo de antítese.

a) "O seu filho não lhe faltam noivas." (Camilo Castelo Branco)

b) As flores sentiram a sua falta.

c) Às vezes é necessário perder para ganhar.

275) Assinale o exemplo de polissíndeto.

a) "Os portugueses sois assim feitos." (Sá de Miranda)

b) "Vive e canta e ama esta natura..." (Casimiro de Abreu)

c) O carro voava no asfalto.

276) Assinale o exemplo de silepse.

a) Porto Alegre é encantadora.

b) A nós, não nos enganarão.

c) Deixou o corpo após um longo sofrimento.

277) No verso "Dor, és prazer! Ó morte, és o viver!", de Castro Alves, percebemos a presença de duas figuras de linguagem. Quais?

a) apóstrofe e pleonasmo

b) apóstrofe e antítese

c) antítese e prosopopeia

278) Assinale o exemplo de metáfora.

a) Escutei um som pesado.

b) Essa jovem se fez um lírio em tuas mãos.

c) Seus olhos brilham como diamantes.

279) No verso "Brancas bacantes bêbedas o beijam", do poeta brasileiro Augusto dos Anjos, exemplifica-se a seguinte figura:

a) anacoluto b) aliteração c) sinestesia

280) Que figuras existem nos versos abaixo, do poeta português Bocage?

"...Alguns então lhe chamam desventura,
Chamam-lhe alguns então felicidade."

a) quiasmo e antítese
b) enálage e antítese
c) quiasmo e eufemismo

281) Que figura se encontra nos versos de Castro Alves, destacados a seguir?

"Treme, treme, dissoluta,
Ímpia filha de Sião!"

a) silepse b) símile c) apóstrofe

282) No verso de Manuel Bandeira "Como se o enchesse o soprinho tísico do José.", o adjetivo **tísico** está qualificando **soprinho**, quando na verdade se refere a **José**. Trata-se de uma figura conhecida como:

a) hipálage b) perífrase c) metáfora

283) Observe as frases a seguir.

Ele vai estourar de tanto rir.
"Oh! Que infernal tormento o da incerteza!" (Bocage)
"Há rastros de luz macia." (Joaquim Cardozo)

Notamos a presença, respectivamente, das seguintes figuras:

a) eufemismo, elipse, hipérbole
b) hipérbole, elipse, sinestesia
c) hipérbole, anacoluto, sinestesia

284) Que figuras aparecem nos versos abaixo, de Gregório de Matos?

"Em tristes sombras morre a formosura,
Em contínuas tristezas, a alegria." (G. de Matos)

a) antítese, zeugma e catacrese
b) antítese, prosopopeia e zeugma
c) sinestesia, zeugma e enálage

285) Que figura se encontra nos versos abaixo, de Olavo Bilac?

"Dizia o rio, cheio
De amor, abrindo o seio..."

a) metonímia b) anacoluto c) prosopopeia

APÊNDICE

I

NOÇÕES DE CLASSES GRAMATICAIS

Existem dez classes gramaticais ou classes de palavras.

1. Classes variáveis: as que admitem flexão.
São elas: substantivo, adjetivo, artigo, pronome, numeral e verbo.

2. Classes invariáveis: as que não admitem flexão.
São as seguintes: advérbio, preposição, conjunção e interjeição.

Dependência

Bastante importante é o fato de algumas classes dependerem de outras. Sob esse aspecto, podemos estudá-las da seguinte maneira:

1. Classes básicas: substantivo e verbo.

2. Classes dependentes:
a) do substantivo: artigo, adjetivo, numeral e pronome (adjetivo).
b) do verbo: advérbio.

3. Palavras conectivas ou de ligação: preposição e conjunção.

4. Interjeição.

Exemplos

1. Dependência do substrantivo: o menino, bom menino, dez meninos, algum menino.
2. Dependência do verbo: saímos ontem, estava ali, corri muito, andava depressa.
3. Ligação: Paulo e João, feijão com arroz, viver para o bem, espero que não chova.

I) Substantivo

Palavra que nomeia os seres em geral, reais ou imaginários. É o nome dado às coisas, pessoas, sentimentos etc.

Ex.: árvore, criança, pedra, amor, saudade, Juliana

1. Classificação

a) Concreto: o que não depende de outro para existir. Pode ser real ou imaginário.
Ex.: bola, nuvem, ar, estrada, saci, Cupido.

✓ Obs.: São concretos vocábulos do tipo Deus, espírito, alma etc.

b) Abstrato: o que depende de outro para existir.
Ex.: tristeza, saudade, salvação, amizade, palidez, lendidão.

c) Comum: o que se refere a toda uma espécie; grafa-se com inicial minúscula.
Ex.: pessoa, cidade, camisa, dificuldade, certeza, campo.

d) Próprio: o que se refere a um ser em particular; escreve-se com inicial maiúscula.
Ex.: Rafael, Teresópolis, México, Ipanema.

✓ Obs.: Um vocábulo pode, dependendo da situação, ser comum ou próprio.
Ex.: Não tive receita suficiente.
Ele foi chamado pela Receita.
Reuniram-se em assembleia os acionistas.
A Assembleia votará o projeto do deputado.
Tomo banho no rio.
Morei no Rio.

e) Simples: o que possui apenas um radical.
Ex.: planta, livro, mesa.

f) Composto: o que possui mais de um radical.
Ex.: couve-flor, arranha-céu, girassol.

g) Primitivo: o que não se forma de outro.
Ex.: dente, flor, lápis, neto.

h) Derivado: o que se forma de uma outra palavra, que pode ser ou não substantivo; geralmente, a formação se dá por meio de prefixo (antes do radical) ou sufixo (depois do radical).
Ex.: dentinho, florista, lapiseira, bisneto.

i) Coletivo: o que se refere a um agrupamento de seres.
Ex.: povo.

ALGUNS COLETIVOS IMPORTANTES	
alcateia	de lobos
arquipélago	de ilhas
banca	de examinadores
banda	de músicos
cáfila	de camelos
caravana	de viajantes, de peregrinos
cardume	de peixes

constelação	de estrelas
correição	de formigas
elenco	de atores
enxame	de abelhas
fato	de cabras
feixe	de lenha, de capim
galeria	de obras de arte
girândola	de foguetes de artifício
matilha	de cães de caça
molho	de chaves, de verduras
ninhada	de pintos
penca	de bananas, de chaves
pinacoteca	de quadros
plêiade	de pessoas ilustres
rebanho	de ovelhas, de bois
récua	de bestas de carga
réstia	de cebolas, de alhos
vara	de porcos

✓ Obs.: Há muitos coletivos sinônimos. Por exemplo, antologia, crestomatia, coletânea, seleta e florilégio (de textos escolhidos); buquê e ramalhete (de flores); multidão e roda (de pessoas); corja, malta, matula e súcia (de gente ordinária em geral); cainça, cainçada e canzoada (de cães).

2. Flexão

O substantivo se flexiona em número e gênero. Por razões didáticas, incluímos neste livro as variações de grau.

Ex.: cortina – cortinas, gato – gata, flor – florzinha.

✓ Obs.: Veja, com detalhes, a flexão do substantivo no capítulo 7.

II) Adjetivo

Palavra que se refere ao substantivo atribuindo-lhe uma qualidade, estado, característica ou aspecto.

Ex.: trabalho excelente, cavalo doente, mulher alta, dia claro.

1. Classificação

a) Simples: com um só radical.

Ex.: bebida quente, dia livre, trabalho fácil.

b) Composto: com mais de um radical.

Ex.: homem surdo-mudo, acordo luso-brasileiro.

c) Primitivo: que não se forma de outro.

Ex.: nota alta, cidade limpa, rua escura.

d) Derivado: o que provém de outra palavra.

Ex.: animal ferocíssimo, tarde ensolarada, comida cheirosa.

Adjetivo pátrio

Nome dado ao adjetivo que indica lugar de origem ou nacionalidade. É comum o seu emprego como substantivo.

Ex.: austríaco, peruano, russo, japonês, belga, alagoano, cerarense, paranaense, belo-horizontino, carioca, curitibano, parisiense, lisboeta, catalão, montevideano.

Locução adjetiva

Grupo de palavras que equivale a um só adjetivo. É formada por preposição e substantivo.

Ex.: de lobo – lupino, de chumbo – plûmbeo, de mãe – materno, de lago – lacustre.

✓ **Nota**: Veja no capítulo 6, Semântica, uma boa relação dessas locuções.

2. Flexão

O adjetivo admite variação de número e gênero. Incluímos, nesta obra, as variações de grau, por motivos didáticos.

Ex.: belo menino, bela menina, belos meninos, belas meninas, belíssimo menino, belíssima menina.

✓ Obs.: A flexão do adjetivo, bem como a do substantivo, é estudada com pormenores no capítulo 7.

III) Artigo

Vocábulo átono que se liga ao substantivo para defini-lo ou indefini-lo; por isso mesmo se diz artigo definido e artigo indefinido.

a) Artigo definido: o (e flexões)

Ex.: o carro, os carros, a bicicleta, as bicicletas.

b) Artigo indefinido: um (e flexões)

Ex.: um copo, uns copos, uma cadeira, umas cadeiras.

IV) Numeral

Palavra que indica número.

a) Cardinal: indica a quantidade exata de seres.

Ex.: um quilômetro, dois quilômetros, dez quilômetros.

Cuidado para não confundi-lo com o artigo indefinido.

Ex.: Comprei um quilo de farinha. (numeral: é a quantidade da farinha)
Encontrei um amigo. (artigo: equivale a "algum amigo", "um amigo qualquer")

b) Ordinal: estabelece uma ordem.

Ex.: primeiro candidato, décimo lugar, centésimo assunto.

São numerais ordinais:

1. De um a dez: primeiro, segundo, terceiro, quarto, quinto, sexto, sétimo, oitavo, nono e décimo.

2. De dez a cem: décimo, vigésimo, trigésimo, quadragésimo, quinquagésimo, sexagésimo, setuagésimo (ou septuagésimo), octogésimo, nonagésimo e centésimo.

3. De cem a mil: centésimo, ducentésimo, trecentésimo, quadringentésimo, quingentésimo, seiscentésimo (ou sexcentésimo), setingentésimo (ou septingentésimo), octingentésimo, noningentésimo (ou nongentésimo) e milésimo.

4. A partir daí, diz-se: dois milésimos (dois mil), dez milésimos (dez mil) cem milésimos (cem mil), milionésimo (um milhão), bilionésimo (um bilhão), trilionésimo (um trilhão), quatrilionésimo (um quatrilhão), quintilionésimo (um quintilhão) e sextilionésimo (um sextilhão).

c) Multiplicativo: indica multiplicação.
Ex.: atividade dupla.

d) Fracionário: indica fração.
Ex.: um terço, dois quartos.

V) Pronome

Palavra que acompanha ou representa um substantivo, tomado este como pessoa do discurso.

De acordo com sua função na frase, pode o pronome ser:

a) pronome adjetivo: aquele que acompanha um substantivo.
Ex.: Fiz minha parte. Esse material é ótimo. Recebi algum dinheiro.

✓ Obs.: Na análise sintática, o pronome adjetivo é adjunto adnominal do substantivo que acompanha.

b) pronome substantivo: o que representa, substitui um substantivo.
Ex.: Ninguém reclamou. Todos falaram bem. Vimos tudo.

✓ Obs.: Por estar no lugar de um substantivo, tem, na análise sintática, as suas funções: sujeito, objeto direto etc.

Classificação

1. Pronomes pessoais

São aqueles que designam as pessoas do discurso: aquela que fala, aquela com quem se fala ou aquela de quem se fala. Podem ser retos ou oblíquos.

a) Pronomes pessoais retos: aqueles que funcionam como sujeito ou, mais raramente, como predicativo. São eles: eu, tu, ele (ou ela), nós vós, eles (ou elas).
Ex.: Eu fiz a minha parte. Ele colaborou com os vizinhos. Não somos ele.

✓ Obs.: **Eu** e **tu** são sempre retos; os outros podem ser retos ou oblíquos.

b) Pronomes pessoais oblíquos: os que funcionam como complementos. Podem ser:

• átonos: os que não são precedidos de preposição; podem ligar-se ao verbo por meio de um hífen. São os seguintes: me, te, se, o, a, lhe, nos e vos.

Ex.: Ninguém me chamou. Todos o aplaudiram. Entreguei-lhe o documento.

• tônicos: os que são precedidos por preposição. São eles: mim, comigo, ti, contigo, ele (ou ela), nós, conosco, vós, convosco.

Ex.: Ela gosta de mim. Conversarei contigo logo mais. Diga a ele que voltarei.

Veja a diferença: Ele saiu (pronome reto). Falei com ele (pronome oblíquo).

• reflexivos: aqueles que indicam que o sujeito pratica e sofre a ação verbal. São eles: me, te, se, si, consigo, nos e vos.

Ex.: Cortei-me com a tesoura. Carlos se puniu. Ele trouxe consigo a solução.

Se, **si** e **consigo** são sempre reflexivos; os demais podem ser reflexivos ou meros pronomes átonos.

✓ Obs.: Alguns pronomes reflexivos podem ser chamados de recíprocos, quando indicam que a ação reflexa se dá entre dois ou mais seres.

Ex.: Os políticos se criticaram com veemência.

Pronomes de tratamento

Classificação especial de determinados pronomes pessoais, utilizados no relacionamento social. Podem atuar como sujeito ou complementos.

Vejamos os mais importantes.

a) Vossa Senhoria / Vossas Senhorias (V. Sa. / V. Sas.)
Emprego: funcionários públicos graduados, oficiais até coronel, pessoas com cargos importantes sem tratamento específico, pessoas às quais se deseja conferir uma certa importância.

b) Vossa Excelência / Vossas Excelências (V. Exa. / V. Exas.)
Emprego: altas autoridades do governo, como presidente da República, ministros, governadores, prefeitos, secretários de estado, secretários municipais, vereadores, deputados, senadores, embaixadores, juízes em geral (federal, eleitoral etc.), procurador-geral da República, advogado-geral da União etc.

c) Vossa Alteza / Vossas Altezas (V. A. / VV. AA.)
Emprego: príncipes, duques e arquiduques

d) Vossa Majestade / Vossas Majestades (V. M. / VV. MM.)
Emprego: reis, rainhas e imperadores

e) Vossa Eminência / Vossas Eminências (V. Ema. / V. Emas.)
Emprego: cardeais

f) Vossa Magnificência / Vossas Magnificências (V. Maga. / V. Magas.)
Emprego: reitores de universidades

g) Vossa Excelência Reverendíssima / Vossas Excelências Reverendíssimas (V. Exa. Revma. / V. Exas. Revmas.)
Emprego: bispos e arcebispos

h) Vossa Santidade (V. S.)
Emprego: papas

OBSERVAÇÕES

1ª) Usa-se **Vossa** no pronome, quando se conversa com a pessoa; usa-se Sua, quando se fala a respeito dela.
Ex.: Vossa Excelência, seu discurso será feito amanhã.
Sua Excelência, o governador, visitará nossa escola.

2ª) O pronome **Vossa Excelência** não se abrevia quando utilidado para os presidentes dos três Poderes: República, Congresso Nacional e Supremo Tribunal Federal.

2. Pronomes possessivos

Transmitem ideia geral de posse; referem-se às três pessoas do discurso. Admitem o emprego do artigo.

Ex.: Perdi meu relógio. Perdi o meu relógio.
Fizemos nossa tarefa. Fizemos a nossa tarefa.

São estes os pronomes possessivos da língua portuguesa:

a) Primeira pessoa do singular: meu, minha, meus, minhas
b) Segunda pessoa do singular: teu, tua, teus, tuas
c) Terceira pessoa do singular: seu, sua, seus, suas
d) Primeira pessoa do plural: nosso, nossa, nossos, nossas
e) Segunda pessoa do plural: vosso, vossa, vossos, vossas
f) Terceira pessoa do plural: seu, sua, seus, suas

3. Pronomes demonstrativos

Determinam a posição do ser com relação às pessoas do discurso.

a) São sempre pronomes demonstrativos:

• este, estes, esta, estas, isto → para a primeira pessoa; indicam proximidade.

Ex.: <u>Este</u> pacote me pertence.
Ponha <u>isto</u> na mesa.

• esse, esses, essa, essas, isso → para a segunda pessoa; indicam pouco afastamento.

Ex.: Essa frase vai ser analisada.
Isso está errado.

• aquele, aqueles, aquela, aquelas, aquilo → para a terceira pessoa; indicam afastamento maior.

Ex.: Vamos pintar aqueles muros.
Você viu aquilo?

b) São eventualmente pronomes demonstrativos:

• o, tal e semelhante → quando equivalem aos pronomes tradicionais.

Ex.: O que fiz agradou a todos. (aquilo que fiz)
Tal atitude me deixa triste. (essa atitude)
Ficamos encantados com semelhante proposta. (esta proposta)

• Mesmo e próprio → em certos tipos de frase.

Ex.: Ele próprio retificou. (palavra de reforço)
Usou a mesma roupa.

4. Pronomes indefinidos

Trazem indefinição para a frase.

a) Variáveis: algum, nenhum, muito, pouco, bastante, certo, todo, um, vário, diverso, outro, qualquer, quanto, tanto e tal.

Ex.: Há algum dinheiro na cômoda.
Poucos colegas estão avisados.
Existem outras possibilidades.
Não esperávamos tantos pretendentes.
Muitos navios deixaram o porto.

b) Invariáveis: alguém, ninguém, tudo, nada, quem, cada, que, outrem e algo.

Ex.: Ele foi visto por alguém.
Nada foi resolvido.
Cada representante poderá falar.
Que nota baixa!

5. Pronomes relativos

Pronomes que substituem, em sua oração, um termo anterior, chamado antecedente.

Existem oito pronomes relativos em português.

a) Sempre pronomes relativos: o qual (e flexões) e cujo (e flexões).

Ex.: Meus avós, os quais estão bem velhinhos, têm muito bom humor.
Referia-se ao próprio filho, cuja carreira era promissora.

b) Eventualmente pronomes relativos: que, quem, como, onde, quanto e quando.

Ex.: O quadro que ele pintou foi premiado.
O operário de quem lhe falei está em férias.
O mercado onde faço compras vai ser demolido.

✓ Obs.: Esses pronomes admitem a troca por **o qual** (e flexões).
Ex.: O material de que preciso está a caminho. (do qual preciso)

6. Pronomes interrogativos

São aqueles com os quais se fazem perguntas. Podem aparecer em interrogações diretas ou interrogações indiretas.

a) Variáveis: qual e quanto.

Ex.: Qual foi o veredicto?

Não sei qual foi o veredicto.

b) Invariáveis: quem e que.

Quem gritou?

Ignoro quem gritou.

Locuções pronominais

Grupos de palavras que funcionam como pronomes.

Ex.: Cada qual é responsável por seus atos.

Entrevistei cada um dos candidatos.

Qualquer um pode entrar ali.

VI) Verbo

Palavra que indica ação, estado ou fenômeno e se flexiona em número, pessoa, tempo, voz e modo.

Ex.: andar → ando, andei, andaremos.

ser → és, fui, fossem.

chover → chove, chovia, chova.

Classificação

1. Regular: o que não sofre alterações no radical ou desinências durante a conjugação.

Ex.: **louv**ar → **louv**o, **louv**as, **louv**a; **louv**ei, **louv**aste, **louv**ou.

✓ Obs.: Radical é a parte de uma palavra que encerra a significação geral da família. Nos verbos, obtém-se o radical retirando do infinitivo as terminações **ar**, **er**, **ir**.

2. Irregular: o que apresenta alterações.

Ex.: **dorm**ir → **durm**o, dormes, dorme.

3. Defectivo: o que não se conjuga em todas as pessoas tempos ou modos.

Ex.: falir, pres. ind. → falimos, falis.

4. Abundante: o que apresenta mais de uma forma para certos casos; geralmente a abundância ocorre no particípio.

Ex.: fritar → fritado e frito.

5. Anômalo: verbo com mais de um radical; são anômalos os verbos ser e ir.

Ex.: ser → sou, és, fui.

6. Auxiliar: o que antecede o verbo principal de uma locução verbal.

Ex.: quero sair, estava falando, havíamos cantado.

7. Principal: o verbo mais importante da locução; é sempre o último e se apresenta no infinitivo, no gerúndio ou no particípio.
   Ex.: desejo estudar, estávamos rindo, tinham corrido.

8. Impessoal: o que não tem sujeito; só se emprega na terceira pessoa do singular.
   Ex.: ventar → venta muito, ontem ventou, se ventasse aqui.

9. Unipessoal: o que, mesmo tendo sujeito, só se conjuga na terceira pessoa do singular; são unipessoais verbos que têm sujeito oracional.
   Ex.: Consta que ele morreu.
   Urge que nos apressemos.

OBSERVAÇÕES

1ª) Falamos de infinitivo, gerúndio e particípio. Essas três formas são conhecidas como formas nominais do verbo.
Ex.: chorar, chorando, chorado

2ª) A flexão do verbo, assunto dos mais importantes, é estudada no capítulo 8.

VII) Advérbio

Palavra que modifica o verbo, o adjetivo ou outro advérbio, atribuindo-lhes uma circunstância qualquer.

Ex.: Li ontem o livro. (circunstância de tempo)

Classificação

1. Advérbios de lugar: aqui, ali, acolá, além, perto, longe etc.
   Ex.: Ali está o meu carro.
   Morávamos longe.

2. Advérbios de tempo: sempre, nunca, jamais, agora, ontem, antigamente, já, logo etc.
   Ex.: Jamais vi algo igual.
   Chegaremos logo.

   ✓ Obs.: **Jamais** e **nunca** são advérbios de tempo, e não de negação.

3. Advérbios de modo: assim, depressa, bem, mal, tranquilamente, calmamente etc.
   Ex.: Caminhávamos depressa.
   Ele fez tranquilamente a redação.

4. Advérbio de negação: não

Ex.: Ele não pretende viajar.

5. Advérbios de intensidade: muito, pouco, bastante, mais, menos, tanto, bem etc.

Ex.: Carlos ganha pouco.
Reclamou tanto que foi atendido.

6. Advérbios de afirmação: mesmo, realmente, certamente, deveras etc.

Ex.: Marcos virá mesmo.
Certamente estarei com vocês.

7. Advérbios de dúvida: talvez, possivelmente, provavelmente, quiçá etc.

Ex.: Talvez haja uma saída.
Provavelmente ele será demitido.

OBSERVAÇÕES

1ª) Palavras como **muito, pouco, mais, menos, bastante, tanto** etc. podem ser advérbios de intensidade ou pronomes indefinidos.

Ex.: Ele estuda muito. (advérbio, pois modifica o verbo)
Recebi muito dinheiro. (pronome, pois acompanha um substantivo)

2ª) Alguns advérbios podem ter mais de uma classificação.

Ex..: Chegou depois do almoço. (tempo)
O carro está depois da praça. (lugar)
Manuel escreve bem. (modo)
Manuel é bem inteligente. (intensidade)

Locuções adverbiais

Grupos de palavras que funcionam como advérbios. Algumas não correspondem aos advérbios simples, que acabamos de estudar.

1. De tempo

Ex.: Nós nos encontramos de manhã.

2. De modo

Ex.: Leia com carinho a minha proposta.

3. De lugar

Ex.: Eles surgiram de trás.

4. De intensidade

Ex.: Meu filho estuda à beça.

5. De afirmação

Ex.: Vou colaborar com certeza.

6. De causa
Ex.: Ele chorou de emoção.

7. De instrumento
Ex.: Descascou a fruta com o canivete.

8. De condição
Ex.: Ninguém vive sem água.

9. De fim ou finalidade
Ex.: Eles viviam para o estudo.

10. De meio
Ex.: Comunicavam-se por telefone.

11. De concessão
Ex.: Teve boa colheita apesar da seca.

12. De assunto
Ex.: Conversaremos sobre sua pesquisa.

13. De conformidade
Ex.: Agi conforme as ordens.

14. De companhia
Ex.: Retornou com os amigos.

Advérbios interrogativos

São advérbios que introduzem uma interrogação direta ou indireta. Cuidado para não confundi-los com os pronomes interrogativos, já estudados.

1. De lugar: onde?
Ex.: Onde estou?
Não sei onde estou.

2. De modo: como?
Ex.: Como a criança se machucou?
Ignoro como a criança se machucou.

3. De causa: por que?
Ex.: Por que as flores murcharam?
Perguntaram-me por que as flores murcharam.

✓ Obs.: Na realidade, trata-se de uma locução adverbial interrogativa.

4. De preço ou valor: quanto?
Quanto custará seu serviço?
Diga-me quanto custará seu serviço.

5. De tempo: quando?
Ex.: Quando chegará o trem?
Preciso saber quando chegará o trem.

VIII) Conjunção

Palavra que liga duas orações no período.

Ex.: Sei que tudo está correto.
Fiquei mais calmo quando amanheceu.

Conjunções coordenativas

São aquelas que iniciam orações coordenadas, ou seja, as que não têm vínculo sintático entre si. Há cinco tipos.

1. Aditivas

Iniciam orações coordenadas sindéticas aditivas. As principais são: e, nem, como, quanto e mas também, sendo que as três últimas em correlação com certas palavras na primeira oração.

Ex.: Correu e se escondeu no quintal.
Tanto estuda como trabalha. (estuda e trabalha)
Não só concorreu, mas também ganhou. (concorreu e ganhou)

2. Adversativas

Iniciam orações coordenadas sindéticas adversativas. Principais: mas, porém, contudo, todavia, entretanto e no entanto.

Ex.: Correu muito, mas chegou atrasado.
Estava preparado, no entanto não conseguiu.

✓ Obs.: Às vezes a conjunção **e** assume o valor de **mas**, devendo então ser considerada adversativa.

Ex.: Ele jogou futebol e não tomou banho.

3. Conclusivas

Iniciam orações coordenadas sindéticas conclusivas. Principais: portanto, logo, por conseguinte, pois (esta, entre vírgulas).

Ex.: Caminhou por muitas horas, portanto estava esgotado.
Fez todos os exercícios; estava, pois, preparado.

4. Alternativas

Iniciam orações coordenadas sindéticas alternativas. Principais: ou, ou... ou, ora... ora, já... já, nem... nem, quer... quer.

Ex.: Ficarei em casa, ou irei ao teatro.
Ora elogiava, ora criticava.

5. Explicativas

Iniciam orações coordenadas sindéticas explicativas; geralmente aparecem depois de verbo no imperativo. Principais: porque, pois, que, porquanto.

Ex.: Entre rápido, que a prova começará logo.
Houve uma tempestade, porque as ruas estão alagadas.

Conjunções subordinativas

São as que introduzem orações subordinadas, ou seja, orações que desempenham uma função sintática qualquer da outra, chamada principal.

Há dez tipos.

1. Causais

Iniciam orações subordinadas adverbiais causais. Principais conjunções: porque, pois, que, já que, uma vez que, como e porquanto.

Ex.: Usei o colírio porque os olhos estavam doendo.
Como chovia muito, peguei a capa no armário.

2. Comparativas

Iniciam orações subordinadas adverbiais comparativas. Principais: como, que (ou do que) e quanto.

Ex.: Ela é delicada como uma rosa.
Trabalho tanto quanto ele.

3. Concessivas

Iniciam orações subordinadas adverbiais concessivas. Principais: embora, mesmo que, ainda que, apesar de que, por mais que e se bem que.

Ex.: Embora fosse inverno, o dia estava quente.
Ele dormiria mesmo que houvesse um terremoto.

4. Condicionais

Iniciam orações subordinadas adverbiais condicionais. Principais: se, caso, sem que e uma vez que.

Ex.: Tudo estaria bem se ele fosse mais cuidadoso.
Caso concordem, faremos a reunião em minha casa.

5. Conformativas

Iniciam orações subordinadas adverbiais conformativas. Principais: conforme, segundo, como e consoante.

Ex.: Coordenei os trabalhos conforme me orientaram.
Segundo nos informaram, houve problemas na assembleia.

6. Consecutivas

Iniciam orações subordinadas adverbiais consecutivas. Principal conjunção: que (depois de tão, tal, tanto ou tamanho).

Ex.: Correu tanto que tropeçou.

7. Finais

Iniciam orações subordinadas adverbiais finais. Principais: para que e a fim de que.

Ex.: Caprichou na maquiagem para que ele ficasse feliz.
Colocou uma música suave a fim de que o ambiente se acalmasse.

8. Proporcionais

Iniciam orações subordinadas adverbiais proporcionais. Principais: à proporção que, à medida que, ao passo que e quanto (quanto mais... mais, quanto menos... menos).

Ex.: Crescerá na profissão à medida que pesquisar.
Quanto mais treina, mais se desenvolve.

9. Temporais

Iniciam orações subordinadas adverbiais temporais. Principais: quando, logo que, assim que, mal, depois que, antes que e enquanto.

Ex.: Sentia-se bem quando trabalhava no campo.
Enquanto a menina estudava, o garoto jogava futebol.

10. Integrantes

Iniciam orações subordinadas substantivas (de qualquer tipo). Apenas duas conjunções: que e se.

Ex.: Espero que ele esteja bem.
Veja se chegou o jornal.

OBSERVAÇÕES

1ª) Todas as conjunções formadas por mais de uma palavra são, na realidade, locuções conjuntivas. É prática corrente na língua chamá-las simplesmente de conjunções.

2ª) Veja, no item III do Apêndice, a classificação das orações.

3ª) As conjunções coordenativas **e**, **ou** e **nem** podem ligar também palavras.
Ex.: O cavalo e o burro são parecidos.

IX) Preposição

Palavra que liga duas outras dentro da frase.

Ex.: Gosto de frutas.
Tomei café com pão.

Classificação

1. Simples ou essenciais

São elas: a, ante, após, até, com, contra, de, desde, em, entre, para, perante, por, sem, sob, sobre e trás.

Ex.: Vamos a Recife.
Lutei contra tudo.
Estou entre dois mundos.
Fiquei sem as entradas.

2. Acidentais: palavras que eventualmente são usadas como preposições. Principais: durante, conforme, que, segundo, como, salvo e fora.

Ex.: Senti-me ótimo durante a caminhada.
Tenho que sair.
Segundo a lei, isso é crime.

Locuções prepositivas

Grupos de palavras que funcionam como preposição; terminam por uma preposição essencial. São locuções prepositivas: graças a, de acordo com, a par de, à espera de, à frente de, à beira de, em face de, à disposição de, a respeito de etc.

Ex.: Estava à beira de um colapso.
Em face de suas explicações, tomarei uma decisão.
Agiu de acordo com as instruções.
Estou à disposição de todos.
Consegui o emprego graças a ele.

X) Interjeição

Palavra exclamativa com que o falante transmite, espontaneamente, suas sensações ou emoções.

Ex.: Puxa! Ai! Bis! Bravo!

✓ Obs.: Às vezes aparece representada por mais de uma palavra. É a locução interjetiva.
Ex.: Ora bolas! Meu Deus! Virgem Maria!

OBSERVAÇÕES FINAIS

1ª) Existem palavras e expressões semelhantes a advérbios, mas que não chegam a constituir circunstâncias verbais. Chamam-se palavras denotativas.

a) De designação: eis.
Ex.: Eis o momento certo.

b) De inclusão: até, também, inclusive, ainda etc.
Ex.: Ele trouxe até o papagaio.

c) De exclusão: exceto, salvo, menos, apenas, exclusive, somente, só.
Ex.: Todos se levantaram, exceto ele.

d) De explicação: a saber, por exemplo.
Ex.: Veja, por exemplo, o caso do meu sobrinho.

e) De retificação: isto é, ou melhor, ou seja, aliás.
Ex.: Comprei laranjas, ou melhor, tangerinas.

2ª) Existem classificações gramaticais à parte, como partícula apassivadora, índice de inderterminação do sujeito e parte integrante do verbo, estudados ao longo deste livro.

EXERCÍCIOS

286) Na frase "O treinador exigente levou o bom atleta à posição mais elevada", temos:

a) 3 substantivos, 3 adjetivos, 1 pronome

b) 2 substantivos, 4 adjetivos, 1 advérbio

c) 3 substantivos, 3 adjetivos, 1 advérbio

287) A palavra sublinhada em "É uma joia de <u>muito</u> valor" é:

a) advérbio de intensidade

b) advérbio de quantidade

c) pronome adjetivo indefinido

288) A frase com pronome substantivo é:

a) Vi poucas pessoas.

b) Poucos faltaram.

c) Ele é pouco esforçado.

289) O pronome sublinhado em "A moça <u>que</u> chegou é linda" é:

a) indefinido b) relativo c) demonstrativo

290) O advérbio sublinhado em "<u>Antigamente</u> lia bons livros" é:

a) de tempo b) de modo c) de afirmação

291) O numeral ordinal correspondente a trezentos e noventa e oito é:

a) tricentésimo nonagésimo oitavo

b) trecentésimo nongentésimo oitavo

c) trecentésimo nonagésimo oitavo

292) Assinale a frase sem pronome.

a) Preenchi os formulários e os levei ao posto.

b) Sei que haverá boas oportunidades de emprego.

c) Quem pediu adoçante?

293) Na frase "Há um prato <u>sobre</u> a mesa", a palavra sublinhada é:

a) advérbio b) conjunção c) preposição

294) Na frase "Fiz bons exercícios, <u>logo</u> tenho condições", a palavra destacada é:

a) advérbio b) pronome c) conjunção

295) O pronome pessoal da frase "Disse a ela a verdade" é:

a) reto b) oblíquo tônico c) oblíquo átono

296) A locução sublinhada na frase "O ar <u>da manhã</u> me faz bem" é:

a) adjetiva b) adverbial c) pronominal

297) A locução sublinhada na frase "Fiquei <u>à frente</u> de tudo" é:

a) prepositiva b) conjuntiva c) adverbial

298) Não há locução adverbial apenas na frase:

a) Fui levado à força.

b) Cada um diz o que quer.

c) Às vezes a imagem desaparece.

299) A frase em que aparece uma forma nominal do verbo é:

a) Continuarei no comando.

b) Pretendo partir de madrugada.

c) Admito que errei.

300) Marque a alternativa em que se sublinhou o radical do verbo.

a) <u>escuta</u>sse b) <u>partir</u>ia c) <u>estud</u>avam

301) A conjunção subordinativa da frase "Se pedirem, nós colocaremos" é:

a) final b) condicional c) integrante

302) A conjunção é coordenativa, e não subordinativa, na frase:

a) Acabei assim que pude.

b) Era calma como a mãe.

c) Tanto escreve como pinta.

303) A conjunção é subordinativa, e não coordenativa, na frase:

a) Gritou, mas ninguém ouviu.

b) Peguei a chave e fui para a cozinha.

c) Anotou os recados conforme lhe haviam pedido.

304) A preposição é acidental, e não essencial, na frase:

a) O jovem dormiu durante a aula.

b) Estavam sob suspeita.

c) Portou-se mal perante o juiz.

305) Assinale a palavra denotativa de inclusão.

a) A dançarina acertou, aliás, errou o primeiro passo.

b) Comentei também a última questão.

c) Eis o que você solicitou.

II

NOÇÕES DE TERMOS DA ORAÇÃO

I) TERMOS ESSENCIAIS

1. Sujeito

É o termo sobre o qual se faz alguma declaração.

Ex.: Maurício tem dois filhos.

Classificação

a) Simples: formado por apenas um núcleo.

Ex.: A caravana seguiu pelo deserto.
Desapareceram as provas.
Alguém perderá a disputa.
Estamos animados. (nós)

✓ Obs.: A terminação verbal nos diz que o sujeito é nós, simples. Não existe a classificação de sujeito oculto. Ser oculto é uma característica do sujeito simples.

b) Composto: formado por mais de um núcleo.

Ex.: Antônio e Januário afastaram-se do acampamento.
Eu e você temos algo em comum.

c) Indeterminado: quando existe o sujeito, mas não se pode precisar qual é. Ocorre em duas situações.

- Com o verbo na terceira pessoa do plural, sem o sujeito expresso na frase.

Ex.: Venderam a casa.

- Com a palavra **se**, índice de indeterminação do sujeito.

Ex.: Assistiu-se à corrida.

d) Oração sem sujeito: quando a oração tem apenas o predicado. Vejamos os quatro casos principais.

- Com os verbos de fenômenos da natureza.

Ex.: Ontem ventou muito.

- Com o verbo **haver** com o sentido de existir ou indicando tempo.

Ex.: Há poucas mulheres na turma.
Não o vejo há meses.

- Com o verbo **fazer** indicando tempo decorrido ou meteorológico.

Ex.: Faz dias que não leio jornais.
Ontem fez apenas quinze graus.

- Com o verbo **ser** indicando tempo.

Ex.: Já são quatro horas.
Hoje são dez de janeiro.

2. Predicado

Aquilo que se diz a respeito do sujeito; formado pelo verbo e seus acompanhantes. Há três tipos.

a) Nominal: formado por verbo de ligação; o núcleo é o predicativo.

Ex.: O homem está admirado.
núcleo: admirado.

b) Verbal: formado por um verbo transitivo ou intransitivo; o núcleo é o verbo.

Ex.: O homem leu a lista.
núcleo: leu

c) Verbo-nominal: formado por um verbo transitivo ou intransitivo e um predicativo; os núcleos são o verbo e o predicativo.

Ex.: O homem leu a lista admirado.
núcleos: leu e admirado

OBSERVAÇÕES

1ª) Verbo de ligação é o que indica estado ou mudança de estado; os outros são transitivos (com complementos), ou intransitivos (sem complementos).

Ex.: Ronaldo ficou preocupado. (verbo de ligação)
Davi arrastou a mesa. (verbo transitivo)
Helena chorou. (verbo intransitivo)

Nota: Este assunto foi bem estudado no capítulo 4.

2ª) Predicativo é o termo que qualifica o sujeito ou o objeto.

a) Predicativo do sujeito

Ex.: O cão é manso.

b) Predicativo do objeto

Ex.: Gabriel deixou-a feliz.

II) TERMOS INTEGRANTES

1. Objeto Direto

Complemento de um verbo, ao qual se liga sem preposição obrigatória; o verbo se diz transitivo direto.

Ex.: O menino raspou a panela.
Levei-o para casa.
Há flores na jarra.

OBSERVAÇÕES

1ª) Pode, em determinadas situações, o objeto direto ser introduzido por uma preposição que o verbo não exige. É o objeto direto preposicionado.

Ex.: Comemos do bolo.
Ela pegou da tesoura.
Amamos a Deus.
A mim ninguém espera.

2ª) Às vezes, o objeto direto aparece repetido. A essa repetição ou reforço dá-se o nome de objeto direto pleonástico.

Ex.: A árvore, o ônibus a derrubou.

2. Objeto Indireto

Complemento que se liga ao verbo por meio de uma preposição obrigatória; o verbo que exige esse tipo de complemento se diz transitivo indireto ou transitivo direto e indireto

Ex.: Ninguém desobedeceu ao chefe.
Mário necessita de orientação.
Enviei a sugestão ao síndico.

OBSERVAÇÕES

1ª) Às vezes o complemento é um pronome átono, situação em que a preposição, evidentemente, não aparece.

Ex.: Solicitei-lhe maior atenção. (lhe = a ele)

2ª) Como acontece com o objeto direto, pode o indireto ser pleonástico.

Ex.: Ao amigo, não lhe perguntarei isso.

3. Complemento Nominal

Complemento de um substantivo (abstrato), adjetivo ou advérbio; é termo introduzido por preposição.

Ex.: Tinham carência de afeto.
Estou disposto a tudo.
Referentemente ao seu caso, ele estava errado.

✓ Obs.: Pode ser representado por um pronome átono.
Ex.: Não lhe seria útil. (útil a ele)

4. Agente da Passiva

Termo que pratica a ação na voz passiva. É introduzido pelas preposições **por** ou, mais raramente, **de**.

Ex.: O chão foi varrido pelo soldado.

✓ Obs.: O agente da passiva corresponde ao sujeito da voz ativa. Mudando-se a voz verbal da oração dada, teríamos "O soldado varreu o chão", cujo sujeito é **O soldado**.

III) TERMOS ACESSÓRIOS

1. Adjunto Adnominal

Termo que se liga diretamente ao substantivo para determiná-lo. Pode ser representado de várias maneiras.

a) Por artigos

Ex.: Quebrei o vaso.

b) Por numerais

Ex.: Ele bateu dois recordes.

c) Por pronomes adjetivos

Ex.: Nossa amiga venceu.

d) Por adjetivos

Ex.: Boa música só faz bem.

e) Por locuções adjetivas

Ex.: Era um copo de cristal.

Diferenças entre adjunto e complemento

O adjunto adnominal do último exemplo pode ser confundido com o complemento nominal. Vejamos as diferenças.

- Substantivo concreto pede adjunto adnominal.

Ex.: Fiz a comida numa panela de barro.
Tem um coração de ouro.
A casa de José é bonita.

✓ Obs.: Nesse caso, e isso também ajuda a reconhecer, o termo indica a matéria (primeiro exemplo), a qualidade (segunda) ou a posse (terceira).

- Adjetivo e advérbio pedem complemento nominal.

Ex.: O móvel está repleto de pó.
Fique perto de mim.

- Se o termo não pode ser retirado por causa do sentido (falta ou mudança), é complemento nominal.

Ex.: Tinha muita fome de justiça.

• Com sustantivo proveniente de verbo, o termo será adjunto adnominal se for ativo; complento nominal, se passivo.

Ex.: A explicação do mestre foi muito boa. (O mestre praticou a ação de explicar: adjunto adnominal)

A explicação do ponto foi muito boa. (O ponto sofreu a ação, foi explicado: complemento nominal)

2. Adjunto Adverbial

Termo que se refere ao verbo, ao adjetivo ou ao advérbio para atribuir-lhes uma circunstância qualquer. É representado por advérbios, locuções adverbiais ou pronomes relativos.

Ex.: Estudarei amanhã. (adjunto adverbial de tempo)

Tremia de frio. (adjunto adverbial de causa)

A cidade onde morei tem duzentos mil habitantes. (adjunto adverbial de lugar)

✓ Obs.: Todos os advérbios e locuções adverbiais que vimos no item I deste Apêndice são, na análise sintática, adjuntos adverbiais. Assim temos os de lugar, modo, tempo, causa, meio, condição, fim, concessão, instrumento etc.

3. Aposto

Termo de natureza explicativa que se liga ao substantivo. Dependendo do tipo, pode ficar entre vírgulas, entre travessões, depois de dois-pontos ou não ter nenhuma pontuação.

a. Aposto explicativo

Apenas explica algo a respeito do substantivo.

Ex.: Celso, meu amigo de infância, está no exterior.

O cão – sempre amigo do homem – deve ser respeitado.

Esperava algo especial: a presença de seu pai.

b. Aposto resumitivo

Resume em uma palavra uma sequência de palavras.

Ex.: Dúvidas, incompreensões, traições, nada o abalava.

c. Aposto distributivo

Explica algo fazendo a distribuição das coisas.

Ex.: Ganhamos dois presentes: um livro e uma joia.

d. Aposto especificativo ou apelativo

Nomeia algo; não admite sinais de pontuação.

Ex.: Navegamos pelo rio Nilo.

O primo André portou-se muito bem.

O dia quinze é especial.

IV) VOCATIVO

Termo de natureza exclamativa que indica o ser ao qual o falante se dirige. Não pertence nem ao sujeito nem ao predicado.

Ex.: Cláudio, cuidado com os espinhos!

EXERCÍCIOS

306) Na frase "Surgiu uma nova esperança", o termo sublinhado é:

a) redicativo b) objeto direto c) sujeito

307) Na frase "Tinha confiança absoluta no técnico", o termo sublinhado é:

a) objeto indireto b) complemento nominal c) adjunto adverbial

308) Assinale a frase em que o termo sublinhado é o sujeito.

a) A nuvem o vento levou.

b) Perdeu-se a pasta.

c) Vi alguém lá fora.

309) Assinale a frase em que o termo sublinhado não é o objeto direto.

a) Ela te convidou.

b) O repórter não assinou a matéria.

c) A comida parece estragada.

310) Assinale o erro na análise do termo destacado.

a) O famoso escritor não compareceu ao congresso. (predicativo do sujeito)

b) Deixou o amigo descontente. (predicativo do objeto direto)

c) Gosto de ti. (objeto indireto)

311) O termo sublinhado na frase "Apesar do medo, viajou de avião" é:

a) complemento nominal b) adjunto adverbial c) aposto

312) Na frase "O livro Capitães da Areia foi escrito por Jorge Amado", os termos destacados são, respectivamente:

a) aposto e objeto indireto.

b) adjunto adnominal e agente da passiva.

c) aposto e agente da passiva.

313) Assinale a frase sem adjunto adverbial.

a) Não o esperava, meu amigo.

b) Como aconteceu isso?

c) Ela é elegante e tem muita personalidade.

314) A frase em que o termo sublinhado desempenha a função de complemento nominal é:

a) Ele tem o controle da situação.

b) O controle da chefia desagrada aos empregados.

c) Perdeu o controle do videocassete.

315) Na frase "Acalme-se, minha mãe, que estou bem", o termo destacado é:

a) aposto b) vocativo c) sujeito

316) Anote C (certo) ou E (errado) para a análise feita e assinale a opção adequada.

( ) Quem está aí? (sujeito)

( ) Mostrou-me a caneta. (objeto direto)

( ) Tenho receio disso. (complemento nominal)

( ) Fiquei atrás do poste. (adjunto adverbial)

a) C E C C b) E E E C c) E C C C

317) O adjunto adverbial sublinhado em "Fiz tudo depressa" é de:

a) tempo b) intensidade c) modo

318) O termo sublinhado em "Apenas esperava uma coisa: seu apoio" é:

a) objeto direto b) adjunto adverbial c) aposto

319) Assinale o termo que é adjunto adnominal, e não complemento nominal como os demais.

a) Tinha certeza da resposta.

b) Eis a carta do seu irmão.

c) Estou apto para o trabalho.

320) Assinale a frase em que o termo sublinhado é objeto direto preposicionado.

a) Apenas cumprimos com o dever.

b) Conversamos com o gerente.

c) Saímos com as crianças.

III

CLASSIFICAÇÃO DAS ORAÇÕES

Chama-se oração o enunciado que apresenta um verbo.

Ex.: Realizamos um sonho.

1. Oração absoluta

É a única oração do período, chamado simples.

Ex.: Houve uma grande surpresa.

2. Oração coordenada

É aquela que não representa termo sintático da outra, também chamada coordenada.

Ex.: Ele treinou e foi para o estádio.

✓ Obs.: Existem, no período, chamado composto, pelo menos duas orações coordenadas.

3. Oração subordinada

É aquela que representa um termo sintático da outra, dita principal.

Ex.: Os alunos pediram que o teste fosse transferido.

A oração *que o teste fosse transferido* classifica-se como subordinada porque é o objeto direto da outra oração. Observe que o verbo **pedir** é transitivo direto: pedir alguma coisa.

4. Oração principal

É aquela que tem um de seus termos representado por uma oração, dita subordinada.

Ex.: É bom que estejamos unidos.

A oração *É bom* classifica-se como principal porque o seu sujeito é a oração seguinte, chamada de subordinada.

ORAÇÕES COORDENADAS

As orações coordenadas sindéticas são as que começam por uma conjunção coordenativa; as outras, sem conjunção, recebem o nome de assindéticas ou iniciais.

Ex.: Ele foi derrotado, mas não ficou aborrecido.

Oração coordenada assindética ou inicial: Ele foi derrotado

Oração coordenada sindética: mas não ficou aborrecido. (conjunção: mas)

Classificação das coordenadas sindéticas

1. Aditivas

São aquelas que apenas se somam à coordenada assindética, sem passar-lhe ideia alguma. Iniciadas por conjunção coordenativa aditiva.

Ex.: Chegou cansado e foi logo para o chuveiro.
Não só conversou, mas também reclamou muito. (e reclamou muito)

2. Adversativas

São as que indicam ideia contrária, adversa. Começam por conjunção coordenativa adversativa.

Ex.: Participou do debate, mas fez poucas colocações.
Cometeu inúmeros erros, no entanto foi o vencedor.

3. Conclusivas

São as que indicam uma conclusão. Começam por conjunção coordenativa conclusiva.

Ex.: Tenho uma família equilibrada, portanto sou muito feliz.
Ele trabalha bem; terá, pois, condições de progredir na firma.

4. Alternativas

São aquelas que indicam opção, alternativa. Começam por conjunção coordenativa alternativa.

Ex.: Ou dizes a verdade, ou serás criticado por todos.
Ora chuta, ora cabeceia.

✓ Obs.: As duas orações do período são consideradas alternativas.

5. Explicativas

São aquelas que indicam uma justificativa ou explicação. É comum vir o verbo da primeira oração no imperativo. Começam por conjunção coordenativa explicativa.

Ex.: Não diga isso, que você se complica ainda mais.
Tenha paciência, que tudo se resolve.

ORAÇÕES SUBORDINADAS

I) ADJETIVAS

São as que desempenham a função de adjunto adnominal da oração principal. Começam, normalmente, por um pronome relativo, precedido ou não por preposição.

1. Adjetivas restritivas

As que restringem, limitam o significado do antecedente. Não há vírgula antes do pronome relativo.

Ex.: A mesa que utilizei estava limpa.
Encontrei os disquetes que haviam desaparecido.

2. Adjetivas explicativas

As que, à semelhança de um aposto, trazem uma explicação do antecedente. São lidas com pausa, devendo haver vírgula antes do pronome relativo.

Ex.: A rosa, que tem um perfume especial, é a rainha das flores.
Conversei com Bruno, do qual todos falam bem.

II) SUBSTANTIVAS

Completam o sentido da principal. Representam variadas funções sintáticas, como sujeito e objeto direto. Começam geralmente por conjunção integrante (que e se); às vezes por pronome ou advérbio interrogativo (quem, qual, onde, como etc.).

Um modo bem prático de reconhecer a oração substantiva é trocá-la por **isto**.

Ex.: Vejamos se ele tem condições.
Vejamos isto.

1. Subjetivas

Desempenham a função sintática de sujeito da oração principal.

Ex.: Convém que não haja desentendimentos.
É importante que tragam suas roupas.

2. Objetivas diretas

Atuam como objeto direto da oração principal.

Ex.: O repórter afirmou que foi barrado no evento.
Descobrirei onde estão os acusados.

3. Objetivas indiretas

Atuam como objeto indireto da oração principal.

Ex.: Os bons governantes visam a que o país fique melhor.
Não precisávamos de que comparecessem todos.

4. Completivas nominais

Desempenham a função de complemento nominal da oração principal.

Ex.: Estou certo de que não houve erros na investigação.
Não há dúvida de que falhamos em nossa missão.

✓ Obs.: As completivas nominais são muito parecidas com as objetivas indiretas. Estas completam o sentido de um verbo; aquelas, de um nome (substantivo ou adjetivo).

Ex.: Ela necessita de que a incentivem sempre. (objetiva indireta)
Ela tem necessidade de que a incentivem sempre. (completiva nominal)

5. Predicativas

Atuam como predicativo da oração principal. Só existem quando o verbo da oração principal é **ser**.

Ex.: O correto é que não se critique a direção.
O normal seria que a oposição entrasse com recurso.

6. Apositivas

Funcionam como aposto da oração principal. Aparecem quase sempre depois de dois-pontos.

Ex.: Uma coisa é necessária: que se organize o arquivo.
Eu só temia algo: que eles não fossem responsáveis.

III) ADVERBIAIS

São orações que funcionam com adjunto adverbial da oração principal. São iniciadas por uma conjunção subordinativa adverbial.

1. Causais

Funcionam como adjunto adverbial de causa da oração principal. São introduzidas por uma conjunção subordinativa causal.

Ex.: Ficou decepcionado porque não foi incluído na lista.
Como tinha experiência no cargo, foi logo convidado.

2. Comparativas

Estabelecem uma comparação com a oração principal. Começam por conjunção subordinativa comparativa.

Ex.: Portava-se como gente grande.
Tem menos cabelos que o pai.

✓ Obs.: É comum, como se vê nos exemplos, o verbo da oração ser o mesmo da principal, situação em que ele fica subentendido.

3. Concessivas

Constituem um adjunto adverbial de concessão da oração principal. Começam por conjunção subordinativa concessiva.

Ex.: Embora conhecesse a matéria, não dava uma boa aula.
Não seria atendido mesmo que implorasse.

4. Condicionais

Funcionam como adjunto adverbial de condição da oração principal. São iniciadas por conjunção subordinativa condicional.

Ex.: Suspenderemos a entrevista se acabar a luz.
Caso o regulamento permita, trarei alguns ajudantes.

5. Conformativas

Constituem um adjunto adverbial de conformidade da oração principal. São introduzidas por uma conjunção subordinativa conformativa.

Ex.: Conforme nos disseram, a situação já está controlada.
Arrumei a loja como me solicitaram.

6. Consecutivas

Funcionam como adjunto adverbial de consecução da oração principal. Indicam consequência. Começam por conjunção subordinativa consecutiva.

Ex.: Havia tanta gente que fiquei preocupado.
É tal seu medo que não conversa com ninguém.

7. Finais

Funcionam como adjunto adverbial de fim da oração principal. São introduzidas por conjunção subordinativa final.

Ex.: Empurrei a mesa para que tivessem mais espaço.
A fim de que não houvesse atrasos, toquei com insistência a campainha.

8. Proporcionais

Estabelecem uma proporção com a oração principal. São iniciadas por conjunção subordinativa proporcional.

Ex.: À proporção que avançava a caravana, as montanhas ficavam mais nítidas.
Minha vida se transforma à medida que busco equilibrar-me.

9. Temporais

Desempenham a função de adjunto adverbial de tempo da oração principal. Começam por uma conjunção subordinativa temporal.

Ex.: Quando cheguei a Gramado, fazia muito frio.
As flores se abriram assim que surgiu o dia.

OBSERVAÇÕES FINAIS

1ª) Existem orações que não são abonadas pela Nomenclatura Gramatical Brasileira (NGB), razão pela qual muitas gramáticas as omitem.

a) Subordinada substantiva agente da passiva
Ex.: O trabalho foi apresentado por quem participou da pesquisa.

b) Subordinada adverbial locativa
Ex.: Deixei as ferramentas onde haviam solicitado.

c) Subordinada adverbial modal (sempre reduzida); alguns a colocam entre as conformativas.
Ex.: Foi à padaria correndo.

2ª) Algumas orações são iniciadas por verbo numa forma nominal, e não por uma conjunção. São as chamadas orações reduzidas, geralmente subordinadas.
Ex.: Estudando mais, você teria passado.
(subordinada adverbial condicional reduzida de gerúndio)

Ficou em casa para acabar sua tese.
(subordinada adverbial final reduzida de infinitivo)

Terminada a conferência, todos se retiraram.
(subordinada adverbial temporal reduzida de particípio)

É conveniente estar preparado.
(subordinada substantiva subjetiva reduzida de infinitivo)

Mandei voltar o trabalhador.
(subordinada substantiva objetiva direta reduzida de infinitivo)

Encontrei uma criança atravessando a rua.
(subordinada adjetiva restritiva reduzida de gerúndio)

EXERCÍCIOS

321) A oração coordenada sindética sublinhada na frase "Chorei, entretanto não a convenci" é:

a) aditiva b) explicativa c) adversativa

322) Assinale a oração coordenada sindética aditiva.

a) Ele fala muito, mas trabalha pouco.
b) Tenho problemas, mas não me abalo.
c) Não só canta, mas também dança.

323) A oração sublinhada em "Todos que chegaram são amigos", é:

a) coordenada sindética explicativa.
b) subordinada adverbial temporal.
c) subordinada adjetiva restritiva.

324) Só não há oração subordinada adjetiva em:

a) Percebi que ele tremeu.
b) A matéria que adoro é Matemática.
c) Conheci o mecânico a quem você se referiu.

325) Na frase "Parece que ele se perdeu", há uma oração subordinada substantiva:

a) predicativa b) subjetiva c) objetiva direta

326) Na frase "Disseram que iam viajar", há uma oração subordinada substantiva:

a) apositiva b) objetiva direta c) predicativa

327) Na frase "Voltei convicto de que fora eleito", há uma oração subordinada substantiva:

a) completiva nominal b) objetiva indireta c) agente da passiva

328) Assinale a oração subordinada substantiva predicativa.

a) É importante que você esteja lá.

b) Importa que você esteja lá.

c) O importante é que você esteja lá.

329) A oração sublinhada em "Já que esfriou, peguei o casaco" é adverbial:

a) temporal b) comparativa c) causal

330) Só não há oração subordinada adverbial em:

a) Trabalha tanto quanto o pai.

b) Tudo quanto pedi eles me deram.

c) Quanto mais leio, mais me instruo.

331) No período "Conquanto tenha feito um bom resumo, perdeu-se na explicação", a oração sublinhada é adverbial:

a) concessiva b) conformativa c) proporcional

332) Assinale a oração subordinada adverbial consecutiva.

a) Foi tamanho o susto que ficou pálido.

b) Como era rico, comprou a mansão.

c) Se você recuar, será desclassificado.

333) Assinale a oração subordinada adverbial conformativa.

a) Passeava pelo jardim enquanto os pássaros cantavam.

b) Visto que já vai escurecer, troque a lâmpada queimada.

c) É inteligente como o avô sempre afirmou.

334) A oração reduzida de infinitivo que aparece em "Ao sair, feche todas as portas." é:

a) adverbial condicional b) adverbial temporal c) substantiva subjetiva

335) A oração reduzida de gerúndio que aparece em "Mesmo gesticulando, não se fez entender.", é:

a) adjetiva restritiva b) adverbial concessiva c) adverbial conformativa

IV

ESTRUTURA DAS PALAVRAS

Normalmente uma palavra admite a divisão em elementos significativos, conhecidos pelo nome geral de **morfemas**.

Tomemos para exemplo a forma verbal COMPRAVAS. Ela pode ser dividida em quatro partes, ou seja, morfemas: COMPR-A-VA-S. Sabe-se que é uma flexão do verbo **comprar**, pois apresenta o seu radical: COMPR. Trata-se de um verbo da primeira conjugação, pois possui a vogal temática A, que a caracteriza. Escontra-se no imperfeito do indicativo, uma vez que traz a desinência VA. Finalmente, é uma forma da segunda pessoa do singular, porque apresenta a desinência S.

O que fizemos foi uma análise mórfica, destacando os elementos constituintes (morfemas) da palavra. Vejamos todos eles em separado.

1. Radical

Parte da palavra que, repetindo-se nas várias palavras que constituem a família linguística, apresenta a significação geral; é ele que permite entendermos o parentesco que existe entre as palavras, chamadas de cognatos.

Ex.: bola → bolinha, bolada, boleiro, embolar etc.
casa → casebre, casarão, caseiro etc.
pedra → pedrinha, pedreira, empedrar, petrificar etc.

OBSERVAÇÕES

1ª) Como se percebe em **petrificar**, o radical às vezes sofre alguma modificação; é o que se conhece como alomorfe do radical. Aliás, alomorfe, que quer dizer "outra forma", não é exclusividade do radical, como veremos adiante.

2ª) O estudo da raiz de uma palavra remonta à sua origem e evolução, constituindo um item da gramática histórica. Podemos entendê-la, simplesmente, como radical primário, ou seja, o radical ao qual não se ligou um prefixo.

2. Afixo

Assim se chama o elemento que se une a um radical com o objetivo de criar uma nova palavra. Pode ser:

a) prefixo, quando colocado antes do radical.
Ex.: bisavô, recriar, impossível

b) sufixo, quando colocado após o radical.
Ex.: pintor, bondade, veleiro, famoso

3. Vogal temática

É aquela que se liga ao radical de uma palavra, que pode ser de um nome ou de um verbo, constituindo com ele o que se conhece como tema.

Ex.: cantar
vogal temática: a
radical: cant
tema: canta

Dessa forma, temos dois tipos de vogal temática.

a) Nominal

Aquela que se liga ao radical de um nome (substantivo, adjetivo etc.). Existem três vogais temáticas nominais: A, E e O, apenas quando átonas e no final da palavra.
Ex.: faca, grande, dedo

OBSERVAÇÕES

1ª) Se forem vogais tônicas, pertencerão ao radical. A palavra não tem divisão.
Ex.: rajá, bebê, cipó

2ª) As letras I e U, átonas ou tônicas, igualmente pertencem ao radical, e a palavra não pode ser dividida.
Ex.: táxi, gari, vírus, bambu

b) Verbal

Aquela que se liga ao radical de um verbo. É a vogal que determina a conjugação verbal. Existem três vogais temáticas verbais: A, E e I.
Ex.: andar (primeira conjugação)
comer (segunda conjugação)
sorrir (terceira conjugação)

A vogal temática de um verbo pode manter-se durante a conjugação, o que ocorre em quase todas as formas verbais; igualmente pode aparecer em nomes derivados de verbos.

Ex.: chorar → choras, choravam
vencer → vencerias, vencerem
partir → partissem, partirmos
coroar → coroação
deslocar → deslocamento

Alomorfes da vogal temática

Em alguns tempos, a vogal temática sofre alteração, o que se conhece como alomorfe da vogal temática.

a) A primeira e a terceira pessoas do singular do pretérito perfeito de verbos da primeira conjugação.
Ex.: voltei (a → e)
voltou (a→ o)

b) Todas as pessoas do pretérito imperfeito de verbos da segunda conjugação.
Ex.: cabia, cabias, cabia, cabíamos, cabíeis, cabiam (e → i)

c) Segunda e terceira pessoas do singular e terceira pessoa do plural do presente do indicativo de verbos da terceira conjugação.
Ex.: dormes, dorme, dormem (i → e)

✓ Obs.: Rir e sorrir não apresentam essa alomorfia: ris, ri, riem; sorris, sorri, sorriem.

d) Particípio de verbos da segunda conjugação.
Ex.: recebido (e → i)

OBSERVAÇÕES

1ª) Pode-se dizer que, de um modo geral, a vogal que aparece logo após o radical é a vogal temática, mesmo que alterada.
Ex.: beber, estudavam, lembrei, vendias

2ª) O que se afirma na observação acima não se dá em duas situações:
a) O morfema O, que caracteriza a primeira pessoa do singular do presente do indicativo. Trata-se da desinência número-pessoal, como veremos adiante.
Ex.: procuro, quero, faço, sonho

b) Os morfemas A ou E (dependendo da conjugação), que aparecem em todas as pessoas do presente do subjuntivo. Trata-se de uma desinência modo-temporal, como estudaremos mais à frente.
Ex.: estude, estudes, estude, estudemos, estudeis, estudem
corra, corras, corra, corramos, corrais, corram

4. Desinência

É o morfema que estabelece a flexão da palavra. Existem desinências nominais e desinências verbais.

a) Nominais

São as letras A e S que se ligam aos nomes para flexioná-los, respectivamente, em gênero e número.

Ex.: gat<u>a</u> → desinência nominal de gênero
globo<u>s</u> →desinência nominal de número

OBSERVAÇÕES

1ª) O morfema O que aparece na forma masculina (gato, lobo, menino etc.) é a vogal temática da palavra. Ela é trocada pela desinência A para estabelecer o feminino da palavra. No entanto, alguns gramáticos entendem que esse morfema O é uma desinência de gênero, uma vez que existe a oposição masculino/feminino entre as palavras.

2ª) Em palavras do tipo flores, mares, dores etc., a letra E é uma vogal temática, considerando-se desinência de número apenas o S. Também aqui há opiniões divergentes, pois, para alguns, ES é a desinência de número.

b) Verbais

Aquela que flexiona os verbos em tempo, modo, número e pessoa. São, portanto, de dois tipos.

Modo-temporais

As desinências que aparecem logo após a vogal temática, quando esta existe, ou logo após o radical. Servem para mostrar em que tempo e modo se encontram as formas verbais. Repetem-se em todas as pessoas, com exceção de algumas poucas, que aparecem alteradas (alomorfes).

Vejamos o quadro completo dessas desinências.

Presente do indicativo:	não há (desinência zero)
Pretérito perfeito:	não há (desinência zero)
Pretérito imperfeito:	VA, VE (1ª conjugação); A, E (2ª e 3ª conjugações)
Pretérito mais-que-perfeito:	RA, RE (átonas)
Futuro do presente:	RA, RE (tônicas)
Futuro do pretérito:	RIA, RIE

Presente do subjuntivo:	E (1ª conjugação); A (2ª e 3ª conjugações)
Imperfeito do subjuntivo:	SSE
Futuro do subjuntivo:	R
Infinitivo (pessoal ou impessoal):	R
Gerúndio:	NDO
Particípio:	D, S, T

Número-pessoais

São as que indicam o número (singular ou plural) e a pessoa (1ª, 2ª ou 3ª). Aparecem depois das modo-temporais, quando estas existem.

Eis o quadro completo das desinências número-pessoais.

1ª pessoa do singular:	O, I
2ª pessoa do singular:	S, STE, ES
3ª pessoa do singular:	U
1ª pessoa do plural:	MOS
2ª pessoa do plural:	IS, STES, DES
3ª pessoa do plural:	M, RAM, EM, O

✓ Obs.: Geralmente não há desinência número-pessoal na 1ª e na 3ª pessoas do singular. O e I aparecem no presente do indicativo e no pretérito perfeito; U, no pretérito perfeito. Nos outros tempos, a desinência é zero.

Exemplos

Nas formas verbais abaixo, foi feita a divisão em morfemas. As desinências modo-temporais aparecem sublinhadas; as número-pessoais, em negrito.

PRESENTE DO INDICATIVO	PRETÉRITO PERFEITO	PRETÉRITO MAIS-QUE-PERFEITO
brinc-**o**	brinqu-e-**i**	brinc-a-<u>ra</u>
brinc-a-**s**	brinc-a-**ste**	brinc-a-<u>ra</u>-**s**
brinc-a	brinc-o-**u**	brinc-a-<u>ra</u>
brinc-a-**mos**	brinc-a-**mos**	brinc-á-<u>ra</u>-**mos**
brinc-a-**is**	brinc-a-**stes**	brinc-á-<u>re</u>-**is**
brinc-a-**m**	brinc-a-**ram**	brinc-a-<u>ra</u>-**m**

PRETÉRITO IMPERFEITO	FUTURO DO PRESENTE	FUTURO DO PRETÉRITO
brinc-a-<u>va</u>	brinc-a-<u>re</u>-**i**	brinc-a-<u>ria</u>
brinc-a-<u>va</u>-**s**	brinc-a-<u>rá</u>-**s**	brinc-a-<u>ria</u>-**s**

brinc-a-va	brinc-a-rá	brinc-a-ria
brinc-á-va-**mos**	brinc-a-re-**mos**	brinc-a-ría-**mos**
brinc-á-ve-**is**	brinc-a-re-**is**	brinc-a-ríe-**is**
brinc-a-va-**m**	brinc-a-rã-**o**	brinc-a-ria-**m**

PRESENTE DO SUBJUNTIVO	IMPERFEITO DO SUBJUNTIVO	FUTURO DO SUBJUNTIVO
brinqu-e	brinc-a-sse	brinc-a-r
brinqu-e-**s**	brinc-a-sse-**s**	brinc-a-r-**es**
brinqu-e	brinc-a-sse	brinc-a-r
brinqu-e-**mos**	brinc-á-sse-**mos**	brinc-a-r-**mos**
brinqu-e-**is**	brinc-á-sse-**is**	brinc-a-r-**des**
brinqu-e-**m**	brinc-a-sse-**m**	brinc-a-r-**em**

INFINITIVO IMPESSOAL	GERÚNDIO	PARTICÍPIO
brinc-a-r	brinc-a-ndo	brinc-a-do

OBSERVAÇÕES

1ª) O presente do indicativo não tem desinência modo-temporal.

2ª) O presente do subjuntivo é o único tempo que não possui vogal temática. É chamado, por isso mesmo, de atemático.

3ª) As desinências modo-temporais se repetem, às vezes com variações (alomorfes). As número-pessoais se alternam no final das palavras.

4ª) As desinências do pretérito perfeito são número-pessoais. Pode-se, no entanto, segundo a lição de alguns gramáticos, considerá-las acumulativas, ou seja, ao mesmo tempo número-pessoais e modo-temporais.

5. Consoante e vogal de ligação

São elementos desprovidos de significação que servem para ligar dois morfemas. Por facilitarem a pronúncia, essas consoantes e vogais são conhecidas como formas eufônicas.

Ex.: cafe**t**eira, pau**l**ada, alv**i**verde, real**i**dade, gas**ô**metro

ELEMENTOS GREGOS E LATINOS

A língua portuguesa é de origem latina. Dessa forma, a maioria das palavras provém da língua dos antigos romanos, o latim. Existem também muitas palavras formadas por elementos gregos, notadamente nas ciências. Vejamos alguns desses elementos que constituem as palavras de nossa língua.

I) RADICAIS

1. GREGOS		
Radical	**Sentido**	**Exemplo**
acro	alto	acrópole
agro	campo	agronomia
andro	homem (oposto a mulher)	androfobia
anemo	vento	anemografia
antropo	homem (ser humano)	antropologia
biblio	livro	bibliografia
bio	vida	biologia
cardio	coração	cardiologia
cefalo	cabeça	cefaleia
cino	cão	cinofilia
coreo	dança	coreografia
cosmo	mundo, universo	cosmogênese
cracia	governo	aristocracia
crio	gelo	criogenia
cromo	cor	cromoterapia
crono	tempo	cronologia
demo	povo	democracia
dromo	corrida	autódromo
eno	vinho	enólogo
entomo	inseto	entomofagia
ergo	trabalho	ergonomia
estese	sensação	anestesia
etno	raça, nação	etnografia
fagia	ato de comer	antropofagia
filo	amigo	filosofia
fito	planta	fitoterapia
fobia	aversão, medo	acrofobia
fono	som, voz	afônico
foto	luz	fotossíntese
gastro	estômago, ventre	gastrite
gene	origem	genética
geo	Terra, terra	geologia
gino, gineco	mulher	ginecologia

gnose	conhecimento	diagnóstico
grafia	escrita, descrição	cacografia
hedono	prazer	hedonismo
helio	sol	heliocentrismo
hemo, hemato	sangue	hemorragia
hepato	fígado	hepatite
hetero	outro	heterodoxo
hidrato, hidro	água	hidratar
higro	umidade	higrômetro
hipno	sono	hipnotismo
hipo	cavalo	hipódromo
homo	semelhante, igual	homônimo
iatria	tratamento	pediatria
ictio	peixe	ictiofagia
latria	adoração	idolatria
lipo	gordura	lipoaspiração
lito	pedra	aerólito
logia	ciência	cardiologia
macro	grande	macrorregião
mancia	adivinhação	hidromancia
mega	grande	megaevolução
metro	que mede	anemômetro
metro	mãe	metrópole
micro	pequeno	micróbio
mono	um só	monocultura
morfo	forma	morfologia
necro	morto	necrotério
neo	novo	neologismo
nomo	conhecedor	agrônomo
odonto	dente	odontologia
oftalmo	olho	oftalmologia
ornito	pássaro	ornitólogo
orto	certo, direito	ortografia
osteo	osso	osteoporose
oto	ouvido	otite
paleo	antigo	paleografia
patia	doença	cardiopatia
patia	sentimento	simpatia
polis, pole	cidade	Teresópolis
proto	primeiro, principal	protótipo
pseudo	falso	psudônimo

psico	alma	psicologia
psicro	frio	psicrofilia
quiro	mão	quiromancia
rino	nariz	rinite
scopio	que faz ver	telescópio
tanos, tanato	morte	tanatofobia
teca	lugar onde se guarda	biblioteca
tele	ao longe	telepatia
teo	deus	teosofia
termo	calor, temperatura	termômetro
topo	lugar	topólogo
xeno	estranho	xenofilia
xilo	madeira	xilogravura
zoo	animal	zoologia

2. LATINOS		
Radical	**Sentido**	**Exemplo**
agri	campo	agrícola
alter, altri	outro	alterar
ambulo	caminhar	ambulante
ango	apertar	angina
animi	alma	anímico
apis	abelha	apicultura
arbori	árvore	arbóreo
argenti	prata	argentino
audio	ouvir	audição
auri	ouro	áureo
beli	guerra	belicoso
cado	cair	cadente
caleo	esquentar	acalentar
calori	calor	caloria
capiti	cabeça	capital
celum	céu	celeste
cida	que mata	herbicida
cola	que habita	silvícola
cola	que cultiva	vinícola
color	cor	colorir
cordi	coração	cordial
cruci	cruz	crucificar
cultura	ato de cultivar	agricultura
digiti	dedo	digitar

disco	aprender	discente
doceo	ensinar	docente
ego	eu	egocentrismo
equi	igual	equidistância
evo	idade	longevo
fero	que contém	aquífero
fero	que produz	frutífero
fico	que faz ou produz	maléfico
fide	fé	fidedigno
flama	chama	inflamado
fluvius	rio	fluvial
forme	relativo a forma	multiforme
frater	irmão	fraterno
frigi	frio	frígido
fugo	que foge	centrífugo
genito	relativo a geração	congênito
gero	que produz	florígero
igni	fogo	ígneo
jus, juri	direito	jurídico
labori	trabalho	laborar
lacti	leite	lactente
lapidi	pedra	lapidar
leni	brando	lenitivo
litera	letra	literal
loco	lugar	local
luci	luz	translúcido
ludi	jogo, divertimento	lúdico
lupi	lobo	lupino
magni	grande	magnífico
mani	mão	bímano
mater, matri	mãe	matriarcal
mini	muito pequeno	minissaia
muto	mudar	mutação
nubo	casar	nubente
oculi	olho	ocular
opu, operi	trabalho	operar
pari	igual	paridade
pater, patri	pai	paterno
pede	pé	bípede
pisci	peixe	piscicultura
plebi	povo	plebeu

plenu	cheio	plenitude
plumbi	chumbo	plúmbeo
pluvi	chuva	pluvial
populo	povo	população
pueri	menino	pueril
regi	rei	régio
rupi	rocha	rupestre
rus, ruri	campo	rústico
seni	velho	senil
simili	parecido	similar
sudori	suor	sudorese
sulfuri	enxofre	sulfúrico
teluri	tera, solo	telúrico
umbra	sombra	penumbra
uxorio	esposa	uxório
vanu	vazio, sem sentido	vanilóquio
verbi	palavra	provérbio
vetus	velho	vetusto
video	ver	vidente
vini	vinho	vinicultura
volo	que quer	benévolo
voro	que come	carnívoro
vulgus	povo	vulgar

II) SUFIXOS

1. Gregos

-ESA, -ISA, -ESSA

• feminino
Ex.: baronesa, poetisa, condessa

-IA

• ciência
Ex.: Astronomia

• qualidade, estado
Ex.: ousadia, harmonia

• lugar
Ex.: inspetoria

-ISMO

•doença
Ex.: estrabismo

• doutrina, escola
Ex.: impressionismo

• próprio de
Ex.: hispanismo

• qualidade
Ex.: altruísmo

• seita, crença, doutrina
Ex.: hinduísmo, positivismo, espiritismo

-ISTA
• naturalidade
Ex.: nortista

• profissão, ocupação
Ex.: maquinista, pianista

• seguidores, partidários
Ex.: budista, comunista

-ITE
• inflamação
Ex.: otite

-IZ(AR)
• ação causadora
Ex.: canalizar

-OIDE
• semelhança
Ex.: humanoide

-OSE
• doença
Ex.: tuberculose

-TÉRIO
• lugar
Ex.: necrotério

2. Latinos

-ACHO
• diminutivo
Ex.: riacho

• qualidade inferior
Ex.: populacho

-ACO

• naturalidade

Ex.: austríaco

• relação

Ex.: amoníaco

-ADO, -ADA

• ação

Ex.: caminhada

• coleção

Ex.: meninada

• feito de

Ex.: goiabada

• golpe

Ex.: martelada

• um pouco

Ex.: azulado

-AGEM

• ação ou resultado da ação

Ex.: decolagem, passagem

• conjunto

Ex.: criadagem

• estado, qualidade

Ex.: selvagem, camaradagem

-AL

• objeto

Ex.: pedal

• plantação

Ex.: coqueiral

• relativo a

Ex.: conjugal

-ANO

• naturalidade

Ex.: baiano

• seita, partido

Ex.: franciscano, republicano

-ÃO

• aumentativo

Ex.: garrafão

✓ Obs.: O mesmo que -ARRÃO (gatarrão), -ALHÃO (porcalhão), -EIRÃO (vozeirão).

-ILÃO (comilão).

• naturalidade

Ex.: afegão

✓ Obs.: O mesmo que -ANO (mexicano).

• profissão

Ex.: tecelão

• qualidade

Ex.: cristão

-AR

• relativo a

Ex.: familiar

-ARIA, -ERIA

• estabelecimento comercial

Ex.: padaria, leiteria

• reunião, coleção

Ex.: pedraria

-ÁRIO

• estado, qualidade

Ex.: solitário, autoritário

• local de cultivo, recipiente

Ex.: orquidário, aquário

• porção, quantidade

Ex.: exemplário

• profissão

Ex.: operário

-ÇÃO

• ação ou resultado de ação

Ex.: ocupação

-DADE

• estado, qualidade

Ex.: felicidade, lealdade

-DOURO

- lugar onde acontece a ação

Ex.: ancoradouro

-EIRO, -EIRA

- ação ou resultado da ação

Ex.: choradeira

- árvore

Ex.: laranjeira

- hábitat, local de criação

Ex.: cupinzeiro, coelheira

- instrumento

Ex.: caneleira

- lugar onde se guarda

Ex.: saleiro, lancheira

- máquina

Ex.: sorveteira

- naturalidade

Ex.: brasileiro

- quantidade, porção

Ex.: nevoeiro, lamaceira

-ENSE

- naturalidade

Ex.: paranaense

-ÊS

- naturalidade

Ex.: francês

- origem, proveniência

Ex.: montês

-ETA, -ETE, -ETO, -ITA, -ITO

- diminutivo

Ex.: vareta, lembrete, poemeto, florzita, rapazito

-EZA, -EZ

- qualidade, estado

Ex.: nobreza, palidez

-IM, -INHO, -INHA

• diminutivo

Ex.: espadim, pezinho, pedrinha

-INO

• naturalidade

Ex.: londrino

• profissão

Ex.: dançarino

• relativo a

Ex.: cristalino

-MENTE

• advérbios de vários sentidos

Ex.: tranquilamente, antigamente, certamente

-NTE

• agente da ação

Ex.: estudante, pedinte

• profissão

Ex.: feirante, gerente

.Ex.: rapazola

-OR

• agente da ação

Ex.: varredor

• instrumento

Ex.: despertador

• profissão

Ex.: cantor

• qualidade, estado

Ex.: amargor, esplendor

-OSO

• cheio de

Ex.: carinhoso

-OTA

• naturalidade

Ex.: cipriota

- diminutivo

Ex.: ilhota

✓ Obs.: O mesmo que -OTE (caixote)

-UDE

- qualidade, estado

Ex.: quietude, juventude

-UDO

- cheio de, aumento

Ex.: peludo, ossudo

-URA

- ação ou resultado da ação

Ex.: fervura

- arte

Ex.: pintura

- qualidade ou atributo de

Ex.: ternura

-VEL

- digno de, passível de

Ex.: notável, solúvel, crível

III) PREFIXOS

Há muitos prefixos gregos e latinos de mesmo significado. Vejamos os mais importantes. Antes da barra, aparecem os gregos; depois dela, os latinos.

PREFIXOS	SIGNIFICADO	EXEMPLOS
a-, an- / des-, in–	negação	anemia, descrer, inativo
anfi- / ambi–	duplicidade	anfíbio, ambiguidade
anti- / contra–	posição contrária	antissemita, contraordem
apó-, af- / ab-, abs-	afastamento	apogeu, afélio, abdicar, abstêmio
cata- / de-	para baixo	catacumba, declive
di- / bi-, bis-	duas vezes	dígrafo, bicampeão, bisneto
diá-, meta- / trans-	através; mudança	diacronia, metamorfose, transpor
endo- / intra-	interno, para dentro	endoscopia, intramuscular
epi- / super, sobre-	posição acima	epígrafe, superfície, sobrestar
eu-, ev- / bene-	bem, bom	eugenia, evangelho, benefício

hemi- / semi-	metade	hemisfério, seminu
hiper- / super-, sobre- excesso	hipertenso, superdose, sobrecarga hipo- / sub-, sob–	posição abaixo hipótese, subsolo, sobpor
para- / ad–	proximidade	paralela, advérbio
peri-, anfi- / circum-	em torno de	perímetro, anfiteatro, circunlunar
poli- / multi-, pluri-	multiplicidade	polissílabo, multiforme, plurianual
pro- / ante-, pre-	posição anterior	prólogo, antedatar, prefácio
sin- / com-	reunião	sinfonia, compadre

EXERCÍCIOS

336) Assinale a palavra com desinência.

a) felizmente b) bondosamente c) fielmente

337) Assinale a palavra sem sufixo.

a) amor b) árvore c) formoso

338) Marque a forma verbal com vogal temática.

a) andemos b) fiz c) gritasse

339) Marque a forma verbal com alomorfe de vogal temática.

a) errou b) partiste c) nevando

340) Assinale a opção em que a palavra tem seus elementos mórficos devidamente separados.

a) au-ment-a-r-mos b) cora-ção c) flor-z-inha

341) Só não tem vogal ou consoante de ligação a palavra:

a) colaboração b) fidelidade c) chaleira

342) Não tem vogal temática nominal a seguinte palavra.

a) pente b) tatu c) bolso

343) Assinale a análise mórfica correta da palavra **desbloqueavam**:

a) des (prefixo), bloquea (radical), vam (desinência modo-temporal)

b) desbloque (radical), av (sufixo verbal), am (desinência número-pessoal)

c) des (prefixo), bloque (radical), a (vogal temática), va (desinência modo-temporal), m (desinência número-pessoal)

344) Assinale a alternativa em que as palavras apresentam radicais com os seguintes significados, respectivamente: cavalo, amizade, gelo.

a) hipismo, telepatia, fotografia

b) cronômetro, cinofilia, cosmologia

c) hipocampo, filosofia, criofobia

345) A palavra **ictiófago** é formada por dois radicais de origem grega. Assinale aquela que tem o mesmo sentido, porém é formada por radicais latinos.

a) eufonia b) piscívoro c) sonífero

346) Assinale a palavra que possui radical grego com o sentido de **mão**.

a) quiróptero b) pirotecnia c) litogravura

347) Assinale o par de palavras cujos prefixos, apesar de um ser grego e o outro latino, têm a mesma significação.

a) perímetro, circunver

b) endovenoso, descrer

c) sinfonia, apogeu

348) Assinale o par de prefixos (um grego, outro latino) com a mesma significação.

a) cata, intra b) anti, contra c) epi, ambi

349) Assinale a palavra cujo sufixo tem o mesmo sentido do que aparece em papelada:

a) babadouro b) barbudo c) folhagem

350) Qual palavra abaixo tem um sufixo com o mesmo valor semântico do que aparece em **cristalino**?

a) dengoso b) sulista c) circular

V

FORMAÇÃO DAS PALAVRAS

As palavras em português podem ser simples, compostas, primitivas e derivadas.

1. Palavra simples

Aquela que tem um único radical.

Ex.: praça, beleza, noitada

2. Palavra composta

A que possui mais de um radical. É estudada na composição.

Ex.: arranha-céu, girassol

3. Palavra primitiva

Aquela que não se forma de outra palavra.

Ex.: bola, beber, camisa, leal

4. Palavra derivada

A que provém de uma outra, geralmente por meio de um prefixo ou sufixo. É estudada na derivação.

Ex.: bolinha, bebedeira, camiseta, desleal

Composição

Estudo das palavras que têm mais de um radical.

1. Por justaposição

Quando os radicais se unem sem perda ou acréscimo de fonemas. Mantém-se a acentuação tônica dos elementos. Pode haver ou não o hífen.

Ex.: guarda-chuva, passaporte

2. Por aglutinação

Quando, na união dos radicais, ocorre alguma alteração fonética. Nunca aparece o hífen. É comum o surgimento da vogal de ligação **i**.

Ex.: planalto, boquiaberto, alvirubro

Derivação

Estudo das palavras derivadas.

1. Prefixal ou por prefixação.

Quando se dá pelo emprego de um prefixo.

Ex.: **des**crer, **in**feliz

2. Sufixal ou por sufixação.

Quando ocorre pelo emprego de um sufixo.

Ex.: cren**ça**, leal**dade**

3. Prefixal e sufixal ou por prefixação e sufixação.

Quando ocorre pelo emprego de um prefixo e um sufixo.

Ex.: **in**felici**dade**, **des**leal**mente**

4. Parassintética ou por parassíntese

Também ocorre por meio de um prefixo e um sufixo, porém colocados ao mesmo tempo. É impossível a retirada de apenas um deles.

Ex.: **en**tard**ecer**, **en**gaiol**ado**

Note que não existem as palavras entarde, tardecer, engaiola e gaiolado.

5. Regressiva

Ocorre quando a palavra diminui; quase sempre, é substantivo derivado de verbo, o que nos leva a chamar o processo de derivação regressiva ou deverbal. Isso só ocorre quando o substantivo também indica ação. Se ele designar um objeto, o verbo será derivado sufixal.

Ex.: luta (de lutar), embarque (de embarcar), grito (de gritar)

Mas: âncora (primitiva), ancorar (derivada sufixal)

OBSERVAÇÕES

1ª) A palavra **embarcar** é derivada parassintética de **barco**. O substantivo **embarque** se formou a partir de **embarcar**. Deduz-se, então, que vale a última formação. Da mesma forma, **anormal** é derivada prefixal de **normal**, ou seja, primeiro se formou **normal** (de norma), depois foi usado o prefixo, dando origem a **anormal**, derivada por prefixação.

2ª) O que se diz na primeira observação vale também para as palavras compostas. **petróleo** é composta por aglutinação (pedra + óleo). **Petroleiro** é derivada por sufixação, uma vez que se formou da palavra **petróleo**, com o acréscimo do sufixo **-eiro**.

Outros processos

1. Abreviação

Emprego de apenas uma parte da palavra.

Ex.: foto (de fotografia), pneu (de pneumático), Bota (de Botafogo)

✓ Obs.: Cuidado para não confundir com abreviatura, redução apenas gráfica que não é uma nova palavra: adj. (adjetivo), sr. (senhor), cel. (coronel).

2. Reduplicação ou redobro

Ocorre quando o elemento é duplicado, geralmente para se criar uma onomatopeia.

Ex.: zunzum, tique-taque, titio (afetividade)

3. Conversão ou derivação imprópria

Mudança da classe ou subclasse de uma palavra.

Ex.: Não aceitaremos um **talvez**. (de advérbio a substantivo)
Meu amigo Coelho está viajando. (de nome comum a próprio)

4. Hibridismo

União de elementos oriundos de línguas diferentes. Pode ser caso de derivação ou de composição.

Ex.: cosmonauta → grego e latim
burocracia → francês e grego
caiporismo → tupi e grego
televisão → grego e português
goleiro → inglês e latim

EXERCÍCIOS

351) Assinale a palavra primitiva e simples.

a) campo b) aguardente c) oleoso

352) Assinale a alternativa em que as duas palavras são derivadas por parassíntese.

a) serviço, enjaular b) escurecer, enriquecer c) desalmado, enferrujar

353) Aponte o substantivo que exemplifica a derivação regressiva.

a) pingue-pongue b) mando c) bondade

354) Aponte a palavra derivada por sufixação.

a) dispor b) embarcação c) antigo

355) Assinale a palavra composta por justaposição.

a) fidalgo b) cabisbaixo c) madrepérola

356) Todas as palavras são compostas por aglutinação em:

a) leitura, tema, passatempo

b) pernilongo, embora, boquiaberto

c) rediscar, alvinegro, buscapé

357) Não é composta a palavra.

a) admiração b) pontiagudo c) pé de moleque

358) Assinale a palavra formada por reduplicação.

a) vaivém b) leva e traz c) mamãe

359) Assinale a frase com palavra que exemplifica a derivação imprópria.

a) Marcos leu a revista.

b) Aquela palavra tem uma pronúncia estranha.

c) O cantar do passarinho é especial.

360) As palavras embate, reco-reco e predizer são, respectivamente:

a) primitiva, reduplicação, prefixal

b) regressiva, redobro, prefixal

c) prefixal, composta por justaposição, composta por justaposição

Unidade II

Técnicas de redação

Capítulo 1

TIPOLOGIA TEXTUAL

Em linhas gerais, um texto é o trecho de língua falada ou escrita que constitui um todo. Ao estudo dos variados tipos de texto se dá o nome de tipologia textual.

Observemos os pequenos textos abaixo, todos referentes ao cão.

> I) Era um cachorro muito bonito, de pelo marrom-escuro, com pequenas marcas brancas em forma de estrelas. Manso, de latido suave, sempre foi um grande amigo da família, notadamente das crianças.

Neste texto, são apresentados pormenores do cachorro: beleza, cor do pelo, mansidão, suavidade do latido. Diz-se, então, que o animal está sendo descrito. Trata-se de uma **descrição**.

> II) Meu filho Eduardo adorava aquele cão. Corriam pelo quintal fazendo uma incrível algazarra, chamando a atenção dos vizinhos. Em um domingo de sol, o animal foi atropelado. Levado ao hospital, não resistiu. Ficou apenas a saudade do amiguinho que, certamente, não será esquecido.

Neste, observam-se determinados acontecimentos. Existe ação, movimen-tação, personagens (Eduardo, os vizinhos, o próprio cão). O texto está localizado no tempo e no espaço. É o que se conhece como **narração**.

> III) O cão, dizem, é o melhor amigo do homem. Em situações desagradáveis pode-se contar com ele. A fidelidade desse animal, capaz de morrrer pelo dono, supera todas as expectativas. É bom ter um por perto, principalmente quando se está só.

Aqui, a preocupação é transmitir determinadas ideias, opiniões sobre o cão: amizade, fidelidade, capacidade de morrer pelo dono, excelência de tê-lo por perto. A esse tipo de texto dá-se o nome de **dissertação**.

DESCRIÇÃO

É o tipo de texto que tem como centro a coisa, o objeto, a pessoa. Apresenta, à semelhança da fotografia, detalhes do ser.

Ex.: Árvore alta, frondosa, imponente, a mangueira dá frutos saborosos e nutritivos.

O elefante, pesado e lento, caminhava pelo zoo fazendo tremer o solo repleto de folhas secas.

Carla tem cabelos curtos, olhos azuis e boca sensual, com lábios grossos e vermelhos.

Aquele advogado tem um grande equilíbrio emocional, além de ser inteligente e perspicaz.

Como se vê pelos exemplos, a descrição pode ser física, psicológica, moral etc.

OUTROS EXEMPLOS

1. "Por isso na orla morena da praia calada e só,
Tenho a alma feita pequena, livre de mágoa e de dó..." (Fernando Pessoa)

2. "A sua aparência, entretanto, ao primeiro lance de vista, revela o contrário. Falta-lhe a plástica impecável, o desempeno, a estrutura corretíssima das organizações atléticas.

É desgracioso, desengonçado, torto. Hércules-Quasímodo, reflete no aspecto a fealdade típica dos fracos. O andar sem firmeza, sem aprumo, quase gingante e sinuoso, aparenta a translação de membros desarticulados. Agrava-o a postura normalmente abatida, num manifestar de displicência que lhe dá um caráter de humildade deprimente." (Euclides da Cunha, *in* Os Sertões)

3. "O andar é lerdo, os pés ligeiramente abertos, num meneio de barco, ancas fortes. Ombros estreitos. Os seios em liberdade com uma certa arrogância dos seios das estátuas. Toda a fragilidade na cintura, ele adivinha a cintura nas reticências do roupão amplo, confuso, tantos panos, pregas. Bonito babado (aquilo não é um babado?) que lhe contorna o pescoço e vai descendo, que curiosas essas roupas de alcova, ele pensa e sorri, fascinado." (Lygia Fagundes Telles, *in* Missa do Galo)

4. "Tinha a cabeça cingida por uma fita de couro, à qual se prendiam do lado esquerdo duas plumas matizadas, que descrevendo uma longa espiral, vinham roçar com as pontas negras o pescoço flexível. Era de alta estatura; tinha as mãos delicadas; a perna ágil e nervosa, orlada com uma axorca de frutos amarelos, apoiava-se sobre um pé pequeno, mas firme no andar e veloz na corrida. Segurava o arco e as flechas com a mão direita caída e com a esquerda mantinha verticalmente diante de si um longo forcado de pau enegrecido pelo fogo." (José de Alencar, *in* O Guarani)

NARRAÇÃO

Modalidade de texto centrada no fato, no acontecimento. Narrar é contar coisas, mostrar aquilo que se desenrola num determinado momento e lugar.

Ex.: Num dia de chuva, as pessoas do lugarejo encontraram a criança que se perdera na mata.

À noite, Patrícia e Joana foram ao restaurante da família, onde se encontrariam com seus namorados.

Domingo, no estádio lotado, os jogadores puderam mostrar toda a sua habilidade ao público que fazia, na arquibancada, uma grande festa.

Januário procurou seu cunhado ainda pela manhã.

Elementos da narração

1. Personagens

Aqueles que participam dos acontecimentos, geralmente pessoas. Às vezes,

no entanto, o autor do texto utiliza animais ou coisas como personagens de sua narrativa. Orígines Lessa, por exemplo, num singelo romance, apresenta como principal personagem, ou seja, o protagonista, um cabo de vassoura.

Ex.: "Doutor Jessé vinha apressado, suando muito, quase correndo na rua. Parou um minuto para falar com Virgílio, saiu depressa." (Jorge Amado, *in* Terras do Sem Fim)

A fala dos personagens é o discurso. Pode ele apresentar-se de três maneiras.

a) Discurso direto

É a participação direta do personagem no diálogo. Sua marca é o emprego de dois-pontos e travessão.

Ex.: – Não preciso de dinheiro, garantiu o empregado.

O empregado garantiu: – Não preciso de dinheiro.

b) Discurso indireto

É a incorporação da fala às palavras do narrador. Sua marca é o emprego de conjunções como **que** e **se**. Desaparecem os dois-pontos e o travessão.

Ex.: O empregado garantiu que não precisava de dinheiro.

c) Discurso indireto livre

Maneira mais moderna de se apresentar a fala do personagem. Consiste na fusão dos dois discursos (direto e indireto), de modo que desaparecem as marcas de um e outro. É como se o próprio narrador se transportasse para a cena apresentada.

Ex.: Fazia muito calor naquela tarde de verão no Rio de Janeiro. Eduardo se dirigia ao escritório onde trabalhava havia cinco anos. Meu Deus, como eu gostaria de estar agora na praia! O jovem segue, no entanto, para o trabalho.

Correspondências verbais

DISCURSO DIRETO	DISCURSO INDIRETO
Presente do indicativo	**Pretérito imperfeito do indicativo**
Carlos garantiu: – Estou pronto.	Carlos garantiu que estava pronto.
Pretérito perfeito	**Pretérito mais-que-perfeito**
O homem falou: – Perdi a carteira.	O homem falou que perdera a carteira.
Futuro do presente	**Futuro do pretérito**
Ela respondeu: – Devolverei tudo.	Ela respondeu que devolveria tudo.
Imperativo	**Imperfeito do subjuntivo**
O chefe ordenou: – Liguem o micro.	O chefe ordenou que ligassem o micro.

✓ Obs.: Também palavras como **este**, **esse**, **aqui**, **meu** etc. precisam ser devidamente substituídas.

Ex.: – Prefiro este material, disse a mulher.
A mulher disse que preferia aquele material.
– Ficarei feliz aqui, garantiu o trabalhador.
O trabalhador garantiu que ficaria feliz ali.
– Trarei o meu discurso, afirmou o expositor.
O expositor afirmou que traria o seu discurso.

2. Tempo

Todo acontecimento se dá, evidentemente, num certo momento, numa dada época. Pode ser presente, passado ou futuro. É o tempo da narrativa.

Ex.: "Naquela manhã o Tenente Bruno chegou ao quartel e encontrou o Esquadrão em polvorosa: ia chegar o novo espelho!" (Fernando Sabino, *in* O Homem Nu)

3. Ambiente

Lugar onde se desenrolam os fatos. Todo texto narrativo apresenta um ou mais ambientes. É algo fácil de entender: se há uma ação, necessariamente se dá em algum lugar.

Ex.: "Na fonte do riacho do Corredor viu-se cercado por uma tropa. " (José Lins do Rego, *in* Fogo Morto)

4. Enredo

O acontecimento em si. Aquilo que é narrado, a trama, a história. Em Os Corumbas, de Amando Fontes, por exemplo, o enredo é o sofrimento dos retirantes nordestinos. Alguns falam em tema, porém este é o assunto central, não a trama, as ligações que a narrativa apresenta.

5. Narrador

Aquele que narra, conta a história. A narração pode se dar de duas formas distintas:

a) sem a participação do autor, ocasião em que se utiliza a terceira pessoa.

Ex.: "O próprio tenente tomou um ou dois aparelhos mais próximos. Os soldados tomaram outros. Os demais foram desligados. Uma redoma que baixasse em cima dos camponeses feito uma tampa de compoteira não criaria maior impressão de isolamento e viscoso silêncio." (Antônio Callado, *in* Quarup)

✓ Obs.: Não se confunda! A primeira pessoa aparece, evidentemente, na boca dos personagens, quando ocorrem os diálogos, ou seja, no discurso direto.

b) com a participação do autor, ou seja, é ele também um dos personagens; nesse caso, a linguagem utilizada é a primeira pessoa.
Ex.: "De encontro ao rosto que eu pusera dentro da abertura, bem próximo de meus olhos, na meia escuridão, movera-se a barata grossa. Meu grito foi tão abafado que só pelo silêncio contrastante percebi que não havia gritado. O grito ficara me batendo dentro do peito." (Clarice Lispector, *in* A Paixão Segundo G.H.)

✓ Obs.: Neste trecho, a autora aparece atuando na trama, como um personagem qualquer. É, pode-se dizer, um personagem-narrador.

OUTROS EXEMPLOS

1. "Agora Luciana se encolhia pelos cantos, vagarosa, Minsk empoleirado no ombro. Sentia-se novamente miúda, quase uma ave, e tagarelava, dizia as complicações que lhe fervilhavam no interior, coisas a que de ordinário ninguém ligava importância, repelidas com aspereza." (Graciliano Ramos, *in* Insônia)

2. "Em vão eles mudavam da esquerda para a direita e da direita para a esquerda. Flora mudava os nomes também, e os três acabavam rindo. A familiaridade desculpava a ação e crescia com ela. Paulo gostava mais de conversa que de piano; Flora conversava. Pedro ia mais com o piano que com a conversa; Flora tocava. Ou então fazia ambas as cousas, e tocava falando, soltava a rédea aos dedos e à língua." (Machado de Assis, *in* Esaú e Jacó)

3. "Repetiam as murmurações do professor Crisóstomo, frioleiras de maldade. Pelas janelas gradeadas indicavam junto do muro da natação as venezianas da enfermaria e faziam a apologia da enfermeira, enfermeirazinha cuidadosa, com um jeito incomparável para o tratamento dos casos graves do coração. E vinham com histórias de estudantes muito mal de imaginárias moléstias... Doeu-me aquilo, como se me houvessem ferido o mais santo escrúpulo de sentimento. Uma infâmia, uma infâmia, esta afirmação de coisas improvadas!" (Raul Pompeia, *in* O Ateneu)

4. "O barbeiro da cidade era o maior mentiroso do mundo. Um dia, apareceu um cara na barbearia disposto a tirar o cetro do barbeiro. (Barbeiro tem cetro?) Muito bem. Chegou e se sentou na cadeira. E contou:

– Eu estava vindo de Ita do Norte, no meio da viagem um camarada cai no mar. A gente não tinha nem balsa, nem caíque, nem escaler. Sabe o que aconteceu? O cara veio nadando atrás do navio até o Rio de Janeiro!

E olhou glorioso pro barbeiro. Este deu uma pigarreadazinha, deu duas batidinhas do pente na tesoura e disse:

– O senhor se lembra bem da fisionomia do nadador?

– Lembro não.

E o barbeiro:

– Pois tá falando com ele!" (Ziraldo, *in* As Anedotas do Pasquim)

✓ Obs.: Por se tratar de uma piada, este texto narrativo apresenta uma linguagem coloquial, descontraída. Note o emprego de vocábulos como **cara** (pessoa), **pro** e **tá**, bem como a construção **Lembro não**. Naturalmente, em documentos sérios isso deve ser evitado.

DISSERTAÇÃO

Tipo de redação centrada nas ideias. É argumentativa, opinativa.

Ex.: Uma boa cultura é base sólida para o indivíduo que busca progredir em seu ambiente de trabalho.

A boa vontade e o companheirismo facilitam sobremaneira o relacionamento entre as pessoas.

Sonhar é viver. São infelizes as criaturas que não sonham, porque não têm motivação para seguir adiante.

Partes da dissertação

No texto dissertativo completo, por exemplo, um trabalho estudantil ou uma composição apresentada em concurso público, devem constar três segmentos distintos. Vejamos.

1. Introdução

Parte do texto em que se apresentam as ideias básicas do autor. Não deve ser longa, bastando a ela um parágrafo de poucas linhas em comparação com o todo.

2. Desenvolvimento

Também chamado de corpo da redação, é a parte em que o autor defende, esclarece, justifica o que lançou na introdução. Com número ilimitado de parágrafos, o desenvolvimento é a fase da argumentação; aí se tenta levar o leitor à compreensão plena das ideias, mais do que isso, convencê-lo. Sim, quem passa ideias a outras pessoas deseja, obviamente, que elas as aceitem, entendam, interiorizem.

3. Conclusão

Parte final de um texto dissertativo, constituída de um parágrafo de pouca extensão. O fecho deve ser marcante; pode-se fazer um resumo seguido de uma ideia definitiva do autor a respeito do tema; pode-se relacionar o que foi apresentado com o pensamento de algum filósofo, cientista, escritor etc., para garantir a autenticidade das ideias. Enfim, a conclusão depende, mesmo, da criatividade do autor.

EXEMPLO

Tomemos como tema as dificuldades do estudante brasileiro. Teríamos, então, a seguinte dissertação:

1. Introdução

A vida de um estudante brasileiro tem características que o distinguem de seus colegas estrangeiros.

2. Desenvolvimento

Em qualquer fase de seus estudos, o brasileiro – e aqui não importa a classe social a que pertença – encontra dificuldades que não mais deveriam existir no país. As escolas e universidades não estão aparelhadas para atendê-lo plenamente em suas pesquisas; os professores, às vezes desmotivados, nem sempre conseguem desenvolver aulas atraentes e produtivas; as bibliotecas dificultam o acesso a determinadas obras etc.

Em países desenvolvidos, o relacionamento aluno – escola ou universidade é, sem dúvida, mais eficaz. Na Alemanha, por exemplo, as bibliotecas funcionam até a madrugada; também nesse país, se alguém pesquisa e não encontra uma obra, pode solicitá-la à direção, que a enviará à sua casa ou a qualquer parte do mundo onde o estudante se encontre.

3. Conclusão

Levando-se em conta a ineficiência da estrutura educacional brasileira em face da que existe em países mais evoluídos, como exigir de nossos estudantes que eles dirijam, um dia, de maneira convincente, as escolas, as faculdades, as academias, os municípios, os estados, o país? Esperemos o milagre. Afinal, somos todos brasileiros.

Tipos de dissertação

1. Dissertação objetiva

Com linguagem em terceira pessoa, o texto desenvolve ideias geralmente sem envolvimento emocional do autor; percebe-se uma certa imparcialidade, podendo as ideias transmitidas ser de outras pessoas.

Ex.: "Há uma relação empática profunda entre o orador e o seu auditório; de tal forma esta relação se afirma como verdadeira, que a alegria de um orador pode contagiar o seu público, assim como a sua tristeza pode deprimi-lo." (José Carlos Leal, *in* A Arte de Falar em Público)

2. Dissertação subjetiva

Com linguagem em primeira pessoa, o texto deixa claro o envolvimento emocional do autor; as ideias são expressas de maneira mais ostensiva, contundente.

Ex.: "Liberdade! entre tantos que te trazem na boca sem te sentirem no coração, eu posso dar testemunho da tua identidade, definir a expressão do teu nome, vingar a pureza do teu evangelho; porque no fundo da minha consciência eu te vejo incessantemente como estrela no fundo obscuro do espaço. Nunca te desconheci, nem te trairei nunca, porque a natureza impregnou dos teus elementos a substância do meu ser." (Rui Barbosa, *in* A Liberdade, conferência realizada na Bahia, em 26/5/1897)

OUTROS EXEMPLOS

1. "A palavra pode ser plena como a poesia que caça a essência das coisas e nos espeta com sentidos inusuais. A palavra pode ser como a prosa que mergulha no mundo e se derrama pelos livros de referência. A palavra pode ser vazia, conversa fiada. A palavra cria amantes, gera guerras e até funciona como um atentado terrorista, mas também acalma, nina, aconchega. É um instrumento extremamente poderoso."

(Luciana Saddi, *in* Revista da Folha, 24/8/08)

2. "O que não falta são evidências de algo que você já sabe: as mulheres entendem melhor de pessoas; os homens, de coisas. Elas são mais habilidosas para saber o que o outro está sentindo, enquanto eles levam mais jeito com objetos, ferramentas, sistemas mecânicos. 'Grande novidade', diria qualquer um. Mas existe uma novidade, sim. Estudos recentes mostram que essas características se manifestam desde os primeiros momentos da vida, o que põe em cheque a teoria de que esse tipo de comportamento é resultado apenas da sociedade – que 'doutrinaria' ao dar bonecas a elas e caminhõezinhos a eles. 'Nossas pesquisas em Cambridge mostram que as crianças apresentam sinais dessas aptidões logo ao nascer: as meninas olham rostos por mais tempo e os meninos se concentram mais em móbiles. Com 1 ano de idade, os garotos mostram uma preferência bem maior por filmes de carros (sistemas mecânicos) do que por vídeos mostrando rostos (cheios de expressões emocionais). E as meninas têm um comportamento oposto', disse o psicólogo inglês Simon Baron-Cohen em um artigo sobre seus estudos."

(Alexandre Versignassi e Giovana Girardi, *in* Superinteressante, 256)

3. "Algumas companhias brasileiras, como Alpargatas, Natura e Schincariol, já perceberam que o conflito no trabalho, se bem conduzido, pode aumentar a produtividade e a inovação. Há dois anos, a Samarco, siderúrgica com negócios em Minas Gerais e Espírito Santo, estimula os pares a criticar uns aos outros. O objetivo é aumentar a confiança entre eles e desenvolver a capacidade de negociar – uma das competências exigidas de seus líderes. Para um dos maiores especialistas em negociação do mundo, o professor americano William Ury, o sangue-frio e a clareza de propósitos são a base para uma boa administração do conflito. Na hora em que ele emerge, escreve o autor no livro O Poder do Não Positivo (Editora Campus/Elsevier), o profissional deve controlar as emoções, respirar fundo e manter o foco nos objetivos."

(Gabriel Penna, *in* Você S/A, 122)

4. "Há muito tempo os governos mantêm uma postura institucional perigosamente fragmentada em relação à logística e ao transporte. Sem concepções e políticas de longo prazo, continua-se a insistir na visão isolada dos diversos modais de transporte, dificultando o escoamento dos produtos de exportação e o abastecimento interno. Com isso, o Brasil sofreu um atraso de difícil recuperação na sua inserção no mundo contemporâneo. Mesmo sabendo que o transporte é um elo fundamental das cadeias logísticas, insiste-se no tratamento estanque dos problemas de cada modal, sem a perspectiva mais ampla de coordenar e integrar projetos e ações. Isso sem falar da óbvia e sempre esquecida necessidade de integrar planos e políticas de transporte com aqueles relacionados à matriz energética, ao meio ambiente, ao comércio exterior e ao abastecimento. Mas aí já é pedir muito..."

(Josef Barat, *in* O Estado de São Paulo, 27/8/08)

OBSERVAÇÕES FINAIS

1ª) É raro o texto que se apresenta apenas como descrição, narração ou dissertação. O comum é que a tipologia seja mista, ou seja, haja mistura de características. Procura-se ver qual a predominância, para então classificá-lo. O próprio tema muitas vezes ajuda a fazer a identificação. Por exemplo, se vamos escrever sobre felicidade, é provável que prevaleça no texto a dissertação; sobre uma passeata, com qualquer objetivo, a narração; sobre o jardim de nossa residência, a descrição.

2ª) Os textos em geral podem ser normativos, informativos, didáticos etc.

3ª) São textos basicamente narrativos: o conto, a novela, o romance, a fábula e o apólogo. São basicamente dissertativos o texto jurídico, os editoriais de jornais e revistas, os livros didáticos em geral etc.

4ª) Há textos em que tanto pode predominar a narração quanto a dissertação. Por exemplo as crônicas, as notícias de jornais e os livros de cunho religioso, como a Bíblia, o Alcorão, O Livro dos Espíritos, Os Vedas etc.

5ª) Os elementos descritivos aparecem praticamente em quase todos os textos, principalmente nos narrativos. Ao se contar uma história (narração, portanto), dificilmente se deixa de descrever algo ou alguém que participa da trama.

EXERCÍCIOS

361) O trecho de Alexandre Herculano "Os lábios de el-rei tremeram como a superfície do mar, encrespada pela leve e repentina aragem que precede imediatamente o tufão" é exemplo de:

a) narração b) descrição c) dissertação

362) O trecho de Almeida Garrett "Eram as últimas horas do dia quando chegamos ao princípio da calçada que leva ao alto de Santarém" é exemplo de:

a) narração b) descrição c) dissertação

363) O trecho de Rui Barbosa "Ainda entre as nações independentes, soberanas, o dever dos deveres está em respeitar nas outras os direitos da nossa" é exemplo de:

a) narração b) descrição c) dissertação

364) Assinale o trecho que não exemplifica uma dissertação.

a) "O traço todo da vida é para muitos um desenho da criança esquecido pelo homem, mas ao qual ele terá sempre que se cingir sem o saber..." (Joaquim Nabuco)

b) "Ciência e Virtude são em epílogo a nobreza verdadeira." (Feliciano de Castilho)

c) "Veio a noite do baile, e a baronesa vestiu-se." (Machado de Assis)

365) A presença do discurso (direto, indireto ou indireto livre) é característica de uma:

a) descrição b) narração c) dissertação

366) O texto de natureza argumentativa é uma:

a) dissertação b) descrição c) narração

367) O texto de Aluísio Azevedo "Ao penetrarem no largo, uma menina italiana, de alguns dez anos de idade, toda vestida de luto, morena, o ar suplicantemente risonho e cheio de miséria, abraçou-se às pernas de Amâncio, pedindo-lhe dinheiro – para levar à mãe que estava em casa morrendo de fome" é exemplo de:

a) narração com traços descritivos

b) dissertação com traços descritivos

c) narração com atraços dissertativos

368) É característica da dissertação:

a) o ambiente

b) a preocupação com detalhes físicos

c) a defesa de ideias

369) O trecho "O sertanejo cavalgava livremente pelas montanhas. Preciso dar água ao cavalo. E o calor tornava-se insuportável" exemplifica o discurso:

a) direto b) indireto c) indireto livre

370) A correta passagem de discurso direto para indireto ocorre em:

a) O homem disse: – Preciso fazer alguma coisa.

É preciso fazer alguma, disse o homem.

b) – Espere deste lado, pediu a funcionária.

A funcionária pediu que esperasse daquele lado.

c) Ele garantiu que tudo estava bem.

– Tudo está bem, garantiu ele.

Capítulo 2

COMUNICAÇÃO

TEORIA DA COMUNICAÇÃO

Para que exista comunicação, é necessária a presença de determinados elementos, como veremos a seguir.

1. Emissor, codificador ou falante

Aquele que envia uma mensagem a alguém, ou seja, aquele que se comunica com alguém na condição de agente.

2. Receptor, decodificador ou ouvinte

Aquele que recebe a mensagem enviada pelo codificador. É o paciente da comunicação.

3. Mensagem

O assunto da comunicação, aquilo que o emissor envia ao receptor.

4. Código

Meio utilizado para que a mensagem chegue ao receptor. Pode ser a língua falada, a língua escrita, um som, um desenho, uma cor, um gesto etc.

5. Canal

O meio físico, o suporte, que permite que a mensagem chegue ao receptor. São canais naturais o ar e a luz. Além desses, sempre presentes, existem os canais artificiais, como o papel em que se escreve algo, as mãos que fazem gestos etc.

6. Referente ou contexto

A situação global em que ocorre a comunicação.

EXEMPLÁRIO

1. Assim que chegou, o vendedor disse ao dono da casa que a entrega do produto atrasaria um pouco.
emissor: o vendedor
receptor: o dono da casa
mensagem: atraso da entrega
código: língua falada
canal: ar (natural)

2. Carlos pediu ao irmão, por telefone, que resolvesse o problema.
emissor: Carlos
receptor: irmão
mensagem: resolução do problema
código: a língua falada
canal: o ar (natural); o aparelho do telefone (artificial)

3. Por e-mail, meu chefe me avisou que havia erros na pesquisa.
emissor: meu chefe
receptor: eu
mensagem: ocorrência de erros na pesquisa
código: língua escrita
canal: luz (natural); monitor do micro (artificial)

4. O comentarista do jogo dirigiu-se ao narrador para elogiar-lhe a observação precisa.
emissor: o comentarista
receptor: o narrador
mensagem: elogio sobre a observação feita
código: língua falada
canal: o ar (natural)

5. Ao ouvirem o tiro, os atletas iniciaram a corrida.
emissor: quem deu o tiro
receptor: os atletas
mensagem: início da corrida
código: o som do tiro
canal: o ar (natural); a arma (artificial)

OBSERVAÇÕES

1ª) Chama-se retroalimentação (alguns usam o termo inglês *feedback*) a resposta dada pelo receptor, que então se tranforma no novo emissor. Na realidade, a retroalimentação é a garantia de que houve realmente comunicação, uma vez que alguém pode emitir uma mensagem e ela não ser entendida, decodificada.

2ª) Chama-se ruído ou interferência qualquer coisa que possa atrapalhar a comunicação: um barulho nas proximidades, a distração do receptor, a má dicção do emissor etc.

3ª) O código precisa ser comum a emissor e receptor. Por exemplo, não haverá comunicação se a língua utilizada pelo emissor for desconhecida do receptor.

FUNÇÕES DA LINGUAGEM

Com base nos trabalhos do linguista Roman Jakobson, estudemos a seguir as inúmeras funções que possui a linguagem humana.

1. Referencial

Centrada no referente (contexto), é objetiva, clara, direta. Pode-se dizer que é a linguagem da ciência como um todo. É usada no dia a dia das pessoas, quando a finalidade é apenas mostrar objetivamente os fatos.

Ex.: Plantamos muitas árvores em nosso terreno.

2. Emotiva

Centrada no emissor, expressa as suas emoções, alegrias, tristezas. Mostra o envolvimento afetivo, amoroso, psicológico do emissor, tendo, por isso mesmo, grande carga de subjetivismo. Emprego constante da primeira pessoa gramatical.

Ex.: Observei horrorizado os acontecimentos. Custa-me crer que o ser humano tenha, ainda, esse tipo de atitude.

3. Conativa

Centrada no receptor, procura convencê-lo de algo. É comum o emprego do imperativo; também são frequentes os vocativos, uma vez que o alvo é o receptor, alvo no sentido de valorizá-lo na comunicação. É a linguagem típica da publicidade.

Ex.: Seu carro pode ser uma arma. Use-o com cuidado.

4. Metalinguística

Centrada no código, busca explicar, conceituar as palavras e frases da língua. É a linguagem dos dicionários em geral. Também se faz presente na sala de aula.

Ex.: Chama-se adjetivo o termo que atribui ao substantivo uma qualidade, estado, aspecto ou característica.

5. Poética

Centrada na mensagem, busca trabalhar bem os signos linguísticos, passando-a de maneira mais agradável e bonita. Presença de forte adjetivação e das figuras de linguagem. Pode ocorrer tanto na prosa quanto na poesia.

Ex.: "O favo da jati não era doce como seu sorriso; nem a baunilha rescendia no bosque como seu hálito perfumado." (José de Alencar, *in* Iracema)

6. Fática

Centrada no canal, é a tentativa de estabelecer ou restabelecer a comunicação. Muitas vezes vem representada por frases curtas, na comunicação diária de cada um de nós.

Ex.: Você ainda está aí?

OBSERVAÇÕES

1ª) Nos textos, as funções da linguagem naturalmente se fundem com facilidade. Se for preciso, busca-se depreender qual a predominante.

Ex.: Desça dessa árvore, garoto. Meu Deus, como você me deixa preocupado! (conativa e emotiva)

2ª) As funções referencial, emotiva e conativa correspondem, respectivamente, às três apresentadas pelo linguista Karl Bühler: representativa, expressiva e apelativa.

EXERCÍCIOS

371) Qual o emissor presente na frase "Eu fui informado pelo músico de que a orquestra teria sido premiada"?

a) eu b) a orquestra c) o músico

372) Qual o código presente na frase "Quando o sinal abriu, os carros avançaram tranquilamente"?

a) a luz b) os motoristas c) a cor

373) Qual o canal presente na frase "Explicou-me, em voz alta, que os preços seriam mantidos"?

a) a língua falada b) o ar c)a voz

374) Numa dada comunicação, um acidente de trânsito prejudica a decodificação da mensagem. É certo então dizer que:

a) faltou a figura do emissor.

b) o acidente é um ruído.

c) houve feedback.

375) Para que haja efetivamente uma comunicação, é necessário que:

a) esteja presente o ar, canal natural.

b) não ocorra a retroalimentação.

c) o código seja comum ao emissor e ao receptor.

376) Na frase "Carlos comunicou-se por escrito com a empresa em que trabalha há cinco anos" falta:

a) a mensagem b) o código c) o receptor

377) De acordo com a teoria da comunicação, por que não poderemos nos comunicar, por escrito, se estiver escuro?

a) Porque não haverá mensagem.

b) Porque não haverá o canal natural.

c) Porque não haverá o código.

378) Quando, ao telefone, dizemos "alô", fazemos uso de uma função da linguagem chamada:

a) fática b) emotiva c) referencial

379) Quando damos ordens a alguém, fazemos uso da função:

a) poética b) conativa c) fática

380) Quando definimos uma palavra qualquer, fazemos uso da função:

a) referencial b) metalinguística c) conativa

381) Na frase "Uma violenta tempestade assolou a região norte daquele belo país" temos um exemplo de função:

a) emotiva c) poética c) metalinguística

382) Assinale o exemplo de função poética.

a) Os olhos dessa mulher são duas safiras orientais.

b) Há pássaros pousados na antena.

c) A abóbora é um legume; a alface, uma verdura.

383) Assinale o exemplo de função conativa.

a) Estou muito feliz.

b) Como vai, tudo bem?

c) Leia este livro.

384) A função da linguagem centrada no codificador chama-se:

a) referencial b) emotiva c) fática

385) Assinale a afirmativa errada com relação às funções da linguagem:

a) Estão baseadas nos elementos da comunicação.

b) Cada frase apresenta sempre apenas uma função.

c) São seis, segundo o linguista Roman Jakobson.

Capítulo 3

PARA ESCREVER BEM

Todos, na medida do possível, precisam falar e escrever corretamente. Em especial, aqueles profissionais que utilizam o idioma como principal ferramenta de trabalho. Entre eles, sem dúvida, desponta o advogado.

É inconcebível que o advogado se expresse mal, seja oralmente, seja por escrito. Quem não conhece bem a língua portuguesa interpreta mal, o que leva a situações desastrosas no ambiente de trabalho. No meio jurídico, interpretações infelizes podem ocasionar grandes injustiças, o que, evidentemente, tem de ser evitado.

O que dizer de um médico que não consiga ler adequadamente uma radiografia? Pode matar ou aleijar o paciente, não é mesmo? O advogado também é responsável pelas pessoas que o procuram, podendo, igualmente, prejudicá-las de forma irreversível, caso tropece nas palavras.

Não é necessário ser escritor, que é um artista da palavra, mas sim utilizar com segurança e correção a língua materna, o nosso querido idioma português.

I) ATRIBUTOS DE UMA BOA REDAÇÃO

1. Correção gramatical

Utilize os conhecimentos adquiridos na Unidade I. Reveja, constantemente, os fatos gramaticais. Eles fazem parte integrante de sua redação. Assim, não escreva frases como as que seguem.

a) Houveram novas discussões.

Erro de concordância verbal. Corrija-se: Houve novas discussões.

b) Já era meio-dia e meio.

Erro de concordância nominal. Corrija-se: Já era meio-dia e meia.

c) Assistimos um belo espetáculo.
Erro de regência. Corrija-se: Assistimos a um belo espetáculo.

d) Ficaram frente à frente.
Erro de crase. Corrija-se: Ficaram frente a frente.

e) Quero falar com voce.
Erro de acentuação gráfica. Corrija-se: Quero falar com você.

f) Não há excessão a essa regra.
Erro de ortografia. Corrija-se: Não há exceção a essa regra.

g) Me disseram a verdade.
Erro de colocação pronominal. Corrija-se: Disseram-me a verdade.

h) A receita federal achou um erro.
Erro de emprego de maiúsculas. Corrija-se: A Receita Federal achou um erro.

i) Ganhou uma quantia vultuosa.
Erro de semântica. Corrija-se: Ganhou uma quantia vultosa.

j) Aquele documento, infelizmente é falso.
Erro de pontuação. Corrija-se: Aquele documento, infelizmente, é falso.

2. Simplicidade e clareza

Na ânsia de escrever bem, há pessoas que utilizam um vocabulário diferente, pouco usado, o que deixa o texto confuso, obscuro, de difícil penetração. Seja simples, use vocabulário acessível, de comunicação geral. Quem lê alguma coisa, acredite, quer entender logo. Você precisa ter um ótimo vocabulário, sem dúvida. Seja, no entanto, sensato, ou poderá tornar-se desagradável, senão ridículo.

Ex.: Os homúnculos obnóxios estavam azamboados.

É claro que ninguém entendeu nada, mas é uma frase da língua portuguesa, gramaticalmente perfeita. Só que ela não prova que você escreve bem, pelo contrário. Não seria mais adequado, agradável, lógico, equilibrado, decente dizer que os homenzinhos servis estavam atordoados?

3. Objetividade

Ser objetivo é dizer de maneira direta alguma coisa. Deve-se evitar a "voltinha" desnecessária, que pode distrair, perturbar a compreensão do texto.

Ex.: Paulo, que joga bem, devendo ser considerado um ótimo jogador, será contratado logo.

Veja que a oração "devendo ser considerado um ótimo jogador" representa um desvio desnecessário, uma informação já contida em "que joga bem". Assim, com mais elegância e objetividade, pode-se dizer "Paulo, que joga bem, será contratado logo", "Paulo será contratado logo, porque joga bem", "Por jogar bem, Paulo será contratado logo" etc.

4. Concisão

Ser conciso é dizer muito com poucas palavras, é ser exato, preciso. É, pode-se dizer, a reunião da clareza e da objetividade. Atente para o seguinte: sem concisão não há boa redação. O contrário chama-se prolixidade, um defeito terrível que precisa ser eliminado.

Ex.: Para trazer informações importantes aos leitores do jornal, que leem sempre as suas crônicas, o jornalista utilizava todos os recursos possíveis que no mercado há.

Esse período pode ser classificado como prolixo, pelas inversões, pelas informações inúteis como a da oração iniciada pelo pronome **que** e pelo excesso de palavras para dizer pouca coisa. Veja abaixo sua reescritura, de maneira concisa.

O jornalista utilizava todos os recursos do mercado para trazer informações importantes aos seus leitores.

5. Coesão e coerência

Entende-se por coesão, em gramática, a perfeita ligação entre os elementos constituintes de um texto. Coerência é o sentido lógico. Assim, podemos dizer:

coesão → ligação, união

coerência → sentido lógico

Ex.: Os atletas tiveram uma intensa preparação, portanto estavam prontos para a competição.

A frase é bem constituída, coesa e coerente. A oração iniciada por **portanto** é conclusiva, ou seja, expressa uma conclusão com base no que se diz na oração inicial: se os atletas tiveram uma intensa preparação, pode-se concluir que estavam prontos.

Observe agora a frase, com duas alterações.

Os atletas tiveram uma intensa preparação, portanto não estavam prontos para a competição.
Os atletas tiveram uma intensa preparação, porém estavam prontos para a competição.

A ambas falta coesão e, consequentemente, coerência. Na primeira, a palavra **não** impede que entendamos a oração como conclusiva, ficando a conjunção **portanto** completamente esvaziada, não mais podendo ligar, com perfeição, as duas orações. Na segunda, a conjunção **porém**, que é adversativa, não se presta a fazer a ligação entre orações que têm entre si um valor semântico de conclusão.

É necessário cuidado especial com os conectivos (preposições, conjunções etc.). O mau uso desses elementos é extremamente danoso ao texto. Na dúvida, tente outra construção; não vale a pena correr riscos, se a língua portuguesa é tão rica e oferece tantas opções.

A seguir, outros exemplos de incoerência e falta de coesão.

a) Porquanto fizesse muito calor, usou o agasalho.

A palavra **porquanto** é sinônima de **porque**; tem valor de causa ou explicação. Houve, na frase, confusão com **conquanto**, que equivale a **embora** e deve ser empregada para dar coesão ao texto. Escreva-se, então, "Conquanto fizesse muito calor, usou o agasalho".

b) Não obstante a perda do emprego, ficou triste.

A expressão **não obstante** é equivalente de **apesar de**; introduz adjunto adverbial de concessão. Dessa forma, as duas partes do texto precisam expressar oposição, o que não se verifica aqui. Corrija-se para "Não obstante a perda do emprego, não ficou triste".

c) Fez impostação de voz, pois conseguiu fazer o discurso.

A segunda oração é conclusiva. A palavra **pois** só tem esse valor quando após o verbo. Ou se faz o deslocamento da palavra, ou se emprega **portanto** em seu lugar. Corrija-se, então, para "Fez impostação de voz; conseguiu, pois, fazer o discurso" ou "Fez impostação de voz, portanto conseguiu fazer o discurso".

d) Visto que choveu, não havia poças no chão.

Visto que é conjunção causal. Não há, no texto, relacionamento de causa e consequência, a menos que se retire a palavra **não**. Assim, deve-se fazer a correção para "Visto que choveu, havia poças no chão", ou seja, "Havia poças no chão porque (visto que, já que, uma vez que) choveu".

OBSERVAÇÕES

1ª) A falta de coesão textual não ocorre apenas com os elementos conectores. O simples emprego anafórico de um termo pode apresentar erro de coesão.

Ex.: O homem, que tinha deixado o filho em casa, aguardava há muitas horas na recepção. A gerência, gentilmente, ofereceu-lhes um pequeno lanche, pois o atendimento ainda iria demorar.

Observe que o pai não estava mais com o filho. Não tem cabimento o emprego de **lhes**, no plural. Para que se retome o termo anterior (homem), é necessário o singular: ofereceu-lhe.

2ª) A falta de coerência não existe somente em função da ausência de coesão. Em um bom texto, precisamos verificar se o que se afirma realmente é lógico. Uma revisão cuidadosa, que não pode faltar, vai detectar o problema.

Ex.: Minha sogra reside em Astana, mas não no Cazaquistão.

Pode-se morar no Cazaquistão, e não em Astana, que é sua capital; mas, se a pessoa reside em Astana, com certeza mora no Cazaquistão. Esse tipo de incoerência pode ser trazido pelo desconhecimento do assunto. Não corra nenhum risco. Faça uma pesquisa, ou mude a redação, evitando as afirmações duvidosas, às vezes ridículas, que vão estragar seu texto.

6. Unifomidade de tratamento

Quando dirigimos a palavra a alguém, podemos tratá-lo por **tu** ou **você**. O pronome pessoal **tu** leva o verbo à segunda pessoa do singular; o pronome **você**, de tratamento, embora também se refira à pessoa com quem se fala, leva o verbo à terceira pessoa do singular.

Ex.: Espero que tu contribuas com alguma coisa.
Espero que você contribua com alguma coisa.

OBSERVAÇÕES

1ª) Os demais verbos utilizados devem seguir o tratamento inicial. Ou seja, se começamos a tratar a pessoa por **tu**, prosseguiremos com o tratamento da segunda pessoa; se começamos com **você**, iremos até o fim com a terceira.

Ex. Se queres ser feliz, faze todo o bem que puderes.
Se quer ser feliz, faça todo o bem que puder.

2ª) Os pronomes pessoais oblíquos e os pronomes possessivos devem, igualmente, acompanhar o tratamento escolhido: tu ou você.

Ex.: Pediste comida, e ele te trouxe um sanduíche.
Você pediu comida, e ele lhe trouxe um sanduíche.
Escuta a tua mãe: ela sabe o que é melhor para ti.
Escute a sua mãe: ela sabe o que é melhor para você.

3ª) O pronome **vós** indica as pessoas a quem você se dirige (em situações especiais, a uma só pessoa). É muito pouco usado hoje em dia, sendo perfeitamente substituído por **vocês** ou, até, por **senhores** ou **senhoras**, se houver necessidade. Evite seu emprego na redação.

Ex.: Vós deveis aguardar lá fora.
Vocês devem aguardar lá fora. (preferível)
Os senhores devem aguardar lá fora. (preferível)

4ª) Ainda com relação à segunda pessoa do plural, observa-se hoje em dia o vício de se empregar **vosso, vossa, vossos, vossas**, na ânsia de passar uma certa importância ao interlocutor. Isso é uma bobagem que induz a erros crassos que tanto empobrecem a redação.

Ex.: Diga à vossa família que já temos o resultado.

Se é **diga**, o tratamento é de terceira pessoa do singular; não procede o emprego de **vossa**. Se você acha bonitinho esse pronome, use-o. Mas não sacrifique o coitado do verbo, que deve ser **dizei**: Dizei à vossa família que já temos o resultado.

7. Parágrafos

Chama-se parágrafo o grupo de frases que apresenta sentido completo. Na escrita, deve ser marcado por um afastamento da margem esquerda. Evite-se o modismo de não abrir parágrafos, ou seja, iniciá-los sem o devido espaçamento.

Não há um rigor absoluto na constituição dos parágrafos. Pede-se, isso sim, bom senso em sua divisão. Há, no entanto, indícios muito claros de que se trata de diferentes parágrafos. Fique atento a isso, que pode ser verificado na revisão do texto.

Ex.: O Brasil é riquíssimo em pedras preciosas, que tanto podem ser rochas como minerais, mas sempre de rara beleza e brilho.

Entre as mais conhecidas, desponta a ametista, espécie violeta de quartzo transparente, que se apresenta sob a forma de cristais sobre uma base, o que se conhece como drusa.

Observe que de início se faz uma apresentação geral, mesmo que sucinta, das pedras preciosas do Brasil. Ao se particularizar, ou seja, ao se falar algo sobre uma pedra em especial, surge a necessidade de se abrir um novo parágrafo.

II) VÍCIOS A SEREM EVITADOS

1. Repetição desnecessária de palavras

O uso repetido de uma determinada palavra denota a pobreza do vocabulário de quem escreve, bem como deixa o texto desagradável e feio. Busque alternativas, como o emprego de sinônimos ou a reescritura da frase.

Ex.: A família é o centro da sociedade. É a família que proporciona ao ser humano a paz necessária para seguir adiante, com equilíbrio e forças renovadas. Sem a família – a família é uma instituição difícil de definir – tudo fica um pouco mais confuso e triste.

Quatro vezes a palavra **família**. O texto é denso, bruto, enjoativo. Podemos usá-la apenas uma vez, talvez duas, se preferirmos. Veja como ficaria.

A família é o centro da sociedade. É ela que proporciona ao ser humano a paz necessária para seguir adiante, com equilíbrio e forças renovadas. Sem a família, instituição difícil de se definir, tudo fica um pouco mais confuso e triste.

Você não está impedido de repetir palavras; apenas, tome cuidado com o exagero, que pode enfear o texto. Há mesmo situações em que se torna elegante a repetição: são as figuras de linguagem como anáfora, epístrofe e símploce. No entanto, se o texto não é literário, convém evitar a utilização de tais recursos.

2. Gírias

Gírias são palavras de uso popular, sem apoio na camada culta da língua, que não podem figurar em textos sérios. É sempre possível apelar para a palavra comum. Quem usa uma gíria sabe o seu significado; portanto, no texto escrito, empregue um sinônimo ou simplesmente escreva de outra maneira o trecho, de tal forma que ela desapareça.

Ex.: O jovem disse, com alegria: – Fui.

Que tal trocar, no texto, o popular **fui** por um termo da língua-padrão? Corrija-se, então: O jovem disse, com alegria: – Estou saindo.

3. Palavras e expressões grosseiras ou de baixo calão

Qualquer tipo de grosseria linguística deve ser evitado. Seu emprego chega a ser mais comprometedor do que o da gíria.

Ex.: Onofre é um babaca.

Diga, com mais elegância, que Onofre é bobo, ingênuo ou algo que o valha. Não chame a atenção para o seu texto com esse tipo de apelação; você, com certeza, vai sair perdendo.

4. Rimas

Se você não está escrevendo um poema, não use rimas. Uma ou outra palavra de idêntica terminação é praticamente impossível evitar. Não deixe, contudo, que essas palavras se avolumem no texto, que ficará desagradável.

Ex.: Tudo se achava na mente experiente do gerente.
Fica melhor: Tudo se achava na cabeça do gerente, que tem muita experiência.
Meu amigão tocou o balão com a mão.
Soa mais agradável: Meu grande amigo tocou o balão com os dedos.
Muito cedo, ele perdeu o medo de qualquer segredo.
É preferível: Muito cedo, ele perdeu o receio de qualquer mistério.

5. Termos estrangeiros desnecessários

A nossa língua é o português. Rico e bonito, ele dispensa a ajuda de estrangeirismos evitáveis. Em seus textos, dispense os anglicismos, os galicismos, os italianismos etc. Ainda é possível salvar este idioma com que Camões escreveu Os Lusíadas, uma das obras-primas da humanidade.

Ex.: Pediu um *time* para pensar.
Sonhava com um *look* melhor.
Pedantismo! Vontade de aparecer! Mau gosto! Por que não pedir um tempo para pensar? Que mal há em se sonhar com um visual melhor?

Há, naturalmente, palavras e expressões que não podemos evitar, inclusive por não terem tradução para o português. É o caso de *check-in*, termo inglês usado, mundialmente, nos aeroportos.

No caso de ser necessário o emprego do estrangeirismo, como o que acabamos de citar, ele precisa estar entre aspas ou em itálico.

Lembro-me do anúncio de um evento veiculado no Diário Oficial do Município do Rio de Janeiro. Num determinado trecho, lia-se "break coffee", em vez do correspondente "pausa para o café". O mais triste de tudo é que o município do Rio permitiu, em seu jornal oficial, essa atrocidade, esse ataque à língua portuguesa.

6. Neologismos

Assim são chamadas as criações de palavras em uma dada língua, antes de sua oficialização. Não é conveniente apelar para os neologismos em textos não literários.

Ex.: Resolveu recronometrar os jogos.

A palavra **cronometrar** significa "marcar o tempo de uma atividade por meio de um cronômetro". Cronometrar de novo seria **recronometrar**, termo que, embora bem formado, não existe na língua. Diga-se, pois, com mais propriedade, "Resolveu cronometrar de novo as atividades".

7. Períodos longos

Um grande risco de qualquer redação é o emprego de períodos muito grandes. Além de dificultar a apreensão do sentido por parte do leitor, a frase de grande extensão pode ficar mal estruturada.

Ex.: Algum dos indivíduos que se apresentaram pela manhã e que, desrespeitando as normas do concurso e afrontando os dirigentes do conglomerado de empresas, ainda quando se expressando com palavras delicadas, próprias de verdadeiros cidadãos, ocuparam o pátio, apresentou argumentos convincentes?

Embora a frase esteja correta, é praticamente ininteligível, por causa de seu tamanho. A grande extensão geralmente é obtida com o acréscimo de orações, tanto desenvolvidas, como reduzidas. É o tipo de período que não tem nenhum valor, sujeito somente a atrair a indignação do infeliz que o lê.

Maior gravidade existe quando o período longo deixa de apresentar o núcleo, o verbo da oração principal. É o que podemos chamar de período quebrado.

Ex.: Gabriela, que se formou no ano passado e foi para a Europa, buscando maior aprimoramento, tentando aproveitar-se de sociedades mais bem preparadas e prosseguindo seus estudos com afinco e boa vontade.

Está faltando o verbo que constituiria com a palavra Gabriela a oração principal do período. Enfim, um desastre completo.

8. Chavões

Chama-se chavão ou lugar-comum a palavra ou expressão de uso generalizado, entediante, obsessivo a que a sociedade frequentemente se entrega.

É importante estar atento aos chavões, típicos de cada época. Evite expressões batidas do tipo "rei dos animais", "precioso líquido", "primórdios da humanidade" etc.

✓ Obs.: Embora não sejam propriamente chavões, há palavras e expressões que ganham a preferência popular de tempos em tempos. Hoje, por exemplo, todos usam o verbo **focar**. Virou mania nacional. Todo mundo está sempre focado em alguma coisa. Fuja, na medida do possível, desse tipo de palavra.

9. Na minha opinião

Eis aqui algo execrado por qualquer professor de português. O empobrecimento do texto é flagrante quando o autor insiste em dizer que o que ele está escrevendo é opinião sua. Isso, naturalmente, é óbvio, tão óbvio que enerva até os menos sensíveis. Não faça esse mal ao seu texto. Também não use os parentes próximos "no meu ponto de vista", "no meu modo de ver", "pela minha ótica" etc.

10. Redundâncias

São palavras ou expressões de valor supérfluo que reforçam, desnecessariamente, algo citado. A redundância é um pleonasmo vicioso, que precisa ser evitado.

Ex.: Este é o elo de ligação entre eles. (todo elo é de ligação)
Projetou-se para a frente. (Projetar é sempre para frente)
Regredimos para trás. (Regredir só pode ser para trás)
Não dependia do erário público. (erário é dinheiro público)
Recebi o documento real expedido pelo rei. (real já quer dizer "do rei")
Comeu carne suína de porco. (suíno já quer dizer "de porco")

11. Ambiguidades

Ambiguidade ou anfibologia é o duplo sentido que ocorre por causa da má construção da frase. Jamais permita que o texto apresente mais de um sentido, mais de uma interpretação.

Ex.: A mullher chegou à rua com cheiro desagradável.

É a mulher ou a rua que tem cheiro desagradável? Impossível saber, não é mesmo? Então, vamos reescrever abaixo a frase, apresentando os dois sentidos.

A mulher, com cheiro desagradável, chegou à rua.

A mulher chegou à rua que tinha cheiro desagradável.

12. Cacofonias

Palavras que surgem pela junção de duas outras. Quando são ridículas ou obscenas, podem ser chamadas de cacófatos.

Ex.: Meu trabalho não passa disso. (passadiço)
Ela tinha uma carta. (latinha)
No pasto não fica gado algum. (cagado)

Com facilidade podemos desfazer as cacofonias. Assim, pela ordem, poderíamos dizer:

Meu trabalho não vai além disso.
Ela possuía uma carta.
Nenhum gado fica no pasto.

EXERCÍCIOS

386) Corrija as frases seguintes.

a) Come-se legumes frescos.
b) A familia vive do artezanato.
c) Haviam menas dúvidas.
d) Dirija-se a secretaria do club, por favor.
e) Carlos aspirava uma carreira de sucesso.
f) Tinha encontrado-se a solução do problema.
g) Não me disseram, que ele estava doente.
h) Tudo aquilo passou desapercebido.
i) Este livro pertence a biblioteca nacional.
j) Fazem dois anos que meu amigo viajou.
k) É proibido a permanência de estranhos no local.
l) À partir de agora, todos devem obedecer o regulamento.
m) Ninguém mandou-me o convite, como haviamos combinado.
n) Verifique porque ele não está relacionado.
o) Ele acaba de infligir a lei; será, portanto punido.

387) Rescreva, de modo conciso, as frases abaixo.

a) Colocou na geladeira, ainda pela manhã, todos os enlatados que se encontravam acondicionados no armário; pôs também os talheres que a empregada acabara de lavar na nova máquina de lavar louça.
b) Meu filho e minha filha, que se mostravam bastante contentes com os resultados do concurso público de que participaram, há pouco verificados na Internet, comunicaram-se imediatamente com os avós para dar-lhes em primeira mão a grande e excelente notícia que tanto os alegrava.

388) Estabeleça a coesão e a coerência das frases abaixo.

a) Apesar de estar nervoso, saiu-se muito mal na prova.
b) Transcreveu cuidadosamente o texto; por conseguinte, cometeu muitos erros.
c) Já tenho preocupações em excesso. Dessa forma, traga-me as suas.
d) Visto que você não pode ajudar-me, não falarei com outro diretor.

389) Estabeleça a uniformidade de tratamento das frases a seguir.

a) Procure alguém que possa ajudar-te.

b) Tua tia chegou cedo. Você já falou com ela?

c) Não peças a mim esse sacrifício. Antes, faça o melhor que puderes.

d) Apresente ao vosso chefe este memorando.

390) Elimine as palavras repetidas desnecessariamente.

a) A roupa estava suja. Por isso, deixei a roupa na lavanderia.

b) Discutiu com o colega, mas não quis ofender o colega.

c) Veja a comida que você me trouxe. Não gostei dessa comida, que é uma comida sem cheiro e sabor.

d) Quando lhe contaram a história, ficou triste. Aliás, esse tipo de história não pode ser contado a qualquer um.

e) Então ele se levantou. Então ele foi embora.

f) Ele disse que houve pessoas que se revoltaram e que gritaram palavras de ordem contra algumas pessoas que estavam na assembleia.

391) Elimine as rimas de cada frase abaixo.

a) O barracão de João fica ao lado de um valão.

b) A garotada não fez nada, só estava agitada.

c) Realmente, o cliente é paciente.

d) Antes do almoço, o moço caiu no poço.

392) Substitua os chavões pelos termos correspondentes.

a) A Veneza brasileira recebe muitos turistas.

b) O melhor amigo do homem precisa de muito carinho e atenção.

c) Fiz alusão ao poeta dos escravos.

d) Todos aplaudiram a águia de Haia.

e) Estivemos na cidade luz.

f) O astro do dia é uma estrela de quinta grandeza.

393) Identifique e elimine as redundâncias.

a) Ocorreu de repente uma hemorragia de sangue.

b) Pisou com os pés a grama do jardim.

c) Capriche no acabamento final.

d) Encarei de frente o adversário.

e) Exportávamos para fora mercadorias muito valiosas.

f) Minha irmã exultava de alegria.

g) Injetou dentro da veia metade do remédio prescrito.

h) Propusemos uma moção.

394) Identifique e elimine as ambiguidades, criando uma frase para cada sentido possível.

a) A invasão do país revoltou o mundo.

b) Maurício e Januário se elogiaram durante a entrevista.

c) A funcionária disse ao patrão que seu relatório continha erros.

d) O pai levou a filha para o alto da colina, onde poderia estudar melhor a natureza.

e) Perdi o manual da máquina a que me referi ontem.

f) Eu vi a apresentação da sala quinze.

g) Fiz um relatório precipitado.

395) Identifique e elimine as cacofonias.

a) Comeram nossa jaca e a nossa pinha.

b) O cozinheiro assa pato aos domingos.

c) Esse pano não seca pote.

d) Olga tinha bons livros.

e) Ganhava dez reais por cão vacinado.

f) Traga linha suficiente, por favor.

g) O homem está manco.

h) Desata tu os laços.

i) Ele dança fado.

j) Encontrei a toca dela.

k) Ele tem fé de menos.

l) Dissemos tudo ao moço.

m) Aqui ninguém toca samba.

n) Já tapei tudo.

o) Há muito tempo não recebo sal.

p) Estou já nela.

q) Com essa tinta, ele fica louro.

r) Essa cana é doce.

s) O micro está lento.

t) Estamos sempre com pressa.

u) Comprei tudo, até linha.

v) Tinha pouca fé.

III) PRONOMES RELATIVOS

O emprego do pronome relativo é fundamental para a boa estruturação da frase. Sobre os mais usados, podemos dizer o seguinte:

1. O pronome **que** pode ser usado para pessoas ou coisas, precedido ou não de preposição.

Ex.: Trouxe o caderno que você exigiu.
O funcionário que faltou é responsável.
O assunto de que gosto é política.

2. O pronome **o qual** é sinônimo de **que**, podendo igualmente ter antecedente de coisa ou pessoa. No entanto, evite usá-lo sem preposição, a menos que haja vírgula antes, ou seja, nas orações adjetiva explicativas.

Ex.: O assunto ao qual me refiro é delicado.
(O assunto a que me refiro é delicado.)
Paulo, o qual está doente, telefonou ontem.
(Paulo, que está doente, telefonou ontem.)

3. O pronome **quem** equivale a **que** e **o qual**, porém só pode ser usado com antecedente de pessoa; é sempre antecedido de preposição.

Ex.: Este é o jovem de quem lhe falei.
(Este é o jovem de que lhe falei.)
(Este é o jovem do qual lhe falei.)

4. O pronome **cujo** equivale a um possessivo; não admite artigo, antes ou depois.

Ex.: Conheci um homem cujas atitudes são sábias. (suas atitudes)
Paulo, com cujo apoio cheguei à presidência, é um bom amigo. (com seu apoio)

5. O pronome **onde** equivale a **em que** ou **no qual**, sendo um adjunto adverbial de lugar.

Ex.: A estante onde deixei a caneta fica na sala.
(A estante em que deixei a caneta fica na sala.)
(A estante na qual deixei a caneta fica na sala.)

EXERCÍCIOS

396) Substitua o termo repetido pelo pronome relativo **que**. Se for necessário, use antes dele a preposição adequada. Importante: a oração iniciada pelo **que** deve aparecer logo após o termo cuja repetição se quer evitar.

Veja os modelos abaixo.

1. O advogado tinha razão. O advogado acompanhou o caso.
   O advogado que acompanhou o caso tinha razão.
2. Tomei o remédio. Ele receitou o remédio.
   Tomei o remédio que ele receitou.
3. O major repreendeu o sargento. Eu me referi ao major.
   O major a que eu me referi repreendeu o sargento.

a) O terreno tem uma bela fonte. Ele comprou o terreno.

b) A cadeira está quebrada. O estudante não se adaptou à cadeira.

c) A doença foi vencida. Meu professor combateu corajosamente a doença.

d) Mexi na porta. Ele acaba de pintar a porta.

e) O boné era novo. Ele se apoderou do boné.

f) O secador estava no banheiro. A menina se utilizou do secador.

g) Encontrei o repórter. O jornal admitiu o repórter ontem.

h) A história é verdadeira. O detetive crê na história.

i) Comprei um paletó. Todos gostaram do paletó.

j) O amigo estuda Direito. O médico atribuiu ao amigo a solução do problema.

k) Convocaram o guarda. O guarda pratica judô.

l) Onofre encontrou uma alternativa. Onofre é experiente.

m) O jornaleiro trabalha naquela banca. Eu me associei ao jornaleiro.

n) A fruta estava madura. O cozinheiro se fartou da fruta.

o) Consertamos a furadeira. O pedreiro quebrara a furadeira.

397) Substitua o termo repetido pelos pronomes **quem** e **o qual** (e flexões).

Veja os modelos a seguir.

1. A veterinária foi indicada por um amigo. Enviei o gatinho à veterinária.
   A veterinária a quem enviei o gatinho foi indicada por um amigo.
   A veterinária à qual enviei o gatinho foi indicada por um amigo.
2. Não conheço o deputado. Eles se queixaram do deputado.
   Não conheço o deputado de quem eles se queixaram.
   Não conheço o deputado do qual eles se queixaram.

a) O engenheiro mora na Bahia. Pedimos ajuda ao engenheiro.

b) O carteiro é mal-educado. Meu vizinho se aborreceu com o carteiro.

c) Aquele é o inquilino. O corretor pegou os documentos com o inquilino.

d) Meu avô tem muita idade. Sempre me preocupo com meu avô.

e) O técnico descobriu o problema. Minha tia confia no técnico.

f) Foi cassado o prefeito. Os servidores conspiraram contra o prefeito.

g) Encontrei-me com sua amiga. Aconselhei serenidade à sua amiga.

h) Heitor desculpou-se com o pescador. Ele havia causado transtornos ao pescador.

i) O enfermeiro trabalha na clínica. Acenei ao enfermeiro.

j) A jornalista apresentou uma bela matéria. Agradeci à jornalista.

k) Não contrate esse jardineiro. Muita gente reclama desse jardineiro.

l) Chegou agora o candidato. Jamais daria meu voto ao candidato.

m) O garçom trabalha neste restaurante. Ninguém nega gorjeta ao garçom.

n) Minha mãe tem resposta para tudo. Sempre fui obediente à minha mãe.

o) O pesquisador estava certo. Helena zombou do pesquisador.

398) Substitua o termo repetido pelo pronome **cujo** (e flexões).

Veja os modelos abaixo.

1. Meu irmão lê muito. Sempre acatei as palavras de meu irmão.
   Meu irmão, cujas palavras sempre acatei, lê muito.
2. Aquele é o piloto. Devemos nossas vidas à destreza do piloto.
   Aquele é o piloto a cuja destreza devemos nossas vidas.

a) O fiscal agiu com correção. Jamais duvidei da dignidade do fiscal.
b) Apresentei-lhe o juiz. O bom senso do juiz agrada a todos.
c) O escritor será entrevistado. A obra do escritor é mundialmente conhecida.
d) Sou grato ao agrônomo. Os conhecimentos do agrônomo salvaram minha plantação.
e) A faculdade tem bons professores. Fiz minhas pesquisas no laboratório da faculdade.
f) Só agora conheci o museu. O acervo do museu está sendo analisado.
g) A poltrona foi retirada. Eu sempre me apoiava nos braços da poltrona.
h) A girafa não emite sons. O pescoço da girafa é uma grande atração.
i) A mulher está bem. A roupa da mulher pegou fogo.
j) O filme fez sucesso. Não pude assistir ao final do filme.
k) A criança sorria. A mãe acariciava as mãos da criança.
l) Fecharam a estrada. Os buracos da estrada quebraram muitos carros.
m) O presidente foi muito aplaudido. Sem a intervenção do presidente nada seria possível.
n) O ministro encontra-se na Europa. Defendemos as ideias do ministro.
o) O Brasil caminha com segurança. Nós nos esforçamos pelo progresso do Brasil.

399) Substitua o termo repetido pelo pronome relativo adequado.

a) O quarto é bem arejado. Ele dormiu no quarto.
b) O item é muito importante. O supervisor acrescentou o item.
c) Caiu o poste. O carro colidiu com o poste.
d) O ajudante estuda à noite. Deleguei poderes ao ajudante.
e) Está lá em casa o procurador. Discordo das decisões do procurador.
f) Meu jardim é bem cuidado. Nascem belas flores em meu jardim.
g) Tomei o café. Você esquentou o café.
h) Ficou feliz o colega. Emprestei dinheiro ao colega.
i) César tem muitos empregados. Trabalhei na loja de César.
j) A praça é bem arborizada. A farmácia fica na praça.
k) Tenho uma fazenda. Os animais poderão viver na fazenda.
l) Tem um belo sorriso a aeromoça. Solicitei o café à aeromoça.
m) O freguês ficou satisfeito. Tive boa vontade com o freguês.
n) Trata bem aquela criança. A felicidade daquela criança depende de ti.
o) Conheci um cientista. A determinação do cientista é impressionante.
p) A tese despertou a curiosidade de todos. Apresentei a tese.
q) A cidade está progredindo muito. O dentista se estabeleceu na cidade.
r) O alfaiate hoje é meu amigo. Perdoei as falhas do alfaiate.
s) Encantou-me a montanha. Acampamos na montanha.
t) A campanha ajudou muita gente. Participei da campanha.

IV) MELHORANDO O VOCABULÁRIO

Abarcar, v. – abranger.
Abastança, s. f. – fartura.
Abespinhar, v. – irritar.
Abissal, adj. – do abismo.
Abjeto, adj. – desprezível, vil, ignóbil.
Ablegar, v. – mandar para longe, exilar.
Ablução, s. f. – lavagem.
Aboletar-se, v. – alojar-se.
Abominar, v. – detestar.
Aborígine, adj. – originário do país onde vive; nativo, autóctone.
Ab-rogar, v. – revogar.
Ab-rupto, adj. – íngreme.
Absinto, s. m. – tipo de bebida alcoólica.
Absorto, adj. – concentrado em seus pensamentos.
Abstêmio, adj. – que se abstém de bebidas alcoólicas.
Abstruso, adj. – confuso, obscuro.
Acepipe, s. m. – petisco, aperitivo; comida bem feita, gostosa.
Acicate, s. m. – estímulo.
Acicular, adj. – que tem forma de agulha.
Açodado, adj. – apressado.
Acoimar, v. – castigar.
Acondicionado, adj. – guardado.
Acoroçoar, v. – animar.
Acrimônia, s. f. – aspereza.
Acuidade, s. f. – agudeza de percepção, perspicácia.
Adejar, v. – esvoaçar, agitar as asas; voar.
Adimplemento, s. m. – ato de preencher, de completar, de cumprir.
Adiposo, adj. – muito gordo.
Aditar, v. – acrescentar.
Adjutório, s. m. – ajuda.
Adrede, adv. – intencionalmente.
Adro, s. m. – terreno em frente ou em torno de uma igreja.
Adunco, adj. – curvo, recurvado.
Adusto, adj. – queimado.
Aforismo, s. m. – sentença moral breve.
Álacre, adj. – alegre, jovial.
Aleatório, adj. – casual, fortuito.
Aleivosia, s. f. – deslealdade.

Alfanje, s. m. – sabre de folha curta e larga.
Alfarrábio, s. m. – livro antigo ou velho e de pouco valor, ou valioso por sua antiguidade.
Alfombra, s. f. – chão arrelvado.
Algaravia, s. f. – confusão de vozes, falatório.
Álgido, adj. – muito frio, glacial.
Algoz, s. m. – carrasco.
Aliciar, v. – atrair.
Aljôfar, s. m. – orvalho da manhã.
Alocução, s. f. – discurso breve.
Alpendre, s. m. – telheiro.
Alvadio, adj. – esbranquiçado.
Alvedrio, s. m. – livre vontade, arbítrio.
Alvitre, s. m. – sugestão.
Amplexo, s. m. – abraço.
Anacoreta, s. m. – que vive afastado das relações sociais.
Anacrônico, adj. – em desacordo com a moda.
Anagrama, s. m. – mudança de posição das letras para formar outra palavra.
Anátema, s. m. – maldição, reprovação, execração; excomunhão.
Anelo, s. m. – desejo intenso.
Angra, s. f. – pequena baía, enseada.
Anódino, adj. – que tira as dores.
Anuir, v. – consentir, assentir.
Apanágio, s. m. – atributo, propriedade característica.
Aparvalhado, adj. – abobalhado.
Apoquentar, v. – aborrecer.
Aranzel, s. m. – discurso confuso, tedioso.
Arauto, s. m. – aquele que proclama, pregoeiro; fig.: mensageiro.
Arcabuz, s. m. – antiga arma de fogo.
Arcano, s. m. – segredo, mistério.
Armistício, s. m. – suspensão de uma luta, conflito ou guerra; trégua.
Arquétipo, s. m. – modelo.
Arrebol, s. m. – vermelhidão da aurora ou do pôr do sol.
Arrefecer, v. – desanimar, esfriar.
Arremedo, s. m. – imitação.
Arroio, s. m. – pequena corrente de água; regato.
Arroubo, s. m. – enlevo, êxtase.
Arrostar, v. – encarar.

Asceta, s. 2g. – indivíduo que se dedica a exercícios espirituais de autodisciplina.
Assacar, v. – atribuir caluniosamente.
Asseção, s. f. – afirmação.
Assomar, v. – surgir.
Atavismo, s. m. – ressurgimento, em uma pessoa, de caracteres de um ascendente remoto; hereditariedade de características psicológicas, intelectuais ou comportamentais.
Atinente, adj. – relativo.
Aviltar, v. – desonrar.
Avoengo, s. m. – antepassado.
Axial, adj. – relativo a eixo.
Axioma, s. m. – máxima, provérbio, sentença.
Azáfama, s. f. – muita pressa, atrapalhação.
Azêmola, s. f. – besta de carga.
Aziago, adj. – que traz má sorte; azarento, nefasto.
Bafio, s. m. – cheiro característico da umidade; mofo.
Balbúrdia, s. f. – confusão.
Balda, s. f. – mania, defeito habitual.
Baldado, adj. – fracassado, malogrado.
Balela, s. f. – notícia sem fundamento.
Bambinela, s. f. – tipo de cortina.
Barbárie, s. f. – selvageria.
Bardo, s. m. – poeta.
Basilar, adj. – fundamental.
Bátega, s. f. – tipo de bacia antiga; pancada de chuva.
Batel, s. m. – pequeno barco.
Bazófia, s. f. – vaidade.
Belonave, s. f. – navio de guerra.
Beneplácito, s. m. – aprovação.
Bífido, adj. – aberto ao meio.
Bimbalhar, v. – soar, repicar (o sino).
Bisonho, adj. – inexperiente.
Bodum, s. m. – catinga.
Bonança, s. f. – sossego.
Borbotão, s. m. – jorro, golfada, borbulhão.
Boreal, adj. – que se situa ao norte, setentrional.
Bornal, s. m. – tipo de saco.
Borrasca, s. f. – tempestade.
Borrifar, v. – espalhar (o líquido); molhar com pequenas gotas, salpicar.

Bosquejo, s. m. – rascunho.
Brunir, v. – polir.
Bruxulear, v. – brilhar fracamente.
Bucólico, adj. – pastoril, campestre.
Burlesco, adj. – grotesco, ridículo.
Bulcão, s. m. – espesso nevoeiro que aparece antes de uma tempestade.
Cabal, adj. – completo.
Calamitoso, adj. – catastrófico.
Calcinar, v. – reduzir a cinzas.
Calhau, s. m. – fragmento de rocha, pedra solta, seixo.
Califa, s. m. – soberano muçulmano.
Candente, adj. – que está em brasa.
Candidez, s. f. – pureza.
Canhestro, adj. – desajeitado.
Capcioso, adj. – que tende a enganar.
Capitoso, adj. – que embriaga.
Caroável, adj. – carinhoso.
Carquilha, s. f. – ruga, dobra.
Casamata, s. f. – abrigo subterrâneo.
Caserna, s. f. – quartel.
Catilinária, s. f. – acusação violenta.
Cáustico, adj. – satírico, irônico.
Caviloso, adj. – fraudulento.
Celerado, adj. – criminoso, facínora.
Célere, adj. – veloz.
Celeuma, s. f. – barulho, algazarra.
Cendrado, adj. – da cor da cinza.
Cenóbio, s. m. – mosteiro, convento.
Cercear, v. – cortar, destruir.
Cerne, s. m. – âmago, bojo.
Charneca, s. f. – terreno árido em que crescem apenas plantas rasteiras.
Chistoso, adj. – engraçado, que faz chistes (pilhérias).
Cindir, v. – separar.
Circunlóquio, s. m. – rodeio de palavras, perífrase.
Circunspecto, adj. – sério, sisudo.
Cizânia, s. f. – discórdia, desarmonia.
Coadunar-se, v. – harmonizar-se.
Coagir, v. – forçar.
Cocção, s. f. – cozimento.

Côdea, s. f. – casca.
Coetâneo, adj. – contemporâneo, coevo.
Cogitabundo, adj. – pensativo.
Cognição, s. f. – conhecimento.
Colendo, adj. – respeitável.
Coligir, v. – reunir em coleção, ajuntar; deduzir, inferir.
Colimar, v. – objetivar.
Cominar, v. – impor.
Cômoro, s. m. – pequena elevação de terreno.
Compleição, s. f. – constituição física de uma pessoa.
Comutar, v. – atenuar.
Conciso, adj. – exposto com poucas palavras; preciso, exato.
Concupiscência, s. f. – grande desejo de gozos e bens materiais; apetite sexual.
Concussão, s. f. – abalo, choque violento.
Confluir, v. – dirigir-se simultaneamente para o mesmo ponto.
Confranger, v. – atormentar, angustiar, oprimir.
Consentâneo, adj. – adequado, apropriado.
Conspícuo, adj. – notável, distinto, ilustre.
Conspurcar, v. – sujar, corromper, macular.
Consuetudinário, adj. – costumeiro.
Conúbio, s. m. – casamento.
Copioso, adj. – abundante.
Corroborar, v. – confirmar, comprovar; fortalecer.
Crasso, adj. – grosseiro.
Crebro, adj. – frequente, repetido.
Crepúsculo, s. m. – luminosiodade do céu ao amanhecer (crescente) e ao anoitecer (decrescente); fig.: decadência, declínio.
Crestomatia, s. f. – antologia, florilégio, seleta.
Cripta, s. f. – gruta.
Cupidez, s. f. – cobiça.
Daltônico, adj. – que não consegue diferençar as cores.
Dândi, adj. – que se veste com apuro.
Dantesco, adj. – horroroso.
Deambular, v. – passear.
Debalde, adv. – em vão, inutilmente, embalde.
Decesso, s. m. – morte.
Decoro, s. m. – decência.
Dédalo, s. m. – labirinto.
Defectível, adj. – incompleto.

Deferência, s. f. – consideração.
Deglutir, v. – engolir.
Deletério, adj. – nocivo, danoso, que destrói.
Delir, v. – apagar, destruir, desfazer.
Demandar, v. – procurar.
Denodo, s. m. – bravura, intrepidez, coragem.
Depauperado, adj. – enfraquecido.
Deprecar, v. – pedir com insistência, suplicar.
Depreender, v. – deduzir, inferir.
Derrogar, v. – abolir, anular.
Desafeto, s. m. – rival.
Descoroçoar, v. – desanimar.
Desforço, s. m. – vingança, desforra.
Desiderato, s. m. – aspiração, desejo.
Desídia, s. f. – preguiça, ociosidade.
Despautério, s. m. – grande disparate.
Despiciendo, adj. – desprezível.
Destra, s. f. – mão direita.
Desvelo, s. m. – carinho.
Detrair, v. – difamar.
Detrimento, s. m. – perda, prejuízo, dano.
Diáfano, adj. – transparente, translúcido.
Diatribe, s. f. – crítica feroz.
Digressão, s. f. – desvio de assunto.
Diletante, adj. – amador.
Dileto, adj. – muito querido.
Dimanar, v. – originar-se.
Dirimir, v. – resolver, decidir.
Discrepância, s. f. – divergência.
Dissensão, s. f. – divergência de opiniões.
Dissoluto, adj. – libertino, depravado.
Diuturno, adj. – de longa duração.
Doesto, s. m. – insulto, afronta; injúria.
Dúctil, adj. – flexível, maleável.
Eclosão, s. f. – surgimento.
Edênica, adj. – paradisíaca.
Edil, s. m. – vereador.
Edulcorar, v. – adoçar.
Efebo, s. m. – rapaz.

Efêmero, adj. – passageiro, transitório.
Efígie, s. f. – imagem.
Efusivo, adj. – expansivo, comunicativo.
Égide, s. f. – proteção.
Egrégio, adj. – ilustre.
Egresso, adj. – que saiu.
Eivado, adj. – contaminado.
Elfo, s. m. – gênio aéreo da mitologia escandinava.
Eloquente, adj. – falador.
Elucidar, v. – esclarecer.
Empáfia, s. f. – orgulho.
Empecer, v. – prejudicar, dificultar.
Empedernido, adj. – duro, insensível.
Empírico, adj. – sem base científica.
Êmulo, s. m. – competidor, rival.
Encetar, v. – começar.
Encilhar, v. – pôr arreio em.
Encômio, s. m. – elogio.
Engalanar, v. – enfeitar.
Enlevo, s. m. – encanto, êxtase.
Ensejo, s. m. – oportunidade.
Ensimesmado, adj. – concentrado; introvertido, retraído.
Entronizar, v. – sublimar.
Enxerga, s. f. – cama pobre.
Enxovia, s. f. – cárcere escuro, úmido e frio.
Epítome, s. m. – síntese, sinopse.
Ermida, s. f. – capela ou igrejinha fora do povoado.
Esbaforido, adj. – cansado, ofegante.
Escafeder-se, v. – fugir apressadamente; esgueirar-se, safar-se.
Escolho, s. m. – dificuldade.
Esconso, adj. – inclinado.
Escopo, s. m. – objetivo, mira, alvo.
Escorreito, adj. – sem defeito; correto, apurado.
Escuso, adj. – suspeito.
Esgar, s. m. – careta.
Esmaecido, adj. – desbotado.
Esmoler, adj. – que dá esmolas, caridoso.
Esmorecer, v. – desanimar.
Espaldar, s. m. – costas da cadeira.

Esparso, adj. – espalhado.
Espasmo, s. m. – convulsão.
Espúrio, adj. – falsificado, adulterado.
Esquálido, adj. – descorado, pálido.
Esteio, s. m. – escora; fig.: proteção, amparo, apoio, arrimo.
Estertorar, v. – agonizar.
Estesia, s. f. – sensibilidade.
Estigma, s. m. – marca, sinal, cicatriz.
Estipêndio, s. m. – salário, paga.
Estólido, adj. – tolo, estúpido, estulto.
Estrênuo, adj. – corajoso; esforçado.
Estropício, s. m. – prejuízo.
Evanescente, adj. – que se esvai, que se dissipa.
Exangue, adj. – sem sangue; sem forças, exausto.
Exarar, v. – gravar, registrar.
Execrar, v. – detestar.
Exequível, adj. – realizável, possível.
Exíguo, adj. – de pequenas proporções; escasso, minguado.
Exprobrar, v. – censurar, repreender.
Expungir, v. – apagar, delir; eliminar.
Factício, adj. – artificial, não natural.
Factível, adj. – que pode ser feito.
Facúndia, s. f. – eloquência.
Fado, s. m. – canção popular portuguesa; destino.
Fagueiro, adj. – contente.
Falaz, adj. – enganador, ilusório.
Famélico, adj. – faminto, famulento.
Famigerado, adj. – famoso.
Fâmulo, s. m. – criado.
Farnel, s. m. – merenda.
Fastígio, s. m. – cume, apogeu, posição de destaque.
Féretro, s. m. – caixão.
Fescenino, adj. – obsceno, licencioso.
Felonia, s. m. – traição, perfídia, deslealdade.
Fenecer, v. – findar, acabar, morrer.
Figadal, adj. – hepático; fig.: íntimo, intenso, profundo.
Filantropia, s. f. – amor à humnidade; generosidade; caridade.
Flébil, adj. – choroso, lacrimoso, plangente.
Fomentar, v. – incitar.

Fragor, s. m. – ruído forte.
Fragrante, adj. – perfumado.
Frêmito, s. m. – sussurro.
Frincha, s. f. – fenda, abertura, fissura.
Fugaz, adj. – que foge rápido.
Fulcro, s. m. – base, apoio.
Galardão, s. m. – prêmio.
Garatuja, s. f. – rabisco; desenho malfeito, tosco; careta.
Garbo, s. m. – elegância.
Gárrulo, adj. – falador.
Gáudio, s. m. – alegria.
Gládio, s. m. – espada.
Glauco, adj. – verde-mar, vede-claro.
Gleba, s. f. – terreno próprio para a cultura.
Granjear, v. – conquistar.
Grassar, v. – espalhar-se.
Grileiro, s. m. – pessoa que se apodera ou tenta apoderar-se de terras alheias, por meio de documentos falsos.
Halitose, s. f. – mau hálito.
Harpia, s. f. – monstro com rosto de mulher e corpo de abutre.
Hecatombe, s. f. – sacrifício de numerosas vítimas; fig.: carnificina, mortandade.
Hedonismo, s. m. – doutrina filosófica que elege o prazer como bem supremo.
Herdade, s. f. – grande propriedade rural.
Hermético, adj. – fechado, de difícil compreensão.
Himeneu, s. m. – casamento; festa de núpcias.
Hipocorístico, s. m. – apelido familiar.
Hirto, adj. – parado, imóvel, retesado; crespo; fig.: áspero, intratável, ríspido.
Histrião, s. m. – bobo.
Hodierno, adj. – dos dias atuais, moderno.
Idiossincrasia, s. f. – maneira de reagir, própria de cada pessoa.
Igarité, s. f. – tipo de embarcação.
Ignaro, adj. – ignorante.
Ignavo, adj. – preguiçoso.
Ignóbil, adj. – desprezível, abjeto, vil.
Ilação, s. f. – conclusão.
Ilidir, v. – rebater, refutar.
Imarcessível, adj. – que não murcha.

Imberbe, adj. – sem barba.
Imbróglio, s. m. – trapalhada, confusão.
Imiscuir-se, v. – intrometer-se.
Imo, s. m. – íntimo.
Imolar, v. – sacrificar.
Impávido, adj. – corajoso, destemido, intrépido, denodado.
Ímpio, adj. – sem fé.
Inane, adj. – fútil, vão.
Inaudito, adj. – que nunca se ouviu dizer, extraordinário, sem exemplo.
Ínclito, adj. – ilustre.
Incoercível, adj. – que não se pode coagir, irreprimível.
Incólume, adj. – ileso, são e salvo, livre de perigo.
Inconcusso, adj. – incontestável.
Incongruente, adj. – incompatível.
Inconsútil, adj. – sem costura.
Incúria, s. f. – negligência.
Indefesso, adj. – incansável.
Indelével, adj. – que não se apaga.
Indolente, adj. – insensível.
Inexorável, adj. – inabalável.
Infausto, adj. – infeliz.
Infenso, adj. – hostil, contrário.
Infrene, adj. – sem freio, desenfreado, descomedido.
Ingente, adj. – enorme.
Ingerência, s. f. – intervenção.
Injunção, s. f. – imposição, pressão das circunstâncias.
Inócuo, adj. – inofensivo.
Inopinado, adj. – não esperado, imprevisto, intempestivo, inoportuno, fora de hora.
Insólito, adj. – inabitual, fora do comum.
Insular, v. – isolar; adj. – referente a ilha.
Intercurso, s. m. – comunicação, relacionamento, trato.
Intermitente, adj. – não contínuo.
Interregno, s. m. – intervalo.
Introito, s. m. – início, começo, entrada.
Invectiva, s. f. – insulto, doesto, injúria.
Jacá, s. m. – cesto em lombo de animais.
Jactância, s. f. – vaidade, ostentação; orgulho, arrogância.
Jaez, s. m. – índole, qualidade.

Joeirar, v. – escolher, separando o bom do mau.
Jucundo, adj. – alegre.
Judicioso, adj. – sensato, prudente.
Jugo, s. m. – domínio.
Jungir, v. – juntar.
Jururu, adj. – tristonho.
Lábaro, s. m. – bandeira, pendão, estandarte.
Lapidar, v. – apedrejar.
Lápide, s. f. – pedra com qualquer inscrição comemorativa; laje tumular.
Lasso, adj. – cansado, fatigado, defesso.
Látego, s. m. – açoite, chicote, azorrague.
Latíbulo, s. m. – esconderijo, lugar oculto.
Lato, adj. – largo, amplo.
Lauto, adj. – farto, abundante, opíparo.
Lenitivo, s. m. – alívio.
Lépido, adj. – ligeiro, lesto.
Letal, adj. – fatal.
Lhano, adj. – franco, sincero, simples.
Lídimo, adj. – legítimo, autêntico.
Limiar, s. m. – início.
Lívido, adj. – muito pálido.
Lobrigar, v. – perceber, ver ao longe, entrever.
Longânime, adj. – generoso.
Loução, adj. – gentil, gracioso, elegante.
Ludíbrio, s. m. – zombaria, escárnio.
Lúdico, adj. – que se refere a divertimentos.
Lupanar, s. m. – casa de prostituição, bordel, prostíbulo.
Lutulento, adj. – lamacento, lodoso.
Macabro, adj. – relativo à morte ou aos mortos; afeiçoado a coisas tristes; fúnebre, tétrico.
Macróbio, adj. – de idade muito avançada, longevo.
Malbaratar, v. – desperdiçar, gastar mal, dissipar.
Malogro, s. m. – frustração, revés, fracasso.
Malsão, adj. – doentio, insalubre.
Maná, s. m. – alimento delicioso.
Mausoléu, s. m. – sepulcro suntuoso.
Mavioso, adj. – afável, afetuoso; brando, suave, doce.
Máxime, adv. – principalmente.
Mefítico, adj. – pestilento.

Mendaz, adj. – mentiroso.
Menear, v. – mover de um lado para o outro.
Menoscabar, v. – depreciar.
Mentecapto, adj. – tolo, idiota, néscio.
Meridional, adj. – localizado no Sul, austral.
Micante, adj. – brilhante.
Minaz, adj. – ameaçador.
Minudência, s. f. – pormenor.
Miríade, s. f. – dez mil; fig.: quantidade muito grande e indeterminada.
Misantropia, s. f. – aversão à sociedade.
Missiva, s. f. – carta, epístola.
Mitigar, v. – abrandar, aliviar.
Mixórdia, s. f. – mistura confusa de coisas variadas; bagunça, barafunda.
Moção, s. f. – proposta.
Momentoso, adj. – importante, grave.
Mórbido, adj. – doentio.
Morigerado, adj. – que tem bons costumes, que tem vida exemplar.
Motejo, s. m. – zombaria, troça.
Mouco, adj. – surdo.
Multifário, adj. – de muitos aspectos, variado.
Nacarado, adj. – rosado.
Necrópole, s. f. – cemitério.
Nédio, adj. – brilhante, luzidio, nítido.
Nenúfar, s. m. – tipo de planta; ninféia, lótus.
Neófito, adj. – principiante.
Néscio, adj. – ignorante, inepto.
Nevasca, s. f. – tempestade de neve.
Niilismo, s. m. – descrença absoluta.
Nímio, adj. – excessivo, exagerado.
Notório, adj. – público, conhecido de todos.
Núbil, adj. – que está em idade de casar-se, casadouro.
Obelisco, s. m. – monumento em forma de agulha.
Óbice, s. m. – obstáculo.
Objurgar, v. – repreender severamente.
Oblação, s. f. – oferta.
Obliterar, v. – fazer desaparecer aos poucos; apagar, extinguir.
Oblongo, adj. – alongado, oval.
Obnubilar, v. – obscurecer.
Obsoleto, adj. – arcaico, antiquado.

Obstinado, adj. – inflexível, teimoso, renitente, pertinaz.
Obtemperar, v. – responder com humildade.
Obtuso, adj. – estúpido.
Obumbrar, v. – cobrir de sombras, tornar escuro; ocultar, disfarçar, velar.
Ojeriza, s. f. – aversão.
Olente, adj. – que tem aroma, cheiroso, odorante.
Olvidar, v. – esquecer.
Ominoso, adj. – agourento, funesto; detestável, execrável.
Opaco, adj. – que não deixa atravessar a luz.
Opimo, adj. – excelente, fértil.
Opróbrio, s. m. – injúria, afronta infamante, ignomínia.
Oráculo, s. m. – palavra inspirada, infalível.
Orbe, s. m. – mundo, globo.
Ósculo, s. m. – beijo.
Ouropel, s. m. – lâmina fina de latão que imita o ouro; fig.: falso brilho, aparência, enganosa.
Outeiro, s. m. – colina.
Outorgar, v. – conceder, atribuir; aprovar.
Pacóvio, s. m. e adj. – imbecil, parvo, idiota, pascácio, lorpa.
Palmilhar, v. – pôr palmilhas em; percorrer a pé; calcar com os pés.
Panaceia, s. f. – remédio para todos os males.
Panegírico, s. m. – discurso em louvor de alguém; discurso; elogio solene.
Paradigma, s. m. – modelo, padrão.
Páramo, s. m. – planície deserta; firmamento.
Parco, adj. – poupador, sóbrio, frugal; escasso, minguado.
Pardieiro, s. m. – casa em ruínas; edifício velho.
Pária, s. m. – homem excluído.
Paul, s. m. – pântano, brejo, palude.
Pejo, s. m. – vergonha.
Pélago, s. m. – profundidade do mar, pego; alto-mar.
Penúria, s. f. – miséria extrema, indigência.
Percuciente, adj. – que percute; agudo, penetrante.
Peremptório, adj. – decisivo, categórico.
Perfídia, s. f. – traição.
Perfunctório, adj. – superficial.
Periclitar, v. – estar em perigo.
Perlongar, v. – ir ao longo de, costear.
Permear, v. – atravessar.
Pernóstico, adj. – presunçoso, convencido.

Peroração, s. f. – epílogo.

Perpetrar, v. – cometer.

Perquirir, v. – investigar escrupulosamente, esquadrinhar, perscrutar, pesquisar.

Pertinente, adj. – concernente, apropriado; que tem relevância, importante.

Picaresco, adj. – ridículo, cômico.

Pífio, adj. – grosseiro, reles, ordinário.

Pirexia, s. f. – febre.

Piscoso, adj. – em que há muito peixe.

Plácido, adj. – sereno, sossegado.

Plangente, adj. – que chora, triste.

Poltrão, adj. – covarde.

Portento, s. m. – acontecimento extraordinário, maravilha, prodígio.

Posfácio, s. m. – explicação ou advertência colocada no final de um livro.

Preamar, s. f. – maré-cheia.

Precípuo, adj. – essencial.

Precito, s. m. – condenado, réprobo, maldito.

Préstito, s. m. – agrupamento de pessoas em marcha, cortejo.

Prevaricar, v. – faltar ao dever.

Primado, s. m. – superioridade.

Prima-dona, s. f. – principal cantora de uma ópera.

Primevo, adj. – antigo.

Probo, adj. – honrado.

Procrastinar, v. – adiar, postergar, delongar, protelar.

Pródigo, adj. – esbanjador.

Prosápia, s. f. – linhagem.

Pueril, adj. – infantil.

Pujança, s. f. – grandeza.

Pusilânime, adj. – fraco de ânimo, covarde, medroso.

Quedo, adj. – calmo, quieto.

Quermesse, s. f. – feira beneficente.

Quiçá, adv. – talvez.

Quimera, s. f. – sonho, fantasia, devaneio, utopia.

Quintessência, s. f. – o que há de melhor, de mais puro.

Quixote, s. m. – indivíduo sonhador, ingênuo.

Rajado, adj. – listrado; com manchas escuras (o animal).

Ramerrão, s. m. – uso constante, rotina.

Rebarbativo, adj. – enfadonho, maçante.

Reboar, v. – ecoar fortemente, retumbar.

Recamo, s. m. – ornato ou bordado feito em relevo sobre tecido; fig.: adorno, enfeite.

Recidivo, adj. – que torna a aparecer, reincidente.

Recôndito, adj. – oculto, escondido.

Recrudescer, v. – tornar-se mais intenso, aumentar; agravar-se.

Redil, s. m. – curral para gado, principalmente ovino ou caprino; aprisco.

Refrega, s. f. – combate.

Regalo, s. m. – alegria.

Relevante, adj. – importante.

Remanescente, adj. – o que sobra, o que resta, o que sobrevive.

Remanso, s. m. – sossego.

Renhido, adj. – disputado com ardor; fig.: sangrento, cruento.

Respaldar, v. – apoiar.

Resquício, s. m. – vestígio, resíduo.

Ressabiado, adj. – desconfiado.

Ressarcir, v. – indenizar, compensar, reparar.

Retemperar, v. – fortalecer.

Retorquir, v. – replicar, objetar.

Revérbero, s. m. – reflexo luminoso ou calórico; intensa luminosidade.

Ribeirinho, adj. – que vive junto a rios.

Risível, adj. – que provoca risos.

Romaico, s. m. – a língua moderna da Grécia, grego atual.

Rotundo, adj. – redondo; fig.: gordo, obeso.

Roufenho, adj. – fanhoso, rouquenho.

Rupestre, adj. – gravado na rocha.

Rutilar, v. – brilhar muito, resplandecer.

Sabujo, s. m. – grande cão de caça.

Sáfaro, adj. – improdutivo, estéril.

Sagacidade, s. f. – astúcia.

Saltimbanco, s. m. – espécie de artista popular.

Salubre, adj. – saudável.

Samburá, s. m. – cesto de pescador.

Sancionar, v. – aprovar.

Sandice, s. f. – insensatez, tolice.

Sanha, s. f. – fúria.

Sápido, adj. – com sabor.

Sazonar, v. – amadurecer.

Seixo, s. m. – pedrinha.

Senectude, s. f. – velhice extrema, senilidade, decrepitude.

Sequaz, s. 2g. e adj. – seguidor; parceiro de criminoso, capanga.
Serôdio, adj. – tardio.
Sibilino, adj. – enigmático.
Sicário, adj. – sedento de sangue, cruel; s. m. – assassino pago; malfeitor, facínora.
Sinistra, s. f. – mão esquerda.
Sinuosa, adj. – ondulada, tortuosa.
Soberba, s. f. – orgulho.
Sobrestar, v. – parar, deter-se.
Soçobrar, v. – naufragar.
Soez, adj. – barato, vulgar, desprezível, reles.
Sofrear, v. – reprimir, conter.
Solapar, v. – destruir.
Solerte, adj. – astuto, manhoso, velhaco.
Solilóquio, s. m. – monólogo.
Sorumbático, adj. – triste, sombrio, macambúzio.
Sublevação, s. f. – revolta, rebelião, levante.
Sucinto, adj. – breve, resumido, conciso.
Suserano, s. m. – senhor feudal.
Tácito, adj. – implícito, subentendido.
Taciturno, adj. – de poucas palavras, calado; fig.: triste, melancólico, sombrio.
Tapera, s. f. – casa em ruínas.
Tartamudo, s. m. e adj. – que tem imperfeições na voz; gago.
Tartufo, s. m. – indivíduo hipócrita.
Taumaturgo, s. m. – aquele que faz milagres; fig.: que adivinha, visionário
Telúrico, adj. – da terra.
Temperança, s. f. – moderação.
Tentame, s. m. – tentativa, ensaio.
Tépido, adj. – morno.
Tergiversar, v. – usar de evasivas, despistar.
Terso, adj. – limpo.
Tertúlia, s. f. – reunião de família ou de amigos; assembleia literária.
Testilha, s. f. – discussão, briga, disputa.
Tétrico, adj. – muito triste; medonho, fúnebre.
Tórrido, adj. – muito quente, abrasador.
Transato, adj. – que passou, passado.
Transcender, v. – ir além dos limites de, ultrapassar.
Tredo, adj. – falso, traiçoeiro.
Trêfego, adj. – irrequieto.

Tresandar, v. – cheirar mal.
Túmido, adj. – aumentado de volume, inchado, grosso, túrgido.
Úbere, adj. – fecundo, feraz.
Ubíquo, adj. – que está em toda parte.
Ulterior, adj. – que vem depois.
Ultimar, v. – completar.
Umbroso, adj. – que tem ou produz sombra; escuro, sombrio.
Urdir, v. – tramar.
Usurário, adj. – agiota, onzenário; avaro, mesquinho.
Vagido, s. m. – choro de criança recém-nascida.
Valetudinário, adj. – doentio, enfermiço.
Valhacouto, s. m. – proteção; abrigo, asilo.
Vate, s. m. – poeta.
Vaticínio, s. m. – predição, presságio, agouro, augúrio.
Veiga, s. f. – várzea, planície cultivada e fértil.
Veleidade, s. f. – capricho, volubilidade.
Vênia, s. f. – permissão, licença; absolvição de culpa, perdão.
Verdoengo, adj. – esverdeado.
Vergastar, v. – açoitar.
Vergel, s. m. – jardim, pomar.
Verossímil, adj. – que parece verdadeiro.
Vesânia, adj. – loucura.
Vetusto, adj. – muito velho.
Vicinal, adj. – próximo, contíguo, vizinho.
Vilipêndio, s. m. – desprezo, menoscabo.
Vindima, s. f. – colheita de uvas.
Vindita, s. f. – vingança, castigo.
Vitupério, s. m. – insulto.
Vórtice, s. m. – turbilhão, redemoinho; furacão.
Zanzar, v. – andar à toa.
Zéfiro, s. m. – vento fresco e suave, aragem.
Zênite, s. m. – ponto da esfera celeste situado na vertical do observador, acima da sua cabeça; fig.: clímax, apogeu, culminância.
Zigoma, s. m. – osso do rosto.
Zimbório, s. m. – parte mais alta e exterior da cúpula de um edifício.
Zoilismo, s. m. – crítica injusta, parcial.
Zurrapa, s. m. – vinho ruim ou estragado.

Gabarito

1 C	31 A	61 B	91 A	121 B	151 C
2 B	32 C	62 A	92 C	122 B	152 B
3 B	33 C	63 C	93 C	123 C	153 A
4 C	34 B	64 C	94 A	124 A	154 A
5 A	35 C	65 C	95 B	125 A	155 C
6 B	36 C	66 A	96 C	126 C	156 A
7 A	37 A	67 B	97 B	127 A	157 B
8 B	38 C	68 A	98 B	128 C	158 C
9 C	39 B	69 C	99 A	129 B	159 C
10 C	40 C	70 B	100 C	130 B	160 A
11 A	41 B	71 C	101 C	131 A	161 B
12 B	42 A	72 B	102 C	132 C	162 B
13 A	43 B	73 B	103 B	133 C	163 C
14 C	44 B	74 C	104 A	134 A	164 C
15 C	45 C	75 A	105 B	135 A	165 A
16 C	46 A	76 B	106 B	136 B	166 C
17 B	47 C	77 B	107 B	137 C	167 A
18 C	48 C	78 A	108 C	138 A	168 B
19 A	49 C	79 A	109 C	139 B	169 A
20 B	50 B	80 C	110 A	140 C	170 B
21 B	51 C	81 A	111 C	141 C	171 C
22 C	52 C	82 C	112 A	142 B	172 C
23 A	53 B	83 B	113 C	143 B	173 A
24 A	54 A	84 B	114 B	144 C	174 C
25 C	55 A	85 A	115 A	145 A	175 A
26 B	56 C	86 C	116 A	146 C	176 C
27 C	57 A	87 C	117 C	147 C	177 B
28 C	58 B	88 A	118 C	148 A	178 B
29 B	59 B	89 B	119 C	149 B	179 C
30 A	60 A	90 B	120 A	150 B	180 A

181 A
182 C
183 C
184 B
185 B
186 C
187 A
188 C
189 A
190 B
191 C
192 C
193 A
194 B
195 B
196 C
197 C
198 A
199 B
200 C
201 B
202 A
203 A
204 C
205 B
206 A
207 C
208 C
209 A
210 B
211 B
212 C
213 C
214 A
215 C

216 B
217 B
218 C
219 A
220 C
221 C
222 B
223 A
224 A
225 C
226 B
227 B
228 A
229 C
230 A
231 C
232 C
233 B
234 B
235 A
236 B
237 C
238 B
239 A
240 C
241 C
242 C
243 B
244 B
245 A
246 B
247 A
248 C
249 C
250 A

251 B
252 C
253 C
254 B
255 B
256 C
257 C
258 A
259 B
260 C
261 B
262 B
263 C
264 A
265 C
266 C
267 B
268 B
269 A
270 C
271 A
272 C
273 C
274 C
275 B
276 A
277 B
278 B
279 B
280 A
281 C
282 A
283 B
284 B
285 C

286 C
287 C
288 B
289 B
290 A
291 C
292 B
293 C
294 C
295 B
296 A
297 A
298 B
299 B
300 C
301 B
302 C
303 C
304 A
305 B
306 C
307 B
308 B
309 C
310 A
311 B
312 C
313 C
314 A
315 B
316 A
317 C
318 C
319 B
320 A

321 C
322 C
323 C
324 A
325 B
326 B
327 A
328 C
329 C
330 B
331 A
332 A
333 C
334 B
335 B
336 B
337 B
338 C
339 A
340 C
341 A
342 B
343 C
344 C
345 B
346 A
347 A
348 B
349 C
350 C
351 A
352 C
353 B
354 B
355 C

356 B
357 A
358 C
359 C
360 B
361 B
362 A
363 C
364 C
365 B
366 A
367 A
368 C
369 C
370 B
371C
372C
373 B
374 B
375 C
376 A
377 B
378 A
379 B
380 B
381 C
382 A
383 C
384 B
385 B

386)

a) Comem-se legumes frescos.
b) A família vive do artesanato.
c) Havia menos dúvidas.
d) Dirija-se à secretaria do clube, por favor.
e) Carlos aspirava a uma carreira de sucesso.
f) Tinha-se encontrado a solução do problema.
g) Não me disseram que ele estava doente.
h) Tudo aquilo passou despercebido.
i) Este livro pertence à Biblioteca Nacional.
j) Faz dois anos que meu amigo viajou.
k) É proibida a permanência de estranhos no local.
É proibido permanência de estranhos no local.
l) A partir de agora, todos devem obedecer ao regulamento.
m) Ninguém me mandou o convite, como havíamos combinado.
n) Verifique por que ele não está relacionado.
o) Ele acaba de infringir a lei; será, portanto, punido.

387)

a) Pela manhã, colocou na geladeira os enlatados do armário e os talheres que a empregada tinha lavado.
b) Meus filhos, contentes com o resultado do concurso, visto na Internet, ligaram para os avós e lhes deram a grande notícia.

388)

a) Apesar de estar nervoso, saiu-se muito bem na prova.
Por estar nervoso, saiu-se muito mal na prova.
b) Transcreveu cuidadosamente o texto; por conseguinte, não cometeu muitos erros.
Transcreveu cuidadosamente o texto; apesar disso, cometeu muitos erros.
c) Já tenho preocupações em excesso; assim sendo, não me traga as suas.
Já tenho preocupações em excesso; apesar disso, traga-me as suas.
d) Visto que você não pode ajudar-me, falarei com outro diretor.
Visto que você pode ajudar-me, não falarei com outro diretor.

389)

a) Procure alguém que possa ajudá-lo.
Procura alguém que possa ajudar-te.
b) Tua tia chegou cedo. Tu já falaste com ela?
Sua tia chegou cedo. Você já falou com ela?
c) Não peças a mim esse sacrifício. Antes, faze (ou faz) o melhor que puderes.
Não peça a mim esse sacrifício. Antes, faça o melhor que puder.
d) Apresente ao seu chefe este memorando.
Apresentai ao vosso chefe este memorando.

390)

a) A roupa estava suja. Por isso, deixei-a na lavanderia.

b) Discutiu com o colega, mas não quis ofendê-lo.

c) Veja a comida que você me trouxe. Não gostei dela, que é sem cheiro e sabor.

d) Quando lhe contaram a história, ficou triste. Aliás, ela é do tipo que não pode ser contado a qualquer um.

e) Então ele se levantou e foi embora.

f) Ele disse que alguns se revoltaram e gritaram palavras de ordem contra pessoas presentes na assembleia.

391)

a) O barraco de João fica ao lado de uma vala.

b) Os garotos não fizeram nada. Só estavam agitados.

c) Com certeza, o cliente tem paciência.

d) Antes de almoçar, o rapaz caiu no poço.

392)

a) Recife recebe muitos turistas.

b) O cão precisa de muito carinho e atenção.

c) Fiz alusão a Castro Alves.

d) Todos aplaudiram Rui Barbosa.

e) Estivemos em Paris.

f) O Sol é uma estrela de quinta grandeza.

393)

a) Ocorreu de repente uma hemorragia.

b) Pisou a grama do jardim.

c) Capriche no acabamento.

d) Encarei o adversário.

e) Exportávamos mercadorias muito valiosas.

f) Minha irmã exultava.

g) Injetou na veia metade do remédio prescrito.

h) Apresentamos uma moção.

394)

a) A invasão que o país realizou revoltou o mundo.
A invasão que o país sofreu revoltou o mundo.

b) Maurício e Januário se elogiaram mutuamente durante a entrevista.
Maurício se elogiou, da mesma forma que Januário, durante a entrevista.

c) A funcionária disse ao patrão que o relatório dele continha erros.
A funcionária disse ao patrão que o relatório dela continha erros.

d) O pai levou a filha para o alto da colina, onde ele poderia estudar melhor a natureza.

O pai levou a filha para o alto da colina, onde ela poderia estudar melhor a natureza.

e) Perdi o manual da máquina ao qual me referi ontem.

Perdi o manual da máquina à qual me referi ontem.

f) Eu vi a apresentação feita pela sala quinze.

Eu vi, da sala quinze, a apresentação.

g) Precipitado, fiz um relatório.

Fiz um precipitado relatório.

395)

a) Comeram a jaca e a pinha que eram nossas.
b) O cozinheiro faz pato assado aos domingos.
c) Pote esse pano não seca.
d) Olga possuía bons livros.
e) Ganhava dez reais por vacina de um cão.
f) Traga, por favor, linha suficiente.
g) O homem está mancando.
h) Desata os laços.
i) Fado ele costuma dançar.
j) Encontrei a sua toca.
k) O que ele tem de menos é fé.
l) Dissemos tudo ao rapaz.
m) Aqui samba ninguém toca.
n) Já cobri tudo.
o) Não recebo, há muito tempo, sal
p) Já estou nela.
q) Ele fica, com essa tinta, louro.
r) A cana é doce.
s) O micro está vagaroso.
t) Estamos sempre apressados.
u) Comprei tudo, inclusive linha.
v) Não tinha muita fé.

396)

a) O terreno que ele comprou tem uma bela fonte.
b) A cadeira a que o estudante não se adaptou está quebrada.
c) A doença que meu professor combateu corajosamente foi vencida.
d) Mexi na porta que ele acaba de pintar.
e) O boné de que ele se apoderou era novo.
f) O secador de que a menina se utilizou estava no banheiro.

g) Encontrei o repórter que o jornal admitiu ontem.
h) A história em que o detetive crê é verdadeira.
i) Comprei um paletó de que todos gostaram.
j) O amigo a que o médico atribuiu a solução do problema estuda Direito.
k) Convocaram o guarda que pratica judô.
l) Onofre, que é experiente, encontrou uma alternativa.
m) O jornaleiro a que eu me associei trabalha naquela banca.
n) A fruta de que o cozinheiro se fartou estava madura.
o) Consertamos a furadeira que o pedreiro quebrara.

397)

a) O engenheiro a quem pedimos ajuda mora na Bahia.
O engenheiro ao qual pedimos ajuda mora na Bahia.
b) O carteiro com quem meu vizinho se aborreceu é mal-educado.
O carteiro com o qual meu vizinho se aborreceu é mal-educado.
c) Aquele é o inquilino com quem o corretor pegou os documentos.
Aquele é o inquilino com o qual o corretor pegou os documentos.
d) Meu avô, com quem sempre me preocupo, tem muita idade.
Meu avô, com o qual sempre me preocupo, tem muita idade.
e) O técnico em quem minha tia confia descobriu o problema.
O técnico no qual minha tia confia descobriu o problema.
f) Foi cassado o prefeito contra quem os servidores conspiraram.
Foi cassado o prefeito contra o qual os servidores conspiraram.
g) Encontrei-me com sua amiga, a quem aconselhei serenidade.
Encontrei-me com sua amiga, à qual aconselhei serenidade.
h) Heitor desculpou-se com o pescador a quem ele havia causado transtornos.
Heitor desculpou-se com o pescador ao qual ele havia causado transtornos.
i) O enfermeiro a quem acenei trabalha na clínica.
O enfermeiro ao qual acenei trabalha na clínica.
j) A jornalista a quem agradeci apresentou uma bela matéria.
A jornalista à qual agradeci apresentou uma bela matéria.
k) Não contrate esse jardineiro, de quem muita gente reclama.
Não contrate esse jardineiro, do qual muita gente reclama.
l) Chegou agora o candidato a quem jamais daria meu voto.
Chegou agora o candidato ao qual jamais daria meu voto.
m) O garçom a quem ninguém nega gorjeta trabalha neste restaurante.
O garçom ao qual ninguém nega gorjeta trabalha neste restaurante.
n) Minha mãe, a quem sempre fui obediente, tem resposta para tudo.
Minha mãe, à qual sempre fui obediente, tem resposta para tudo.
o) O pesquisador de quem Helena zombou estava certo.
O pesquisador do qual Helena zombou estava certo.

398)

a) O fiscal de cuja dignidade jamais duvidei agiu com correção.
b) Apresentei-lhe o juiz cujo bom senso agrada a todos.
c) O escritor cuja obra é mundialmente conhecida será entrevistado.
d) Sou grato ao agrônomo cujos conhecimentos salvaram minha plantação.
e) A faculdade em cujo laboratório fiz minhas pesquisas tem bons professores.
f) Só agora conheci o museu cujo acervo está sendo analisado.
g) A poltrona em cujos braços eu sempre me apoiava foi retirada.
h) A girafa, cujo pescoço é uma grande atração, não emite sons.
i) A mulher cuja roupa pegou fogo está bem.
j) O filme a cujo final não pude assistir fez sucesso.
k) A criança cujas mãos a mãe acariciava sorria.
l) Fecharam a estrada cujos buracos quebraram muitos carros.
m) O presidente, sem cuja intervenção nada seria possível, foi muito aplaudido.
n) O ministro cujas ideias defendemos encontra-se na Europa.
o) O Brasil, por cujo progresso nós nos esforçamos, caminha com segurança.

399)

a) O quarto em que ele dormiu é bem arejado.
O quarto onde ele dormiu é bem arejado.
O quarto no qual ele dormiu é bem arejado.
b) O item que o supervisor acrescentou é muito importante.
c) Caiu o poste com que o carro colidiu.
Caiu o poste com o qual o carro colidiu.
d) O ajudante a que deleguei poderes estuda à noite.
O ajudante a quem deleguei poderes estuda à noite.
O ajudante ao qual deleguei poderes estuda à noite.
e) Está lá em casa o procurador de cujas decisões discordo.
f) Meu jardim, em que nascem belas flores, é bem cuidado.
Meu jardim, onde nascem belas flores, é bem cuidado.
Meu jardim, no qual nascem belas flores, é bem cuidado.
g) Tomei o café que você esquentou.
h) Ficou feliz o colega a que emprestei dinheiro.
Ficou feliz o colega a quem emprestei dinheiro.
Ficou feliz o colega ao qual emprestei dinheiro.
i) César, em cuja loja trabalhei, tem muitos empregados.
j) A praça em que fica a farmácia é bem arborizada.
A praça onde fica a farmácia é bem arborizada.
A praça na qual fica a farmácia é bem arborizada.
k) Tenho uma fazenda em que os animais poderão viver.
Tenho uma fazenda onde os animais poderão viver.
Tenho uma fazenda na qual os animais poderão viver.

l) Tem um belo sorriso a aeromoça a que solicitei o café.

Tem um belo sorriso a aeromoça a quem solicitei o café.

Tem um belo sorriso a aeromoça à qual solicitei o café.

m) O freguês com que tive boa vontade ficou satisfeito.

O freguês com quem tive boa vontade ficou satisfeito.

O freguês com o qual tive boa vontade ficou satisfeito.

n) Trata bem aquela criança cuja felicidade depende de ti.

o) Conheci um cientista cuja determinação é impressionante.

p) A tese que apresentei despertou a curiosidade de todos.

q) A cidade em que o dentista se estabeleceu está progredindo muito.

A cidade onde o dentista se estabeleceu está progredindo muito.

A cidade na qual o dentista se estabeleceu está progredindo muito.

r) O alfaiate cujas falhas perdoei hoje é meu amigo.

s) Encantou-me a montanha em que acampamos.

Encantou-me a montanha onde acampamos.

Encantou-me a montanha na qual acampamos.

t) A campanha de que participei ajudou muita gente.

A campanha da qual participei ajudou muita gente

BIBLIOGRAFIA

ACADEMIA BRASILEIRA DE LETRAS. *Vocabulário ortográfico da língua portuguesa*. 5. ed. São Paulo: Global, 2009.

ANDRÉ, Hildebrando Afonso de. *Curso de redação*. 3. ed. revista e ampliada. São Paulo: Moderna, 1988.

BECHARA, Evanildo. *Moderna gramática portuguesa*. 37. ed. Rio de Janeiro: Lucerna, 1999.

CUNHA, Celso e CINTRA, Lindley. *Nova gramática do português contemporâneo*. 2. ed. Rio de Janeiro: Nova Fronteira, 1985.

FERNANDES, Francisco. *Dicionário de regimes de substantivos e adjetivos*. 17. ed. Porto Alegre: Globo, 1980.

______*Dicionário de verbos e regimes*. 33. ed. Porto Alegre/Rio de Janeiro: Globo, 1983.

FERREIRA, Aurélio Buarque de Holanda. *Novo dicionário Aurélio da língua portuguesa*. 4. ed. conforme a nova ortografia. Curitiba: Editora Positivo, 2009.

LUFT, Celso Pedro. *Novo guia ortográfico*. 14. ed. Porto Alegre/Rio de Janeiro: Globo, 1983.

HOUAISS, Antônio, VILLAR, Mauro de Salles e FRANCO, Francisco Manoel de Mello. *Dicionário Houaiss da língua portuguesa*. 1. ed. com a nova ortografia da língua portuguesa. Rio de Janeiro: Objetiva, 2009.

MICHAELIS. *Moderno dicionário da língua portuguesa*. São Paulo: Companhia Melhoramentos, 1998.

REIS, Otelo. *Breviário da conjugação de verbos*. 53. ed. revista e atualizada. Rio de Janeiro: Francisco Alves, 1994.

Rua Alexandre Moura, 51
24210-200 – Gragoatá – Niterói – RJ
Telefax: (21) 2621-7007

www.impetus.com.br

Esta obra foi impressa em papel offset 75g/m²